マルチステークホルダーの視座からみる

# 保幼小連携接続

## その効果と研修のあり方

一前春子・秋田喜代美・天野美和子

風間書房

# はじめに

　本書は、保幼小連携接続に関する実証的な学術研究に基づく保幼小連携接続に関する論文集である。筆者らの共同研究代表を務める一前春子は、2015年に「保幼小連携体制の形成過程」と題する論文で、東京大学において博士（教育学）の学位を取得し、その論文を科学研究費出版助成を受け、2017年2月に当出版社から同タイトル単著で上梓させていただいている。本著はその後に続く、2015年－2019年に科学研究費基盤研究(C)「地方自治体を主体とした保幼小連携の基盤構築」（課題番号15K04332：代表　一前春子、研究分担者　秋田喜代美）、2019年－2022年に科学研究費基盤研究(C)「地方自治体主催の研修への参加が保幼小連携パートナーシップ形成に及ぼす影響」（課題番号19K02664：代表　一前春子、研究分担者　秋田喜代美・天野美和子）において、2020年夏までに実施した調査研究をもとにまとめた著作である。新型コロナ禍でなければできなかったであろうオンライン会議での保幼小連携接続研修の講師12名へのインタビュー調査研究も第6章に含まれている。

　保幼小連携接続に関しては、国の政策文書や研究開発学校の報告書、自治体が取り組んだカリキュラム報告書などは数多くある。また実践者に向けた連携接続実践の紹介の本も出版されてきている。筆者らは保幼小連携接続の実践支援や研究開発、研修にも長年参画してきている。その一方で、保幼小連携接続の取り組みをどのようにして学術研究として行うのか、国や自治体が示す政策が実際の連携接続実践に及ぼす効果や成果を様々な人はどのように認識しているのか、保幼小連携接続を研究としてどのように分析解明するのかという問いを持ち、共同研究を進めてきた。そして地味であるが、毎年学会誌に投稿したり、学会発表を行ったりして歩を進めてきた。それらの研究をそのまま示すことが、保幼小連携接続の研究をさらに進めていく一助に

なるのではないかと考え、学術論文集として刊行するものである。そしてこの5年間の間で行ってきた一連の研究を改めて振り返る中で、その特徴を捉える鍵概念として「マルチステークホルダーの視座からみる保幼小連携接続　その効果と研修のあり方」というタイトルを付すこととした。なぜこのタイトルかは、本書の1章以下を順に読んでいただくことでおわかりいただけるものと考えている。第1章ならびに第6章、第7章は、これまでに学会誌や学会発表をしていない、本書のための書下ろし原稿となっている。

　このような堅い学術論文集刊行に力を貸して下さいました風間書房風間敬子社長、また私どもに知恵や見識を提供くださった保幼小連携接続実践に取り組むマルチステークホルダーの多くの方々の声によって、本書は成り立っている。改めて感謝の意を表したい。

　本書がこれからの保幼小連携接続を問う一つの試みとして手に取っていただければ幸いである。各自治体各学区において、また関与する研修講師や研究者にとって、本書が連携接続や研修の質向上の一助となるならば、筆者らの望外の喜びである。

　　2020年12月

　　　　　　　　　　一前春子・秋田喜代美・天野美和子

# 目　　次

# 第1部　問題と目的

# 第1章　本書の問題と目的

## 1-1　問題

### 1-1-1　これまでの幼児期の教育と児童期の教育の接続をめぐる問い

#### A　我が国における1990年代までの幼小接続をめぐる問い

　幼児期の教育と児童期の教育をいかに接続するのかという問いの歴史は古い。今から約100年前1923年（大正12年）に、日本の幼児教育の父といわれる倉橋惣三は「幼稚園から小學校へ：幼稚園と小學校幼年級の真の聯結」と題する論文の中で「幼稚園と小學校とを離さないで結付けて行こうとするには二つの方法がありませう。一つは教育行政の上から教育系統と云ふものを立て變へることであります。それから一つは教育の行政に於ける系統は必ずしも幼稚園と小學校とを一つに結付けないでも、其教育の方法に於て其関係を見出して行くと云ふことです」「8歳までの一系統、小学校の幼年級に於ける生活そのものが幼稚園でやって居ると同じやうなプロヂェクトの生活、自分の目的を自分で解決して行く、或は具體的の製作の生活が本體になって來れば、（中略）幼稚園と小學校との本當の聯結がつく譯ではありますまいか」と述べている（倉橋, 1923）。この意味で小学校教育とどのようにつながればよいのかという課題は、幼児教育の制度ができて以来の、制度内在的な課題であるということができる。

　そして1969年（昭和44年）中央教育審議会答申において「4、5歳児から小学校低学年の児童までを同じ教育機関で一貫した教育を行うことによって、幼年期の教育効果を高めること」が論じられた。その中で坂元彦太郎は「私見を加えれば、現在の教育制度では、小学校の低学年の教育が上級生なみに

行われていることが一番問題なのであって、それを幼年期に適したものに改善するためには、下の方の4、5歳の教育とを連続的に営んでみることが、いちばんの良作である。むろん、幼稚園の現状が、そしてその様々な状態が、小学校への連続のために、考え直さねばならない点も少なくない。幼稚園が少数者のためのものではなく、小学校に匹敵するような大衆のものとなるからには、その両者の連続の問題は当然重要さが増してくるはずである。」と述べている。幼小接続は、幼児期の教育の課題だけではなく、小学校低学年の教育のあり方自体、またそこへのつながりを考える切り口でもあり、幼児期の教育と児童期の教育の制度的な検討だけではなく、カリキュラムの内容や教育方法としてのつながりに目が向けられ議論がなされるようになっていった（福元, 2014）。

　その一方で1970年代には、小学校就学前に何が育っていなければならないのかという就学レディネスとしての幼児期に育つべき能力が議論される時期も見られた（秋田・有馬幼稚園・小学校, 2002）。現行の制度やカリキュラムを問うのではなく、現行制度の枠において小学校教育に適応するためには、幼児期にどのような能力を育成すべきかという幼児側の適応のための能力の問題として幼小の接続が論じられた。しかしその後1989年（平成元年）に小学校低学年の生活科が新たに教科として設定されることが決まり、低学年の児童の発達上の特徴を踏まえた学習活動を展開する教科として「生活科」が1992年から導入された。この新教科導入によって、カリキュラムとして幼児期の教育から児童期の教育へのカリキュラム内容や方法のつながりがいかにもとめられるかが議論され、小学校生活科を担当する教師が幼児教育を熱心に学ぶことが生まれ、幼小の保育者と教師間での対話が行われはじめるようになっていった。

　ただしこうした政策動向とは別に、長年に渡り、経済的に困難な地区や特別支援児の支援等では、幼小の教師が連携しあって、子どもたちの育ちの円滑な連続性を保障するための教育を考える実践は長く行われてきていた。

**B　2000年－2010年代：ナショナルカリキュラム改訂と研究開発学校等モデ
ル校の視点**

　1998年公示の「幼稚園教育要領」に「小学校以降の生活や学習の基盤の育
成につながることを配慮すること」、「小学校学習指導要領」に「幼稚園との
連携や交流を図ること」が明記され、移行期の支援の指針が示された（ただ
し、保育所との連携は、2008年改訂の「小学校学習指導要領」で初めて明示されこの
時点では幼稚園との接続であった）。そして保幼小連携接続の体系的な実践は、
1999年に文部科学省研究開発学校の研究テーマの一つとして「幼稚園と小学
校の連携を視野に入れた教育課程の研究」が取り上げられたことから始まっ
た。中央区立有馬幼稚園・小学校で初めての研究開発学校での試みが始めら
れ、その後、お茶の水女子大学附属幼稚園・小学校や鳴門教育大学附属幼稚
園等が研究開発学校指定を受け取り組みを行い各学校園が独自の接続カリキ
ュラムの開発にとりくんでいくこととなった（秋田・有馬幼稚園・小学校,
2002：お茶の水女子大学附属幼稚園・小学校, 2006：佐々木・鳴門教育大学附属幼稚
園, 2004）。またさらに2010年には、「幼児期の教育と小学校教育の円滑な接
続の在り方について（報告）」が文部科学省幼児期の教育と小学校教育の円
滑な接続の在り方に関する調査研究協力者会議において提示された。筆者は
その時の会議の副座長であったが、座長は無藤隆先生、この会議において、
「学びの芽生え、スタートカリキュラム、接続期、連携接続の体制づくり、
研修のあり方、家庭や地域との連携」など現在に至る幼小連携接続の鍵概念
の多くが体系的に提示された。

　そして、政策的基盤を背景に保幼小連携接続への理解・関心が高まってき
た2000年代には、実践と同時に保幼小連携接続の教育についての研究も生ま
れてきた。カリキュラム開発に焦点を当てた研究（例えば木村・仙台市教育委
員会, 2010）、保小・幼小間の児童や教師の交流や連携接続に焦点を当てた研
究（酒井・横井, 2011：秋田・第一日野グループ, 2013）、保育者・小学校教師・保
護者を対象とした連携接続の取り組みに対する意識に焦点を当てた研究（丹

羽・酒井・藤江, 2004; 山田・大伴, 2010) 等に分類することができる流れが生まれてきた。

　振り返ってみると国際的な動向としては同時期に、子どもや保護者の視点から環境の移行を捉える問題として幼児期から児童期への教育の問題がすでに議論されていた。これに対して、日本においては保幼小連携接続の課題は、文部科学省による研究開発学校指定や自治体へというトップダウンの政策によって幼児期の教育と児童期の教育の接続に関する政策的基盤が築かれてきた点に日本の保幼小連携接続の特徴があるといえる。

## C　多様な自治体のあり方と保幼小連携接続体制づくりのための要因の解明へ

　2010年頃までの我が国の保幼小連携接続研究の課題としては、保幼小連携接続の取り組みに関して、全国的に見た時に、自治体の規模や特徴、取り組みの施策の違いによる多様性は十分には検討されてこなかったことを指摘できる。国のナショナルカリキュラムの改訂と文部科学省の研究開発学校指定によって、主に国立大学附属幼稚園・小学校やある種のパイロット校園での取り組みから、指定されたモデル自治体での取り組みが中心になって研究開発が進み、モデル自治体の実践事例は書籍等で刊行されてきた。

　しかしそうした先進事例ではなく、多くの自治体において公立学校と私立・民営の園までを含む中で何が課題となっていたり、何がネックで連携接続が困難であるのかという実態は必ずしも明らかではなく、教師の多忙や時間がないといった一般論以上の実証がされてこなかった。この点に関し、一前（2017）は、4市の保幼小連携接続の行政の担当者へのグループ・インタビューから、保幼小連携接続体制に寄与する要因として、人的環境、研修や講座、カリキュラムを見出している。そしてその課題を克服し、連携接続の取り組みを持続性のある保幼小連携接続体制へとつなげていくためには、地方自治体の保幼小連携接続の行政の担当者が保育や教育の現場の試みや意見を汲み上げて地域の特性に適したカリキュラムの開発や研修制度の創設など

に主要な役割を果たしていくことが有効であることを示している。

　そしてさらに78地方自治体の保幼小連携接続担当者への質問紙調査により、保幼小連携接続の取り組み段階によって、連携接続の取り組み内容が異なっていることも示している。取り組み段階別に今後の課題と課題への対処を整理すると、連携接続初期の課題は予算等の連携接続における資源の不足があり、そこへの対処方法としては、既存の資源を利用し保幼小連携接続の構築につなげていくことであり、取り組みの効果の周知、既存の巡回相談や指導要録・保育要録の活用が挙げられる。また次に、複数の取り組みをすでに行いつつある段階の課題は接続カリキュラムの開発であり、その段階での対処方法は子どもの発達を見据えて教育・保育を行う保育士・幼稚園教師・小学校教師の育成であり、継続的な保幼小合同の研修、授業・保育参観の工夫であることを指摘している。そしてさらに体系的に保幼小連携接続が行われている段階での課題は、保幼小連携接続の視点の見直しであり、対処方法として保幼小連携接続の位置づけの議論、教育・保育の実践の質に対する評価を挙げている。

　またさらにそこから規模を拡大して実施した、218地方自治体の保幼小連携接続担当者への質問紙調査からは、地方自治体の人口規模によって、連携接続の取り組み内容が異なっていることを明らかにしている。すなわち、人口規模別に今後の課題と課題への対処を整理すると、人口規模の大きい地方自治体の課題は、私立公立の違いや保育所・幼稚園・認定こども園等の存在にみられる幼児期の子どもの環境の多様性である。そこへの対処方法として研修内容の充実、公立私立や保育所・幼稚園・認定こども園等の間にある教育理念や方針の違いに関する議論の場の設置が挙げられる。一方で、人口規模の小さい地方自治体の課題は、地方自治体全体を対象とした制度化が必要となる連携接続の取り組みが実施しづらいことにあることが示されている。その対処方法として、研修制度の枠組みの中での人材の育成、保幼小連携接続以外の職務や活動において築かれた人材ネットワークの利用が挙げられる。

　また、保幼小連携接続のあり方の一つとして、特別な支援を必要とする子ども
もへの支援のような保育・教育上の課題に対して保幼小連携接続という枠組
みで対応することで支援の効果を高める可能性が示唆されている。

　これら一前（2017）の一連の課題から今後検討すべき点として挙げられて
いるのは、保幼小連携接続体制の構築をいかに構成するかのシステムとプロ
セスである。保幼小連携接続体制は人的環境の整備、研修や講座の実施、カ
リキュラム開発の取り組み等のプロセスを通して可能となることから、これ
らのプロセスに沿って、自治体のあり方、特に連携接続に関わる地方自治体
の保幼小連携接続担当者、保育士・幼稚園教師・小学校教師、保護者、地域
住民の間の双方向性を高める活動の充実が必要である。そして、そのために
はそれらのマルチステークホルダーの声を聴き、それらを整理解明していく
ことが必要である。

　すなわち、日本を一つの国の政策動向だけで議論するのではなく、そのも
とでの各自治体の取り組みの間の差異と共通性を捉えることでその地域文脈
のありようから可能性と課題を検討することである。また特にこれまでカリ
キュラム開発に関しては、さまざまな取り組みが議論されてきている。だが、
多くの学校園での取り組みの促進のためには、保幼小連携接続研修によって
保幼小連携接続の意義や具体的な先進事例や手法などを学ぶことの重要性を
指摘することができる。しかしながらこのような点からの実証研究はこれま
でわが国ではなされていない。そこから本書の課題として、国と学校や園を
つなぐハブとなる地方自治体に目を向けること、また特にそこでの実施主体
者となる担当者や保育者、小学校教師が参加する保幼小連携接続研修のあり
方を問題とすることの必要性である。

## D　欧米における2000年代の動向：移行する者の声と連携接続の効果・意義　の認識の共有

　海外においても保幼小連携接続研究の中心は、国のカリキュラムの研究や

方法といった行政に関する政策研究である。幼児期から小・中・高等学校と一貫した教育課程が児童生徒の学びの上で効果的効率的であるといった視点から保幼小の連携接続のあり方の議論はなされてきている。この背景には、保幼小連携接続カリキュラムについて OECD やユネスコ、EU などの国際的な機関等が、幼児期の経験がそれ以降の成長を支えるものであるとして、各国の乳幼児期の教育とケアの状況を調査し報告してきたことがある。そして小学校への移行期の子どもが既に有している能力を十分に発揮するためには、幼児期の教育と児童期の教育の連続性が重要であることを明らかにしてきている（たとえば Pianta, R. C., & Cox, M. J., 1999; Neuman, M. J., 2002; Fabian, H., 2007）。また OECD（2017）においては Starting Strong V が刊行され、この報告書では各国の保幼小連携接続についての組織とガバナンス、専門家の連携と連続性、教育方法の連続性、発達的連続性という4つの視点から報告がなされている。

　これらの動向の中で、2010年代までの日本には少なかった2点の独自な視点を挙げることができる。第1には、子どもの経験、保護者の経験として、保育所や幼稚園という場から小学校という場への経験を「移行」（Transition）として捉えるという子どもの側や保護者の側からの「声」（Voice）を通して経験を問う実証研究が進んでいることである。国際的にこのような保幼小の移行を当事者の声に基づいて行う研究が増加し始めたのは1990年代から2000年代である。

　また第2には、カリキュラムの接続だけではなく、こうした連携接続が子どもや連携接続を行う教師や保育者にもたらす効果の検討がなされてきている点である。

　これら2つの海外に学ぶ独自な視点から、新たな保幼小連携接続研究として私たちが検討すべきこととして、保幼小連携接続についてその経験を行う各々の人の視点から捉え、また連携接続の成果を経験した人の認識から明確にするということである。冒頭に述べたように、我が国では国から保幼小連

携接続は推進するのが望ましい施策という前提のもとに進められ、自治体や保育者、教師はその事業に取り組むという体制やプロセスが作られてきた。それ自体は推進体制を形作り、子どもの円滑な移行を可能とする基盤を形成してきたという点で高く評価できる。しかし学術研究としては、そのプロセスにおいて当事者はどのように感じ考え、その成果や意義を認識しているのかを問うことが必要であると考えられる。

### 1-1-2　本書の研究の問いとアプローチ

前述のように、日本における保幼小連携接続の歴史は古く、各時代のニーズに応じてさまざまな問いが問われてきた。2000年代からは一貫した教育課程の編成のために連携接続への政策が打たれ、全国にこの取り組みを行うことの必要性は周知され、実際に成果を生んできていると考えられる。しかし研究としては次の3点の課題を指摘できる。

第1点は、先進自治体の取り組みは見られても、全国の実態の詳細な調査研究の実施は多くはなく、また各自治体で何が行われているかは必ずしも明らかにはされていないということである。その意味で自治体を単位として捉えた場合にも、都道府県、市区町村がそれぞれにおいてどのような役割を担っているのかを考えていく視座（Figure1-1）が必要であることである。

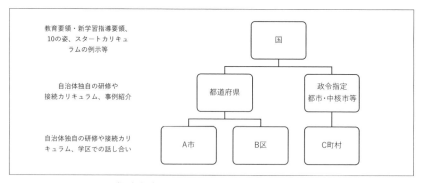

**Figure1-1　保幼小連携接続を行政レベルで捉える視座（課題1）**

　第2点は、保幼小連携接続をプロセスとして問うという視座である。保幼小連携接続の難しさとその可能性や魅力は、幼稚園や保育所、認定こども園等と小学校という異なる組織間が新たな体制を作る点にある。そこで自治体がそのための研修を実施し、そこで得た知識等を活用しながら交流や連携、さらに接続のカリキュラム形成の実践を行うこと、またそれを継続し積み重ねることで効果や意義を認識することでさらにそのプロセスやサイクルとして積み重ねられていくことで持続可能な取り組みとなると考えられる。それはFigure1-2のようなプロセスとして捉えられる。

　保幼小連携接続の多くは、公立学校と公私立の園の連携接続が対象である。このことから小学校側の教師には担当者の交替や転勤等もあること、自治体によって歴史的に公立施設が多い自治体と私立民営が多い自治体、保育所が全体として多い自治体と幼稚園が多い自治体などの多様性があると考えられる。また1学区で1校園ということは都市部では少なく、1小学校において複数の園との連携接続が生まれることになる。その調整やそれぞれの担当者の意識を育てることが自治体の重要な役割となると考えられる。担当者は地

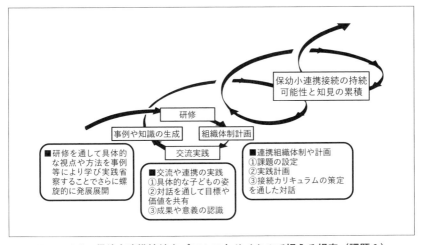

Figure1-2　保幼小連携接続をプロセスとサイクルで捉える視座（課題2）

域の実情に応じて研修を実施していると考えられるが、保幼小連携接続の研修に関する実態は明らかにされていないということである。

　第3点には、第1、2点と関連して、保幼小連携接続は、組織間を架橋する試みであるからこそ、マルチアクター、マルチステークホルダーとして、園の保育者、小学校教師だけではなく、子ども、保護者、自治体関係者、自治体の研修を担う研修講師などさまざまな人が取り組みに関与している。同じように連携接続実践を行っても、園側と小学校側では認識が異なったり、園や学校側と保護者側での認識にずれが見られたりする。また、研修を準備する自治体担当者と特定の自治体だけではなく複数の自治体の連携接続の知をつなぐ役割や外部から実践に意味付けをする役割を担う研修講師でも、認識にずれがみられると考えられる。

　実践を中心にしてどのようにするのか、何がなされたのか、出来上がったのかという実践中心やカリキュラム中心というプロダクト中心の視座ではなく、取り組みのアクター、当事者の声として、何を感じ考えているのかとい

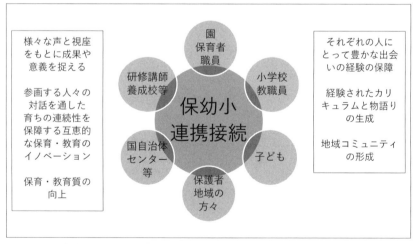

Figure1-3　保幼小連携接続を「マルチステークホルダー」の「声」から捉える視座（課題3）

うマルチステークホルダーの声から保幼小連携接続を問うという Figure1-3
のような視座もまた必要なのではないかと考えられる。

　保幼小連携接続実践ではないが、大西（2020）はマルチステークホルダー
が相互に関わることのできる場の存在が新たなソーシャルイノベーションに
は重要であることを指摘している。保幼小連携接続の実践や研修の場はこの
意味で、保育や小学校教育を見直したり新たなイノベーションをもたらす一
つの契機の場として位置付けることができる。連携しネットワークすること
が、参画する相互にもたらす影響について、Kania & Kramaer（2011）は、
複雑な問題解決に向け様々な立場の当事者が異なる価値感や強みを出し合っ
て取り組む Collective Impact の理論を論じている。そこにおいては「目
標・課題の共有」「評価システムの共有」「相互に活動を高め合う」「コミュ
ニケーションが継続的に行われること」「専門スキルを持った人のサポート
や全体の支えがあること」などがこのための条件とされている。それによっ
て「ネットワークとしてのガバナンス」の重要性として、多様なステークホ
ルダーが有機的に関連しあって公共の問題解決を行うことの意義もまた論じ
られている（青木・島田, 2010）。

　上記 3 点の課題意識から、本書では副題にあるように、保幼小連携接続の
効果や意義の認識と研修を、保幼小連携接続を持続可能なものとするための
重要なプロセスとして焦点化する。第 2 部の 2 章、3 章では、園の保育者や
小学校教師の連携接続の効果や意義の認識、4 章では保護者の効果や意義の
認識を取り上げる。また第 3 部では、5 章では自治体で研修を計画する担当
者の研修に関する実態と認識、6 章では保幼小連携接続の研修講師の認識を
捉えることとする。質問紙調査とインタビューを組み合わせて実際には実施
する。

　なお、マルチステークホルダーの視点から捉えるに際して、本書では、第
2 部の効果の認識に関しても、子どもの視点からみる保幼小連携接続に関し
ては検討が今回はできていない。また第 3 部の研修に関しても、研修を受け

た側の教師や保育者の認識、また研修がその後の保幼小連携接続実践に具体
的にいかに生かされ効果を持ったのかというプロセスまでは捉えていない。
その意味では道半ばであることは認識しているが、現在までの実証研究の成
果をまとめることによって、保幼小連携接続研究への新たな展望を示すとい
う挑戦が、本書の目的である。

**引用文献**

秋田喜代美・有馬幼稚園・小学校（2002）．幼小連携のカリキュラムづくりと実践事例
　　―子どもが出会う教師がつなげる幼小連携3年の成果　小学館

秋田喜代美・第一日野グループ（2013）．保幼小連携―育ちあうコミュニティづくりの
　　挑戦　ぎょうせい

青木栄一・島田桂吾（2010）．地方政府の構造改革と教育委員会の機能変容―ネットワ
　　ーク型ガバナンス論を参照した駒ヶ根市と佐賀市の子ども行政分析　東北大学大
　　学院教育学研究科紀要, *59*, 57-75.

Fabian, H., (2007). *Transitions in the Early Years: Debating Continuity and Pro-
　　gression for Young Children in Early Education.* London: Psychology Press.

福元真由美（2014）．幼小接続カリキュラムの動向と課題―教育政策における2つのア
　　プローチ　教育学研究, *81*, 396-407.

一前春子（2017）.保幼小連携体制の形成過程　風間書房

Kania, J., & Kramaer, M. (2011). Collective Impact. *Stanford Social Innovation Re-
　　view, 9,* 36-41.

木村吉彦（監修）・仙台市教育委員会（編）（2010）．「スタートカリキュラム」のすべて
　　―仙台市発信・幼小連携の新しい視点　ぎょうせい

倉橋惣三（1923）．幼稚園から小学校へ幼稚園と小学校幼年級の真の聯結　幼兒教育,
　　*23*(4), 133-139.

Neuman, M. J. (2002). The Wider Context: An International Overview of Transition
　　Issues. In H. Fabian, & A. W. A. Dunlop (Eds.), *Transition in the Early Years:
　　Debating Continuity and Progression for Young Children in Early Education.*
　　London: Routledge Falmer.

丹羽さがの・酒井朗・藤江康彦（2004）．幼稚園、保育所、小学校教論と保護者の意識
　　調査―よりよい幼保小連携に向けて　お茶の水女子大学子ども発達教育研究セン

ター紀要, *2*, 39-50.

お茶の水女子大学附属幼稚園・小学校（2006）．子どもの学びをつなぐ―幼稚園・小学校の教師で作った接続期カリキュラム　東洋館出版社

OECD（2017）．*Starting Strong V : Transitions from Early Childhood Education and Care to Primary Education.* Paris: OECD Publishing.

大西晶子（2020）．ソーシャル・イノベーションの創出と場のマネジメント―特定非営利活動法人スポネット弘前の革新性と地域住民との関係性から　弘前大学大学院地域社会研究科年報 *16*, 71-84.

Pianta, R. C., & Cox, M. J., (1999)．*The Transition to Kindergarten. A Series from the National Center for Early Development and Learning.* Baltimore: Paul H. Brookes Publishing Company.

酒井朗・横井紘子（2011）．保幼小連携の原理と実践―移行期の子どもへの支援　ミネルヴァ書房

佐々木宏子・鳴門教育大学附属幼稚園（2004）．なめらかな幼小の連携教育―その実践とモデルカリキュラム　チャイルド本社

山田有希子・大伴潔（2010）．保幼・小接続期における実態と支援のあり方に関する検討―保幼 5 歳児担任・小 1 年生担任・保護者の意識からとらえる　東京学芸大学紀要 総合教育科学系 II, *61*, 97-108.

# 第2部　保幼小連携接続の効果と要因の分析

　2部では、保幼小連携接続の効果に対する保育者・小学校教師・保護者の認識を、量的分析と質的分析の2つの側面から検討した。その結果から、保幼小連携接続の取り組みは移行期の子どもだけではなく、保育者・小学校教師・保護者にも効果をもたらしたと認識されていたことが明らかとなった。

　保育者・小学校教師は、互いの学びの環境を理解した上で、指導・援助の方法や保育・教育課程の見直しを行う、より多くの情報や自信をもって保護者と子どもの情報を共有し話し合う、といった効果があったと認識していた。これに対して、保護者は、移行期の意義や移行期の子どもの育ちの支援を理解する、保護者自身が移行に関する情報を収集する、といった効果があったと認識していた。

　保幼小連携接続の取り組み内容がより移行期の子どもの実態を踏まえたものへと変化したケースの分析から、園と小学校の両方の交流の目標への理解、教育のねらいの共通性への理解、同じ地域内の保育者・小学校教師への信頼が、取り組み内容の変化を促進する要因として機能していることが示唆された。

# 第 2 章　保育者・小学校教師の認識からみる　連携接続の効果の分析

## 2-1　保幼小連携接続の効果に対する保育者・小学校教師の認識の量的分析

**要約**

　本研究の目的は、保幼小連携接続[(1)]の効果に対する保育者と小学校教師の認識における施設（保育幼児教育施設・小学校）、免許資格[(2)]（幼児期と児童期の両方・幼児期と児童期のどちらか）、自治体（2自治体）の 3 点の影響を検討することである。保育所・幼稚園・認定こども園において 5 歳児クラスを担任した保育者125名と小学校 1 年生を担任した小学校教師47名に対して質問紙調査を行い、保幼小連携接続の取り組みの効果と保育者・小学校教師自身の保幼小連携接続の具体的効果について尋ねた。調査の結果から、保育者・小学校教師の認識について次の 3 点が明らかとなった。

　第一に、「自己研鑽」と「連携の方針の共有」において保育者は小学校教師よりも効果を高く認識しており、保育者と小学校教師の間に具体的効果の捉え方の違いがあったことが示された。このような違いをもたらした理由の一つとして、保育所・幼稚園・認定こども園等は、小学校入学時の子どもの姿に向かって子どもの育ちを援助するという志向が強く、その意識が共有され、実践としても十分になされたという認識が保育者にあることが考えられる。

　第二に、幼児期と児童期の両方の免許資格を持つ保育者・小学校教師は、特別支援教育に関する効果をより高く認識していた。幼児期と児童期の両方

の免許資格を持つ保育者・小学校教師は、片方のみの免許資格を持つ保育者・小学校教師と比較して、保幼小連携接続に求める内容が異なっていることが示唆される。

　第三に、取り組み年数の長い自治体において、小学校体験の効果がより高く認識されていたことから、取り組みの効果の認識には取り組みを実践した保育者・小学校教師が自分の実践内容の振り返りをするだけではなく、同僚や連携接続の相手である保育者・小学校教師とその効果を共有することが必要である可能性が考えられる。

## 問題と目的

　幼児期の教育から児童期の教育へと移行する時期の子どもに対する支援は、小学校生活への適応に影響を与える可能性があり、幼児期に培われた認知的・情緒的能力を幼児期以降の発達へとつなぐ役割においても重要である。国際的には、移行期の保育や教育の評価（Education Review Office, 2015）も行われている。

　日本においても、カリキュラムや指導方法の改善、園と小学校との相互理解、子ども同士の交流、保護者や地域住民に対する情報提供などの工夫が行われている（文部科学省・厚生労働省, 2009）。そして、保幼小連携接続の実践内容の詳細や取り組み年数による保幼小連携接続の内容の違いが報告されている（一前・秋田, 2011）。さらに、保幼小連携接続を一定期間行った後に、保幼小連携接続の実践内容を評価することで保幼小連携接続の充実を図り問題点を把握することが必要であると指摘されている（一前, 2017; 佐々木・鳴門教育大学附属幼稚園, 2004）。

　保幼小連携接続の取り組みの効果に対する保育者[3]と小学校教師の認識に着目する理由の一つは、保幼小連携接続の実践の評価や改善に影響を与えると考えられるためである。今後の保幼小連携接続では、地方自治体の作成する保幼小連携接続の実践の手引きにおける実践を推奨する項目の提示や、1

年間の保幼小連携接続の実践を終えた時点での保育者・小学校教師の内省や保幼小連携接続に対する理解度の公開などにより、取り組み効果の認識を次年度の保幼小連携接続に活用するシステムを構築することが求められる。また、着目する別の理由としては、保幼小連携接続の取り組みの効果は、園と小学校の相互理解の促進といった保幼小連携接続に直接関するものだけではなく、保育・指導観を問い直す省察力や子ども観を練磨するセンス、教職自己成長に向けた探究心など資質的側面に与える影響も含むという指摘がなされていることが挙げられる（石田, 2015）。

　取り組みの効果の認識は、移行期の子どもの担任の保育者や小学校教師を対象として取り上げられてきた。丹羽・酒井・藤江（2006）によると、卒園時・新入学時の情報伝達と異年齢交流については、小学校教師・幼稚園教師には効果が上がったと認識されている一方、幼稚園と小学校がお互いの教育内容を踏まえ、指導・保育方針を立てることについてはあまり効果が認識されていなかった。このことから、教育内容上の保幼小連携接続が進んでおらず、幼稚園・小学校での一貫した教育課程の開発が課題であることが指摘された。

　また、全国の保育所・幼稚園・小学校336園を対象として実施された加藤・高濱・酒井・本山・天ヶ瀬（2011）の調査では、「新入学児・卒園児の情報伝達」、「児童・幼児の実態や保護者の意識の理解」、「幼保小の指導観・子ども観の相互理解」では、小学校教師の方が幼稚園教師・保育所保育士よりも効果があったと評価していた。このような認識の差がみられたことについて、加藤ら（2011）は、子どもの情報を小学校教師が子どもを指導するために活用する、小学校の教育を保育所・幼稚園が知るといった小学校教育への適応のみが保幼小連携接続の目的として優先されており、幼保側が対等な相互理解が十分ではないと認識している可能性を指摘している。

　保幼小連携接続は子どもの教育の連続性の保障を目的としているが、同時に保育者・小学校教師の実践内容の改善や専門性を高める効果があると想定

できる。この効果は、保育者・小学校教師が所属する施設（保育幼児教育施設・小学校）や地方自治体、取得した免許資格の違いの影響を受けることが推測される。保育所・幼稚園・認定こども園等の保育者と小学校教師という異なる施設に属する実践者が関わることから、所属施設により連携の効果の認識は異なることが予想される。また、幼稚園教諭や保育士の免許資格を持つ小学校教諭や小学校教諭の免許をもつ保育者のように、幼児期の教育と児童期の教育の両方の免許資格を持つ保育者・小学校教師と片方のみの免許資格を持つ保育者・小学校教師では、既有の知識や研修経験等が異なることから保幼小連携接続の効果の認識が異なることが考えられる。さらに、地方自治体の規模が自治体全体を対象とした取り組みの実施に影響を与え、地方自治体の方針は接続期カリキュラムの内容や構成に影響を与えることなどから（一前・秋田, 2012a, 2012b）、地方自治体の特性や方針により保幼小連携接続の効果の認識も異なることが予想される。そこで、本研究は保幼小連携接続の効果に対する保育者と小学校教師の認識における施設（保育幼児教育施設・小学校）、免許資格（幼児期と児童期の両方・幼児期と児童期のどちらか）・自治体（２自治体）の３つの要因の影響を検討することを目的とする。

## 方法

### 調査協力者

　保幼小連携接続に積極的に取り組んでいる関東地方の地方自治体Ａ市、地方自治体Ｂ市の保育所・幼稚園・認定こども園において過去３年以内に５歳児クラスを担任した保育者125名（Ａ市66名、Ｂ市59名）と過去３年以内に小学校１年生を担任した小学校教師47名（Ａ市13名、Ｂ市34名）。

　Ａ市において調査の協力を得た保育所・幼稚園・認定こども園は17園、小学校は４校、Ｂ市において調査の協力を得た保育所・幼稚園は13園、小学校は９校であった。

**調査項目**

　調査内容は、保幼小連携接続の取り組みの効果と保育者・小学校教師自身
の保幼小連携接続の具体的効果について尋ねるものであった。保育所・幼稚
園・認定こども園と小学校の調査内容は同じであるが、文脈にあわせて表現
を変更している箇所がある。また、調査項目の内容は、ベネッセ次世代育成
研究所（2013）、ベネッセ教育研究開発センター（2005）、文部科学省・厚生
労働省（2009）、丹羽・酒井・藤江（2006）、A 市と B 市の実践・活動報告な
どを参考に作成した。

　**保幼小連携接続の取り組みの効果の認識**　保幼小連携接続の取り組みの11
項目について、子どもと保育者・小学校教師に対する保幼小連携接続の効果
があったかどうかを問う設問に対して、「4：とても効果があった」から
「1：まったく効果がなかった」の 4 段階で回答を求めた（11の取り組み内容に
ついては Table 2-1-1 参照）。

　**保育者・小学校教師自身の保幼小連携接続の具体的効果の認識**　保育者・
小学校教師に対する保幼小連携接続の具体的効果があったかどうかを問う18
項目の設問に対して、「4：とても成果があった」から「1：まったく成果が
なかった」の 4 段階で回答を求めた（18の具体的効果の内容については Table
2-1-4 参照）。

**手続き**

　質問紙は保育園・幼稚園・認定こども園・小学校を通じて配布した。また、
質問紙と共に返送用の封筒を配布した。回収方法は、保育園・幼稚園・認定
こども園・小学校にて回収し、そこから調査実施者に返送する方法を用いた。
いずれの場合にも質問用紙は封筒に封入され、個人の回答内容が回答者以外
の目に触れることがないよう配慮した。

**調査実施時期**

　質問紙調査は2016年 1 月〜 2 月に実施。年間の保幼小連携接続の体験を振
り返り回答することができるようこの時期を選定した。

**倫理的配慮**

　質問紙調査は、筆頭発表者の所属機関の研究倫理審査委員会の承認を受けて実施した（承認番号 KWU-IRBA#15087）。

## 結果と考察

### 保幼小連携接続の取り組みの効果の認識

**（1）取り組み間の効果の違い**

　取り組み間の効果の違いの分析については、11の取り組みをすべて経験したことのある保育者・小学校教師（計38名）のみを対象とした。取り組みの違いが子どもに対する効果の認識に与える影響を検討するため、1要因の分散分析（対応あり）を実施した。その結果、取り組みの効果が有意であった（$F(10, 340) = 8.59$, $p < .001$）。Bonferroni 法による多重比較を行ったところ、複数の取り組み間で有意差がみられた（Table 2-1-1）。

　最も効果が高いと認識されていた取り組みは「小学校体験」であり、次いで「行事の参加・見学」、「連続性のあるカリキュラムに基づく保育・教育」、「特別支援教育についての研修会」の効果も高いと認識されていた。最も効果が低いと認識されていた取り組みは「講演を主体とした研修会」であった。小学校体験や行事の参加・見学については、子どもが異年齢の子どもとの関係性を築き、異なる環境の知識を得ることの効果が認識されたと考えられる。これに対して、連続性のある接続期カリキュラムに基づく保育・教育や特別支援教育についての研修会は、保育者や小学校教師が教育の連続性に配慮した環境を用意したり、特別支援教育の方法や工夫について学んだりすることで、子どもが園から小学校へ円滑に移行する効果が間接的に得られたとの認識を保育者や小学校教師が持ったと推測される。

　取り組みの違いが保育者・小学校教師に対する効果の認識に与える影響を検討するため、1要因の分散分析（対応あり）を実施した。その結果、取り組みの効果が有意であった（$F(10, 370) = 4.36$, $p < .001$）。Bonferroni 法による

Table 2-1-1　取り組み内容別連携接続の効果に対する認識の平均 *(M)* と
標準偏差 *(SD)* および項目間差

|  | 連携接続の効果に対する認識 | *M* | *SD* | 項目間差 |
|---|---|---|---|---|
| 子どもに対する効果 | 子どもが行事に参加・見学することによる交流① | 3.31 | 0.58 | ②＞①＞⑥* |
|  | 子どもが小学校体験をすることによる交流② | 3.71 | 0.46 | ②＞①,③～⑪* |
|  | 年間交流計画の決定や情報交換のための打ち合わせ③ | 3.11 | 0.68 | ②＞③** |
|  | 指導要録・保育要録・こども要録による情報伝達④ | 2.89 | 0.80 | ②＞④** |
|  | 行事への参観・参加による教職員の交流⑤ | 2.97 | 0.71 | ②＞⑤** |
|  | 講演が主体となった保幼小連携接続に関する研修⑥ | 2.77 | 0.65 | ②＞①,⑩,⑪＞⑥* |
|  | 小学校教師と保育者による相互交流研修・合同研修⑦ | 3.11 | 0.58 | ②＞⑦** |
|  | 授業参観・保育参観や授業・保育後の協議会への参加⑧ | 3.03 | 0.71 | ②＞⑧** |
|  | 教育の連続性を意識したカリキュラムの作成⑨ | 3.14 | 0.65 | ②＞⑨** |
|  | 教育の連続性を意識したカリキュラムに基づく授業・保育⑩ | 3.20 | 0.63 | ②＞⑩＞⑥* |
|  | 特別な教育的支援を必要とする子どもについての研修会⑪ | 3.40 | 0.60 | ②＞⑪＞⑥* |
| 保育者・小学校教師に対する効果 | 子どもが行事に参加・見学することによる交流① | 3.26 | 0.50 | ②＞①** |
|  | 子どもが小学校体験をすることによる交流② | 3.63 | 0.54 | ②＞①,③～⑩* |
|  | 年間交流計画の決定や情報交換のための打ち合わせ③ | 3.21 | 0.62 | ②＞③* |
|  | 指導要録・保育要録・こども要録による情報伝達④ | 3.08 | 0.71 | ②＞④* |
|  | 行事への参観・参加による教職員の交流⑤ | 3.00 | 0.70 | ②＞⑤** |
|  | 講演が主体となった保幼小連携接続に関する研修⑥ | 3.21 | 0.66 | ②＞⑥** |
|  | 小学校教師と保育者による相互交流研修・合同研修⑦ | 3.21 | 0.62 | ②＞⑦** |
|  | 授業参観・保育参観や授業・保育後の協議会への参加⑧ | 3.26 | 0.72 |  |
|  | 教育の連続性を意識したカリキュラムの作成⑨ | 3.16 | 0.72 | ②＞⑨** |
|  | 教育の連続性を意識したカリキュラムに基づく授業・保育⑩ | 3.16 | 0.68 | ②＞⑩** |
|  | 特別な教育的支援を必要とする子どもについての研修会⑪ | 3.45 | 0.65 |  |

*$p < .05$　**$p < .01$
注）項目の記述は短縮されている。

Table 2-1-2　子どもに対する連携接続の効果に対する

| | A市 | | | | | | | | B市 | | | |
|---|---|---|---|---|---|---|---|---|---|---|---|---|
| | 保育者 | | | | 小学校教師 | | | | 保育者 | | | |
| | 両方 | | 単一 | | 両方 | | 単一 | | 両方 | | 単一 | |
| 連携接続の効果に対する認識 | M | SD | M | SD | M | SD | M | SD | M | SD | M | SD |
| 子どもが行事に参加・見学 | 3.50 | 0.26 | 3.32 | 0.08 | 3.00 | 0.26 | 2.29 | 0.20 | 3.25 | 0.15 | 3.20 | 0.09 |
| 子どもが小学校体験 | 3.33 | 0.20 | 3.47 | 0.07 | 3.33 | 0.20 | 2.83 | 0.20 | 3.93 | 0.13 | 3.61 | 0.08 |
| 情報交換の打ち合わせ | 2.67 | 0.39 | 3.00 | 0.12 | 2.75 | 0.34 | 2.67 | 0.28 | 3.23 | 0.19 | 3.06 | 0.12 |
| 指導要録・保育要録 | 2.25 | 0.36 | 3.00 | 0.11 | 3.33 | 0.29 | 2.71 | 0.27 | 2.60 | 0.23 | 2.74 | 0.13 |
| 教職員が行事の参観・参加 | 2.75 | 0.34 | 2.75 | 0.11 | 2.80 | 0.31 | 2.50 | 0.34 | 3.00 | 0.20 | 2.96 | 0.14 |
| 保幼小連携接続に関する研修 | 2.25 | 0.35 | 2.70 | 0.12 | 2.50 | 0.50 | 2.25 | 0.35 | 2.57 | 0.19 | 3.04 | 0.13 |
| 相互交流研修・合同研修 | 2.25 | 0.37 | 2.83 | 0.12 | 3.33 | 0.42 | 2.40 | 0.33 | 3.00 | 0.20 | 3.05 | 0.17 |
| 授業参観・保育参観 | 2.25 | 0.35 | 2.94 | 0.12 | 2.50 | 0.35 | 2.50 | 0.29 | 3.09 | 0.21 | 2.91 | 0.15 |
| 接続期カリキュラムの作成 | 3.00 | 0.48 | 3.03 | 0.12 | 2.50 | 0.48 | 3.00 | 0.34 | 3.40 | 0.21 | 3.12 | 0.12 |
| 接続期カリキュラムに基づく授業・保育 | 3.00 | 0.46 | 3.16 | 0.12 | 2.50 | 0.46 | 3.00 | 0.32 | 3.33 | 0.19 | 3.18 | 0.11 |
| 特別な教育的支援の研修 | 3.20 | 0.25 | 3.27 | 0.89 | 3.40 | 0.25 | 3.00 | 0.25 | 3.54 | 0.16 | 3.30 | 0.10 |

注）項目の記述は短縮されている。

多重比較を行ったところ、複数の取り組み間で有意差がみられた（Table 2-1-1）。

　子どもに対する効果と同様に、「小学校体験」の効果が最も高いと認識されていた。保育者や小学校教師の専門性を高めるという面においても、小学校体験が高い効果を持つと保育者や小学校教師は認識していた。幼児が小学校での授業を見学したり授業に参加したりするためには、小学校教師は幼児がどのような授業の進め方であれば集中していられるか、どのような話し方であれば伝わるかなど幼児の認知的・情緒的な側面を理解し授業を計画する必要があると考えられる。また、保育者にとっては、小学校教師が授業を計画するために適切な情報を提供したり、異なる環境における幼児の振る舞いを観察しそれを園での保育・教育に役立てたりすることが可能になると推測できる。休み時間に幼児と児童が遊びを通して交流したり、幼児が小学校で給食を体験したりする小学校体験では、小学校教師は児童が年少の子どもに対してどのように声をかけ遊びを共有するのかを観察し児童の人間関係を形成するやり方についてより深く理解することができると考えられる。保育者

**認識の平均 *(M)* と標準偏差 *(SD)* および分散分析結果**

| 小学校教師 | | | | 分散分析の結果 | | | | |
| 両方 | | 単一 | | 主効果 | | | 交互作用 | |
| *M* | *SD* | *M* | *SD* | 施設 | 免許資格 | 自治体 | 自治体×施設 | 免許資格×施設 |
|---|---|---|---|---|---|---|---|---|
| 2.83 | 0.21 | 3.00 | 0.11 | 園>小 | | | | |
| 3.00 | 0.17 | 3.39 | 0.12 | 園>小 | | B市>A市 | | |
| 3.00 | 0.31 | 2.93 | 0.18 | | | | | |
| 3.00 | 0.27 | 2.91 | 0.16 | | | | | 両方：小>園 |
| 3.40 | 0.31 | 2.69 | 0.19 | | | | | |
| 2.50 | 0.50 | 2.44 | 0.24 | | | | | |
| 3.00 | 0.37 | 2.29 | 0.20 | | | | 小：両方>片方　片方：園>小 | |
| 3.00 | 0.35 | 2.56 | 0.24 | | | | | |
| 2.80 | 0.30 | 2.79 | 0.18 | | | | | |
| 2.80 | 0.29 | 2.87 | 0.17 | | | | | |
| 3.17 | 0.23 | 3.18 | 0.14 | | | | | |

にとっては、児童が授業以外の時間をどのように過ごしており、小学校教師が児童の社会性をどのように伸ばそうとしているかを知ることができると思われる。

　これらの理由から、小学校体験は保育者・小学校教師にとって移行期の子どもを理解し、保育・教育の内容を振り返る場となっていることが推察される。

**（2）子どもに対する効果**

　保幼小連携接続の取り組みが子どもに与える効果について、施設・免許資格・自治体による違いがみられるかどうか検討するため、11の取り組みを従属変数として、施設（保育幼児教育施設・小学校）[4] ×免許資格（幼児期と児童期の両方・幼児期と児童期のどちらか）×自治体（2自治体）の3要因の分散分析を実施した。子どもに対する効果の認識の平均と標準偏差を Table 2-1-2 に示す。

　「行事の参加・見学」「小学校体験」で施設の主効果が有意であった（$F(1,117)=17.34, p<.001; F(1,152)=16.82, p<.001$）。保育者は小学校教師より

も行事への参加見学や小学校体験の効果を高く認識していた。また、「小学校体験」で自治体の主効果が有意であった（$F(1,152)=4.79$, $p<.05$）。B市の保育者・小学校教師は、A市の保育者・小学校教師よりも小学校体験の効果を高く認識していた。

　「要録による情報伝達」では、交互作用が有意であった（$F(1,119)=5.49$, $p<.05$）。交互作用が有意であったことから、単純主効果の検定を行った。その結果、幼児期と児童期の両方の免許資格保持者において施設の単純主効果が有意であり（$F(1,119)=6.44$, $p<.05$）、幼児期と児童期の両方の免許資格を持つ小学校教師は、幼児期と児童期の両方の免許資格を持つ保育者よりも要録の効果を高く認識していた。

　「相互交流研修」では、交互作用が有意であった（$F(1,94)=7.70$, $p<.01$）。交互作用が有意であったことから、単純主効果の検定を行った。その結果、幼児期あるいは児童期のみの免許資格保持者において施設の単純主効果が有意であり（$F(1,94)=7.62$, $p<.01$）、幼児期のみの免許・資格をもつ保育者は、児童期のみの免許・資格を持つ小学校教師よりも相互交流研修の効果を高く認識していた。また、小学校において免許資格の単純主効果が有意であり（$F(1,94)=5.95$, $p<.05$）、幼児期と児童期の両方の免許資格を持つ小学校教師は、児童期の免許のみを持つ小学校教師よりも相互交流研修の効果を高く認識評価していた。

　**施設の相違**　行事への参加や見学と小学校体験は、小学校入学予定児が小学校という物理的環境や小学校の生活のスケジュールを体験し、小学校教師や上級生と人間関係を作る機会として認識され、そのために幼児にとって効果のあるものと認識されていたと考えられる。また、相互交流研修への参加は、小学校の環境について知識を得た保育者がその知識を生かして幼児の環境を構成することから、幼児にとって効果があるとみなされていたと思われる。これに対して、要録による情報伝達は、情報を受け取った小学校教師が児童にとって移行しやすい環境を整えるために使用されることから、児童に

とって効果のあるものと認識されていたと推測される。

　**自治体の相違**　小学校体験に関して、取り組み年数の長いB市の保育者・小学校教師はA市の保育者・小学校教師よりも効果を高く認識していた。小学校体験は、保育者と小学校教師の違いの認識、小学校の生活に関する知識、異年齢児との仲間関係の構築への意欲、自分の成長への期待など複数の要素に影響を与えることから、取り組み年数を重ねることでこれらの複数の要素を認識しやすくなったと考えられる。

　**免許資格の相違**　小学校教師において幼児期と児童期の両方の免許資格を持つことがより高い効果の認識へとつながったのは、次のように考えられる。相互交流研修においては、保育幼児教育施設と小学校の間の共通の目標や相違点を取り上げて議論することが予想される。環境が異なることが子どもにとってどのような意味を持つのかを検討していく上で、幼児期と児童期の両方の知識を持っていることでより多く発言したり研修参加者の意見を理解しやすくなったりすることが考えられる。

**（3）保育者・小学校教師に対する効果**

　保幼小連携接続の取り組みが保育者・小学校教師に与える効果について、施設・免許資格・自治体による違いがみられるかどうか検討するため、11の取り組みを従属変数として、施設（保育幼児教育施設・小学校）×免許資格（幼児期と児童期の両方・幼児期と児童期のどちらか）×自治体（2自治体）の3要因の分散分析を実施した。保育者・小学校教師に対する効果の認識の平均と標準偏差を Table 2-1-3 に示す。

　「行事の参加・見学」では、施設の主効果が有意であった（$F(1,118) = 11.62, p < .001$）。保育者は小学校教師よりも行事への参加・見学の効果を高く認識していた。

　「小学校体験」では、交互作用が有意であった（$F(1,150) = 6.08, p < .05$）。交互作用が有意であったことから、単純主効果の検定を行った。その結果、B市において施設の単純主効果が有意であり（$F(1,150) = 22.00, p < .001$）、B

Table 2-1-3　保育者・小学校教師に対する連携接続の効果に

| 連携接続の効果に対する認識 | A市 保育者 両方 | | 単一 | | 小学校教師 両方 | | 単一 | | B市 保育者 両方 | | 単一 | |
|---|---|---|---|---|---|---|---|---|---|---|---|---|
| | M | SD | M | SD | M | SD | M | SD | M | SD | M | SD |
| 子どもが行事に参加・見学 | 3.25 | 0.27 | 3.26 | 0.08 | 2.75 | 0.27 | 2.57 | 0.20 | 3.25 | 0.15 | 3.23 | 0.97 |
| 子どもが小学校体験 | 3.00 | 0.22 | 3.46 | 0.07 | 3.50 | 0.22 | 2.83 | 0.22 | 3.64 | 0.14 | 3.58 | 0.08 |
| 情報交換の打ち合わせ | 2.75 | 0.34 | 3.23 | 0.11 | 3.20 | 0.30 | 2.83 | 0.27 | 3.31 | 0.19 | 3.08 | 0.11 |
| 指導要録・保育要録 | 2.75 | 0.38 | 3.00 | 0.12 | 3.33 | 0.31 | 2.57 | 0.29 | 2.50 | 0.24 | 2.90 | 0.14 |
| 教職員が行事の参観・参加 | 2.67 | 0.31 | 2.91 | 0.11 | 3.00 | 0.31 | 3.00 | 0.38 | 3.17 | 0.22 | 3.00 | 0.14 |
| 保幼小連携接続に関する研修 | 2.80 | 0.31 | 3.09 | 0.10 | 3.00 | 0.49 | 3.00 | 0.35 | 3.29 | 0.19 | 3.21 | 0.12 |
| 相互交流研修・合同研修 | 2.60 | 0.32 | 3.08 | 0.10 | 3.25 | 0.36 | 2.80 | 0.32 | 3.39 | 0.24 | 3.18 | 0.15 |
| 授業参観・保育参観 | 2.67 | 0.28 | 3.27 | 0.10 | 3.00 | 0.28 | 3.00 | 0.28 | 3.27 | 0.21 | 3.17 | 0.14 |
| 接続期カリキュラムの作成 | 3.00 | 0.39 | 2.94 | 0.11 | 2.50 | 0.48 | 3.25 | 0.34 | 3.40 | 0.22 | 3.18 | 0.12 |
| 接続期カリキュラムに基づく授業・保育 | 3.00 | 0.37 | 3.09 | 0.11 | 2.50 | 0.45 | 3.25 | 0.32 | 3.33 | 0.18 | 3.28 | 0.11 |
| 特別な教育的支援の研修 | 3.20 | 0.26 | 3.38 | 0.08 | 3.60 | 0.26 | 3.40 | 0.26 | 3.69 | 0.16 | 3.36 | 0.10 |

（保育者・小学校教師に対する効果）

注）項目の記述は短縮されている。

市の保育者は小学校教師よりも小学校体験の効果を高く認識していた。また、保育者において自治体の単純主効果が有意であり（$F(1,150)=7.56$, $p<.01$)、B市の保育者はA市の保育者よりも小学校体験の効果を高く評価していた。

　「要録による情報伝達」では、交互作用が有意であった（$F(1,125)=5.89$, $p<.05$)。交互作用が有意であったことから、単純主効果の検定を行った。その結果、幼児期と児童期の両方の免許資格の保持者において施設の単純主効果が有意であり（$F(1,125)$ 4.69, $p<.05$)、幼児期と児童期の両方の免許資格を持つ小学校教師は幼児期と児童期の両方の免許資格を持つ保育者よりも要録の効果を高く認識していた。また、小学校において免許資格の単純主効果が有意であり（$F(1,125)=4.26$, $p<.05$)、幼児期と児童期の両方の免許資格を持つ小学校教師は片方のみの免許資格を持つ小学校教師よりも要録の効果を高く評価していた。

　「特別支援教育の研修」では、交互作用が有意であった（$F(1,126)=3.95$, $p<.05$)。交互作用が有意であったことから、単純主効果の検定を行った。その結果、B市において施設の単純主効果が有意であり（$F(1,126)=4.60$,

**対する認識の平均 *(M)* と標準偏差 *(SD)* および分散分析結果**

| 小学校教師 | | | | 分散分析の結果 | | | | |
| 両方 | | 単一 | | 主効果 | | | 交互作用 | |
| *M* | *SD* | *M* | *SD* | 施設 | 免許資格 | 自治体 | 自治体×施設 | 免許資格×施設 |
|---|---|---|---|---|---|---|---|---|
| 3.00 | 0.22 | 2.85 | 0.12 | 園>小 | | | | |
| 2.89 | 0.18 | 3.06 | 0.13 | | | | 園：B市>A市　B市：園>小 | |
| 3.00 | 0.30 | 2.88 | 0.17 | | | | | |
| 3.22 | 0.25 | 2.92 | 0.16 | | | | | 小：両方>片方　両方：小>園 |
| 3.20 | 0.34 | 2.62 | 0.21 | | | | | |
| 2.75 | 0.35 | 2.40 | 0.22 | | | | | |
| 2.83 | 0.30 | 2.67 | 0.19 | | | | | |
| 3.00 | 0.35 | 2.80 | 0.22 | | | | | |
| 2.80 | 0.31 | 2.64 | 0.18 | | | | | |
| 2.80 | 0.28 | 2.73 | 0.16 | | | | | |
| 3.14 | 0.22 | 3.22 | 0.14 | | | | B市：園>小 | |

$p < .05$)、B市の保育者は小学校教師よりも特別支援教育の研修の効果を高く認識していた。

**施設の相違**　保育者は行事の参加や小学校体験によって小学校での子どもの実態や物理的環境を観察したり、特別支援教育についての研修に参加したりすることで得た情報を生かして保育・教育を実践することを評価していたのに対して、小学校教師は園から伝達された児童の情報がクラス編成や児童の指導に役立つことを評価していたと考えられる。

**自治体の相違**　小学校体験に関して、B市の保育者はA市の保育者よりも効果を高く認識していた。A市は平成26年から教職員同士の交流事業の実施を開始し、B市は平成20年度から幼保小連携教育推進校における実践を開始しており、両市はそれぞれの歴史と特徴を踏まえた取り組みをおこなっている。小学校体験の効果の認識では取り組み年数の効果がみられたことから、継続的な取り組みの必要性が示唆される。

**免許資格の相違**　幼児期と児童期の両方の免許資格を持つ小学校教師は、幼児期の教育と児童期の教育の両方の時期の免許資格を持つことで、要録に

記載された子どもの情報を園の環境と関連づけて把握するなど情報の有用性を理解しやすく、活用しやすかったことが考えられる。

**保幼小連携接続の具体的効果**
**（1）質問紙の因子分析と尺度構成**

　得られた18項目の回答について、因子分析を実施し（主因子法、プロマックス回転）、初期固有値の減衰状況、固有値、解釈可能性から4因子を抽出した。第1因子は、保幼小連携接続の観点からの日々の保育・教育の振り返りや幼児期から小学校低学年までの学びの連続性の理解などの「自己研鑽」と解釈した。第2因子は、保幼小連携接続の取り組みの評価についての教職員での話し合いや保幼小連携接続に関して同僚に助言を与えるなどの「連携の方針の共有」と解釈した。第3因子は、指導・援助の仕方の相互理解や移行期の子どもの課題の共有などの「園と小の相互理解」と解釈した。第4因子は、具体的な配慮事項に関する保護者との話し合いや早期に特別な教育的支援を必要とする子どもの相談を行うなどの「特別支援の強化」と解釈した。得られた因子パターンを Table 2-1-4 に示す。

　因子の信頼性の検討のため、各下位尺度の Cronbach の $\alpha$ 係数を求めたところ、「自己研鑽」は $\alpha = .900$、「連携の方針の共有」は $\alpha = .837$、「園と小の相互理解」は $\alpha = .818$、「特別支援の強化」は $\alpha = .795$であった。どの下位尺度も分析に必要な高い値を示した。各因子について該当する項目の平均値を算出し、下位尺度得点とした。

**（2）施設・免許資格・自治体の要因の検討**

　保幼小連携接続が保育者・小学校教師に与える具体的効果について、施設・免許資格・自治体による違いが見られるかどうかを検討するため、「自己研鑽」、「連携の方針の共有」、「園と小の相互理解」、「特別支援の強化」を従属変数として、施設（保育幼児教育施設・小学校）×免許資格（幼児期と児童期の両方・幼児期と児童期のどちらか）×自治体（2自治体）の3要因の分散分析

### Table 2-1-4　保幼小連携接続の具体的効果　因子分析結果

| 項目 | $M$ | $SD$ | F1 | F2 | F3 | F4 |
|---|---|---|---|---|---|---|
| **自己研鑽** | | | | | | |
| 長期的な視点で子どもの発達を理解できた | 2.87 | 0.68 | **.824** | － .058 | .088 | － .092 |
| 幼児期から小学校低学年までの学びの連続性を理解できた | 2.89 | 0.69 | **.758** | － .014 | .163 | － .048 |
| 幼児期（児童期）の教育を踏まえて、保育・教育課程の見直しができた | 2.60 | 0.78 | **.682** | .287 | － .242 | － .017 |
| 幼児期（児童期）の教育を踏まえて指導・援助を工夫できた | 2.94 | 0.70 | **.651** | － .054 | .067 | .204 |
| 移行期に育てたい子どもの力を理解できた | 2.90 | 0.69 | **.625** | .031 | .355 | － .148 |
| 保幼小連携接続の観点から、日々の保育・教育の振り返りができた | 2.78 | 0.90 | **.540** | .024 | － .006 | .256 |
| 保幼小連携接続について、保護者にわかりやすく説明できた | 2.51 | 0.90 | **.478** | .274 | － .061 | .153 |
| **連携の方針の共有** | | | | | | |
| 共通の指導テーマの設定や共通教材の開発ができた | 2.03 | 0.84 | － .100 | **.797** | .219 | － .215 |
| 保幼小連携接続の取り組みの評価について、教職員で話し合えた | 2.62 | 0.80 | .136 | **.740** | .003 | .006 |
| 保幼小連携接続の方針や理念を、勤務園（校）で共有できた | 2.72 | 0.84 | .057 | **.708** | .041 | .065 |
| 保幼小連携接続に関して、同僚に助言を求めたり、与えたりできた | 2.63 | 0.78 | .150 | **.538** | － .162 | .149 |
| **園と小の相互理解** | | | | | | |
| 指導・援助の仕方を互いに理解できた | 2.79 | 0.72 | － .095 | － .028 | **.787** | .224 |
| 移行期の子どもの課題を共有できた | 2.84 | 0.71 | .274 | － .053 | **.737** | － .109 |
| 保育課程・教育課程の内容を互いに理解できた | 2.54 | 0.70 | － .011 | .143 | **.671** | .047 |
| 連携する園（小学校）の保育者（小学校教師）との信頼関係が築けた | 2.65 | 0.86 | － .015 | .281 | **.316** | .192 |
| **特別支援の強化** | | | | | | |
| 子どもに対する組織的な支援ができた | 3.17 | 0.79 | － .142 | .048 | .044 | **.936** |
| 子どもの具体的な配慮事項を、保護者と話し合えた | 3.17 | 0.81 | .215 | － .179 | － .007 | **.806** |
| 早期に特別な教育的支援を必要とする子どもの相談ができた | 2.94 | 0.85 | － .054 | .139 | .202 | **.479** |

| 因子間相関 | | | F1 | F2 | F3 | F4 |
|---|---|---|---|---|---|---|
| | F1 | | － | .672 | .618 | .546 |
| | F2 | | | － | .576 | .515 |
| | F3 | | | | － | .449 |
| | F4 | | | | | － |

注）項目の記述は短縮されている。

Table 2-1-5　連携接続の具体的効果に対する認識の

| | | A市 | | | | | | | B市 | | | |
|---|---|---|---|---|---|---|---|---|---|---|---|---|
| | | 保育者 | | | | 小学校教師 | | | | 保育者 | | |
| | | 両方 | | 単一 | | 両方 | | 単一 | | 両方 | | 単一 |
| 連携接続の具体的効果に対する認識 | | M | SD | M | SD | M | SD | M | SD | M | SD | M | SD |
| 具体的効果 | 自己研鑽 | 2.74 | 0.26 | 2.80 | 0.08 | 2.40 | 0.26 | 2.52 | 0.24 | 3.06 | 0.16 | 2.99 | 0.96 |
| | 連携の方針の共有 | 2.63 | 0.34 | 2.55 | 0.10 | 2.30 | 0.30 | 2.14 | 0.26 | 2.50 | 0.19 | 2.60 | 0.11 |
| | 園と小の相互理解 | 2.92 | 0.25 | 2.77 | 0.09 | 2.45 | 0.28 | 2.68 | 0.23 | 2.73 | 0.17 | 2.64 | 0.98 |
| | 特別支援の強化 | 3.17 | 0.33 | 2.98 | 0.09 | 3.13 | 0.30 | 2.62 | 0.25 | 3.31 | 0.18 | 3.30 | 0.10 |

を実施した。結果を Table 2-1-5 に示す。

「自己研鑽」「連携の方針の共有」で施設の主効果が有意であった（$F(1,130) = 13.35$, $p < .001$; $F(1,126) = 4.57$, $p < .05$）。保育者は小学校教師よりも「自己研鑽」「連携の方針の共有」に関する効果を高く認識していた。「特別支援の強化」では、資格免許の主効果が有意であった（$F(1,143) = 4.07$, $p < .05$）。幼児期の教育と児童期の教育の両方の免許資格を持つ保育者・小学校教師は、片方のみの免許資格を持つ保育者・小学校教師よりも「特別支援の強化」に関する効果を高く認識していた。

　施設の相違　保育者は小学校教師よりも「自己研鑽」「連携の方針の共有」の効果を高く認識していた。保育者は小学校の教育への橋渡しをする立場であることの意識が強いため、連続性を軸にした保育・教育の方針を共有し評価の仕組みを話し合い、指導・援助の工夫を行うことの効果を認識しやすかったことが考えられる。

　免許資格の相違　幼児期の教育と児童期の教育の両方の時期の子どもについて学ぶ機会をもった保育者・小学校教師は、保幼小連携接続の取り組みを子どもの個性にあわせた支援を行う機会として捉えていることが示唆された。

**保幼小連携接続の具体的効果と連携接続の効果の認識との関連**

　保幼小連携接続の具体的効果と連携接続の効果の認識の相関を Table 2-1-6 に示す。

　「自己研鑽」とすべての取り組みの間には、$r = .395 \sim .583$の中程度の相関

## 平均 *(M)* と標準偏差 *(SD)* および分散分析結果

| 小学校教師 | | | | 分散分析の結果 | | | | |
|---|---|---|---|---|---|---|---|---|
| 両方 | | 単一 | | 主効果 | | | 交互作用 | |
| *M* | *SD* | *M* | *SD* | 施設 | 免許資格 | 自治体 | 自治体×施設 | 免許資格×施設 |
| 2.25 | 0.22 | 2.40 | 0.14 | 園>小 | | | | |
| 2.00 | 0.24 | 2.46 | 0.16 | 園>小 | | | | |
| 2.66 | 0.22 | 2.71 | 0.15 | | | | | |
| 3.26 | 0.22 | 2.72 | 0.16 | | 両方>片方 | | | |

## Table 2-1-6　保幼小連携接続の具体的効果と連携接続の効果の認識との相関係数

| | | 保幼小連携接続の具体的効果 | | | |
|---|---|---|---|---|---|
| | | 自己研鑽 | 連携の方針の共有 | 園と小の相互理解 | 特別支援の強化 |
| 保育者・小学校教師に対する効果 | 子どもが行事に参加・見学することによる交流 | .485** | .329** | .376** | .409** |
| | 子どもが小学校体験をすることによる交流 | .482** | .370** | .279** | .400** |
| | 年間交流計画の決定や情報交換のための打ち合わせ | .412** | .289** | .330** | .311** |
| | 指導要録・保育要録・こども要録による情報伝達 | .395** | .312** | .419** | .494** |
| | 行事への参観・参加による教職員の交流 | .446** | .346** | .540** | .306** |
| | 講演が主体となった保幼小連携接続に関する研修 | .493** | .392** | .325** | .327** |
| | 小学校教師と保育者による相互交流研修・合同研修 | .583** | .441** | .529** | .378** |
| | 授業参観・保育参観や授業・保育後の協議会への参加 | .571** | .363** | .393** | .387** |
| | 教育の連続性を意識したカリキュラムの作成 | .542** | .324** | .332** | .295** |
| | 教育の連続性を意識したカリキュラムに基づく授業・保育 | .480** | .191 | .315** | .225* |
| | 特別な教育的支援を必要とする子どもについての研修会 | .453** | .298** | .299** | .425** |

*p<.05　**p<.01
注）項目の記述は短縮されている。

がみられた。「連携の方針の共有」と連続性のあるカリキュラムに基づく保育・教育以外の取り組みの間には、$r=.289\sim.441$の小〜中程度の相関がみられた。「園と小の相互理解」とすべての取り組みの間には、$r=.279\sim.540$の小〜中程度の相関がみられた。「特別支援の強化」とすべての取り組みの間には、$r=.225\sim.494$の小〜中程度の相関がみられた。

　11の取り組みと「自己研鑽」、「連携の方針の共有」、「園と小の相互理解」、「特別支援」の強化に関する具体的効果との間に相関がみられた。保幼小連携接続の取り組みは、ある一つの取り組みが特定の効果をもたらすと認識されておらず、ある一つの取り組みが複数の効果をもたらすものとして保育者・小学校教師により認識されていたと考えられる。

## 考察

　保幼小連携接続の効果の認識は、保育者・小学校教師の所属する施設（保育幼児教育施設・小学校）や自治体の違い、取得した免許資格の種類によって異なることが示された。本研究の結果を踏まえて、保育幼児教育施設と小学校の関係性と幼児期の教育と児童期の教育の両方の知識や経験を持つ保育者・小学校教師の特性について論じる。

### 保育幼児教育施設と小学校の関係性

　OECD（2006）は、幼児期の教育と児童期の教育の間の強力で対等な連携を提言している。しかしながら、保幼小連携接続の取り組みにおいて、保育所・幼稚園・認定こども園等の保育幼児教育施設と小学校との間の不均衡な関係が存在するのではないかとの指摘がある（加藤ら, 2011）。教科教育が行われ時間割に従って同年齢の仲間集団と生活を送る小学校という制度が確立されている社会では、入学する子どもに対して、基本的生活習慣や学習する態度を身につけ人間関係を維持する力を持っている状態であることを求める考え方がある。このとき、家庭や保育所・幼稚園・認定こども園等は、このような子どもの態度や習慣、スキルを養うことを役割として求められる。そ

して、保育幼児教育施設の役割は小学校の要求を満たすことであるとの認識
に立つと、幼児期の教育と児童期の教育との対等なパートナーシップを維持
することは難しい。

　取り組みの効果の分析によると、小学校体験は幼児と保育者により効果を
もたらすものであるのに対して、要録による情報伝達は児童と小学校教師に
より効果をもたらすものであると考えられている。小学校体験は、授業の計
画実施を担当するのは小学校教師であるが、その効果は幼児や保育者が受け
取っていると認識されている。逆に、幼児を観察し重要なエピソードや発達
の観点を要録に記述するのは保育者であるが、効果を受け取るのは児童や小
学校教師であると認識されている。保育者と小学校教師の間に協力しあう関
係が存在することで連携接続が行われているとの認識が保育者と小学校教師
に存在すると推察される。

　一方、保幼小連携接続の具体的効果の分析によると、「自己研鑽」と「連
携の方針の共有」において保育者は小学校教師よりも効果を高く認識してお
り、小学校教師の方が効果を高く認識した具体的効果はない。保育者と小学
校教師の間に具体的効果の捉え方の違いがあることがわかる。このような違
いをもたらした理由の一つとして、保育所・幼稚園・認定こども園等は、小
学校入学時の子どもの姿に向かって子どもの育ちを援助するという志向が強
く、その意識が共有され、実践としても十分になされたという認識が保育者
にあることが考えられる。

　このことは、小学校の側に移行期の子どもの育ちを援助・指導するという
志向が弱いことを示している可能性もある。しかし、別の解釈として、小学
校教師は小学校 1 学年に入学した児童に対して生活や授業の中で配慮を行っ
ており、その実践は自身の専門性を高める営みであるにもかかわらず、その
内容を保幼小連携接続としては認識していないという可能性がある。つまり、
協力しあうパートナーとして連携接続に取り組んでいるが、保幼小連携接続
の定義や目的について一致しない部分があることが具体的効果の認識に影響

を与えている可能性が指摘できる。

**幼児期の教育と児童期の教育についての知識や経験**

　幼児期と児童期の免許資格を所持する保育者・小学校教師は、相互交流研修や要録がもたらす効果、特別支援の観点からみた効果をより高く認識していた。幼児期と児童期の両方の免許資格を持つ保育者・小学校教師は、片方の免許資格のみを持つ保育者・小学校教師と比較して、保幼小連携接続に求める内容が異なっていることが示唆される。

　移行期の保育・教育に関する資格として、保育士、幼稚園教師、小学校教師がある。幼児期と児童期の両方の免許資格を所持するということは、免許資格の取得を目指す時点で幼児期と児童期の子どもの育ちに興味を持っているという動機づけの違いが存在することが考えられる。また、養成校の教育により幼児期と児童期の両時期についての基礎的な知識を得ていると想定できる。さらに、両方の免許資格を所持していることで、園と小学校の間の長期派遣などの何らかの交流事業に参加しやすくなることもありうる。これらの知識や経験を持っていることが、幼児期と児童期の両方の免許資格の取得者の特徴といえる。このような理由から、幼児期と児童期の両方の免許資格を所持する保育者・小学校教師は、同僚とも保幼小連携接続のパートナーである保育者・小学校教師とも異なる視点で取り組みの効果を認識していると考えられる。

**今後の課題**

　保幼小連携接続がもたらす効果を明らかにするためには、保幼小連携接続に取り組んだ保育者・小学校教師の中で保幼小連携接続の概念や移行期の捉え方に対してどのような変化が生じたかを検討する必要がある。また、保育者や小学校教師は、幼児期の教育と児童期の教育の関係性として平等なパートナーとしての協力関係を目指しているのか、互いの教育的ニーズを満たすパートナーとして協力を求めているのか、あるいは別の形のパートーシップを想定しているのかという点の検討が求められる。さらに、ある地方自治体

における園と小学校との保幼小連携接続の取り組みは学区ごとに内容が異なり、保幼小連携接続が保育者や小学校教師の認識に与える影響も異なることが想定されるため、学区ごとの質的な相違について検討することも必要である。

## 注

(1) 本書には、連携と接続の両方に触れている箇所とどちらかのみに触れている箇所がある。しかし、用語としては保幼小連携接続で統一した。

(2) 幼児期の免許資格とは、保育士、幼稚園教諭を指す。児童期の免許資格とは小学校教諭を指す。

(3) 本書では、保育士、幼稚園教諭、保育教諭をまとめて呼ぶときには"保育者"と記載する。

(4) 保育所・幼稚園・認定こども園の保育士、幼稚園教諭、保育教諭の間に本研究で扱った指標のそれぞれについて差はみられなかったため、保育者の群としてまとめて分析を行った。

## 引用文献

ベネッセ次世代育成研究所 (2013). 第 1 回幼児期から小学 1 年生の家庭教育調査報告書　ベネッセコーポレーション

ベネッセ教育研究開発センター (2005). 義務教育に関する意識調査・報告書　ベネッセコーポレーション

Education Review Office (2015). *Continuity of learning: Transitions from early childhood services to schools.* Retrieved from http://www.ero.govt.nz/publications/continuity-of-learning-transitions-from-early-childhood-services-to-schools（2020年10月 1 日）

一前春子 (2017). 保幼小連携体制の形成過程　風間書房

一前春子・秋田喜代美 (2011). 取り組み段階の観点からみた地方自治体の幼小連携体制作り　乳幼児教育学研究, *20*, 13-26.

一前春子・秋田喜代美 (2012 a). 地方自治体の接続期カリキュラムにおける接続期とカリキュラムの比較　国際幼児教育研究, *20*, 85-95.

一前春子・秋田喜代美 (2012 b). 人口規模の観点からみた地方自治体の保幼小連携体

制作り　国際幼児教育研究, *20*, 97-110.

石田友貴（2015）.「教師が育つ」連携のあり方について－保幼小連携校園における教員の子供観・指導観変容の分析を通して　東京学芸大学教職大学院年報, *3*, 109-118.

加藤美帆・髙濱裕子・酒井朗・本山方子・天ヶ瀬正博（2011）. 幼稚園・保育所・小学校連携の課題とは何か　お茶の水女子大学人文科学研究, *7*, 87-98.

文部科学省・厚生労働省（2009）. 保育所や幼稚園等と小学校における連携事例集　文部科学省 Retrieved from http://www.mext.go.jp/a_menu/shotou/youchien/1258039.htm （2020年10月 1 日）

丹羽さがの・酒井朗・藤江康彦（2006）. 幼稚園・小学校の連携についての全国調査報告　お茶の水女子大学子ども発達教育研究センター（編）幼児教育と小学校教育をつなぐ－幼小連携の現状と課題（pp. 23-34.）　お茶の水女子大学子ども発達教育研究センター

OECD（2006）. *Starting strongII: Early childhood education and care.* Paris: OECD Publishing.

佐々木宏子・鳴門教育大学附属幼稚園（2004）. なめらかな幼小の連携教育－その実践とモデルカリキュラム　チャイルド本社

## 2-2　保幼小連携接続の効果に対する保育者・小学校教師の認識の質的分析

**要約**

　本研究の目的は、5 歳児担任保育者と小学校 1 年生担任小学校教師が体験したエピソードに基づき、保幼小連携接続の効果を質的観点から分析することである。5 歳児クラスを担任した保育者125名と小学校 1 年生を担任した小学校教師47名を対象とした質問紙調査を行い、保幼小連携接続が行われたことで子どもの行動や保育者・小学校教師自身の考え・行動等に変化があったかどうかを具体的なエピソードと共に記述するよう求めた。調査の結果から、保育者・小学校教師の認識について次の 3 点が明らかとなった。

　第一に、保育者・小学校教師の専門性に関する具体的効果の記述は「自己の変化」、「園・小間の変化」、「連携のあり方の問い直し」、「実践の評価」の 4 つの上位カテゴリーに整理できた。保育者・小学校教師ともに記述数の比率が高かったのは「自己の変化」であった。第二に、子どもに関する具体的効果の記述は、「情緒・行動の変化」、「対人態度の変化」、「環境の変化の理解」、「子どもへのマイナスの影響」の 4 つの上位カテゴリーに整理できた。保育者の記述数の比率が高かったのは「情緒・行動の変化」であった。これに対して、小学校教師の記述数の比率が高かったのは「対人態度の変化」であった。第三に、保幼小連携接続の取り組みの具体的効果において言及された取り組みは 7 種類に整理できた。専門性の向上に寄与した取り組みとして最も多く言及されていたのは、保育者と小学校教師によると「保育・授業参観」であった。これに対して、子どもの行動に変化をもたらした取り組みとして最も多く言及されていたのは、保育者によると「小学校体験」であり、小学校教師によると「子ども同士の交流活動」であった。

　保育者や小学校教師にとって、保幼小連携接続は子どもの環境移行を支え

る取り組みとして効果をもつものであったと考えられる。ただし、保育者と小学校教師が保幼小連携接続に対して共通した目的や方針を持っているかという点については、そのような認識は形成される途上であると考えられる。

## 問題と目的

　幼児期の教育と児童期の教育の円滑な接続に関する文部科学省の報告（2010）が出されてから10年以上の年月が経過し、保幼小連携接続の取り組みは全国の園・学校で行われてきた。実施された保幼小連携接続の取り組みの効果を検証する段階にあるといえる。

　保育者と小学校教師がもつ園から小学校への移行への期待や保幼小連携接続の取り組みに対する認識については、国際的に研究が行われてきた。園から小学校への移行への期待に関する認識に焦点をあてた研究としては、Chan（2012）がある。Chan（2012）は、小学校教師は教室でよくふるまうことを期待するが、幼稚園教師は小学校が子どもの発達的ニーズや個人差に注意を払うことを期待していると指摘している。保幼小連携接続の取り組みに対する認識についての研究としては、Cassidy（2005）がある。就学前施設からの文書による情報は、子どもの発達の社会的、運動、認知的側面を描写するものであるが、小学校教師が優先する内容は集団行動の可否といった観点からの子どもの行動にあるため、欲しい情報と得られる情報に落差があるという。

　しかしながら、これらの研究は保幼小連携接続の効果についての保育者と小学校教師の認識には言及していない。一前・秋田・天野（2018）は、保幼小連携接続の効果について保育者・小学校教師がどのように捉えているのかを質問紙によって検討しているが、体験した経験のエピソードに基づき効果を質的観点から分析した研究ではない。そこで、本研究は5歳児担任保育者と小学校1年生担任小学校教師が体験したエピソードに基づき、保幼小連携接続の効果を質的観点から分析することを目的とする。

# 方法

## 調査協力者

　保幼小連携接続に積極的に取り組んでいる関東圏の地方自治体 A 市、B 市の保育所・幼稚園・認定こども園において過去 3 年以内に 5 歳児クラスを担任した保育者125名（A 市66名、B 市59名）と小学校 1 年生を担任した小学校教師47名（A 市13名、B 市34名）。A 市において調査の協力を得た保育所・幼稚園・認定こども園は17園、小学校は 4 校、B 市において調査の協力を得た保育所・幼稚園は13園、小学校は 9 校であった。

## 調査項目

　保幼小連携接続が行われたことで、子どもの行動や保育者・小学校教師自身の考え・行動等に変化があったかどうかを具体的なエピソードと共に記述するよう求めた。

## 手続き

　質問紙は保育園・幼稚園・認定こども園・小学校を通じて配布した。また、質問紙と共に返送用の封筒を配布した。回収方法は、保育園・幼稚園・認定こども園・小学校にて回収し、そこから調査実施者に返送する方法を用いた。いずれの場合にも質問用紙は封筒に封入され、個人の回答内容が回答者以外の目に触れることがないよう配慮した。

## 調査実施時期

　質問紙調査は2016年 1 月～ 2 月に実施した。年間の保幼小連携接続の体験を振り返り回答することができるようこの時期を選定した。

## 倫理的配慮

　質問紙調査は、筆頭発表者の所属機関の研究倫理審査委員会の承認を受けて実施した（承認番号 KWU-IRBA#15087）。

## 分析手順

　データ分析については、佐藤（2008）を参考にした。

　第一に、自由記述について、意味内容が 1 つの命題に言及している文
（節・句）に区分した。保育者・小学校教師の専門性の向上に関する具体的効
果を記述した135の文（節・句）、子どもの行動に関する具体的効果を記述し
た106の文（節・句）を分析対象とした。

　第二に、意味内容が共通もしくは類似する語句に注目して、それらを分類
したカテゴリーを生成した。保育者・小学校教師の専門性の向上に関する具
体的効果として 8 カテゴリー、子どもの行動に関する具体的効果として 6 カ
テゴリーを生成した。

　第三に、意味内容が類似するカテゴリーに注目し、複数のカテゴリーにあ
てはまるような上位カテゴリーを抽出した。保育者・小学校教師の専門性の
向上に関する具体的効果として 4 つの上位 4 カテゴリー、子どもの行動に関
する具体的効果として 4 つの上位カテゴリーを生成した。

## 結果と考察

　保幼小連携接続の取り組みの具体的効果に関する記述の総数は241（保育
者202、小学校教師39）であった。これらの記述を、保育者・小学校教師の専
門性の向上に関する記述と子どもの行動の変化に関する記述に分類した
（Table 2-2-1）。

### 保育者と小学校教師の専門性の向上

　保育者・小学校教師の専門性に関する具体的効果の記述は「自己の変化」、

**Table 2-2-1　保幼小連携接続の具体的効果の記述数と比率（%）**

| | 保育者・小学校教師の専門性の向上 | | | | 子どもの行動の変化 | | | | |
| | 自己の<br>変化 | 園・小間<br>の変化 | 連携の<br>あり方 | 実践の<br>評価 | 情緒・行<br>動の変化 | 対人態度<br>の変化 | 環境の変<br>化の理解 | マイナス<br>の影響 | 計 |
|---|---|---|---|---|---|---|---|---|---|
| 保育者 | 56<br>(27.7) | 29<br>(14.4) | 15<br>(7.4) | 6<br>(3.0) | 72<br>(35.6) | 15<br>(7.4) | 6<br>(3.0) | 3<br>(1.5) | 202<br>(100) |
| 小学校教師 | 19<br>(48.7) | 5<br>(12.8) | 2<br>(5.1) | 3<br>(7.7) | 2<br>(5.1) | 8<br>(20.5) | 0<br>(0.0) | 0<br>(0.0) | 39<br>(100) |

「園・小間の変化」、「連携のあり方の問い直し」、「実践の評価」の4つの上位カテゴリーに整理できた（Table 2-2-2）。

　保育者・小学校教師共に、最も記述の比率が高かったのは「自己の変化」、次いで「園・小間の変化」であった。保育者・小学校教師自身の変化と比較して、園と小学校間の変化の認識は生じにくかった。

　**4つの上位カテゴリーの内容**　「自己の変化」には、「実態の理解」、「振り返りと学び」、「実践の改善」、「保護者への情報公開」の4つの下位カテゴリーが含まれる。「実態の理解」とは、保育者は児童の、小学校教師は幼児の学校園での様子を深く理解することである。「振り返りと学び」とは、保育者は小学校の、小学校教師は園の環境を理解し、その上で、自分の実践を振り返ることである。「実践の改善」とは、互いの学びの環境を理解した上で、指導・援助の方法や保育・教育課程の見直しを行うことである。「保護者への情報公開」とは、より多くの情報や自信をもって保護者と子どもの情報を共有し話し合うことである。

　「園・小間の変化」には、「学びや課題の共有」、「信頼関係の形成」の2つの下位カテゴリーが含まれる。「学びや課題の共有」とは、保育者と小学校教師が相互に情報や考え方を共有し、それをもとに実践に反映させることである。「信頼関係の形成」とは、連携接続の相手校園への信頼や親近感が増し、意見交換のしやすさが生じた状態である。

　「連携のあり方の問い直し」とは、保幼小連携接続の概念や保育者と小学校教師の関わりに関する問いをたてることである。「実践の評価」とは、保幼小連携接続の実践の内容や方法についての課題や改善点の洗い出しである。

　「実態の理解」、「振り返りと学び」、「学びや課題の共有」に保育者も小学校教師も言及していた。このことから、保育者と小学校教師は幼児期の教育あるいは児童期の教育についての知識を得てそれが自分の実践とどのように関係を持つのかを理解する点では同様の効果を得ているといえる。また、両者が知識や理解を得ることが自分自身だけのことだけではなく、連携接続の

## Table 2-2-2　保育者・小学校教師の専門性に関する保幼小連携接続の具体的効果の記述例

| 上位カテゴリー | カテゴリー | 具体的な記述例 | 回答記述数(%) 保幼 | 回答記述数(%) 小 |
|---|---|---|---|---|
| 自己の変化 | 実態の理解 | 大人の目や関わりが減るので、友人関係の大切さを知る。また、子ども自身からの気持ちや言葉を表すことが大事になっていく必要がある［保幼］。 | 5 (4.7) | 7 (24.1) |
| | | 保幼は、保育者が常に一緒にいることがわかり、小学校 1 年生からは少しずつ子どもから離れて、子どもだけでできる事が増えていくことがわかった。［小］ | | |
| | 振り返りと学び | 講演会を聞いた後、小学校の先生方との協議会に参加し、1 年生の様子（つまずいていること、できていること、保護者の姿や意見）の話を聞けたことで、子ども園で積み重ねておくべきことや、年長時に自信をつけさせておくべきことがわかった。［保幼］ | 21 (19.8) | 11 (37.9) |
| | | 幼稚園の運動会の予行を見学させていただいたが、小学校の運動会の規模の大きさから、入学 2 か月目の 1 年生がどんなに頑張ったかが分かり、「もっと、ほめてあげればよかった。」と反省した。［小］ | | |
| | 実践の改善 | 小学校見学等や、小学校教師の話を聞いたこと等により、就学後のことを考え保育計画を立てることができた（就学後の姿をイメージして）。［保幼］ | 24 (22.6) | 1 (3.4) |
| | | 小学校生活に向けて、子どもたちが自信を持っていけるように保育にも当たれた。反面、小学校へ行くための保育にならないようにも配慮した。［保幼］ | | |
| | | 入学前の子どもの小学校生活に対する不安を軽減するばかりでなく、小学生にとっても、わかりやすく伝える工夫を考えたり、思いやりの気持ちを育むきっかけになったことを実感した。［小］ | | |
| | 保護者への情報公開 | 小学校一年生の授業内容、進め方を知ったことで保護者の方に伝えられたことが良かった。書き順がわからなくなるので、無理にひらがなを覚えさせない方がいいことや、知っていることがありすぎても授業にあきてしまうことがある等。［保幼］ | 6 (5.7) | 0 (0.0) |
| | | 保護者からの就学についての不安など相談を受けた際にも、今までは、具体的なイメージを私自身もっていなかったところもあったが、見通しをもって、アドバイスや話をすることが少しずつ出来るようになった。［保幼］ | | |
| 園・小間の変化 | 学びや課題の共有 | 小学校の先生に見学に来ていただく事で、実際に幼稚園でどのような過ごし方をしているのか、又、どのくらいの事ができているのかを理解していただいた様子。「いろいろなことができ、プライドを持って進学していく」という事が伝わった様子だった。［保幼］ | 25 (23.6) | 5 (17.2) |
| | | 入学前だけでなく、入学後しばらくたってから、幼稚園教諭、保育士から話をきけたことが良かった。小学校教師にとっては、幼児時代より成長していることがわかり、今までの実践を振り返ることができた。また、未だ学校生活では見せていないその子の良さを知ることもでき、学校でも良い面を伸ばしてやりたいと今後の指導のあり方を見直すきっかけとなった。［小］ | | |
| | 信頼関係の形成 | 園生活の中では、絵を描くことが苦手でいた子が、就学支援シートの提出や、小学校教師との情報交換により、その子に合った対応をしてもらい、好きなキャラクターの絵や似顔絵を描いて届けに来てくれた時は、とても嬉しかった。同時に、一人ひとりに合った対応をしてもらい、成長を感じられる事ができ、改めて連携ができていてよかったと思った。［保幼］ | 4 (3.8) | 0 (0.0) |
| | | 小学校の先生と話をしたり、関わることで学校との距離が縮まり、話しやすくなった。その事で、これから学校に行く子ども達や、卒園児の情報を共有したり、保護者の情報なども話すことで一人ひとりに合った関わりもあったので連携してよかったと思う。［保幼］ | | |
| 連携のあり方の問い直し | 園と小の関係性の省察 | 保幼小で集まって話し合いをした時に、それぞれの立場からの視点を感じられた。子どもを見守る目に違いを感じし、その溝も埋められないものが…とも思う。小学校までに何を経験してほしいのか、小学校のどんな情報を知りたいのか、相互に話をする機会が増やせると、また新たな考えが出てくるのではないかと思う。［保幼］ | 15 (14.2) | 2 (7.0) |
| | | 連携は重要だと考えるが、受け入れる小学校側では事前の準備、計画、子どもへの指導にかなりの時間を必要とし大変だった。日々の学習活動と並行して進めていく訳には、労力に見合った効果が得られたようには感じられなかった。［小］ | | |
| 実践の評価 | 連携実践の省察 | 小学校の先生と一緒の研修、交流会は 1 度あったが、1 度だけでは話しきれないことが多く、継続的にできる方がよいと感じる。お互い（職員同士）が、もっと親しくなることで、子どもの姿や支援の仕方なども話しやすくなると思う。［保幼］ | 6 (5.7) | 3 (10.3) |
| | | 保育園、幼稚園との引き継ぎ事項は、1 年生の学級編成を行う上で非常に重要になってくる。公立の園は比較的詳しく情報を提供してくれるが私立はそうではない。公立と私立とで隔たりがあるように感じている。［小］ | | |
| | 計 | | 106 (100) | 29 (100) |

相手校園の保育者や小学校教師も同様であるという認識も得ていたといえる。一方、「実践の改善」「保護者への情報公開」、「信頼関係の形成」は、ほぼ保育者のみの言及であった。このことから、連携接続の相手校園から得た知識や理解を元に自分自身の保育の実践、保護者との接し方、小学校教師との関係性の認識の変化にまで至ったのは、保育者側であったといえる。「園と小の関係性の省察」と「連携実践の省察」については、保育者と小学校教師が共に言及していた。このことから、保幼小連携接続の実践について現行の実践では不十分だという認識、保育者と小学校教師の保幼小連携接続に対する視点が異なることの危惧、歩み寄りの可能性への懸念を抱いている保育者や小学校教師がいることがわかる。

## 子どもの行動の変化

　子どもに関する具体的効果の記述は、「情緒・行動の変化」、「対人態度の変化」、「環境の変化の理解」、「子どもへのマイナスの影響」の 4 つの上位カテゴリーに整理できた（Table 2-2-3）。

　子どもの行動の変化において最も記述の比率が高かったのは、保育者の記述では「情緒・行動の変化」であり、5 歳児が小学校に向けての期待や意欲も持つことであった。これに対して、小学校教師の記述では「対人態度の変化」であり、児童が異年齢の子どもと積極的に関わりを持つことであった。

　**4 つの上位カテゴリーの内容**　「情緒・行動の変化」には、「小学校への期待」、「成長の見通し」の 2 つの下位カテゴーが含まれる。「小学校への期待」は 5 歳児が小学校への意欲や憧れを持ち、新しい環境への不安が減少することである。「成長の見通し」は、児童の行動や小学校の環境を知ることで、自分の能力を高めたいという気持ちを持つことである。

　「対人態度の変化」には、「異年齢との交友」、「同年齢との交友」の 2 つのカテゴリーが含まれる。「異年齢との交友」は、異なる年齢の相手に対する発言や態度について考え、その考えを実行することである。「同年齢との交友」とは、異なる保育幼児教育施設に属する幼児と共に活動することで、子

## Table 2-2-3　子どもの行動の変化に関する保幼小連携接続の具体的効果の記述例

| 上位カテゴリー | カテゴリー | 具体的な記述例 | 回答記述数(%) 保幼 | 回答記述数(%) 小 |
|---|---|---|---|---|
| 情緒・行動の変化 | 小学校への期待 | 小学校に対して不安を持っていた子が実際に小学校見学に行ったことで「小学校って楽しそう」「給食、いい匂いがしておいしそう」などと話をして期待を持っている姿が見られていた。[保幼] | 67 (69.8) | 2 (20.0) |
| | | 就学前に小学校の行事に参加したり、学校見学をすることで、入学することへの不安がうすれ、期待がふくらむようになる。保育園で一緒だった子が、とても立派で頼もしく見えることで憧れにもつながる。[保幼] | | |
| | | 小学校訪問で授業の様子を見せてもらったり、給食体験をしたりしたことで、小学校生活のイメージをもつことができた。訪問後には、学校ごっこの遊びをするなどし、期待をふくらませる姿が見られた。[保幼] | | |
| | | 小学校の見学と秋祭りの参加（教わりながら制作したり遊んだりする）、給食を食べる経験などさせていただくことで、幼児は「小学校は勉強、遊び（の学習）、皆で同じ食事を楽しむなど、いろいろなことができる場である」ということを実体験し、就学への期待が大きくもてた。[保幼] | | |
| | 成長の見通し | 小学校の発表会の練習を見せていただいたことがあり、同じ題材だったこともあり、小学生の劇に感動し、それを目指そうという意欲が高まった。[保幼] | 5 (5.2) | 0 (0.0) |
| | | 子ども達も、しっかりしようという意識がめばえ、自分でいろいろなことを最後までやりとげようという気持ちへとつながっていた。[保幼] | | |
| | | 勉強に対する不安感など減っていき、逆に「勉強を頑張りたい」という思いの声が多く聞かれた。[保幼] | | |
| 対人態度の変化 | 異年齢との交友 | 5年生と交流を一年間行うことで、就学した時に顔見知りがいて安心感をもったり、高学年に頼れるという気持ちがもてるようになっている。[保幼] | 12 (12.5) | 8 (80.0) |
| | | 小学校の児童と遊んだり、遊ぶ中でルールややり方を教えてもらったりする経験から、園に戻った際に年中、少組に優しく教えてあげる等、やってもらって嬉しかったことを年下の子に返してあげる姿が見られた。[保幼] | | |
| | | 「大好きなお兄さんを見つけた！」と、現5年生の児童に親しみを感じていた。[保幼] | | |
| | | 交流活動を経験して、年下の子どもにわかる話し方をしなければならないことに気がついたようでした。[小] | | |
| | | 「ふれあいまつり」という秋の校内のイベントの後に、1年生が木の実で作るおもちゃ作りに年長を招待し、作り方を教えた。この体験から年下の子へやさしく教える態度が見られた。[小] | | |
| | | 学校行事の中で、園児が来校し、1年生がどんぐりごまやマツボックリで作るツリーの作り方等を教える交流があった。自分より年齢の低い園児に優しく接したり、上手に作っている園児や一生懸命やっている園児等、ほめたり、はげましたりするなど、気配りが見られるようになった。[小] | | |
| | | 5年生と年長児とのいね刈り体験や、学校案内を行うことで、入学した際の兄弟学年の児童同士となり、入学後、スムーズに活動に入れる。また、「知っているお兄さん、お姉さんがいる」と、安心感につながっている。[小] | | |
| | 同年齢との交友 | 幼稚園との交流の中では同い年に負けたくないという思いで（運動会終了後の交流では）、それぞれが頑張ったり、クラスが1つになり、みんなで楽しんだり、1つになる姿があり、とても刺激になりよかった。[保幼] | 3 (3.1) | 0 (0.0) |
| | | 何回も幼稚園児とともに交流することで、名前を覚え、友達の意識を持っていた。[保幼] | | |
| 環境の変化の理解 | 環境への気づき | 子ども達自身が、小学校の教室、廊下、トイレ、授業の様子（1人ひとつのつくえ、イスにつく）を見たことで、小学校へのイメージがもてていた。[保幼] | 6 (6.3) | 0 (0.0) |
| | | 年長児が小学校見学をすることで、学校の広さ、大きさ等は実感できたのではないかと思う。[保幼] | | |
| 子どもへのマイナスの影響 | 情緒的ストレス | 授業参観や交流を行うことで、（「小学校に行く」「小学校はこういう場所」という具体的なイメージをもつことができた。）反面、先生の言葉づかいや指示の仕方の違い（小学校教師と保育者）に、戸惑いを感じる幼児の姿もあった。[保幼] | 3 (3.1) | 0 (0.0) |
| | | 小学校へ行って交流する事で、期待がふくらむ子もいたが、負担になる子もいたので、交流の仕方をもっと考えていけるとよいのではないかと思う。[保幼] | | |
| | | いい面もたくさんあるが、その反面、小さな変化や普段と違うことに弱い子は不安や緊張がかなりあり、おちつかなくなってしまうことがあった。[保幼] | | |
| | 計 | | 96 (100) | 10 (100) |

どもの世界が広がることである。

　「環境の変化の理解」とは、園とは異なる小学校の物理的環境や雰囲気についてイメージを持てることである。「子どもへのマイナスの影響」とは、保幼小連携接続の実践が子どもに対して同様や戸惑いをもたらしたことを指す。

　「小学校への期待」、「成長の見通し」、「異年齢との交友」、「同年齢との交友」、「環境への気づき」への記述から、保育者の観察による 5 歳児は、小学校という新しい環境を知り自分が成長することや小学校で学ぶことへの意欲が増し、異年齢・同年齢との子どもと仲良くなることで対人関係の広がりを経験していた。しかしながら、「情緒的ストレス」にみられるように、保幼小連携接続の実践を負担に思う子どもがいることが指摘されている。一方、「成長の見通し」「同年齢との交友」「環境への気づき」「情緒的ストレス」に対する小学校教師の言及はなく、小学校教師の観察による児童の変化は、小学校 1 年生の小学校に対する不安が和らいでいること、また園児と交流をした児童が年下の子どもに対してのふるまいを学び、対人態度を変化させていることであった。

**保幼小連携接続の具体的効果をもたらした取り組み**

　保幼小連携接続の取り組みの具体的効果において言及された取り組みの記述の総数は165（保育者140、小学校教師25）であった。これらの取り組みは 7 種類に整理できた（Table 2-2-4）。

Table 2-2-4　効果のある連携接続の実践として具体的に言及された取り組みの数と比率（%）

| | 保育者・小学校教師の専門性の向上 | | | | | | 子どもの行動の変化 | | | | | |
| | 保育・授業参観 | 情報交換 | 研修・協議会 | 交流活動 | 小学校体験 | 行事参観 | 交流活動 | 小学校体験 | 行事参観 | 授業体験 | 情報交換 | 合計 |
|---|---|---|---|---|---|---|---|---|---|---|---|---|
| 保育者 | 22 (15.7) | 10 (7.1) | 12 (8.6) | 2 (1.4) | 6 (4.3) | 1 (0.7) | 19 (13.6) | 53 (37.9) | 7 (5.0) | 8 (5.7) | 0 (0.0) | 140 (100) |
| 小学校教師 | 4 (16.0) | 3 (12.0) | 2 (8.0) | 3 (12.0) | 0 (0.0) | 1 (4.0) | 7 (28.0) | 1 (4.0) | 3 (12.0) | 0 (0.0) | 1 (4.0) | 25 (100) |

　7種類とは、「保育・授業参観（保育者・小学校教師）」、「情報交換（保育者・小学校教師）」、「研修・協議会（保育者・小学校教師）」、「交流活動（子ども）」、「小学校体験（子ども）」、「行事参観（子ども）」、「授業体験（子ども）」である。

　「保育・授業参観（保育者・小学校教師）」「情報交換（保育者・小学校教師）」「研修・協議会（保育者・小学校教師）」は保育者と小学校教師の交流や相互理解を主な目的とした取り組みである。「交流活動（子ども）」「小学校体験（子ども）」「行事参加（子ども）」「授業体験（子ども）」は幼児と児童の交流や、小学校の環境の体験を主な目的とした取り組みである。

　「保育・授業参観（保育者・小学校教師）」には、保育見学、保育参観、園参観、授業見学、学校見学、授業参観、公開授業、幼稚園への出前授業等の記述が含まれる。「情報交換（保育者・小学校教師）」には、打ち合わせ、就学支援シート、学校と園の情報交換、情報交換会、年間計画の決定等の記述が含まれる。「研修・協議会（保育者・小学校教師）」には、研修、協議会、職員合同研修、幼・保・小・中・合同研修会等の記述が含まれる。

　「交流活動（子ども）」には、幼稚園との交流、1年生との交流、小学校との交流、定期的な交流、5年生との交流、交流体験、交流活動、5年生とのペア活動等の記述が含まれる。「小学校体験（子ども）」には、小学校体験、小学校見学、小学校訪問、施設見学、小学校のプール使用、給食体験等の記述が含まれる。「行事参加（子ども）」には、避難訓練、小学校発表会、小学校行事、音楽会見学、小学校運動会、秋祭りの参加等の記述が含まれる。「授業体験（子ども）」には、授業見学、授業体験、授業参観、ミニ授業体験等の記述が含まれる。

　専門性の向上に寄与した取り組みとして最も多く言及されていたのは、保育者によると「保育・授業参観（保育者・小学校教師）」、次いで「研修・協議会（保育者・小学校教師）」であった。小学校教師によると、「保育・授業参観（保育者・小学校教師）」、次いで「情報交換（保育者・小学校教師）」であった。

保育者と小学校教師は、保育・授業参観、情報交換、研修・協議会等の取り組みによって、自分自身の専門性の向上を認識していた。それに加えて、子ども同士の交流や小学校体験等の子どもに向けた取り組みによっても、実践者の専門性の向上が生じたとの認識を得ていた。

　子どもの行動に変化をもたらした取り組みとして最も多く言及されていたのは、保育者によると「小学校体験（子ども）」であり、小学校教師によると「交流活動（子ども）」であった。子どもの行動の変化については、保育者の観察による5歳児は、小学校体験によって安心感を得ており、交流活動によって仲間関係を拡大していた。小学校教師の観察による児童は、交流活動によって異なる立場や環境にある他者との関わり方を獲得していた。

## 考察

　保育者と小学校教師の保幼小連携接続の取り組みに対する具体的効果として専門性の向上と子どもの行動の変化の2点が認識されていることが明らかとなった。以下の考察では、保幼小連携接続の効果と課題および長期的な保幼小連携接続の効果について考察する。

### 保幼小連携接続の効果と課題

　保育者や小学校教師にとって、保幼小連携接続は子どもの環境移行を支える取り組みとして効果をもつものであったと考えられる。子どもの情緒的な動揺を軽減する、新しい環境への親近感を高める、保育者と小学校教師が協働して子どもの成長をサポートする、保護者に情報を公開するといったことが効果として挙げられていた。これは、子どもの社会・情緒的ウェルビーイングへの支援や学校にアクセスしやすいよう保護者に対して学校が開かれていること（Fabian & Dunlop, 2007）に相当する。

　保育者と小学校教師が保幼小連携接続に対して共通した目的や方針を持っており、保幼小連携接続が「出会いの場（Moss, 2013）」として認識されているかという点については、そのような認識は形成される途上であると考えら

れる。理由としては、「園・小学校間の変化」よりも「自己の変化」の記述
数の比率が高く、保育者と小学校教師の協働の認識は多数とはいえなかった
ことや、「連携のあり方の問い直し」において保育者と小学校教師の視点の
違いが歩み寄り困難なものとして指摘されていたことが挙げられる。

　保幼小連携接続を進めていくにあたり、自治体レベルでの保幼小連携接続
の方針や理念は存在するが、具体的な取り組みについては園や小学校の裁量
が大きい。保幼小連携接続に取り組みながら各園や小学校が独自の方針や取
り組み内容を決定していくことが期待されている。個々の園や小学校で保幼
小連携接続のあり方を共に考えていくためには継続的な保幼小連携接続の取
り組みが必要であるが、「実践の評価」の記述にみられるように、現実には
継続的に連携接続を続けていくことが困難であり、意識の共有化や歩み寄り
ができていないことが課題となっている。

**長期的な保幼小連携接続の効果**

　ペア活動といった名称で呼ばれる幼児と児童の交流活動は、長期的な効果
をもつと考えられる。ペア活動はしばしば5歳児と小学校5年生との間で行
われるよう設計されている。5歳児が小学校に入学したときに、交流経験の
ある児童が6年生として在学していることになる。

　このような活動には、主に2つの効果がある。第一の目的は、小学校入学
前には、幼児の小学校という環境への不安を軽減すること、小学校入学後に
は幼児が困ったときに頼れる上級生がいるという感覚を持って小学校生活を
送れることである。第二の効果は、幼児と児童が何らかの活動を共にして異
なる年齢の相手との会話や活動を体験することで、異なる文化や立場の他者
を理解することである。「異年齢との交流」の記述によると、交流を経験す
ることで、5歳児は年上の友達と知り合うというだけではなく、年下の子ど
もとの関わり方を学んでもいる。

　子どもは小学校で社会的・学業的ストレスを経験していることが指摘され
ている（Wong, 2016）。保護者や小学校教師がそのような子どもの支援を主に

担うとしても、子どもにとって親しみのある上級生の存在もストレスの軽減
に効果的であると考えられる。実際にペア活動をした上級生がいない小学校
に進学したとしても、「年上のお兄さんお姉さん」が自分にわかりやすいこ
とばで話しかけてくれたり遊んでくれたりする存在だという認識を持つこと
自体が効果的である可能性がある。

**今後の課題**

　保幼小連携接続の取り組みは園で行われるもの、小学校で行われるもの、
戸外の共有の場所で行われるもの、自治体レベルで会場を準備して行われる
もの（講演会、研修）がある。現在行われている保幼小連携接続の取り組み
では、小学校体験や授業体験など小学校で実施される取り組みの数が多く、
「連携のあり方の問い直し」において、受け入れる小学校側の準備、計画、
子どもへの指導にかなりの時間を必要としたとの記述がみられた。保幼小連
携接続が重要だとしても、保育者や小学校教師への負担が大きくては継続的
な保幼小連携接続の実践は困難である。実践可能な取り組みを取捨選択して
いくことも今後の保幼小連携接続には必要となる。すべての園や学校が同じ
取り組みを進めるのではなく、園や小学校の現状を踏まえた多様な保幼小連
携接続の実践が求められる。

**引用文献**

Cassidy, M. (2005). 'They do it away': A study of primary 1 teachers' perceptions of children's transition into primary education. *Early Years, 25,* 143-153.

Chan, W. L. (2012). Expectations for the transition from kindergarten to primary school amongst teachers, parents and children. *Early Child Development and Care, 182,*639-664.

Fabian, H., & Dunlop, A. (2007). *Outcomes of good practice in transition processes for children entering primary school.* Retrieved from University of Strathclyde website: http://strathprints.strath.ac.uk/43857/1/AlineDunlop1.pdf（2020年10月1日）

一前春子・秋田喜代美・天野美和子（2018）．保幼小連携の効果に対する保育者・小学校教諭の認識―施設種・免許資格・自治体の観点から　国際幼児教育研究, *24*, 45-58.

文部科学省（2010）．幼児期の教育と小学校教育の円滑な接続の在り方について（報告）文部科学省　Retrieved from: https://www.mext.go.jp/component/b_menu/shingi/toushin/__icsFiles/afieldfile/2011/11/22/1298955_1_1.pdf（2020年10月1日）

Moss, P.（2013）．The relationship between early childhood and compulsory education: A properly political question. In P. Moss（Ed.）, *Early childhood and compulsory education: Reconceptualising the relationship*（pp. 2-49）. London: Routledge.

佐藤郁也（2008）．質的データ分析法―原理・方法・実践　新曜社

Wong, M.（2016）．A longitudinal study of children's voices in regard to stress and coping during the transition to school. *Early Child Development and Care, 186*, 927-946.

# 第3章　保育者・小学校教師の振り返りにみる連携接続の取り組みの持続・変化の要因

**要約**

　本研究の目的は、継続的に保幼小連携接続に取り組んでいる園・学校における、保育者と小学校教師の保幼小連携接続の捉え方の特徴について分析し、保育者・小学校教師の保幼小連携接続の捉え方と保幼小連携接続の取り組み内容の変化との関連について検討することである。研究協力者は、保育幼児教育施設に所属する保育者13名と小学校に所属する教師3名であった。施設ごとに半構造化グループ・インタビューを実施した。「よく機能している保幼小連携接続の工夫」「保幼小連携接続があまり機能しなかった要因」「保幼小連携接続の経験を通して自身が学んだこと」の質問を行い、調査協力者の回答に対してさらに質問を行った。

　最初に、語り手の発言内容に注目して、事例をトピックごとに分類したところ、4つのトピックがみられた。4つのトピックとは、「交流の位置づけ」、「子どもの学びの見取り方」、「組織の職務や分担」、「園や小学校の生活時間」であった。「園や学校の生活時間」を除く3つのトピックにおいて、園と小学校の違いや保幼小連携接続の取り組みの課題とともに教育の共通性への気づきや同じ視点による子どもの見取り方への発言がみられた。

　次に、保幼小連携接続の取り組み内容が変化した事例から、変化を生じさせた要因を考察した。取り組み内容の変化は、保幼小連携接続を担当する保育者・小学校教師の主体的な働きかけによって生じたものであった。また、園と小学校の両方の交流の目標への理解、教育のねらいの共通性への理解、同じ地域内の保育者・小学校教師への信頼が、保育者・小学校教師の行動を

促進する要因として機能していることが示唆された。

## 問題と目的

　多くの子どもは、家庭から園への移行に続き、園から小学校への移行を経験する。幼児期から児童期への子どもの移行の支援の重要性については様々な国と地域で指摘されている（Huser, Dockett, & Perry, 2016; OECD, 2017）。遊びを主とした幼児期の教育から教科教育が主となる児童期の教育への変化に不安や当惑を感じる子どもの心理的緊張を和らげるための支援や、子どもが自分の能力を発揮する場として新しい環境を受け入れるための支援が必要であるとの認識が高まっているといえる。

　このような移行期の子どもとその保護者に対して、保育幼児教育施設、小学校、地方自治体等により行われる支援の取り組みは、保幼小連携接続と称されている。保幼小連携接続の取り組みの主なものは、幼児と児童の交流や保育者と小学校教師間の子どもの情報の伝達、移行期のカリキュラム作成、保幼小連携接続に関する講演会の実施などである。保幼小連携接続の方針および取り組みの枠組みは、国・自治体レベルで示されその地域にある園・学校で共有されているが、取り組みの詳細や方法は園・学校に任されており、様々な実践事例が報告されている（東京学芸大学附属幼稚園竹早園舎・東京学芸大学附属竹早小学校・東京学芸大学附属竹早中学校, 2018; 広島人学附属三原学校園, 2018）。そして、このような保幼小連携接続の取り組みは、子どもの移行を支援する効果をもたらすことが示されている（一前・秋田・天野, 2017）。

　効果のある支援を実施するためには、何の取り組みが園・学校で行われているかだけではなく、どのように保育者や小学校教師が保幼小連携接続の取り組みを振り返り、取り組み内容を地域の子どもの実態にあわせて変化させているのかを明らかにすることが求められる。

　園と小学校という異なる文化に属する保育者と小学校教師が保幼小連携接続の取り組みや保育者と小学校教師との関係性についてどのように考えてい

るのかを検討した研究にBoyle & Petriwskyj（2014）やKarila & Rantavuori（2014）がある。Karila & Rantavuori（2014）は、保育者と小学校教師の考え方には、1）子どもを支援する方法について提案する、2）課題の目的を明確にしようとする、3）共通の視点から子どもを理解しようとする意図をもつ、の3つの枠組みがみられることを指摘した。

　また、Boyle & Petriwskyj（2014）は、保育者と小学校教師の考え方に、1）対等ではない関係から協議を行う対等な関係であるという考え方をもつようになる、2）信頼の態度やリーダシップが保育者と小学校教師の関係性を保つ要因であるとみなすようになる、3）園と小学校が異なる文化を持つことを受け入れ、協働して移行の方法を発展させることで小学校への移行の連続性を支えることができると考えるようになる、などの変化がみられることを報告した。そして、保育者や小学校教師が話し合いの機会を持つことを政策レベルで促進することが必要だとしている。

　これらの研究のように、異なる文化をもつ保育者と小学校教師が保幼小連携接続という取り組みをどのように理解しているのか、またその理解と保幼小連携接続の取り組み内容の改善に関連があるのかを分析することは、移行期の子どもの円滑な移行を支援する保幼小連携接続のあり方を考える上で重要であると考えられる。

　そこで、本研究は継続的に保幼小連携接続に取り組んでいる園・学校における、保育者と小学校教師の保幼小連携接続の捉え方の特徴について分析し、保育者・小学校教師の保幼小連携接続の捉え方と保幼小連携接続の取り組み内容の変化との関連について検討することを目的とする。

## 方法

### 調査協力者

　自治体Ⅰ市の3保育幼児教育施設（A保育園・B幼稚園・C認定こども園）に所属する10名の保育者、自治体Ⅱ市のD幼稚園に所属する3名の保育者、自

治体 II の E 小学校に所属する教師 3 名であった。内訳は、A 保育園 4 名、B
幼稚園 3 名、C 認定こども園 3 名、D 幼稚園 3 名、E 小学校 3 名であった。
いずれの園・学校においても、調査協力者は管理職 1 名と保幼小連携接続の
取り組みを調査時点かそれ以前に経験した保育者・小学校教師であった。

**調査時期**

　2017 年 7 月〜10 月に実施した。

**調査手続き**

　保幼小連携接続は、取り組みの計画と実施、連携相手校との連絡調整、担
当同士の引継ぎなど複数の関係者が関わる取り組みであるため、取り組みの
実態を聞き取れるように、施設ごとに半構造化グループ・インタビューを実
施した。インタビューでは、「保幼小連携接続の取り組み内容」、「よく機能
している保幼小連携接続の工夫」、「保幼小連携接続があまり機能しなかった
要因」、「保幼小連携接続の経験を通して自身が学んだこと」について質問を
行い、調査協力者の回答に対してさらに質問を行った。インタビュー 1 回の
平均時間は 1 時間20分であった。園長および小学校校長と協力者本人からイ
ンタビュー調査の承認を得た。

**倫理的配慮**

　インタビュー・調査は、筆頭発表者の所属機関の研究倫理審査委員会の承
認を受けて実施した（承認番号 KWU-IRBA#17123）。

**分析手続き**

　第一に、インタビューの音声記録から、保育者・小学校教師の語りの逐語
録を作成した。逐語録から、保幼小連携接続の取り組みに対する評価、連携
パートナー校とのコミュニケーション、今後の保幼小連携接続への見通し
などが表明された一連のやりとりを 1 事例として抽出した。第二に、それぞれ
の事例に含まれる語り手の発言内容に注目して、事例をトピックごとに分類
したところ、4 つのトピックがみられた。4 つのトピックとは、「子ども同
士の交流・保育者と小学校教師の交流の位置づけ（以降は「交流の位置づけ」

と省略)」、「子どもの学びの見とり方」、「組織の職務や分担」、「園や小学校の生活時間」であった。

　さらに、トピックに分類された事例から、取り組み内容に変化がみられた事例、保幼小連携接続の取り組みとは直接関連しないが移行を支えるその他の要因になりえる事例を抽出し、さらに検討を加えた。

## 結果と考察

### 事例のトピック

　保幼小連携接続の取り組みへの振り返りの事例数は40件であった（内訳は、A園 8 件、B園 9 件、C園 7 件、D園 8 件、E校 8 件）。全事例のうち、「交流の位置づけ」が11件、「子どもの学びの見取り方」が11件、「組織の職務や分担」が11件、「園や小学校の生活時間」が 7 件であった。各園・学校で実施されている保幼小連携接続の取り組みを Table 3-1 に、トピックごとの事例数を Table 3-2 に示した。以下に示す発言は、保幼小連携接続の取り組みに対する評価などの一連のやりとりのうち、トピックの性質を指すと思われる発言を示したものである。

　**交流の位置づけ**　「交流の位置づけ」とは、幼児と児童の交流や保育者と小学校教師の交流をどのような意味をもつものとして位置づけているかというトピックである。小学校では交流活動を教科等の中で行事的活動として位置づけるが、園では日常の生活や遊び場面の中に位置づけて捉える場合が多い。そのため、保幼小連携接続の内容として期待しているものが小学校教師と保育者では異なり、その違いを乗り越えようと模索する発言がみられた（①）。すべての児童と幼児が参加できるように配慮された子ども同士の交流活動の実施を尊重しつつ、それ以外の形の交流活動を提案できないかと模索している様子が伺われる。一方で、園と小学校がそれぞれの交流の目標をもっていることを理解し、保幼小連携接続に取り組んでいるとの発言もみられた（②）。年長児と小学校 5 年生との交流活動について、年長児とその保護

Table 3-1　連携接続の取り

| | A園 | B園 |
|---|---|---|
| ①園長・校長の連携のシステム | 園長・校長会に参加している。 | 市の指定を受けての幼保小連携教育の研究として、幼保小中の園長・校長会議を1、2か月に1回コンスタントに開催している（10年ほど前からの取り組み）。 |
| ②①以外の教職員の連携のシステム | 教頭、副園長、主任クラスの事務局があり、さらにその下に担任同士の連携がとれるシステムが整っている。 | 連携の大きな方向性を決める園長・校長会議とは別に、教頭先生、副園長、主任教諭でのチームを持ち、そこは事務局というかたちで具体的な日程や実施の進め方を決める役割を担うというシステムが構築されている。 |
| ③市の連携の日 | 連携の日には、幼保小中の連携をしている。これは職員向けの研修である。 | 自治体Iは、特に指定を受けた受けないにかかわらず、年に1回、8月21日に、幼保小中連携の日が設けられており、そこに全部の職員が集まる。 |
| ④力を入れている連携テーマ | この地域が道徳教育の指定になっているため、保育園から中学校までを道徳教育での連携していこうとしている。 | 中学校の地区の道徳教育「特別な教科道徳」において、32年度に道徳の評価の、公開の指定を受けている関係もあって幼稚園でできることは何かについて議論する体制が整っている。 |
| ⑤小学生と幼児の交流 | ・小学校5年生、小学校1年生の子どもとの交流をしている。<br>・教頭先生のミニ授業もしてもらっている。<br>・保育園の子どもの作品を小学校に飾らせてもらっている。<br>・小学校のプールに誘ってもらっている。<br>・小学校の給食での交流をすることもある。 | 小学校との交流活動としては「総合的学習の時間」の枠の中で年長と5年生、年長と1年生の交流をしている。 |
| ⑥中学生と幼児の交流 | | 中学校との交流活動として「家庭科」の枠の中で中学生がおもちゃを作って園を訪問するという交流がある。 |
| ⑦小学校教師と幼児の交流 | | 園児が教頭先生の模擬授業を受ける。 |
| ⑧アプローチカリキュラムやスタートカリキュラム | ・A園カリキュラムというのが、ずっと以前からあった。<br>・カリキュラムを小学校の先生と一緒に作っている。 | 地区のアプローチカリキュラムを基に、園としてのアプローとカリキュラムを見直す作業をしている。 |
| ⑨教職員による授業参観や保育参観 | 園の公開保育に保育参観をしてもらったり、小学校の学校公開日に授業の参観をしている。 | 参観週間を設けて、小学校の1年生の先生などが園の保育を参観に訪れたり、園の保育者が小学校の授業を参観に訪れたりしている。 |
| ⑩教職員個人による自主的な交流 | | |
| ⑪他園の子どもとの交流 | 幼稚園の子どもと保育園の子どもの交流をしている。 | |
| ⑫教師以外との交流 | | |
| ⑬保護者向けの連携の説明の機会 | 小学校教頭による保護者向け説明会を開催している。 | |
| ⑭学童の子どもとの交流 | 育成クラブ（学童）との交流をしている。 | |
| ⑮掲示物による連携 | 園の中に、学校だよりコーナーという掲示板があり、地域の学校や他園のお便りなどを全て掲示している。 | |
| ⑯特別支援での連携 | | |

## 組みについての語り

| C園 | D園 | E校 |
|---|---|---|
| | 市に保幼小連絡協議会というのがあり、そこで理事長が役員もしていたという流れがある。 | |
| 中学校、高等学校も交えた夏に1回の連携の日がある。 | 市の幼保小連携の日というのがあり、園の様子を見てもらうためのスタイルの決まった一番大きな機会である。 | 市の保幼小連携接続の日への参加をしている。 |
| 連携の日の集まりでは、教科ではなく、主に生活習慣、食育、体力向上、特別支援、小1プロブレム、道徳などの部会に参加する。 | | 生活科の授業の中で2年生が、新1年生に対して学校紹介をしている。 |
| 園と小学校との交流活動として、3学期になってから就学前に1年生の授業の見学などをしている。小学校側の「総合的な学習の時間」や給食の時間での交流がある。5年生との交流もしている。 | ・2月頃に園の子どもたちが学校訪問をしている。また、小学校からも、1、2年生や6年生が園を訪れることがある。<br>・小学校のプールに入らせてもらう。<br>・園の運動会や作品展への招待もしている。 | ・小学校の運動会で園児と交流のプログラムを設けている。<br>・3学期に園の年長児が、小学校を訪れる。<br>・園児と小学生の交流授業をしている。 |
| | 夏季保育中に小学校のプールで校長先生と副校長先生がプールに入ってくれた。 | |
| アプローチカリキュラムは、自治体Iでつくったものを参考にしている。 | | スタートカリキュラムを作成している。 |
| 小学校の公開授業に保育者が訪問する。また、園の公開保育に小学校の先生が訪問する。 | ・夏季保育の最終日に小学校の先生方にも来てもらい、観察とその後に意見交換の場を設けている。<br>・小学校の公開授業や行事への参加。 | ・連携モデル校のため、対象園の先生による卒園児のクラスの授業参観をした。<br>・小学校教師による園の保育見学をしている。 |
| 園の発表会に小学校の先生が非公式で訪問されることがある。 | 連携の日のための準備や打ち合わせのための集まりもある。 | 交流により園の先生の顔が分かり街中でも挨拶ができるようになっている。 |
| 同じ学区内の他園との交流をしている。 | | |
| 小学校の警備員さんが園の子どもに声をかけてくれたり、見守ってくれていたりという自然な交流がある。 | | |
| | | 保護者向け入学説明会に、園の先生にも参加してもらった。 |
| | | 交流会のまとめや報告を園側に文書で送って共有している。 |
| | 就学支援シートを小学校に送付後の小学校からの聞き取りや観察に協力している。 | ・3学期に特別支援コーディネーターによる園訪問をしている。<br>・支援シートを特別支援コーディネーターも含めて活用している。 |

Table 3-2　トピックごとの事例数

| | 交流の位置づけ | 子どもの学びの見取り方 | 組織の職務や分担 | 園や小学校の生活時間 |
|---|---|---|---|---|
| A園 | 3 | 1 | 3 | 1 |
| B園 | 2 | 3 | 2 | 2 |
| C園 | 1 | 2 | 3 | 1 |
| D園 | 2 | 3 | 1 | 2 |
| E校 | 3 | 2 | 2 | 1 |
| 計 | 11 | 11 | 11 | 7 |

者の小学校生活への不安を解消することと、小学校 5 年生が次年度入学する年長児を知り自分なりの迎え方ができるようにしておくことの 2 つの目標をもっていることが示されている。

B園：「自然な交流、人と人との触れ合を大事にしたいのですが、あちらはやはり総合の中で枠を取るので。『これから交流の会を始めます。司会、5 年 1 組、誰々さん』とか、こんなふうなのじゃなかったのになみたいな…」①
A園：「学校側も、やっぱり次に 6 年生になって 1 年生を迎えるって子どもたちが思うように育てていきたいっていうところが大きい感じで。」「子どもたちがまず学校を知って、少しでも幼稚園のお友達や、小学校のお兄さんたちのことを少し知って。学校も、こういうところだった、楽しかった、子どもたちの口から楽しかった部分が保護者に伝われば、子どもも保護者も、学校に対しての不安というものが少しでも減っていくのかなというところで。」②

　子どもの学びの見取り方　「子どもの学びの見取り方」とは、子どもの発達の捉え方や教育・支援の方法に関するトピックである。小学校では教科等の到達度により、その教育的効果の有無として評価するが、園では交流活動における子どもの表情や発話等の反応から、そこでの子どもの経験や学びを見取る。子どもの学びや育ちに対する考え方について小学校教師と保育者の間に違いがあることへの気づきがみられた（③）。幼児と保育者との 1 対 1 のやり取りを基本とする園の方法と、一人の教師が多数の児童に対して情報を伝達する授業の方法という教育方法の非連続性に直面する子どもに対して、

どのように移行期の保育・教育をおこなっていけばよいのかという内省が示されている。一方で、存在すると思っていた違いが存在しなかったことへの気づきもみられた（④）。幼児や児童への援助・指導に用いられる具体的な方法は園と小学校で異なっているが、その方法をとる理由は園でも小学校でも同じであり、子どもの発達を支援することであるとの考えをもつことが保幼小連携接続の実践においては重要ではないかとの考えが示されている。

A園：「小学校の先生は、上から下ろしてっていう。で、子どもが聞いて学ぶみたいな感じなんだけど。園の子どもたちっていうのは、みんなが何かやっているのを、先生たちが見つけて、引っ張り出すっていう…」③
B園：「教育って一緒なんだと思ったのは、やっぱり、教科書を使うか使わないかとか、課題を達成する、達成目標なのか、何とか目標なのか、その違いなだけで。それは子どもの発達段階に合わせた違いなだけで、願うところというか、目指すところというか、関わり方は一緒なんだな…」④

　**組織の職務や分担**　「組織の職務や分担」とは、自治体、園・学校の組織における保幼小連携接続の実践を支える仕組み作りに関するトピックである。保幼小連携接続に関わる園側と小学校側の担当者間の報連相においての意思疎通の難しさがあり、役割分担や、担当教師の責任の範囲等の十分な打ち合わせがされにくい。保幼小連携接続に関わる担当者がどのような形で役割分担するのか、担当者間の連絡はどのように行われるかといった保幼小連携接続の組織化の不透明性を課題とする発言がみられた（⑤）。移行期において子どもが最初に身近に接する小学校1年担任教師が、園での幼児の育ちを知る機会を得ることが難しい現状への言及がみられる。一方で、地域全体で保幼小連携接続を進めることの重要性とそのような保幼小連携接続が進められていることへの信頼もみられた（⑥）。自治体レベルで保幼小連携接続が実施されることで、移行期の子どもの円滑な移行を可能にするだけではなく、保育者と小学校教師が互いを信頼して保幼小連携接続に取り組むことを可能していることへの言及がみられる。

C園：「保健の先生だったりとか、教頭先生だったりとか、来られる先生ももちろんいるんですけれども、一番見ていただきたい低学年の先生方が、なかなか…難しいということをおっしゃられるんですね。」⑤
E校：「全校で保幼小連携を市が進めるということが大事なのかなと。そういう保幼小連携して、同じようなことをやってくれれば、そこから来る子たち、うちに来る子たちは同じような事前の知識を持ちながら来てくれるので。」⑥

**園や小学校の生活時間**　「園や小学校の生活時間」とは、園での幼児の生活と小学校での児童の生活時間の違いに関するトピックである。小学校では時間割に沿って学校生活が営まれるが、園では園生活全般が遊びと基本的な生活で成り立っているという生活時間の違いが存在する。保育を知ってほしいと保育公開を実施しようとしたときに、授業を担当する小学校教師は参加することができず、授業負担がない土曜日に保育公開をしても、出張手続き等が発生するため、制度的に小学校教師が保育参観をする障壁があるということが、保幼小連携接続の課題であるとする発言がみられた（⑦）。授業時間を調整して交流にあてることが可能な場合があっても、それは互いに授業という枠組みをもつ小学校と中学校の間で可能なのであり、園との保育参観や情報交流会の実施が難しいとの発言がみられた（⑧）。

D園：「3月ごろに、地域で保育公開しようかって言っても、でも、向こう、休みじゃないですよね。土曜日にやっても何人来てくれるかっていうとこですよね。だから、結局、校長先生たちに話をすると、出張命令を出さないかん。自由に行きなさいって言っても、何人の教師が行きますかねって、まあ、忙しい、お隣の現場は、やっぱり忙しいので、そこの難しさはあるんですけど。真剣に考えたことはあったんですが、校長先生に、『土曜日、何人行くでしょうね』って言われて、そうかって言うんで、ちょっと、二の足を踏んでいるところですけど。」⑦
E校：「小中でやっているような5時間目切って、午前中で帰して、5時間目、要するに幼稚園、保育園の午後の保育の様子を見て、情報交換会なんていうこと。学校としてね、やりたいのはやりたいんですけど、なかなか授業を切ってやるというのは難しいかなというのは今後、特に、指導要領が変わってくるのでね。英語が入

ってきたりするので。」⑧

**4つのトピックの特徴**　すべての園・学校において4つのトピックをもつ事例が存在していた。また、「園や学校の生活時間」を除く3つのトピックにおいて、園と小学校の違いや保幼小連携接続への取り組みの課題（発言①③⑤）とともに教育の共通性への気づきや同じ視点による子どもの見取り方（発言②④⑥）が語られていた。このことから、個々の保育者・小学校教師レベルでは振り返りの内容は異なるものの、トピックレベルでは園と小学校の間で振り返りの内容にある程度の共通性があることが示唆された。

## 取り組み内容の変化や移行を支えるその他の要因

　保幼小連携接続の取り組みへの振り返りの事例の中には、保幼小連携接続の取り組み内容の変化がみられる事例（「給食体験」、「幼児と児童の交流とその後の手紙」、「学校探検」）と移行を支える活動を示す2事例（「警備員と幼児との関わり」「幼児への語りかけの変化」）が含まれていた。「給食体験」、「幼児と児童の交流とその後の手紙」、「学校探検」、「警備員と幼児との関わり」は「交流の位置づけ」、「幼児への語りかけの変化」は「子どもの学びの見取り方」のトピックに分類されている。

　**給食体験**　「給食体験」は、「幼児がお弁当をもって小学校に行き、給食を食べる児童と一緒にお弁当を食べる」という取り組みであったのを「幼児も児童と一緒に給食を食べる」という取り組みへと変化させた事例である。保育者は、幼児が小学校の給食がどのようなものかを幼児が見学すること、児童と食べる楽しさを共有したことは認識しつつ、さらにより幼児にとって豊かな体験を求めたいという意識から取り組みの変化を求めている。

A園：「ちょっとお弁当を持って、よそっているところとか見れればいいなと思ったんですけど、結局、そこは見れずに、なんか、一緒に食べて、楽しくわいわいで終わっちゃったのが、ちょっと残念だったなと思ったんですが。…本当はどういう見学をしたいのかって言ったら、やっぱり、一緒に食べる経験とか、そのよそうの

を見たりとか、自分で運ぶとか、ちょっとやれるものなんだって言って。」

　**幼児と児童の交流とその後の手紙**　「幼児と児童の交流とその後の手紙」
は、「小学校 1 年生の生活を紹介する児童と幼児の交流」及び「児童による
小学校 1 年生の生活に関する冊子の作成」という取り組みの後に「幼児が 1
年生にお礼のお手紙を書く」という取り組みが続いた事例である。保育者は、
児童から幼児へのメッセージである冊子を幼児が気になったときにいつでも
読めるような環境づくりをしている。その結果、幼児の学校への好奇心や児
童に対する嬉しい気持ちが引き出された。そして、その気持ちを受け止めた
保育者が、幼児の気持ちを手紙として届けるというやりとりへとつなげてい
る。

> B 園：「（冊子を）廊下の、2 クラスの間に置いておいて、いつでも見られるように
> して。何か気になったときには、子どもたちが廊下を通るたびに見て、『ふうん』
> っていう感じで。」…1 年生になるのがもっと楽しみになりました」というお手紙
> を書いて、届けに行きました。」

　**学校探検**　「学校探検」は、「保育園、幼稚園の先生が幼児と一緒に自由に
探索する」という形式から「児童が幼児の学校探検を案内する」という取り
組みに変化させた事例である。小学校教師は、小学校 2 年生が小学校 1 年生
へと小学校の情報を伝えた生活科の授業を踏まえて、その小学校 1 年生が幼
児に小学校の情報を伝える交流を計画している。年長の子どもと年少の子ど
もとの交流という視点で、幼児と児童の交流の内容を見直している。

> E 校：「1 年生に入学して 1 カ月くらいたってから、2 年生が学校探検というか学
> 校紹介をしてくれるんですね。なので小学校のことを知ったので子どもたちに探検
> をさせて幼稚園、保育園の子にそれぞれ担当を決めて、その一人一人が役割を持っ
> て、自分たちの言葉で説明できるように指導をして、そういうことはやってきまし
> た。…やっぱりそういう基礎を、幼稚園から小学校に上がるときの、そのギャップ
> がなくなるように指導してきたことが、6 年生になって続いて生きていくというこ
> とがすごく勉強になりました。」

**警備員と幼児の関わり**　「警備員と幼児の関わり」は、園に隣接する小学校の警備員と幼児が親しみをもって関わっている事例である。この警備員と子どもとの関わりは、保幼小連携接続の取り組みとして計画されたものでもなく、これまでそのような認識はされていなかった。しかしながら、小学校に属し、子どもの教育に直接関わらない人物が、子どもと親しい関係をもつことで、緊張せずに登園体験ができるようになるなど、移行を支える要因として作用していると考えられる。

> C園：「そのうちの登校園の時間帯には合わせてここに来てくれて一緒に降園するときにとか、登園のときにそうなんですけれども、一緒に『おはようございます』とあいさつしてくださって。だから、<u>とても子どもたちも警備員さんにも慣れていて</u>。」

**子どもへの語りかけ**　「子どもへの語りかけの変化」は、保育者が自身の子どもの小学校入学を契機として園と小学校の指導・援助の違いを体験し、その学びから自身の保育内容を変化させた事例である。園と小学校の違いを認識した体験は保幼小連携接続の取り組みとは直接の関係がないが、このような体験と気づきをもつ保育者が年長クラスに関わることが、子どもの発達と移行を支えていると考えられる。

> D園：「自分の子を、<u>子どもが学校に上がったので、学校っていう場に行くことが増えたりして</u>、ああ、学校の先生の捉え方は、ずいぶん幼稚園からの見方と違うっていうことを感じて、子どもだったり、保護者の方に、先生に発信しないとっていうのは伝えるようになりました。…<u>困ったら先生に分かんないって言うんだよ、分かんないって言えたら、よくできたねって</u>。」

**取り組み内容の変化と移行を支える要因**　「給食体験」、「幼児と児童の交流とその後の手紙」、「学校探検」の3事例における保幼小連携接続の取り組み内容の変化は、保幼小連携接続を担当する保育者・小学校教師の主体的な働きかけによって生じたものである。しかしながら、内容の変化に影響を与えた要因は、他にも存在すると考えられる。発言②にみられるような園と小

学校の両方の交流の目標への理解、発言④にみられるような教育のねらいの共通性への理解、発言⑥にみられるような同じ地域内の専門家への信頼性という背景があってこそ、保育者や小学校教師に保幼小連携接続を変えていこうとする意欲と行動が生じたと考えられる。

　「警備員と幼児との関わり」、「幼児への語りかけの変化」の2事例における移行を支える活動は、子どもとの日々の関わりの中で生まれたものであった。保幼小連携接続として行事化された取り組みとは別に、子どもの生活の中で移行を支える活動が行われていることで、子どもの実態を踏まえた園から小学校への移行の支援が可能になったと考えられる。

## 考察

　保幼小連携接続の取り組みに対する保育者と小学校教師の振り返りの事例には、「交流の位置づけ」、「子どもの学びの見取り方の違い」、「組織の職務や分担」「園や学校の生活時間」の4つのトピックがみられた。「園や学校の生活時間」を除く3つのトピックにおいて、園と小学校の違いや課題とともに教育の共通性への気づきや同じ視点による子どもの見取り方が語られていた。また、保幼小連携接続の取り組み内容の変化は、主体的な保育者・小学校教師によって促されていた。

### 保育者・小学校教師対象の保幼小連携接続研修の活用

　保育者と小学校教師の保幼小連携接続の振り返りの中には、園と小学校の違いや保幼小連携接続への取り組みの課題（発言①③⑤⑦⑧）が挙げられていた。継続的に保幼小連携接続に取り組んでいる園・学校でも、解決が必要な課題があると認識されていることがわかる。このような課題に対しては、課題を共有し、協働しながら代替案に取り組むことができる園と小学校との関係性の構築が必要となると考えられる。

　園と小学校が協力して保幼小連携接続の取り組みを実践するためには、園側と小学校側が議論する機会を設けることと、その議論の場に自治体の関係

部署の人員が関わって保幼小連携接続研修等の機会を設定し議論の枠組みを示すことが重要であると考えられる。Boyle & Petriwskyj（2014）も、子どもの円滑な園から小学校への移行のためには、保育者や小学校教師が話し合いの機会を持つことを政策レベルで促進することが必要だと提言している。

　子ども同士の交流などを実施している保幼小連携接続のパートナー校・園との間で、保幼小連携接続の理念・方針等を議論する機会を持つことも可能である。しかしこのような場と自治体研修の場での議論には異なる点がある。それは、自治体内の保育者・小学校教師が、保幼小連携接続に対する理念を共有しており、自治体内のすべての子どもが園から小学校への移行の支援を受けているという認識をもてることである。このような認識をもつことで、個々の保育者・小学校教師が積極的に移行の支援に関わろうとする態度を生み出すと考えられる。

**議論の枠組み作り**

　園と学校の議論で扱う論点として、（1）授業・行事という時間の制限が多い小学校とそのような制限の少ない園との間で実行可能な保幼小連携接続の取り組み、（2）保幼小連携接続の対象（小学校入学予定児、児童、保護者）や目標（感情、スキル、態度の変化）、（3）移行を支える活動、の3つが考えられる。

　第一の論点は、小学校の場合、授業や行事の一環として保幼小連携接続の取り組みを実施せざるをえない中で、どのような活動や工夫によって保幼小連携接続の取り組みを実施できるのかという点である。行間休みを用いた交流や手紙を届ける交流などの工夫が議論の対象となるだろう。

　第二の論点は、保幼小連携接続の対象や目標である。保幼小連携接続の目的は園から小学校の子どもの移行を支援することである。例としては、幼児と児童の交流を行い、小学校進学予定児が小学校に通うことへの期待を持ったり、児童と仲良くなって安心感を得たりすることであろう。しかしながら、幼児と児童の交流には、他の効果も報告されている（一前・秋田・天野, 2017）。

小学校1年生の児童が幼児と交流することで他者の気持ちを読み取る大切さに気づいたり、保幼小連携接続の取り組みが実践されていることを知り小学校進学予定児をもつ保護者が安心感を得たりすることである。このような変化が見られたことを保幼小連携接続のパートナー校・園に伝えるだけではなく、自治体内で共有し、どのように保幼小連携接続の目的に含めていくかといった議論を行うことが必要と考えられる。

　第三の論点は、移行を支える活動の共有である。「警備員と幼児との関わり」や「幼児への語りかけの変化」のような、移行を支える要因として機能している活動が議論の対象となる。保幼小連携接続の取り組みを支えていると推測される活動の事例を共有することで、保幼小連携接続の取り組み内容の再検討が必要になることもあると思われる。

**今後の課題**

　本研究の目的は、自治体の違いや園と小学校の違いを検討することではなく、保育者と小学校教師の保幼小連携接続の捉え方の特徴を検討することであった。そのため、自治体ごとの特色や特徴ある園・学校の取り組みについては検討していない。

　今後の課題として、全国の自治体主催の研修会や講演会等でどのような議論の場を設定しているのかを明らかにすることが挙げられる。自治体ごとに移行期の支援として重視する内容や実践例を共有する方法が異なることが想定される。自治体が重視する内容や取り入れた工夫が、どのような地域の子ども・保護者のニーズに基づいて選択されたものであるかを検討することで、自治体レベルの保幼小連携接続の取り組みのあり方を明らかにすることができると思われる。

**引用文献**

Boyle, T., & Petriwskyj, A. (2014). Transitions to school: Reframing professional re-
　　lationships. *Early Years, 34*, 392-404.

広島大学附属三原学校園（2018）. 幼小中一貫教育で育む資質・能力　ぎょうせい

Huser, C., Dockett, S., & Perry, B.（2016）. Transition to school: Revisiting the bridge metaphor. *European Early Childhood Education Research Journal, 24,* 439-449.

一前春子・秋田喜代美・天野美和子（2017）. 保幼小連携の効果に対する保育者・小学校教諭の認識－施設種・免許資格・自治体の観点から　国際幼児教育研究, *24,* 45-58.

Karila, K., & Rantavuori, L.（2014）. Discourses at the boundary spaces: Developing a Fluent transition from preschool to school. *Early Years, 34,* 377-391.

OECD（2017）. *Starting Strong V: Transitions from Early Childhood Education and Care to Primary Education.* Paris: OECD Publishing.

東京学芸大学附属幼稚園竹早園舎・東京学芸大学附属竹早小学校・東京学芸大学附属竹早中学校（2018）. こどもが輝く－幼小中連携の教育が教えてくれたこと　東洋館出版

# 第4章　保護者の認識からみる連携接続の効果と特徴

## 4-1　保護者の認識の量的分析

### 要約

　本研究の目的は、子どもの年齢と出生順位の要因が保護者の保幼小連携接続の取り組みへの期待や保幼小連携接続の効果の認識に及ぼす影響を検討することであった。5歳児クラスに在籍する幼児の保護者692名と小学校1年に在籍する児童の保護者700名に対して質問紙調査を実施し、保幼小連携接続の取り組みの効果、小学校入学時に知りたい情報、保幼小連携接続に対する期待について尋ねた。調査の結果から、保育者の認識に関して次の2点が明らかとなった。

　第一に、第一子の保護者が第二子の保護者よりも効果を高く認識した取り組みと、第二子以降の保護者が第一子の保護者よりも効果を高く認識した取り組みがみられた。その理由としては、取り組みの特徴と保護者の理解度の2つが考えられる。「教師との話し合い」のような取り組みは、効果を認識するために保護者に特別な知識は必要がない取り組みである。第一子の保護者は知識を得ることができ不安を低減することができる。そのため、第一子の保護者が効果を高く認識したと考えられる。これに対して、「行事の参加見学」などは、保幼小連携接続の目的と内容を理解していないと効果の認識が難しい取り組みである。第二子以降の保護者は知識と経験をもっていることから、第一子保護者には適切に判断できないような効果も認識できたと考えられる。

　第二に、保幼保護者は小学校保護者よりも「印刷物等による連携・活動報

告」などの複数の取り組みの効果をより高く認識していた。子どもの園生活
の情報と同時に保護者の活動情報が園だよりに含まれることで、保幼保護者
が保幼小連携接続の参加者である認識と意欲をもたらしている可能性がある。
これに対して、小学校では、参加者としての認識や意欲を喚起する情報が保
護者に対して提供されることが少ないと考えられる。このように、保幼小連
携接続の取り組みの名称としては同じでも、園と小学校では実施の目的や受
け取ったり発信したりする情報の内容、保護者の能動的な関与の程度が異な
るため、その取り組みの効果に対する保護者の認識も異なると考えられる。

## 問題と目的

　近年、幼児期の教育から児童期の教育へと移行する時期の子どもに対する
支援が重要な課題と捉えられるようになってきている。Lillejord, Børte,
Halvorsrud, Ruud, & Freyr（2015）は、北欧圏や英語圏の研究をレビューし
て移行に効果をもたらす要因の検討を行い、園と小学校間の専門的な連携、
子どもに関する情報の共有、園と小学校間の共同プログラムの促進、保護者
との双方向の率直な対話などを挙げている。ニュージーランドでは、Edu-
cation Review Office（2015）が園や小学校の移行期の子どもに対する援助を
評価し報告書を出している。

　日本でも、幼児期の教育から児童期の教育への移行期において、カリキュ
ラムの開発や指導方法の工夫、保育者・教師の研修会や意見交換会による相
互理解、幼児と児童の交流活動の活発化などを通じて移行期の子どもの支援
が行われてきている（文部科学省・厚生労働省, 2009）。学校・園レベルや自治
体レベルでの実践内容や指導・援助の工夫の詳細が明らかにされてきたとい
える。

　しかしながら、これまで保幼小連携接続の実践内容や過程を検討した研究
（たとえば、一前・秋田, 2011）はあるが、保幼小連携接続に関わる人たちへの
効果に対する認識を検討した研究は少ない。保幼小連携接続が持続的な取り

組みであるためには、保幼小連携接続の実践がもたらした効果や保幼小連携接続に対する期待を検討し、保幼小連携接続の取り組み内容を固定化せずに参画者のニーズや保幼小連携接続の進展状況に応じて変更していくことが必要となると考えられる。

　なかでも、保幼小連携接続において、保護者支援や参加を検討した研究（一前・秋田, 2012）は少ない。保護者は保幼小連携接続の支援の対象であり、同時に保幼小連携接続の参加者でもある。自治体レベルで保幼小連携接続に取り組む場合、自治体は保幼小連携接続の理念を示したりモデルケースを紹介したりして自治体としての方向性を決定する。保育者や小学校教師は保幼小連携接続の具体的内容を決定し、実践を行う。幼児や児童の保護者は、保幼小連携接続に対する意見や期待を表明することで、保幼小連携接続の実践や保幼小連携接続体制の構築に協力する。保護者がどのような取り組みを効果があると認識し、保幼小連携接続に何を期待しているのか、また保護者の属性により期待や効果の認識に差異があるのかという点が明らかになることで、保護者の要望や期待にも応じた保幼小連携接続の取り組みを進めることが可能となると考えられる。

　このように、実践者だけではなく、移行期の子どもをもつ保護者の認識においても保幼小連携接続の効果が認められていることが保護者の要望を取り入れ地域の特性にあった保幼小連携接続を可能にすると考えられる。それにもかかわらず、これまでは幼稚園教諭・保育教諭・保育士・小学校教諭に保幼小連携接続の効果を問う研究（丹羽・酒井・藤江, 2006）は行われてきたが、保護者に対して保幼小連携接続の効果についての認識を問う研究は行われてきていない。そこで、本研究では、第一に、保幼小連携接続の取り組みの効果に関する保護者の認識を検討する。また、移行期の子どもをもつ保護者の入学前後の不安に焦点をあてた研究（椋田, 2013）は、保護者は情報量の少なさから不安を感じることを明らかにしている。そこで、第二に、保幼小連携接続に関して保護者の不安を解消する情報は何かを検討する。

　椋田（2013）は、小学校入学前後の子どもの保護者である16名の母親への
インタビューにより、入学前の期待や不安が入学後にどのように変化したか
を検討している。そこで、小学校での子どもに関する情報量の減少に関する
不安がみられ、学級通信や面談等で情報を公開していくことが課題であるこ
とを指摘している。また、第一子の子どもをもつ保護者と第二子以降の子ど
もをもつ保護者では不安の内容が異なり、第二子以降の子どもをもつ保護者
は、第一子が小学校生活を体験していることから集団生活の中での自己主張
の重要性を認識するようになったと考察している。

　伊藤・山内・岩崎・細川（1997）は、保護者の視点から保幼小連携接続を
考察することを目的として、Y市の幼稚園・保育園の5歳児クラスの保護者
と小学校1年生の保護者に対して、質問紙調査を行っている。その結果、初
めての就学予定児の保護者は、就学させた経験をもつ保護者や小学校1年生
をもつ保護者と比較して不安が高いこと、最も心配の対象となっているもの
は友達であることを明らかにした。

　椋田（2013）や伊藤ら（1997）により、第一子の保護者であるか第二子以
降の保護者であるかという子どもの出生順位が保護者の認識に影響を与える
要因であることが示された。したがって、本研究では子どもの出生順位が保
幼小連携接続に対する期待および効果の認識に与える影響についても検討す
る。

　第三に、本研究では、保幼小連携接続の具体的な取り組み内容に対する保
護者の期待を取り上げる。保護者の保幼小連携接続に対する期待についての
研究は、保育者と小学校教師との認識の比較を行った上林・塩﨑・渡邉・浅
田・岩味・中村・相澤・田邉・松永・加藤（2007）や小林（2005）がある。

　上林ら（2007）は、幼児教育と児童期の教育との円滑な移行を実現する手
立ての創案のために、M市国公立幼稚園・公立保育所の3〜5歳児担任教
師・保育士、国公立小学校担任教師、国公立小学校1年の子どもを持つ保護
者を対象とした質問紙調査を行っている。教師同士の研修や子ども同士の交

流活動、保護者への情報提供など連携の具体的内容の重要度を問う設問で、幼保担任教師・保育士は、小学校担任教師・保護者よりも連携の重要度をより高く評定していた。一方、小学校担任教師は、入学する子どもの情報交換についてのみ、幼保担任教師・保育士と保護者よりも連携の重要度をより高く評定していた。上林ら（2007）は、このような幼保担任、保護者、小学校担任の連携への重要度や重要と感じる項目内容の違いが幼児教育と小学校教育との連携の困難さの一因であると述べ、重要と評価された取り組みが実際に実施され3者が連携に満足しているかについて検討する必要性を指摘している。

　小林（2005）は、小学校への適応的移行の図りやすさを検討することを目的として、N県内の公立私立幼稚園・保育所の年長児担当者、公立小学校1年生担当教師、公立私立幼稚園・保育所年長児保護者、公立小学校1年生保護者を対象とした質問紙調査を行った。その結果、小学校への指導内容に対する保護者の期待は小学校教師の認識する指導内容の実態と比較して大きいことが示された。このことから、小林（2005）は、小学校への指導内容への保護者の期待と小学校の指導内容にずれがあり、そのずれが保護者の不満をもたらす危険性を指摘した。

　上林ら（2007）から保育者・小学校教師・保護者の連携への認識の違いが示され、小林（2005）から保護者の期待と小学校教師の指導内容の現状と間のずれが示されたが、いずれの研究も園保護者と小学校保護者の保幼小連携接続への認識や期待の比較を行っていない。そこで、本研究では保育園・幼稚園・認定こども園と小学校の違いが保幼小連携接続に対する期待および効果の認識に与える影響についても検討する。

　本研究は、移行期の子どもをもつ保護者の（1）保幼小連携接続の効果として認識している取り組み内容とその効果度、（2）小学校入学時に知りたい情報、（3）保幼小連携接続に期待する内容とその期待度における保護者の属性の影響を検討することを目的とする。保護者の属性として、子どもの

年齢の要因（保幼・小）と出生順位の要因（第一子・第二子以降）を取り上げる。

## 方法

### 調査協力者

　関東地方の地方自治体A市、地方自治体B市の保育所・幼稚園・認定こども園の5歳児クラスに在籍する幼児の保護者692名（A市450名、B市242名）と小学校1年に在籍する児童の保護者700名（A市591名、B市109名）。保護者の子どもとの関係性は、母親1314名、父親49名、祖母3名、無記入26名であった[1]。

　A市において調査の協力を得た保育所・幼稚園は17園、小学校は4校、B市において調査の協力を得た保育所・幼稚園・認定こども園は13園、小学校は9校であった。

　A市は平成26年から教職員同士の交流事業の実施を開始し、調査時点では1年を経過したところである。現時点では、カリキュラムについては各学校園の取り組みに任せ、交流事業中心に保幼小連携接続を実施する方針である。調査に協力を得た園・小学校において共通して行われているのは、保育者・小学校教師による保育・授業参観や意見交換などを通じた相互理解のための交流である。調査の協力を得た保育所・幼稚園・認定こども園、小学校は、それぞれの市が掲げる保幼小連携接続の方針に従い地域の特性に基づいた連携の取り組みを積極的に行っており、具体的な取り組み内容は各学校・園において異なっている。これに対して、B市は平成20年度から幼保小連携教育推進校における実践を継続的に6年間すでに取り組んできている。幼保小連携教育推進校での接続期のカリキュラム作成や市としての就学前保育・教育の指針の制定を行ってきた。全学校区において、保育士、幼稚園教師、小学校教師、中学校教師が学習指導や生徒指導等について共通のテーマで話し合うなどの情報交換や意見交換、研修会を行っている。

**調査項目**

　調査内容は、（1）保幼小連携接続の取り組みの効果、（2）小学校入学時に知りたい情報、（3）保幼小連携接続に対する期待について尋ねるものであった。保育所・幼稚園・認定こども園と小学校の調査内容は同じであるが、文脈にあわせて表現を変更している箇所がある（園版質問紙では「園行事」を小学校版質問紙では「小学校行事」へ変更するなど）。また、調査項目の内容は、ベネッセ次世代育成研究所（2013）、ベネッセ教育研究開発センター（2005）、文部科学省・厚生労働省（2009）、丹羽・酒井・藤江（2006）、A市とB市の実践・活動報告などを参考に作成した。

（1）保幼小連携接続の取り組みの効果の認識：保幼小連携接続の取り組みの6項目について、子どもと保護者にとって効果があったかどうかを問う設問に対して、「4：とても効果があった」から「1：まったく効果がなかった」の4段階で回答を求めた（6項目の内容についてはTable4-1-2参照）。

（2）小学校入学時に知りたい情報：10項目の保幼小連携接続に関連する情報について、子どもの小学校入学に際してどの程度知りたいと考えるかを問う設問に対して、「4：とても知りたい」から「1：まったく知りたくない」の4段階で回答を求めた（10項目の内容については Table 4-1-3 参照）。

（3）保幼小連携接続に対する期待：15項目の保幼小連携接続の内容について、保育者・小学校教師に期待することを問う設問に対して、「4：とても期待する」から「1：まったく期待しない」の4段階で回答を求めた（15項目の内容については Table 4-1-4 参照）。

**手続き**

　質問紙は保育園・幼稚園・認定こども園・小学校を通じて配布した。また、質問紙と共に返送用の封筒を配布した。回収方法は、A市においては調査協力者が個別に調査実施者に返送する方法を用いた。B市においては保育園・

幼稚園・認定こども園・小学校にて回収し、そこから調査実施者に返送する方法を用いた。いずれの場合にも質問用紙は封筒に封入され、個人の回答内容が回答者以外の目に触れることがないよう配慮した。

**調査実施時期**

　質問紙調査は2016年1月～2月に実施。年間の保幼小連携接続の体験を振り返り回答することができるようこの時期を選定した。

**倫理的配慮**

　質問紙調査は、筆頭発表者の所属機関の研究倫理審査委員会の承認を受けて実施した（承認番号 KWU-IRBA#15087）。

## 結果と考察

### 保幼小連携接続の取り組みの効果

　取り組みの違いが子どもに対する効果の認識に与える影響を検討するため、1要因の分散分析（対応あり）を実施した。この分析は6つの取り組みをすべて経験したことのある保護者（457名）のみを対象とした。その結果、取り組みの効果が有意であった（$F(5,2280) = 156.46$, $p < .001$）。Bonferroni 法による多重比較を行ったところ、「印刷物等による連携・活動報告」と「保護者同士の交流」以外のすべての組み合わせで平均の差が有意であった（Table 4-1-1 参照）。

　最も効果が高いと認識されていた取り組みは「小学校体験」であり、次いで「行事の参加見学」の効果も高いと認識されていた。幼児・児童が園と小学校間での交流活動後に異年齢の子どもたちと接した経験の内容や体験による気持ちの変化を保護者に話すことで、保護者が取り組みの効果をより高く認識したと考えられる。

　取り組みの違いが保護者に対する効果の認識に与える影響を検討するため、1要因の分散分析（対応あり）を実施した。この分析は6つの取り組みをすべて経験したことのある保護者のみを対象とした。その結果、取り組みの効

Table 4-1-1　取り組み内容別連携接続の効果に対する認識の平均 (M) と標準偏差 (SD) および項目間差

| | 保護者の連携接続に対する認識 | M | SD | 項目間差 |
|---|---|---|---|---|
| 子どもに対する効果 | 小学校体験による子ども同士及び子どもと保育者・教師との交流① | 3.30 | 0.60 | ①＞②＞③＞④⑤＞⑥ ** |
| | 行事参加・見学による子ども同士及び子どもと保育者・教師との交流② | 3.15 | 0.64 | |
| | 行事や保護者会における保護者と保育者・教師との交流③ | 2.86 | 0.71 | |
| | 行事や保護者会における保護者同士の交流④ | 2.77 | 0.73 | |
| | 印刷物等による連携・交流活動の報告⑤ | 2.69 | 0.74 | |
| | 保幼小連携接続に関する講演会⑥ | 2.50 | 0.74 | |
| 保護者に対する効果 | 小学校体験による子ども同士及び子どもと保育者・教師との交流① | 3.01 | 0.72 | ①＞⑤⑥ * |
| | 行事参加・見学による子ども同士及び子どもと保育者・教師との交流② | 2.94 | 0.72 | ②＞⑥ ** |
| | 行事や保護者会における保護者同士の交流③ | 2.91 | 0.72 | ③＞⑥ ** |
| | 行事や保護者会における保護者と保育者・教師との交流④ | 2.89 | 0.72 | ①＞④＞⑥ * |
| | 印刷物等による連携・交流活動の報告⑤ | 2.88 | 0.68 | ①＞⑤＞⑥ ** |
| | 保幼小連携接続に関する講演会⑥ | 2.62 | 0.74 | ①②③④⑤＞⑥ ** |

*$p<.05$　**$p<.01$
注）項目の記述は短縮されている。

果が有意であった（$F_{(5, 2250)} = 35.87$, $p<.001$）。Bonferroni 法による多重比較を行ったところ、複数の取り組み間で平均の差が有意であった（Table 4-1-1 参照）。

　子どもに対する効果と同様に、保幼小連携接続に関する講演会の効果が最も低いと認識されていた。講演会は情報取得の手段として効率的ではあるが、形式によっては効果が認識されにくい可能性がある。講演会が講師から聴衆への情報提供のみにとどまり、保護者が質問や相談を行う機会が設けられない場合は、保護者との双方向の率直な対話（Lillejord, et al., 2015）が行われにくく、効果の認識は高まらないと思われる。

**保護者の属性別の取り組みの効果**

　次に、保幼小連携接続の取り組みの子どもに対する効果、保護者に対する効果の順に保護者の属性の要因を検討する[2]。

Table 4-1-2　保護者の属性別連携接続の効果に対する

| 保護者の連携接続に対する認識 | 保幼保護者 | | | |
| | 第一子 | | 第二子以降 | |
| | M | SD | M | SD |
| --- | --- | --- | --- | --- |
| **子どもに対する効果**　行事参加・見学による子ども同士及び子どもと保育者・教師との交流 | 3.03 | 0.65 | 3.16 | 0.67 |
| 小学校体験による子ども同士及び子どもと保育者・教師との交流 | 3.17 | 0.62 | 3.29 | 0.57 |
| 印刷物等による連携・交流活動の報告 | 2.52 | 0.79 | 2.64 | 0.80 |
| 行事や保護者会における保護者同士の交流 | 2.80 | 0.77 | 2.91 | 0.73 |
| 行事や保護者会における保護者と保育者・教師との交流 | 2.90 | 0.74 | 2.98 | 0.68 |
| 保幼小連携接続に関する講演会 | 2.47 | 0.74 | 2.62 | 0.79 |
| **保護者に対する効果**　行事参加・見学による子ども同士及び子どもと保育者・教師との交流 | 2.79 | 0.73 | 2.98 | 0.72 |
| 小学校体験による子ども同士及び子どもと保育者・教師との交流 | 2.90 | 0.67 | 3.03 | 0.69 |
| 印刷物等による連携・交流活動の報告 | 2.79 | 0.74 | 2.91 | 0.70 |
| 行事や保護者会における保護者同士の交流 | 2.99 | 0.71 | 3.11 | 0.68 |
| 行事や保護者会における保護者と保育者・教師との交流 | 2.95 | 0.76 | 3.07 | 0.69 |
| 保幼小連携接続に関する講演会 | 2.61 | 0.78 | 2.78 | 0.79 |
| **入学時に知りたい情報**　子どもの育ちへの関心 | 3.47 | 0.53 | 3.34 | 0.52 |
| 保幼小連携接続の枠組みへの関心 | 3.17 | 0.46 | 3.04 | 0.47 |
| 保護者参加への関心 | 3.51 | 0.46 | 3.33 | 0.46 |
| **保幼小連携接続への期待**　連携体制の確立への期待 | 2.85 | 0.55 | 2.80 | 0.56 |
| 移行期の教育の質の向上への期待 | 3.20 | 0.49 | 3.12 | 0.48 |
| 情緒的情報的支援への期待 | 3.18 | 0.51 | 3.11 | 0.55 |

注）項目の記述は短縮されている。

## （1）子どもに対する効果

　保幼小連携接続の取り組みが子どもに与える効果について、子どもの年齢の要因と出生順位の要因による違いがみられるかどうかを検討するため、6つの取り組みを従属変数として子どもの年齢（保幼・小）×出生順位（第一子・第二子以降）の2要因の分散分析を実施した。子どもに対する効果の認識の平均と標準偏差を Table 4-1-2 に示す。

　「印刷物等による連携・活動報告」「保護者同士の交流」で子どもの年齢の主効果が有意であった（$F(1,1033)=7.37, p<.01; F(1,953)=50.56, p<.001$）。保

**認識の平均 (M) と標準偏差 (SD) および分散分析結果**

| 小学校保護者 | | | | 分散分析の結果 | | |
| 第一子 | | 第二子以降 | | 主効果 | | 交互作用 |
| M | SD | M | SD | 年齢 | 出生順位 | 年齢×出生順位 |
|---|---|---|---|---|---|---|
| 3.14 | 0.63 | 3.15 | 0.59 | | | |
| 3.24 | 0.65 | 3.30 | 0.62 | | 二子＞一子 | |
| 2.42 | 0.79 | 2.48 | 0.73 | 保幼＞小 | | |
| 2.51 | 0.76 | 2.50 | 0.75 | 保幼＞小 | | |
| 2.79 | 0.71 | 2.64 | 0.75 | | | 小：一子＞二子　　二子：保幼＞小 |
| 2.48 | 0.80 | 2.40 | 0.70 | | | |
| 2.85 | 0.70 | 2.94 | 0.71 | | 二子＞一子 | |
| 2.89 | 0.72 | 3.04 | 0.71 | | 二子＞一子 | |
| 2.64 | 0.75 | 2.73 | 0.68 | 保幼＞小 | 二子＞一子 | |
| 2.67 | 0.76 | 2.70 | 0.75 | 保幼＞小 | | |
| 2.81 | 0.75 | 2.67 | 0.72 | | | 小：一子＞二子　　一子二子：保幼＞小 |
| 2.56 | 0.78 | 2.45 | 0.68 | | | 二子：保幼＞小 |
| 3.37 | 0.57 | 3.20 | 0.53 | 保幼＞小 | 一子＞二子 | |
| 2.98 | 0.51 | 2.86 | 0.53 | 保幼＞小 | 一子＞二子 | |
| 3.40 | 0.48 | 3.22 | 0.51 | 保幼＞小 | 一子＞二子 | |
| 2.76 | 0.58 | 2.74 | 0.55 | 保幼＞小 | | |
| 3.09 | 0.50 | 3.06 | 0.44 | 保幼＞小 | 一子＞二子 | |
| 3.11 | 0.53 | 3.08 | 0.52 | | | |

　幼保護者は小学校保護者よりも「印刷物等による連携・活動報告」「保護者同士の交流」の効果を高く認識していた。園だよりをきっかけとして会話をしたり、クラスメートの保護者から友だちと遊ぶ子どもの様子を知ったりすることで、保幼保護者が効果を認識していることが考えられる。

　「小学校体験」で出生順位の主効果が有意であった（$F(1,1124)=5.86$, $p<.05$）。第二子以降の保護者は、第一子の保護者よりも「小学校体験」の効果を高く認識していた。第二子以降の保護者の場合、移行期の子どものきょうだいが小学校に在籍している可能性が高い。小学校の物理的環境への慣

れや小学校生活への憧れ、新たな学習の方法への不安などを保護者も交えて
きょうだい間で会話をする機会があることで、効果が認識されやすかった可
能性が考えられる。

　「保育者・教師との交流」で交互作用が有意であった（$F(1,990)=6.57$,
$p<.05$）。交互作用が有意であったことから、単純主効果の検定を行った。
その結果、小学校保護者において、出生順位の単純主効果が有意であり（$F$
$(1,990)=4.77$, $p<.05$）、小学校の第一子保護者は小学校の第二子以降の保護
者よりも教師との交流の効果を高く認識していた。また、第二子以降の保護
者において、子どもの年齢の単純主効果が有意であり（$F(1,990)=30.12$,
$p<.001$）、第二子以降の保幼保護者は第二子以降の小学校保護者よりも「保
育者・教師との交流」の効果を高く認識していた。

　保護者は、家庭では見ることのできない小学校での子どもの活動の姿を小
学校教師に尋ね、その情報を子どもに伝えながら小学校の生活について子ど
もと話し合い、小学校の体験を分かちあう機会があると考えられる。その際
に、第一子が小学校1年生である場合、きょうだいからの情報はなく、また
子どものクラスメートの保護者からの情報も第二子の保護者と比べると少な
いことが想定される。そのため、第一子の保護者は教師との交流を主要な情
報取得の機会として子どもにも効果のあるものとして捉えた可能性がある。

　一方、第二子以降の保護者の中で、保幼保護者と小学校保護者の差がみら
れたことについては、次のように考えられる。小学校保護者は第一子第二子
共に小学校に在籍している可能性が高く、保幼保護者は第一子が小学校に、
第二子が保育園・幼稚園・認定こども園に在籍している可能性が高い。保幼
保護者は、小学校教師との話し合いも保育者との話し合いも同時に経験する
ことで両者の違いを認識しやすかったことが考えられる。

### （2）保護者に対する効果

　保幼小連携接続の取り組みが保護者に与える効果について、子どもの年齢
の要因と出生順位の要因による違いがみられるかどうかを検討するため、6

つの取り組みを従属変数として子どもの年齢（保幼・小）×出生順位（第一子・第二子以降）の 2 要因の分散分析を実施した。保護者に対する効果の認識の平均と標準偏差を Table 4-1-2 に示す。

「印刷物等による連携・活動報告」「保護者同士の交流」で子どもの年齢の主効果が有意であった（$F(1,1033) = 13.53$, $p < .001$; $F(1,1046) = 65.47$, $p < .001$）。保幼保護者は小学校保護者よりも「印刷物等による連携・活動報告」「保護者同士の交流」の効果を高く認識していた。保幼保護者にとって、園からの情報発信と保護者間のネットワークの構築が効果の高い保幼小連携接続の取り組みであるといえる。

「行事の参加見学」「小学校体験」「印刷物等による連携・活動報告」で出生順位の主効果が有意であった（$F(1,952) = 9.15$, $p < .01$; $F(1,1003) = 10.07$, $p < .01$; $F(1,1033) = 5.51$, $p < .05$）。第二子以降の保護者は第一子の保護者よりも「行事の参加見学」「小学校体験」「印刷物等による連携・活動報告」の効果を高く認識していた。第二子以降の保護者が第一子の保護者よりも保幼小連携接続の効果を高く認識した理由の一つとして、第一子のときの経験との比較や小学校で行われる保幼小連携接続についての知識を持っていることで、保幼小連携接続の効果を認識しやすくなったことが考えられる。

「保育者・教師との交流」で交互作用が有意であった（$F(1,1036) = 8.14$, $p < .01$）。交互作用が有意であったことから、単純主効果の検定を行った。その結果、第一子の保護者と第二子以降の保護者において子どもの年齢の単純主効果が有意であり（$F(1,1036) = 4.35$, $p < .05$; $F(1,1036) = 41.00$, $p < .001$）、第一子の保幼保護者は第一子の小学校保護者よりも、第二子以降の保幼保護者は第二子以降の小学校保護者よりも「保育者・教師との交流」の効果を高く認識していた。また、小学校において、出生順位の単純主効果が有意であり（$F(1,1036) = 4.57$, $p < .05$）、小学校の第一子保護者は小学校の第二子以降の保護者よりも「保育者・教師との交流」の効果を高く認識していた。「行事の参加見学」などとは逆に、小学校保護者の中では、第一子の保護者が第

二子以降の保護者よりも教師との交流の効果を高く認識していた。きょうだいの小学校での体験から情報を得られない第一子の保護者にとって、専門的な立場から情報の提供や相談を受付ける教師との話し合いの効果が高く認識されたといえる。

　「保幼小連携接続に関する講演会」で交互作用が有意であった（$F(1, 491) = 3.91, p < .05$）。交互作用が有意であったことから、単純主効果の検定を行った。その結果、第二子以降の保護者において、子どもの年齢の単純主効果が有意であり（$F(1, 491) = 13.73, p < .001$）、第二子以降の保幼保護者は第二子以降の小学校保護者よりも「保幼小連携接続に関する講演会」の効果を高く認識していた。保幼保護者は小学校保護者よりも幼児期の教育から児童期の教育への円滑な移行に興味を持つ可能性が高く、さらに、その保護者が第二子以降の保護者である場合は、専門家が講師となるような講演会で提供される情報が自分の子どもとって役立つものかどうかを判断することができたためと考えられる。

**小学校入学時に知りたい情報**

**（1）質問紙の因子分析と尺度構成**

　得られた10項目の回答について、因子分析を実施し（主因子法、プロマックス回転）、初期固有値の減衰状況、固有値、解釈可能性から3因子を抽出した。第1因子は幼児期の学びと小学校の学習のつながりなど「子どもの育ちへの関心」、第2因子は自治体の保幼小連携接続の取り組みなど「保幼小連携接続の枠組みへの関心」、第3因子は小学校の行事やPTA活動など「保護者参加への関心」と解釈した。得られた因子パターンを Table 4-1-3 に示す。

　因子の信頼性の検討のため、各下位尺度の Cronbach の α 係数を求めたところ、「子どもの育ちへの関心」は α = .881、「保幼小連携接続の枠組みへの関心」は α = .795、「保護者参加への関心」は α = .772であった。どの下位尺度も分析に必要な高い値を示した。各因子について該当する項目の平均値

### Table 4-1-3　入学時に知りたい情報　因子分析結果

| 項目 | $M$ | $SD$ | F1 | F2 | F3 |
|---|---|---|---|---|---|
| **子どもの育ちへの関心** | 3.34 | 0.54 | | | |
| 幼児期の学びと小学校の学習のつながり | 3.30 | 0.62 | .927 | − .014 | − .080 |
| 5歳〜小学校1年生の時期に育つ子どもの力 | 3.40 | 0.59 | .872 | − .047 | − .049 |
| 5歳〜小学校1年生の時期の学びや生活の課題 | 3.33 | 0.60 | .789 | .024 | .044 |
| **保幼小連携接続の枠組みへの関心** | 3.01 | 0.51 | | | |
| 自治体の保幼小連携接続の取り組み状況 | 2.92 | 0.65 | − .075 | 1.053 | − .113 |
| 小学校の保幼小連携接続の取り組み状況 | 3.00 | 0.63 | − .015 | .797 | .057 |
| 小学校の特別支援教育の制度や内容 | 2.96 | 0.69 | .241 | .356 | .027 |
| 自治体の小学校低学年の教育方針や学習内容 | 3.17 | 0.60 | .208 | .319 | .238 |
| **保護者参加への関心** | 3.36 | 0.49 | | | |
| 小学校の行事の内容やPTAの活動内容 | 3.33 | 0.59 | − .065 | − .021 | .885 |
| 小学校の行事やPTA活動に関する負担の程度 | 3.41 | 0.60 | − .068 | − .055 | .819 |
| 小学校の低学年の教育方針や学習内容 | 3.35 | 0.58 | .249 | .128 | .449 |

| **因子間相関** | | | F1 | F2 | F3 |
|---|---|---|---|---|---|
| | F1 | | − | .581 | .508 |
| | F2 | | | − | .546 |
| | F3 | | | | − |

注）項目の記述は短縮されている。

を算出し，下位尺度得点とした。

**（2）子どもの年齢と出生順位の要因の検討**

　保護者が小学校入学時に知りたい情報について，子どもの年齢の要因と出生順位の要因による違いがみられるかどうかを検討するため，「子どもの育ちへの関心」，「保幼小連携接続の枠組みへの関心」，「保護者参加への関心」を従属変数として子どもの年齢（保幼・小）×出生順位（第一子・第二子以降）の2要因の分散分析を実施した。下位尺度得点の平均と標準偏差を Table 4-1-2 に示す。

　その結果，「子どもの育ちへの関心」，「保幼小連携接続の枠組みへの関心」，「保護者参加への関心」で，子どもの年齢の主効果（$F(1,1358)=15.76$, $p<.001$; $F(1,1336)=46.98$, $p<.001$; $F(1,1357)=19.68$, $p<.001$）が有意であった。

保幼保護者は小学校保護者よりも 3 つの領域の情報を知りたいと認識してい
た。また、出生順位の主効果（$F(1,1358)=25.03, p<.001; F(1,1336)=18.86,$
$p<.001; F(1,1357)=47.63, p<.001$）が有意であった。第一子の保護者は第二
子以降の保護者よりも 3 つの領域の情報を知りたいと認識していた。第一子
の保護者は、移行期が初めての経験である。そのため、小学校入学時点では
いかなる情報も知りたいという欲求が強いことが予想される。これに対して、
第二子以降の保護者はきょうだいからの情報やきょうだいの友人の保護者か
らの情報を得ることができるため、知りたい情報をこれらの情報源から補っ
ていると考えられる。

**保幼小連携接続に対する期待**

**（ 1 ）質問紙の因子分析と尺度構成**

　得られた15項目の回答について、因子分析を実施し（主因子法、プロマック
ス回転）、初期固有値の減衰状況、固有値、解釈可能性から 3 因子を抽出し
た。第 1 因子は保幼小連携接続に参加できるようにするなど「連携体制の確
立への期待」、第 2 因子はアプローチカリキュラム・スタートカリキュラム
の実施など「移行期の教育の質の向上への期待」、第 3 因子は保護者同士で
話せる機会など「情緒的情報的支援への期待」と解釈した。得られた因子パ
ターンを Table 4-1-4 に示す。

　因子の信頼性の検討のため、各尺度の Cronbach の $\alpha$ 係数を求めたところ、
「連携体制の確立への期待」は $\alpha=.911$、「移行期の教育の質の向上への期
待」は $\alpha=.777$、「情緒的情報的支援への期待」は $\alpha=.749$であった。どの
下位尺度も分析に必要な高い値を示した。各因子について該当する項目の平
均値を算出し、下位尺度得点とした。

**（ 2 ）子どもの年齢と出生順位の要因の検討**

　保護者がもつ保幼小連携接続への期待について、子どもの年齢の要因と出
生順位の要因による違いがみられるかどうかを検討するため、「連携体制の
確立への期待」、「移行期の教育の質の向上への期待」、「情緒的情報的支援へ

## Table 4-1-4　保幼小連携接続への期待　因子分析結果

| 項目 | *M* | *SD* | F1 | F2 | F3 |
|---|---|---|---|---|---|
| **連携体制の確立への期待** | 2.78 | 0.57 | | | |
| 保幼小連携接続に関する講演会の情報を伝える | 2.62 | 0.68 | **.875** | − .014 | − .065 |
| 保幼小連携接続に関する保護者の意見を聞く機会をつくる | 2.71 | 0.69 | **.807** | − .074 | .112 |
| 保幼小連携接続に関する園・小学校の方針や理念を伝える | 2.83 | 0.65 | **.728** | .278 | − .157 |
| 保幼小連携接続の取り組みの成果について説明する | 2.87 | 0.67 | **.724** | .093 | .059 |
| 保護者が保幼小連携接続の取り組みに参加できるようにする | 2.74 | 0.70 | **.669** | − .187 | .313 |
| 保幼小連携接続の取り組みに関する情報をより多く公開する | 2.94 | 0.68 | **.501** | .376 | − .029 |
| **移行期の教育の質の向上への期待** | 3.12 | 0.48 | | | |
| アプローチカリキュラム・スタートカリキュラムを実施する | 3.15 | 0.68 | − .046 | **.687** | .008 |
| 指導・援助の工夫や保育・教育の計画について説明する | 2.99 | 0.67 | .116 | **.591** | .003 |
| 小学校入学前後の子どもの発達の見通しについて話す | 3.04 | 0.66 | .093 | **.582** | .038 |
| 園と小学校で子どもの情報を共有し教育に役立てる | 3.25 | 0.65 | − .075 | **.518** | .255 |
| 子どもが異年齢の子どもとの関わりをもてるようにする | 3.17 | 0.66 | .089 | **.379** | .162 |
| **情緒的情報的支援への期待** | 3.12 | 0.53 | | | |
| 子どもについて保護者同士で気軽に話せる機会をつくる | 2.96 | 0.76 | .121 | − .083 | **.687** |
| 保育者や教師に気軽に質問や相談ができるようにする | 3.37 | 0.62 | − .157 | .271 | **.590** |
| 学童保育との連携や学童での子どもの様子を伝える | 3.02 | 0.74 | .149 | .087 | **.455** |
| 園・小学校全体で特別支援教育に取り組む | 3.12 | 0.68 | .078 | .200 | **.432** |
| **因子間相関** | | | F1 | F2 | F3 |
| | F1 | | − | .694 | .644 |
| | F2 | | | − | .639 |
| | F3 | | | | − |

注）項目の記述は短縮されている。

の期待」を従属変数として子どもの年齢（保幼・小）×出生順位（第一子・第二子以降）の 2 要因の分散分析を実施した。下位尺度得点の平均と標準偏差を Table 4-1-2 に示す。

　その結果、「連携体制の確立への期待」、「移行期の教育の質の向上への期待」で子どもの年齢の主効果が有意であった（$F(1,1354)=5.72$, $p<.05$; $F(1,1351)=10.29$, $p<.001$)。保幼保護者は小学校保護者よりも「連携体制の確立」と「移行期の教育の質の向上」への期待が高かった。保幼保護者は、アプローチカリキュラムなどの移行期の教育の取り組みや園と小学校間の情報交換などの保幼小連携接続の仕組みの構築によって、子どもが園から小学校の環境の変化に適応することを期待していたと考えられる。

　「移行期の教育の質の向上への期待」で出生順位の主効果が有意であった（$F(1,1351)=4.09$, $p<.05$)。第一子の保護者は第二子以降の保護者よりも「移

Table 4-1-5　保幼小連携接続への期待と

| | | 連携体制の確立への期待 | | | |
| | | 保幼保護者 | | 小学校保護者 | |
| | | 第一子 | 第二子以降 | 第一子 | 第二子以降 |
|---|---|---|---|---|---|
| 子どもに対する効果 | 行事参加・見学による子ども同士及び子どもと保育者・教師との交流 | .247** | .187** | .171* | .034 |
| | 小学校体験による子ども同士及び子どもと保育者・教師との交流 | .132* | .155** | .100 | .021 |
| | 印刷物等による連携・交流活動の報告 | .357** | .290** | .219** | .199** |
| | 行事や保護者会における保護者同士の交流 | .280** | .287** | .195** | .182** |
| | 行事や保護者会における保護者と保育者・教師との交流 | .266** | .269** | .171** | .166* |
| | 保幼小連携接続に関する講演会 | .460** | .266** | .215* | .097 |
| 保護者に対する効果 | 行事参加・見学による子ども同士及び子どもと保育者・教師との交流 | .293** | .204** | .146* | .137* |
| | 小学校体験による子ども同士及び子どもと保育者・教師との交流 | .288** | .203** | .171** | .140* |
| | 印刷物等による連携・交流活動の報告 | .326** | .258** | .284** | .142* |
| | 行事や保護者会における保護者同士の交流 | .158* | .302** | .252** | .221** |
| | 行事や保護者会における保護者と保育者・教師との交流 | .238** | .216** | .229** | .212** |
| | 保幼小連携接続に関する講演会 | .436** | .289** | .334** | .176* |

*$p<.05$　**$p<.01$
注) 項目の記述は短縮されている。

行期の教育の質の向上」への期待が高かった。第一子の保護者は、移行期の保育・教育や子どもの発達の見通しに関する情報をもっていない。子どもが小学校入学を控えていることから、園から小学校の環境の変化に着目し、子どもが小学校教育との連続性をもった保育・教育を受けることができる環境への期待が高まることが示唆される。

**保幼小連携接続への期待と連携接続の効果との関連**

　保護者の保幼小連携接続への期待と連携接続の効果の認識の相関係数をTable 4-1-5 に示す。

　「連携体制の確立への期待」と「印刷物等による連携・活動報告」「保護者

**連携接続の効果の認識との相関係数**

| 移行期の教育の質の向上への期待 | | | | 情緒的情報的支援への期待 | | | |
| 保幼保護者 | | 小学校保護者 | | 保幼保護者 | | 小学校保護者 | |
| 第一子 | 第二子以降 | 第一子 | 第二子以降 | 第一子 | 第二子以降 | 第一子 | 第二子以降 |
|---|---|---|---|---|---|---|---|
| .216** | .210** | .184** | .137* | .179** | .178** | .099 | .071 |
| .309** | .242** | .079 | .084 | .130* | .194** | .023 | .050 |
| .201** | .224** | .116 | .002 | .116 | .137* | .115 | − .020 |
| .255** | .296** | .176** | .077 | .277** | .199** | .180** | .097 |
| .270** | .288** | .130* | .008 | .284** | .261** | .197** | .077 |
| .344** | .208** | .129 | − .085 | .381** | .147 | .182 | .099 |
| .274** | .260** | .172* | .090 | .253** | .180** | .006 | .121 |
| .327** | .268** | .191** | .078 | .231** | .197** | − .026 | .094 |
| .309** | .183** | .190** | .031 | .201** | .202** | .193** | .026 |
| .213** | .228** | .179** | .206** | .290** | .317** | .223** | .241** |
| .260** | .231** | .164* | .128 | .282** | .219** | .198** | .135* |
| .358** | .216** | .245* | .035 | .382** | .178* | .295** | .121 |

同士の交流」「保育者・教師との交流」の子どもに対する効果の認識との間には、すべての属性の保護者において、$r = .166$〜$.357$の小〜中程度の相関がみられた。また、「行事の参加見学」「小学校体験」「印刷物等による連携・活動報告」「保護者同士の交流」「保育者・教師との交流」「保幼小連携接続に関する講演会」の保護者に対する効果の認識との間には、すべての属性の保護者において、$r = .137$〜$.436$の小〜中程度の相関がみられた。「連携体制の確立への期待」には、保護者の意見の表明や取り組みへの参加など能動的な保護者の姿勢が含まれる。そのため、保幼小連携接続に対して積極的な関心をもつ保護者には保幼小連携接続の効果が認識されやすくなると思われる。また、参加することで保幼小連携接続の効果が明確化され具体的な期待をもちやすくなることも想定される。

　「移行期の教育の質の向上への期待」と「行事の参加見学」の子どもに対する効果の認識との間には、すべての属性の保護者において、$r = .137$〜$.216$の小〜中程度の相関がみられた。また、「保護者同士の交流」の保護者に対する効果の認識との間には、すべての属性の保護者において、$r = .179$〜$.228$の小程度の相関がみられた。移行期への教育の質の向上への期待には、アプローチカリキュラム・スタートカリキュラムの実施や園と小学校での子どもの情報の共有などが含まれるため、今回取り上げた保幼小連携接続の取り組みの中では効果を認識することが難しかったと考えられる。

　「情緒的情報的支援への期待」と「保護者同士の交流」「保育者・教師との交流」の保護者に対する効果との間には、すべての属性の保護者において、$r = .135$〜$.317$の小〜中程度の相関がみられた。保育者・小学校教師・クラスメートの保護者との相談のしやすさや特別支援教育・学童保育の情報を求める保護者は、相手から情報を引き出すよう能動的に働きかけることで、情報や感情の共有が起こりやすくなり、効果を高く認識した可能性がある。また、情報の獲得や感情の共有を体験した保護者は、その体験を保幼小連携接続の枠組みで捉えるようになることも考えられる。

## 考察

　本研究の目的は、子どもの年齢と出生順位の要因が保護者の保幼小連携接続の取り組みへの期待や保幼小連携接続の効果の認識に及ぼす影響を検討することであった。本研究の結果から、保幼小連携接続を計画したり評価したりする際には、（1）保護者の中で保幼小連携接続の効果の認識が可能となる過程、（2）保幼小連携接続の取り組みの性質を踏まえて検討することの重要性が示唆された。

### 保幼小連携接続の効果の認識が可能となる過程

　保幼小連携接続の効果の認識において、第一子の保護者が第二子以降の保護者よりも効果を高く認識した取り組みと、第二子以降の保護者が第一子の保護者よりも効果を高く認識した取り組みがみられた。

　第一子の保護者は、第二子以降の保護者よりも小学校の教師との交流が子どもに与える効果、小学校の教師との交流が保護者に与える効果を高く認識していた。その理由として、保護者の心理的安定に与える影響が大きいと考えられる。第一子の保護者は小学校生活や小学校の保幼小連携接続の取り組みについての情報をほとんど持っていない。そのような第一子の保護者にとっては、小学校教師との話し合いは知識を得る効果と保護者の不安を低減する効果をもつといえる。

　一方、第二子以降の保護者は第一子の保護者よりも「小学校体験」が子どもに与える効果、「行事の参加見学」「小学校体験」「印刷物等による連携・活動報告」が保護者に与える効果をより高く認識していた。その理由として、第二子以降の保護者の認識に 2 つの過程が生じたと想定できる。第一に、第二子以降の保護者は第一子のときに保幼小連携接続の取り組みに対する意見を表明しており、そのことによって保幼小連携接続の内容が保護者の期待を取り込んだものに変化し、それを保護者が認識したという可能性が考えられる。第二に、保幼小連携接続の取り組みの目的や効果について保護者が理解

することで、それまで認識されていなかった効果が認識されるようになったという可能性も想定できる。今後さらにこのいずれの過程が生じているのか、この過程がどのような理由から生じたのかについてはより詳細な検討が必要である。

　第一子の保護者の方が効果を高く認識した取り組みと第二子以降の保護者の方が効果を高く認識した取り組みがみられた理由としては、取り組みの性質の違いも影響していると考えられる。小学校での教師との交流は、効果を認識するために保護者に特別な知識は必要なく、子どもの様子や低学年の授業の工夫など保護者が知りたい情報を教師が提供することで、保護者は効果が高いと認識すると考えられる。これに対して、「行事の参加見学」「小学校体験」「印刷物等による連携・活動報告」などは、単なる園・小学校行事として捉えるだけではなく、保幼小連携接続の取り組みとしての側面を認識し、子どもあるいは保護者にとってそれらの取り組みがどのような意味を持つのかについての知識をもっていないと効果の認識が難しいと考えられる。

　第二子の保護者がその効果を高く認識した取り組みは、第一子の保護者に対しても有用な情報を示唆していると推察できる。小学校体験をすることで子どもに小学校への期待や憧れが芽生えたり、異年齢児との積極的な関わりへの意欲が期待できること、行事への参加見学は他の保護者や保育者・小学校教師と一緒に子どもと保護者自身の体験について話し合ったり質問したりする機会であることを、印刷物によって伝えていくことが重要であると考えられる。つまり、子ども、保護者、保育者・小学校教師が何をしたかという活動の報告だけではなく、その活動の目的やねらい、子どもや保護者にとっての効果を具体的に言語化や数量化して可視化し伝えることが必要である。

### 保幼小連携接続の取り組みの性質

　保幼保護者は小学校保護者よりも「印刷物等による連携・活動報告」「保護者同士の交流」「保育者・教師との交流」（第二子以降の保護者のみ）が子どもに与える効果、「印刷物等による連携・活動報告」「保護者同士の交流」

「保育者・教師との交流」「保幼小連携接続に関する講演会」（第二子以降の保
護者のみ）が保護者に与える効果をより高く認識していた。

　園や小学校での連携接続や活動の情報提供の手段として、園だよりや学校
だよりが代表的なものである。最近では、その発信方法として Web サイト
（ホームページ）が使われることもある。幼稚園の Web サイトと小学校の
Web サイトを比較した研究では、幼稚園のサイトは、幼稚園から保護者へ
の情報や保護者自身の活動、保護者同士の活動に関する情報が高い比率で含
まれていると報告されている（石塚・塚田・堀田・高橋, 2006）。この研究に示
唆されるように、子どもの園生活の情報と同時に保護者の活動情報が園だよ
りに含まれることで、保幼保護者が保幼小連携接続の参加者である認識と意
欲をもたらしている可能性がある。これに対して、小学校では、参加者とし
ての認識や意欲を喚起する情報が保護者に対して提供されることが少ないと
考えられる。

　「保護者同士の交流」「保育者・教師との交流」に関して、園と小学校では
その話し合いの内容が異なってくることが考えられる。園では、小学校入学
に向けての保護者の関心事を保育者に相談し、子どもの園生活について情報
交換を行い、同級生の保護者と悩みを分かち合うことができたと考えられる。
このことから、保幼小連携接続の効果という側面では、保幼保護者が効果を
認識しやすかったといえる。これに対して、小学校では、1 年生の時点での
小学校生活への適応も話題になるが、中学年に向けてという観点からの話題
も会話に含まれるようになってくることが推測される。そのため、小学校の
保護者の意識では、移行は経験しておわったことであるとされ、効果が認識
されることが少ないと考えられる。

　「保幼小連携接続に関する講演会」におけるテーマは様々であるが、幼児
期の教育と児童期の教育の段差・環境の違いが講演内容に含まれることが予
想され、小学校入学後の教育や環境にのみ焦点を当てたテーマとなることは
考えにくい。このことから、保幼保護者が講演会の効果をより高く認識した

と思われる。

　保幼小連携接続の取り組みの名称としては同じでも、園と小学校では実施の目的や受け取ったり発信したりする情報の内容、保護者の能動的な関与の程度が異なるため、その取り組みに対する効果の認識も異なると考えられる。園と小学校の間で互いの保育・教育を理解するためには、保育者と小学校教師がこのような取り組みの性質の違いに関する議論を行うことが必要である。

**今後の課題**

　本研究では保護者の認識を通して保幼小連携接続への期待と効果を検討した。本研究の限界として、調査の実施時期の選定の問題がある。本研究では年間の保幼小連携接続の体験を振り返り回答することができるよう1〜2月の時期に調査を実施したが、小学校1年生の保護者にとっては小学校入学後2ヵ月後や1学期の終了時点で調査を実施した場合の方が当事者としての意識を捉えることができた可能性がある。今後の課題としては、実際の保幼小連携接続の取り組みと効果の関連の分析、園間や小学校間にみられる相違と保護者の子育て経験の相違をもたらす要因の分析がある。

**注**

(1) 父、母、祖母、無記入の間に平均値等に顕著な差がみられなかったことを確認した上で、本研究ではすべての回答を含めて分析を行った。

(2) 園間や小学校間の分析と併せて行う必要性やサンプル数の違い、本論文の研究目的から、自治体別の検討ではなく全体としての傾向の把握を行った。なおいずれの市でも因子構造等は同様であることを事前に確認している。また、保育園・幼稚園・認定こども園の保護者の間に本研究で扱った指標のそれぞれについて差はみられなかったため、年長児の子どもを持つ保護者の群としてまとめて分析を行った。

**引用文献**

ベネッセ次世代育成研究所（2013）．第1回幼児期から小学校1年生の家庭教育調査報告書　ベネッセコーポレーション

ベネッセ教育研究開発センター（2005）．義務教育に関する意識調査・報告書　ベネッ
　　セコーポレーション

Education Review Office（2015）．*Continuity of learning: Transitions from early
　　childhood services to schools.* Retrieved from http://www.ero.govt.nz/assets/
　　Uploads/ERO-Continuity-of-Learning-FINAL.pdf（2020年10月1日）

一前春子・秋田喜代美（2011）．取り組み段階の観点からみた地方自治体の幼小連携体
　　制作り　乳幼児教育学研究, *20*, 13-26.

一前春子・秋田喜代美（2012）．地方自治体の接続期カリキュラムにおける接続期とカ
　　リキュラムの比較　国際幼児教育研究, *20*, 85-95.

石塚丈晴・塚田博史・堀田龍也・高橋純（2006）．積極的に Web サイトで情報発信して
　　いる幼稚園における保護者向け情報の特徴　日本教育工学会論文誌, *30*, 81-84.

伊藤輝子・山内昭道・岩崎洋子・細川かおり（1997）．幼稚園・保育園・小学校の教育
　　連携の実態と課題－来年度就学予定児を持つ保護者の不安に対する保育の課題
　　保育学研究, *35*, 136-143.

上林千秋・塩﨑政江・渡邉俊・浅田眞由美・岩味留美・中村崇・相澤富士子・田邉佳
　　子・松永あけみ・加藤幸一（2007）．幼稚園・保育所と小学校との連携に関する一
　　考察－幼稚園教師及び保育所保育士・小学校教師・小学校1年生の保護者への意
　　識調査から　群馬大学教育実践研究, *24*, 397-416.

小林小夜子（2005）．幼稚園・保育所・小学校における指導内容に対する指導者および
　　保護者の認識の差異　乳幼児教育学研究, *14*, 157-165.

Lillejord, S., Børte, K., Halvorsrud, K., Ruud, E., & Freyr, T.（2015）．*Measures with
　　positive impact on transition from kindergarten to school: A systematic review.*
　　Oslo: Knowledge Center for Education.

文部科学省・厚生労働省（2009）．保育所や幼稚園等と小学校における連携事例集　文
　　部 科 学 省 Retrieved from http://www.mext.go.jp/a_menu/shotou/youchien/
　　1258039.htm（2020年10月1日）

椋田善之（2013）．幼稚園から小学校の移行期における保護者の子どもへの期待と不安
　　の変容過程－入学前と入学後の保護者へのインタビューを通して　東京大学大学
　　院教育学研究科紀要, *53*, 233-245.

丹羽さがの・酒井朗・藤江康彦（2006）．幼稚園・小学校の連携についての全国調査報
　　告　お茶の水女子大学子ども発達教育研究センター（編）　幼児教育と小学校教
　　育をつなぐ－幼小連携の現状と課題（pp. 23-34）　お茶の水女子大学子ども発達
　　教育研究センター

# 4-2　保護者の認識の質的分析

## 要約

　本研究の目的は、保育所・幼稚園・認定こども園の5歳児クラスの幼児の保護者の保幼小連携接続に対する意識・評価を検討し、保護者が保幼小連携接続の取り組みの中で重視する要素を明らかにすることである。5歳児クラスに在籍する幼児の保護者259名に質問紙調査を実施し、保幼小連携接続が行われたことで、子どもの行動や保護者自身の考え・行動等に変化があったかどうかを具体的なエピソードと共に記述するよう求めた。調査の結果から、保育者の認識に関して次の3点が明らかとなった。

　第一に、子どもに関する具体的効果は、「環境の違いへの気づき」、「小学校への期待」、「仲間関係の構築」、「成長の見通し」の4つの上位カテゴリーに整理できた。記述数の比率が高かったのは、「仲間関係の構築」、次いで「小学校への期待」であった。第二に、保護者に関する具体的効果は、「小学校への関心」、「移行期の理解」、「コミュニケーションの尊重」、「子どもへの支援」、「連携の意味づけ」の5つの上位カテゴリーに整理できた。記述数の比率が高かったのは「小学校への関心」、次いで「移行期の理解」であった。第三に、子どもと保護者に関する具体的効果の記述は、その記述が何に焦点化されているかによって4つの視点に分類することができた。第1に「学校・園に焦点のある視点」、第2に「子ども（保護者）と学校・園に焦点のある視点」、第3に「子ども（保護者）と学校・園の関係性に焦点のある視点」、第4に「子ども（保護者）に焦点のある視点」であった。

　保護者にとって、保幼小連携接続は子どもの環境移行を支える取り組みとして効果をもつものであったと考えられる。保護者の認識を踏まえて保育者・小学校教師が十分な情報を公開し、保護者の保幼小連携接続の理解を促進することが求められる。また、移行期の保護者が保護者に向けた保幼小連

携接続に参加し、保幼小連携接続の当事者であるという意識を高めることも必要である。

## 問題と目的

　幼児期の教育から児童期の教育への移行については、幼児期の経験がそれ以降の成長を支えるものであることや移行期の非連続性が後の発達にもたらす負の影響から、国際的に関心がもたれている（OECD, 2017）。日本においても移行期の幼児期の教育と児童期の教育の接続や保幼小連携接続の取り組みは幼児期の教育の重要な課題と認識されてきた。平成29年には、幼稚園教育要領、保育所保育指針、幼保連携型認定こども園教育・保育要領において、幼児期の終わりまでに育ってほしい10の姿が示され、子どもの姿を保育者と小学校教師が共有し、援助・指導を行っていくことが求められている。

　移行期の保幼小連携接続が子どもにとって持つ意味の一つとして、現在とは異なる物理的環境や人的環境の中でも自分の能力を発揮することができる、自分の興味関心がたとえ仲間とは異なっていたとしてもそれを追究していくことを支えてくれる先生がいる、自分がやり遂げたいことを支援してくれる場所がある、などの感覚を子どもが経験を通じて得ることが考えられる。そして、保育者や小学校教師には、そのような意味を持つ移行期の保育・教育が行われていることを保護者に伝える役割が期待される。

　同時に、現在実施されている保幼小連携接続の取り組みの持つ意味を保護者がどのようにとらえているのかを検討することも重要である。たとえば、Lillejord, Børte, Halvorsrud, Ruud, & Freyr（2015）は、保護者、保育者、小学校教師などの異なる立場に立つ人々の認識が移行期の支援に影響を与えるとしている。保護者の信念、態度、評価を明らかにすることで、1）保護者の認識の多様性に応じた保育者・小学校教師による移行期の保育・教育の説明、2）時期に応じた子ども・保護者に対する支援、3）保護者への子どもの育ちの見通しの伝達、4）移行期の保育・教育に対する意見を表明したい

保護者の相談を受付ける仕組み作り、が可能になると考えられる。

　保護者を対象とした研究について、Dockett & Perry（2013）は、北米、オーストラリア、アジア、ヨーロッパ、ニュージーランド、アフリカの300本の移行期の研究のうち1割が保護者、家族、コミュニティーを対象としたものであることを示している。その内容としては、保護者の信念や態度、家庭の学習の環境、子どもや学校とコミュニケーションをとる保護者のスキル、子どもを支援して円滑な移行を促進する保護者の能力を高めるプログラム等に関するものが含まれる。

　中南米、南ヨーロッパ、アジア圏の研究において、保護者と保育者・小学校教師では移行期に対する認識や期待が異なり、移行期の保育・教育について両者が協議・協働することの必要性が指摘されている。Kinkead-Clark（2015）は、保護者と小学校1学年教師へのインタビューを実施し、小学校教師は主な移行責任者を保育者、保護者と回答したのに対して、保護者は小学校1学年教師と小学校管理者と回答していることから、保護者と小学校教師の移行責任者の意識の違いを指摘し、保護者と小学校教師のためのプログラムが必要だとしている。また、Correia & Marques-Pinto（2016）は、グループ面接を実施し、小学校1学年の適応プロセスで重視する要因として保育者と小学校教師は子どもへの支援、保護者は教師の指導方法や学校運営を挙げたことから、学校と家族のパートナーシップを促進するための方略が必要であると述べている。Choy & Karuppiah（2016）も、保育者、小学校教師、保護者の間の開かれたコミュニケーションが重要であることを指摘している。

　日本においては、カリキュラム開発・指導方法、保育者・小学校教師の情報交換、幼児と児童の交流活動の研究（一前・天野・秋田, 2017）とともに、保護者を対象とした研究が行われている。保護者の信念や態度については、保幼小連携接続に対する意識調査（丹羽・酒井・藤江, 2004）、移行期に対する認識（山田・大伴, 2010）等の調査が行われてきた。また、移行期の保護者への支援については、移行期の保護者の不安内容の調査（神田・山本, 2007; 椋田,

2014)、保護者支援の課題の検討（田宮・池田・鈴木, 2014）が行われている。保護者の視点も含めた特別な支援が必要な子どもの移行についての研究（佐藤, 2013）もみられる。

　これまで行われてきた保護者を対象とした移行期の研究では、研究者があらかじめ準備した項目によって実施される数量的な調査により就学前の不安や移行期の認識を検討する研究と、保幼小連携接続の取り組みに対する保護者の信念、態度、評価について、生の声としての記述的なデータを扱った質的な研究が行われてきた。本研究は、保護者の生の声としての多様性をとらえるとともに保護者の声に共通する保護者の視点を検討するため、後者の質的なデータの分析を行う。保護者の体験や認識から保幼小連携接続の取り組みの機能とは何かを明らかにしていくこと、またそこで明らかになった知見を数量的な調査の枠組みとして活用していくことが重要と考えるためである。

　そこで、本研究は、保護者の保幼小連携接続の取り組みに対する意識や評価の記述を検討し、保護者が保幼小連携接続の取り組みの中で重視する要素を明らかにすることを目的とする。

## 方法

### 調査協力者

　関東地方の地方自治体A市、B市の保育所・幼稚園・認定こども園の5歳児クラスに在籍する幼児の保護者259名。保護者の子どもとの関係性は、母親250名、父親5名、無記入6名であった。

　A市において調査の協力を得た保育所・幼稚園は17園、B市において調査の協力を得た保育所・幼稚園・認定こども園は13園であった。

　A市・B市で実施されており、子どもあるいは保護者の認識・行動の変化がみられたと保護者がエピソードを報告した保幼小連携接続の取り組みは、「園児と児童の交流体験（他園の幼児との交流も含む）」「園児の小学校体験（給食体験やプール体験も含む）」「学校説明会・入学懇談会・保護者会等における

小学校入学に向けての説明」であった。A市において実施されており、子ど
もあるいは保護者の認識・行動の変化がみられたと保護者がエピソードを報
告した保幼小連携接続の取り組みは、「就学支援シートの利用」であった。

**調査項目**

　保幼小連携接続が行われたことで、子どもの行動や保護者自身の考え・行
動等に変化があったかどうかを具体的なエピソードと共に記述するよう求め
た。

　今回は保護者の保幼小連携接続に対する視点の多様性に焦点があるので分
析には含まないが、質問紙には保幼小連携接続の取り組みが子どもの小学校
に対する認識や小学校入学に向けた行動の変化をもたらしたかどうか、また
保幼小連携接続の取り組みが移行期の子どもを持つ保護者の学校・園に対す
る認識や子どもに対する行動の変化をもたらしたかどうかを5段階で尋ねる
設問も含まれていた。本研究では、保幼小連携接続の取り組みによって子ど
もあるいは保護者の認識・行動の変化があったと回答した保護者に焦点をあ
て、具体的なエピソードから保護者の視点を抽出することを目的としたもの
であるため、自由記述のみを分析の対象とした。

**手続き**

　質問紙は保育所・幼稚園・認定こども園を通じて配布した。また、質問紙
と共に返送用の封筒を配布した。回収方法は、A市においては調査協力者が
個別に調査実施者に返送する方法を用いた。B市においては保育所・幼稚
園・認定こども園にて回収し、そこから調査実施者に返送する方法を用いた。
いずれの場合にも質問用紙は封筒に封入され、個人の回答内容が回答者以外
の目に触れることがないよう配慮した。

**調査実施時期**

　質問紙調査は2016年1月〜2月に実施。年間の保幼小連携接続の体験を振
り返り回答することができるようにこの時期を選定した。

**倫理的配慮**

　質問紙調査は、筆頭発表者の所属機関の研究倫理審査委員会の承認を受け
て実施した（承認番号 KWU-IRBA#15087）。

**分析手順**

　データ分析については、佐藤（2008）を参考にした。

　第一に、自由記述について、意味内容が一つの命題に言及している文
（節・句）に区分した。子どもの行動に関する具体的効果を記述した213の文
（節・句）、保護者の行動に関する具体的効果を記述した123の文（節・句）を
分析対象とした。

　第二に、意味内容が共通もしくは類似する語句に注目して、それらを分類
したカテゴリーを生成した。子どもの行動に関する具体的効果として11のカ
テゴリー、保護者の行動に関する具体的効果として10のカテゴリーを生成し
た。

　第三に、意味内容が類似するカテゴリーに注目し、複数のカテゴリーにあ
てはまるような上位カテゴリーを抽出した。子どもの行動に関する具体的効
果として4つの上位カテゴリー、保護者の行動に関する具体的効果として5
つの上位カテゴリーを抽出した。

　第四に、本研究の目的である保護者の視点に共通する要素を分析するため、
子どもの行動に関する具体的効果に関する4つの上位カテゴリーと保護者の
行動に関する具体的効果に関する4つの上位カテゴリーを、保護者が着目し
た保幼小連携接続の効果を生み出した主体によって4つの視点に分類した。
4つの視点とは、「学校・園に焦点のある視点」、第2に「子ども（保護者）
と学校・園に焦点のある視点」、第3に「子ども（保護者）と学校・園の関係
性に焦点のある視点」、第4に「子ども（保護者）に焦点のある視点」であっ
た。

## 結果と考察

### 子どもに関する具体的効果

　子どもに関する具体的効果の記述例と記述の分類を Table 4-2-1 に示した。子どもに関する具体的効果の記述総数は213文であった。子どもに関する具体的効果は、「環境の違いへの気づき」、「小学校への期待」、「仲間関係の構築」、「成長の見通し」の4つの上位カテゴリーに整理できた。

　**4つの上位カテゴリーの内容**　「環境の違いへの気づき」には、「生活空間としての学校の認識」、「物理的環境の理解」の2つの下位カテゴリーが含まれる。「生活空間としての学校の認識」は、小学校が園とは異なる活動をする施設である認識を持つことである。「物理的環境の理解」は、小学校の物理的環境を理解することである。

　「小学校への期待」には「心理的障壁の除去」、「未知の世界への興味」、「小学生としての自覚」の3つの下位カテゴリーが含まれる。「心理的障壁の除去」は、小学校という新しい環境に対して感じる不安や恐れが減少することである。「未知の世界への興味」は、小学校に通いたいという意欲や小学校が何をする場所であるのかについての関心を持つことである。「小学生としての自覚」は、自分が今までとは異なる期待を担う心構えができることである。

　「仲間関係の構築」には、「異年齢への親しみ」、「仲間入り」、「関係の拡大」の3つの下位カテゴリーが含まれる。「異年齢への親しみ」は、異なる年齢の相手の発言や態度に触れて、親しみや憧れを抱くことである。「仲間入り」は、幼児が小学校児童との長期的な関係性の基礎を築くことである。「関係の拡大」は異なる保育幼児教育施設に属する幼児と共に活動することで、子どもの世界が広がることである。

　「成長の見通し」には、「スキルの上達」、「意欲の向上」、「視点取得」の3つの下位カテゴリーが含まれる。「スキルの上達」は、保幼小連携接続の取

**Table 4-2-1　連携接続の取り組みによる子どもの行動の変化に関する
保幼小連携接続の具体的効果の記述例**

| 視点 | 上位カテゴリー | カテゴリー | 具体的な記述例 | 回答記述数(%) |
|---|---|---|---|---|
| 学校・園に焦点のある視点 | 環境の違いへの気づき | 生活空間としての学校の認識 | 小学校は勉強するところという認識が子どもの中で育っていたように思えます。「勉強したり、運動したりするところ」という発言が目立つようになってきました。 | 18 (8.5) |
| | | 物理的環境の理解 | 小学校の見学をして、理科室やパソコンルーム等、保育園とは違う環境のイメージをもててよかった。 | 3 (1.4) |
| 子どもと学校・園に焦点のある視点 | 小学校への期待 | 心理的障壁の除去 | テレビなどの影響で、「学校＝勉強が大変で、先生におこられる所」というイメージをもっていた娘でしたが、小学校の行事に参加することで、入学が楽しみになって来たようです。「学校行きたくない」「幼稚園にずっといたい」と口にすることもなくなりました。 | 30 (14.1) |
| | | 未知の世界への興味 | こども園のうちから、小学生とたくさん交流があり、小学校にも入らせて頂いているので、入学への期待がとても大きい。 | 44 (20.7) |
| | | 小学生としての自覚 | 小学校交流会は、子供が小学校の様子がよく分かり、小学生になるという心構えができたので、とてもよかったと思います。 | 8 (3.8) |
| 子どもと学校・園（仲間）の関係性に焦点のある視点 | 仲間関係の構築 | 異年齢への親しみ | 小学校体験で、昨年年中時に年長児だった子達が小学生として、しっかり活動している様子を見たり、気さくに声をかけてくれ、小学校に親しみをもったようだ。 | 58 (27.2) |
| | | 仲間入り | 5年生との交流が多く、入学時には6年生になっており、またたくさん交流がもてるところが、とても良かった。園外であそんでいる時に、5年生のお兄ちゃん、お姉ちゃん達から、声をかけてもらう機会があり、とても嬉しかった。 | 18 (8.5) |
| | | 関係の拡大 | 近隣の幼稚園と定期的に交流があり、同じ名前同士でペアになったりと、学区が同じ為、「今度は小学校で遊ぼうね」など、保育園以外の友だちができた。 | 7 (3.3) |
| 子どもに焦点のある視点 | 成長の見通し | スキルの上達 | 給食体験をして、完食できた事が嬉しかったようで自信につながり、今まであまり上手に箸を扱えなかったのですが、意欲がわいて積極的に練習していました。 | 7 (3.3) |
| | | 意欲の向上 | 小学校の学芸会を観に、子どもたちを（担任の先生が）連れて行ってくれた。「1年生はすごい！」など子どもが言って、様々な活動を頑張って取り組むようになって良かった。 | 16 (7.5) |
| | | 視点取得 | お兄さん、お姉さんとして、接して下さった小学生の姿を見て年中さんの前では特に、様々なルールを守ろうとする姿が見られるようになりました。 | 4 (1.9) |
| | | 計 | | 213 (100) |

り組みをきっかけとして水泳、徒競走、箸の使い方などのスキルを高める努力をすることである。「意欲の向上」は、日常生活のさまざまな取り組みにおいて自分の能力を高めたいという意欲を持つことである。「視点取得」は、異なる年齢の相手の行動を観察し、相手の視点で自分の行動を内省し、行動を修正することである。

　**上位カテゴリーの記述比率と特徴**　記述数の比率が高かったのは、「仲間関係の構築」(39.0%)、「小学校への期待」(38.6%)であった。「仲間関係の構築」、「小学校への期待」は、小学校体験や児童との交流の体験から直に得られる感覚や認識である。保幼小連携接続の取り組みによって、幼児は小学校という生活の場への興味や関心が高まり、小学校で自分を待っている年長の児童の存在に親しみを覚えるようになる。このような体験による感覚・認識は、取り組みを経験した多くの子どもが持つものと考えられる。

　これに対して、「成長の見通し」(12.7%)は、年下の子どもの前でルールを守る、様々な活動を頑張る、積極的に箸の使用の練習をするなど、子ども自身が自分の行動、意欲、特定のスキルを変えることを主体的に選択した結果である。これらの効果は必ずしも小学校生活との関連をもたない。保護者が保幼小連携接続の取り組みの内容を振り返り、自分の日常生活での行動に結びつける作業を含むことから、一部の子どもの保護者のみにみられたと考えられる。

## 保護者に関する具体的効果

　保護者に関する具体的効果の記述例と記述の分類を Table 4-2-2 に示した。保護者に関する具体的効果の記述総数は123文であった。保護者に関する具体的効果は、「小学校への関心」、「移行期の理解」、「コミュニケーションの尊重」、「子どもへの支援」、「連携の意味づけ」の5つの上位カテゴリーに整理できた。

　**5つの上位カテゴリーの内容**　「小学校への関心」には、「意義の認知」、「小学校の特色の認知」の2つの下位カテゴリーが含まれる。「意義の認知」

Table 4-2-2　連携接続の取り組みによる保護者の行動の変化に関する
保幼小連携接続の具体的効果の記述例

| 視点 | 上位カテゴリー | カテゴリー | 具体的な記述例 | 回答記述数(%) |
|---|---|---|---|---|
| 学校・園に焦点のある視点 | 小学校への関心 | 意義の認知 | 保育園の先生が、小学校で必要となってくる子どもの事柄を理解し、イメージを持って保育園での保育に活かして下さる仕組み、取り組みなので賛同します。 | 9(7.3) |
| | | 小学校の特色の認知 | 園に学校の説明に来てくれた校長先生のお話は、何に力を入れているかなどが分かり、学校に興味を持ちました。 | 31(25.2) |
| 保護者と学校・園に焦点のある視点 | 移行期の理解 | 子どもの実態の認識 | 小学校 1 年生と交流した時に「小学生＝しっかりした者」と思っていたので、実際、体験の様子を見学した時に、ほのぼのとマイペースな 1 年生を見て、可愛らしくて安心した。我が子もマイペースなので、「1 年生としてやっていけるか」と、不安に感じていたが、まだまだ同じ様に成長の途中なんだなと気持ちが楽になった。 | 5(4.1) |
| | | 事前準備の評価 | 年長 3 学期になり、幼稚園でも入学準備に向けて、「決められた時間内に終わらせる」etc、"小学生になる"という事を子どもに意識させていただいているので、親としても「幼稚園でもそうでしょ」と子供に伝えやすくなったと思います。 | 15(12.2) |
| 保護者と学校・園の関係性に焦点のある視点 | コミュニケーションの尊重 | 協力関係の認識 | 幼稚園の先生と小学校の先生が話し合う機会を持っていることを知り、小学校生活での不安な面、伝えてもらいたい事など相談できた。 | 10(8.1) |
| | | 専門家への信頼 | 小学校の校長先生が幼稚園で講演をして下さり、幼稚園の先生方と同様に親しく質問に答えてくださったので、幼稚園と同様の先生の保護者に対する距離感にとても安心しました。具体的なお話の内容よりも「何か困った時には、いつでも声をかけて下さい」というお言葉が一番ほっとしました。 | 5(4.1) |
| 保護者に焦点のある視点 | 子どもへの支援 | 移行の準備 | 保幼小連携があることにより、予め、小学校入学後の生活を意識するようになった。（親が）結果、小学校に向けて考えるようになり、自ら情報収集するようになった。 | 5(4.1) |
| | | 情動の共有 | 実際に学校に行ってみたことで、小学校へ行く楽しみを持ったようで「小学生になったら」という発言をよく聞くようになったので、イメージできたようです。親としても保育園から小学校へ進級することへの不安もあるので本人からそのような言葉を聞けて安心できたところもあります。 | 8(6.5) |
| ― | 連携の意味づけ | 効果の限定 | 学校との交流に効果はあると思うが、子どもの通う予定の学校と異なるため、効果は半減している。 | 15(12.2) |
| | | きょうだい児の影響 | 個人的には小学生の兄がいるので、下の子は小学校での生活にあまり不安や違和感はないようです。 | 20(16.3) |
| | | | 計 | 123(100) |

注）「連携の意味づけ」は、連携の効果はあまり認められないという記述であるため、連携理解の視点の分析には含まれていない。

は、保護者が自分の子どもに対する保幼小連携接続の効果があったと考えていなくても、保幼小連携接続の取り組みの意義や有用性を認める態度である。「小学校の特色の認知」は、小学校の特色や教育についての知識を得ることである。

　「移行期の理解」には、「子どもの実態の認識」、「事前準備の評価」の2つの下位カテゴリーが含まれる。「子どもの実態の認識」は、小学校での子どもの活動や子どもの発達の過程についての知識を得ることである。「事前準備の評価」は、移行期の意義や移行期の子どもの育ちの支援を理解することである。

　「コミュニケーションの尊重」には、「協力関係の認識」、「専門家への信頼」の2つの下位カテゴリーが含まれる。「協力関係の認識」は、保育者と小学校教師の間の情報の共有、子どもと保育者・小学校教師とのかかわり、保護者と保育者・小学校教師の間の話し合いなどのコミュニケーション及びコミュニケーションの存在の認識である。「専門家への信頼」は、専門的な知識を持ち、保護者に対して受容的な態度で接する保育者・小学校教師に対しての信頼である。

　「子どもへの支援」には、「移行の準備」、「情動の共有」の2つの下位カテゴリーが含まれる。「移行の準備」は、移行期の取り組みを経験したことで、保護者自身が移行に関する情報を収集し、子どもを見る視点が変化することである。「情動の共有」とは、保幼小連携接続の取り組みを経験した子どもが示す情動を保護者も共有し、子どもの移行を心理的に支えることである。

　「連携の意味づけ」には、「効果の限定」、「きょうだい児の影響」の2つの下位カテゴリーが含まれる。「効果の限定」は、連携接続の相手校が入学予定の小学校でない場合、保幼小連携接続の効果が減少するあるいは効果がみられないという認識である。「きょうだい児の影響」は、兄や姉がいることで、小学校に対する情報を得ているため、子ども・保護者に小学校に行く構えができているとする認識である。

　　**上位カテゴリーの記述比率と特徴**　保幼小連携接続の効果は限定的である
とする「効果の限定」「きょうだい児の影響」を除いた 4 つの概念の中で、
記述数の比率が高かったのは「小学校への関心」(32.5%)、次いで「移行期
の理解」(16.3%)、「コミュニケーションの尊重」(12.2%)、「子どもへの支
援」(10.6%)であった。

　　「小学校への関心」は、保護者が保幼小連携接続の意義を認め、小学校の
特徴、小学校 1 年生の成長の実態、園と小学校の違いを理解することである。
保幼小連携接続の取り組みの体験によって、保護者の認識や気持ちの変化が
生じ、その変化が保護者の内面にとどまっている状態といえる。これに対し
て、「コミュニケーションの尊重」は、保育者・小学校教師との相談、小学
校教師への信頼感の形成である。これは、保育者・小学校教師の指導に対す
る保護者による態度形成(信頼感、良い評価)が生じた状態といえる。一方、
「子どもへの支援」は、保護者が子どもの情動体験を受容的に受け止め、移
行期にいる子どもを支援するための行動を起こすことである。

　　「小学校への関心」は、学校説明会や保護者会での保育者・小学校教師の
説明を聞いて、保護者の中で理解したという認識のみで生じ得る。これに対
して、「コミュニケーションの尊重」や「子どもへの支援」は、保護者自身
が学校・園とのコミュニケーションを求める、保育者・小学校教師との助け
を借りずに子どもの移行に役立つと思われる行動をとる、子どもとの会話を
通して情緒面でのサポートをするといった行為である。そのため保護者自身
が積極的に子どもの移行の支援をする意識がないと成立しない。そのため、
比率としては少なかったと考えられる。

**自由記述にみる連携接続理解の視点**

　　子どもと保護者に関する具体的効果の記述は、その記述が何に焦点化され
ているかによって 4 つの視点に分類することができた。第 1 に「学校・園に
焦点のある視点」、第 2 に「子ども(保護者)と学校・園に焦点のある視点」、
第 3 に「子ども(保護者)と学校・園の関係性に焦点のある視点」、第 4 に

「子ども（保護者）に焦点のある視点」であった。4 つの視点の分類数を
Table 4-2-3 に示した。

　子どもの行動に関する具体的効果の「環境の違いへの気づき」、保護者に
関する具体的効果の「小学校への関心」は、学校・園の環境や学校・園が提
供する保育・教育に焦点のある視点と考えられる。

　記述例の「小学校の見学をして、①理科室やパソコンルーム等、保育園と
は違う環境のイメージをもててよかった」の下線①では、子どもが入学する
小学校の特徴や園との違いが強調されている。学校・園が子ども・保護者に
対してどれだけ入念に準備し工夫された環境を用意しているのかが記述者の
関心となっている。

　子どもの行動に関する具体的効果の「小学校への期待」、保護者に関する
具体的効果の「移行期の理解」は、子ども（保護者）と学校・園に焦点のあ
る視点と考えられる。

　記述例の「年長 3 学期になり、②幼稚園でも入学準備に向けて、「決めら
れた時間内に終わらせる」etc、“小学生になる”という事を子どもに意識さ
せていただいているので、③親としても「幼稚園でもそうでしょ」と子ども
に伝えやすくなったと思います。」の下線②では、保育者の具体的な援助の
内容が記述され、下線③ではそれに対する保護者の評価が示されている。学
校・園の指導や援助に対して子ども・保護者の情動的反応や評価・考え方の
変化が生じたことが記述者の関心となっている。

Table 4-2-3　保護者の連携接続理解の視点別人数と比率（%）

| 視点 | 視点 1<br>学校・園に<br>焦点 | 視点 2<br>子ども（保<br>護者）と学<br>校・園に<br>焦点 | 視点 3<br>子ども（保<br>護者）と学<br>校・園の関<br>係性に焦点 | 視点 4<br>子ども<br>（保護者）に<br>焦点 | 1 〜 4 の<br>複数の視点 | 効果の限定・<br>きょうだい<br>児の影響 | 計 |
|---|---|---|---|---|---|---|---|
| 人数<br>（%） | 53<br>（20.3） | 60<br>（23.0） | 65<br>（24.9） | 20<br>（7.7） | 50<br>（19.9） | 11<br>（4.2） | 259<br>（100） |

　子どもに関する具体的効果の「仲間関係の構築」、保護者に関する具体的効果の「コミュニケーションの尊重」は、子ども（保護者）と学校・園の関係性に焦点のある視点と考えられる。

　記述例の「5年生との交流が多く、入学時には6年生になっており、また④たくさん交流がもてるところが、とても良かった。園外であそんでいる時に、5年生のお兄ちゃん、お姉ちゃん達から、声をかけてもらう機会があり、とても嬉しかった。」の下線④には、子どもと児童の間に関係性が生まれ維持されていることが記述されている。児童、他の保育幼児教育施設の幼児、保育者・小学校教師と子ども・保護者との間に交流関係が生まれ維持されることが記述者の関心となっている。

　子どもに関する具体的効果の「成長の見通し」、保護者に関する具体的効果の「子どもへの支援」は子ども（保護者）に焦点のある視点と考えられる。

　記述例の「保幼小連携接続があることにより、予め、小学校入学後の生活を意識するようになった。⑤（親が）結果、小学校に向けて考えるようになり、自ら情報収集するようになった。」の下線⑤では、保幼小連携接続の取り組みをきっかけとして保護者自身の行動がいかに変化したかが強調されている。子ども・保護者が保育者・小学校教師に直接指導されたり指示されたりしたのではなく、自ら行動を変えることが記述者の関心となっている。

　4つの視点のいずれかのみを記述した保護者は75.9%、4つの視点のうち複数について記述した保護者は19.9%、効果の限定・きょうだい児の影響についてのみ記述した保護者は4.2%であった。

　保幼小連携接続の取り組みに対して1つの視点で効果をとらえている保護者が多い理由としては、保幼小連携接続の取り組みが複数の機能を持つ仕組みであることへの関心・意識が薄いことが可能性として考えられる。

## 考察

　保幼小連携接続の取り組みの効果に関する具体的なエピソードの分析から、

保幼小連携接続の対象、取り組みの効果の範囲、取り組みの機能についての保護者の認識が示された。保護者の認識を踏まえて保育者・小学校教師が十分な情報を公開し、保護者の保幼小連携接続の理解を促進することが求められる。また、移行期の子どもを持つ保護者が保幼小連携接続に参加し、保幼小連携接続の当事者であるという意識を高めることも必要である。

**保幼小連携接続の対象**

　スキルの上達、意欲の向上、視点取得は、多くの子どもにみられる効果ではない。保幼小連携接続の取り組みはこのような種類の効果を生みにくいため、これらの効果に気づかない保護者がいることが考えられる。このような保護者は、保幼小連携接続とは進学に不安や当惑を感じる子どものためのものだという認識を持つ可能性もある。それゆえに、保護者に対して、保幼小連携接続とは子どもが自分なりのやり方で移行をする手助けとなるものであり、特別な教育的支援が必要な子どもや不安を感じやすい子どもだけを対象にするのではなく、より広範な働きを持つものであることを伝えていく必要がある。

　たとえば、幼児と児童との交流の例として次のようなものが考えられる。小学校に不安を感じていた幼児は児童と遊ぶことで不安が減少する効果がある（記述例：「小学校の行事に参加することで、入学が楽しみになって来たようです。「学校行きたくない」「幼稚園にずっといたい」と口にすることもなくなりました。」）。不安のない子どもにとっても、異年齢の子どもとの遊びを通して、自分の遊びや活動を発展させる意欲や期待を持つことができる（記述例：「小学校体験で、昨年年中時に年長児だった子達が小学生として、しっかり活動している様子を見たり、気さくに声をかけてくれ、小学校に親しみを持ったようだ。」）。また、認知的能力が高い子どもにとっては、年長の児童の行動や行動規範を自分の中に取り入れて、新たな行動を獲得し行動のバリエーションを増やすことがきる（記述例：「お兄さん、お姉さんとして、接して下さった小学生の姿を見て年中さんの前では特に、様々なルールを守ろうとする姿が見られるようになりました。」）。いず

れの場合も、子どもが自分の能力を発揮できるという感覚を得ることができた記述例である。

**取り組みの効果の範囲**

　保護者の記述には、連携接続の相手校が入学予定の小学校でない場合、保幼小連携接続の効果が減少するあるいは得られないという記述がみられた（記述数15）。保護者が進学先の小学校が相手校でないならば保幼小連携接続の意味はないという認識を持っていると、保幼小連携接続の恩恵を受けるのは特定の少数の子どもだけであり、恩恵が受けられないのなら必要がないという考えを持つ可能性もある。それゆえ、保幼小連携接続の効果の性質と範囲を保護者に伝え、連携接続の相手校が入学予定の小学校ではなくても子どもにとって意味を持つ取り組みであることを理解してもらうことが必要である。

**取り組みの機能**

　保幼小連携接続の取り組みに対して保護者は、「学校・園に焦点のある視点」「子ども（保護者）と学校・園に焦点のある視点」「子ども（保護者）と学校・園の関係性に焦点のある視点」「子ども（保護者）に焦点のある視点」の4つの視点のいずれかあるいは複数の視点を持っていることが示された。

　第一の「学校・園に焦点のある視点」に立つと、保幼小連携接続の取り組みは小学校の環境の特性や園と小学校の生活のリズムの違い等の情報に着目することを促す仕組みである。このような視点に立つ保護者は、生活空間としての小学校が子どもに与える影響を理解している。保幼小連携接続の取り組みは保育者・小学校教師等専門家が関わる営みであり、子どもや保護者はその結果を受け取る受身的な立場にあるといえる。

　第二の「子ども（保護者）と学校に焦点のある視点」に立つと、保幼小連携接続の取り組みは子ども・保護者の信念・態度を変化させる可能性を持つ仕組みである。保護者の認識の変化の結果として子どもへのことばかけが変化する、子どもの感情の変化の結果として「学校に行きたくない」と言わな

くなるなど、行動の変化につながりうる認識・感情の変化を生じさせる。

　第三の「子ども（保護者）と学校・園の関係性に焦点のある視点」に立つ
と、保幼小連携接続の取り組みは幼児と児童や小学校教師、保護者と小学校
教師の間に関係性を築き、維持するために機能する仕組みである。保幼小連
携接続の取り組みは子どもが小学校生活で年長の児童に頼ることができると
いう意識を持つ、保護者が小学校教師の専門家としての力量を評価するなど、
小学校入学以降も長期的に持続する信頼関係や協力関係の構築を可能にして
いる。

　第四の「子ども（保護者）に焦点のある視点」に立つと、保幼小連携接続
の取り組みは移行期の子ども・保護者に用意された資源の一つである。保幼
小連携接続を利用して子どもや保護者が成長し、移行期に必要と思われる行
動をとることができるようになる主体性・積極性を発揮する仕組みとして機
能している。小学校入学に向けて期待されていることではなく、小学校入学
に向けて自分が何をしたいかという観点から行動の変化が生じているといえ
る。

　保幼小連携接続の取り組みには、小学校の環境の特性や情報に着目するこ
とを促す仕組み、信念・態度を変化させる仕組み、関係性を築き維持するた
めの仕組み、主体性・積極性を発揮させる仕組みなどの機能があり、これら
の機能が単独ではなく複合的に働くことで子どもの移行を支援するシステム
となっていると考えられる。このような移行期の取り組みの機能面について
保護者に伝えることが重要である。

**取り組みの2つの側面**

　保幼小連携接続の取り組みの効果には、2つの側面があると考えられる。
それは、幼児と児童の交流（あるいは、保育所・幼稚園・認定こども園等間の幼
児の交流）を例にとると次のように説明できる。交流活動の一つの効果は、
異年齢の子どもや異なる保育幼児教育施設に通う子どもと知り合い、自分と
は異なる属性を持つ存在を認め、そのような他者との遊びや会話は家族や仲

の良い友達との会話とは異なる要素を持つものであることに気づくことである。このような効果は、連携接続の相手校が子どもの進学する予定の小学校ではなくても生じ、幼児同士の交流でも生じる。

　もう一つの効果は、子どもが交流で知り合った同年齢の子どもや異年齢の子どもを遊び仲間として頼り、新しい環境での生活に入ったときに仲間が子どもに安心感を与える存在として機能することである。この効果は、連携接続の相手校が子どもの進学する予定の小学校であるか、交流した幼児と同じ小学校に進学する場合に得られるものである。

　前者のような連携接続の相手校園を問わずに得られる効果について、保護者に説明し理解を得ることが重要である。たとえ学区外の園と小学校との連携接続であってもその取り組みから得られる効果があり、その効果を考慮して取り組みが行われているという情報を提供することが大切である。

　後者のような連携接続の相手校に進学する場合に得られる効果について、保護者が期待していても、園と小学校での準備の時間がとれず日程の調整が困難で幼児と児童の交流日を設定できないことも想定される。そのような場合は、たとえば幼児と児童の間で手紙を交換する、似顔絵で自己紹介するなどの間接的な手法を用いて、幼児と児童、幼児同士の関係性の構築を狙う取り組みの実施が考えられる。

## 今後の課題

　園や小学校が公開する情報に加えて、保護者はきょうだい児や知り合いの保護者から小学校や移行に関する情報を得ていると考えられる。学校・園が提供するのではない非公式の情報には時には誤りが混入することや、個人の体験ベースの情報は他者には役には立たない場合もありうる。そのような不正確あるいは一般化できない情報から保護者がどのように必要な情報を得ているのかを明らかにすることで、非公式情報の利用の有効性と限界について明らかにすることができるだろう。

　また、地方自治体により保幼小連携接続の取り組みは異なるため、取り組

み内容や取り組み年数が保護者の意識に与える影響の程度や関係性をとらえ
ることも必要である。

## 引用文献

Correia, K., & Marques-Pinto, A. (2016). Adaptation in the transition to school: Perspectives of parents, preschool and primary school teachers. *Educational Research, 58*, 247-264.

Choy, M. Y., & Karuppiah, N. (2016). Preparing kindergarten Two children for primary One in Singapore: Perceptions and practices of parents, kindergarten teachers and primary schoolteachers. *Early Child Development and Care, 186*, 453-465.

Dockett, S., & Perry, B. (2013). Trends and tensions: Australian and international research about starting school. *International Journal of Early Years Education, 21*, 163-177.

一前春子・天野美和子・秋田喜代美（2017）．保幼小連携の効果に対する保育者・小学校教諭の認識－施設種・免許資格・自治体の観点から　国際幼児教育研究, *24*, 45-58.

神田直子・山本理絵（2007）．幼児期から学童期への移行期における親の子育て状況と不安，支援ニーズ－「第4回愛知の子ども縦断調査」結果第1報　愛知県立大学文学部論集（児童教育学科編）, *56*, 17-34.

Kinkead-Clark, Z. (2015). 'Ready for big school': Making the transition to primary school-a Jamaican perspective. *International Journal of Early Years Education, 23*, 67-83.

椋田善之（2014）．幼稚園から小学校の移行期における保護者の子どもへの期待と不安の変容過程－入学前と入学後の保護者へのインタビューを通して　東京大学大学院教育学研究科紀要, *53*, 233-246.

丹羽さがの・酒井朗・藤江康彦（2004）．幼稚園、保育所、小学校教諭と保護者の意識調査－よりよい幼保小連携に向けて　お茶の水女子大学子ども発達教育研究センター紀要, *2*, 39-50.

OECD (2017). *Starting Strong V: Transitions from Early Childhood Education and Care to Primary Education.* Paris: OECD Publishing.

Lillejord, S., Børte, K., Halvorsrud, K., Ruud, E., & Freyr, T. (2015). *Measures with*

*positive impact in transition from kindergarten to school: A systematic review.*
Oslo: Knowledge Center for Education.

佐藤智恵（2013）．特別な支援が必要な子どもの保育所から小学校への移行に関する研究－子ども、保護者、保育者・小学校教諭の 3 者の語りの質的分析より　保育学研究, *51*, 393-403.

佐藤郁哉（2008）．質的データ分析法－原理・方法・実践　新曜社

田宮緑・池田優・鈴木富美子（2014）．保護者の語りにみる幼稚園における保護者支援－幼小連携に関する語りの分析　静岡大学教育実践総合センター紀要, *22*, 53-62.

山田有希子・大伴潔（2010）．保幼・小接続期における実態と支援の在り方に関する検討－保幼 5 歳児担任・小 1 年生担任・保護者の意識からとらえる　東京学芸大学紀要総合教育科学系 II, *61*, 97-108.

# 第3部　保幼小連携接続研修のあり方の検討

　第3部では、保幼小連携接続の担当者と研修講師の認識を検討した。結果から、行政区分が自治体研修のあり方に影響を与えていたこと、および研修講師の保幼小連携接続との関わり方が、研修の方法や内容の選択に影響を与えていたことが明らかとなった。

　保幼小連携接続の担当者に対する質問紙調査によると、行政区分が異なる自治体では自治体主催の研修に期待する機能や研修の工夫として着目する内容が異なっていた。理由の一つとして、都道府県の教育委員会と市区町村の教育委員会とでは役割や資源が異なってくることが挙げられる。

　研修講師に対するインタビュー調査よると、保幼小連携接続に関わる研修を担った研修講師の視点には、保幼小連携接続の本質に通じる内容や、接続期のみにとどまらない子どもの将来の姿を見据えた長いスパンでの捉え方が込められており、保幼小連携接続について俯瞰的で広い視野で捉えていることが示された。

# 第5章　自治体担当者からみる保幼小連携接続研修の課題と工夫

**要約**

　本研究の目的は、自治体主催の保幼小連携接続研修のあり方を行政区分（都道府県、市区、町村別）の観点から検討すること及び研修の課題と工夫の現状を明らかにすることである。研究の方法として、日本全国の都道府県および市区町村の446教育委員会の保幼小連携接続の担当者を対象とした質問紙調査を実施した。この446自治体は、2019年度に保幼小連携接続研修を実施したか実施計画があると回答した自治体であった。調査内容は、自治体が主催する保幼小連携接続研修の機能と研修の工夫について尋ねるものであった。調査の結果から、保幼小連携接続研修のあり方に関して次の2点が明らかとなった。

　第一に、行政区分が異なる自治体では、自治体研修の機能や研修の工夫として着目する内容が異なっていたことである。都道府県の教育委員会と市区町村の教育委員会とでは役割や資源が異なってくることが理由の一つと考えられる。第二に、保幼小連携接続研修に特有の困難さに対応するための工夫がなされていたことである。保幼小連携接続研修特有の課題として園と小学校の両者が集まる研修実施の困難さや、幼児期の教育と児童期の教育の双方の知識をもった講師の存在の少なさがあり、それぞれの課題解決に向けた工夫が行われていた。

**問題と目的**

　世界的に、幼児期の教育から児童期の教育への移行への関心が高まってい

る（Perry, Petriwskyj, & Dockett, 2014）。移行期の保育・教育を重視した OECD（2017）は、幼児期の教育から児童期の教育への子どもの移行を支援するための加盟国の取り組みを調査した。そして、年齢に応じた子どもに適切な教育方法の実践であるほど、社会的・認知的発達により大きな恩恵が得られるとして、ニーズに応じて幼児期の教育と児童期の教育の両方の文化を取り入れた北欧諸国の例を挙げている。また、園と小学校の移行期の教育の目標・カリキュラム・教育方法の実践（教育的アプローチ）の不連続性という課題に対処することが必要だとした。

　日本においては、幼児期の教育（保育所・幼稚園・幼保連携型認定こども園等における保育・教育）と児童期の教育（小学校における教育）の連続性を保障し円滑に接続する試みとして、保幼小連携接続の取り組みが行われてきた。保幼小連携接続の取り組みには、接続カリキュラムの開発・指導方法の改善、研修会や意見交換会による保育者と小学校教師の間の相互理解・情報の交換、幼児と児童の交流活動の活発化などが含まれる。地方自治体は研修により保幼小連携接続の方針を示し、その方針を参照して園・小学校で実践が行われ、実践の効果は研修や接続カリキュラムに反映されるというサイクルがいくつかの自治体では形成されていることが示されている（一前, 2017）。

　地方自治体が移行期の教育の指針を示し、各園・小学校は子どもの実態と家庭の教育ニーズ等を把握し適切な支援を行っている。地方自治体が支援し保育者と小学校教師が参加する研修は、園と小学校の間の教育的アプローチの連続性を検討したり、相互に理解したりする場として機能している可能性がある。園と小学校の交流の目標の理解、教育のねらいの共通性への理解、同じ地域内の保育者・小学校教師への信頼は、連携接続の取り組み内容に影響を与える要因として機能していることが示唆されている（一前・秋田・天野, 2019）。

　保幼小連携接続の取り組みが進められるようになり、保幼小連携接続をテーマとした自治体主催の研修を実施する自治体があることも報告されている

（ベネッセ次世代育成研究所, 2009；文部科学省, 2018a, 2018 b；東京大学大学院教育学研究科附属発達保育実践政策学センター, 2019）。

　保幼小連携接続研修の担当者は、自治体の保幼小連携接続の取り組み状況やその地域の子どもの育ちに関する課題などを踏まえて、研修の方法や内容について工夫をした研修を実施していると考えられる。その際に行政区分が異なる自治体間では、予算や人材の制限から研修の実施内容が異なることも考えられる（一前・秋田, 2012）。しかし自治体の行政区分別に自治体主催研修のあり方を検討した研究はなく、またどのような機能があるのかも明らかではない。

　そこで本研究は、自治体主催の保幼小連携接続研修のあり方を行政区分（都道府県、市区、町村別）の観点から検討すること、研修の課題と工夫の現状を明らかにすることの 2 点を目的とする。

## 方法

### 調査協力者

　日本全国の都道府県および市区町村の446教育委員会の保幼小連携接続の担当者。

### 調査時期

　2019年11月〜12月に実施。

### 調査手続き

　日本全国の都道府県および市区町村1785教育委員会に質問紙を郵送し、回答に同意した場合に質問に回答し質問紙を返送してもらった（回答自治体数756、回収率42.35％）。

### 回答自治体

　質問紙に回答した756自治体のうち、2019年度に保幼小連携接続研修を実施したか実施計画があると回答した446自治体（34都道府県, 12政令指定都市, 258市区, 142町村）を分析対象とした。

**倫理的配慮**

　質問紙調査は、筆頭発表者の所属機関の研究倫理審査委員会の承認を受け
て実施した（承認番号 KWU-IRBA#19034）。

**調査項目**

　1．自治体が主催する保幼小連携接続研修の機能（14項目）について尋ね
　　た。

　2．自治体が主催する保幼小連携接続研修で行った工夫について自由記述
　　で回答を求めた。

**自治体の区分**

　自治体を都道府県（政令指定都市含む）・市区・町村の3つの行政区分に分
類して分析を行った。政令指定都市の教育行政上の権能は市区よりも広いこ
とから、分析では政令指定都市を都道府県と同じ区分として扱った。

## 結果と考察

**自治体研修の機能**

　自治体研修の機能の14項目について、行政区分別の比率の差の検定を行っ
た。その結果、8項目に有意差がみられた。その結果、「幼児期の終わりま
でに育ってほしい子どもの10の姿について話し合うこと」「移行期の教育課
程の内容や方法について話し合うこと」「他の自治体の保幼小連携接続の取
り組みを知ること」（$p<.05$）について、都道府県はより高い比率で選択して
いた。「保育者が小学校に送り出した子どものその後の様子を知ること」、
「就学に際して気になる子どもについて情報を交換しあうこと」（$p<.01$）に
ついては、都道府県はより低い比率で選択し、町村はより高い比率で選択し
ていた。

　「参加者同士の関係性が深まること」については、市区はより高い比率で
選択していた（$p<.05$）。「学区ごとに保幼小連携接続の取り組みを進めるよ
う促すこと」については、市区はより高い比率で選択し、町村はより低い比

率で選択していた（$p<.01$）。「保幼小連携接続に必要な情報を自治体が提供すること」については、町村はより低い比率で選択していた（$p<.01$）。14項目における各選択肢を選択した自治体数と全項目の内容を Table 5-1 に示した。

　都道府県は、教育課程についての話し合いや他自治体の取り組みを知る等を研修の機能としていた。このことから、全ての参加者が保幼小連携接続について同等の知識を得ることを研修に期待していると考えられる。市区は学区ごとの連携接続の取り組みを促進し、参加者の関係性を深める等を研修の

Table 5-1　自治体の行政区分別研修の機能の選択数と比率（%）

| 項目 | 都道府県 | 市区 | 町村 |
|---|---|---|---|
| 幼児期の終わりまでに育ってほしい10の姿について話し合う | 40（87.0）△ | 170（65.9） | 98（69.5） |
| 移行期の教育課程の内容や方法について話し合う | 35（76.1）△ | 161（62.4） | 78（55.3） |
| 他の自治体の保幼小連携接続の取り組みを知る | 22（47.8）△ | 67（26.0） | 40（28.4） |
| 保育者が小学校に送り出した子どものその後の様子を知る | 21（45.7）▼ | 156（164.7） | 107（75.9）△ |
| 就学に際して気になる子どもについて情報を交換しあう | 17（37.0）▼ | 164（63.6） | 113（80.1）△ |
| 参加者同士の関係性が深まる | 31（67.4） | 210（81.4）△ | 104（73.8） |
| 学区ごとに保幼小連携接続の取り組みを進めるよう促す | 22（47.8） | 170（65.9）△ | 58（41.1）▼ |
| 保幼小連携接続に必要な情報を自治体が提供する | 26（56.5） | 128（49.6） | 52（36.9）▼ |
| 就学に際して要録の内容や要録の送付方法に関して話し合う | 13（28.3） | 89（34.5） | 50（35.5） |
| 保幼小連携接続の取り組みの工夫を紹介しあう | 31（67.4） | 169（65.5） | 83（58.9） |
| 保育者に小学校の活動を知ってもらう | 39（84.8） | 203（78.7） | 108（76.6） |
| 小学校教師に幼稚園・認定こども園・保育所の活動を知ってもらう | 38（82.6） | 215（83.3） | 112（79.4） |
| 保護者に保幼小連携接続の大切さについて伝える方法や機会について話し合う | 8（17.4） | 70（27.1） | 46（32.6） |
| 自治体全体で共通に保幼小連携接続の取り組みを進めるよう促す | 30（65.2） | 124（48.1） | 67（67.5） |

△は有意に高い比率、▼は有意に低い比率を示す。
注）項目の記述は短縮されている。

機能としていた。このことから、保幼小連携接続の知識を持った参加者が、学区ごとのニーズを踏まえた取り組みを話し合うことを研修に期待していると思われる。町村は小学校での子どもの様子を保育者が知る、子どもについての情報を交換する等を研修の機能としていた。このことから、連携している保育者や小学校教師が子どもについての情報交換をすることを研修に期待していることが示唆される。以上から、異なる行政区分では、自治体研修の機能の捉え方が異なることが示された。

## 自治体研修の工夫
### 研修における工夫の記述数

　446自治体（34都道府県, 12政令指定都市、258市区, 142町村）のうち、保幼小連携接続研修で行った工夫について自由記述で回答した自治体は146であった。146自治体における行政区分別自治体数を Table 5-2 に示した。研修の工夫を記述した自治体数を行政区分別にみると、市区が最も多く83、次いで町村の39、最も記述数が低かったのは都道府県の24であった。

　2019年度に保幼小連携接続研修を実施したか実施計画のある446自治体のうち自由記述を回答した自治体の比率を Table 5-3 に示した。研修の工夫を記述した自治体の比率を行政区分別にみると、都道府県が最も多く60.0%、

Table 5-2　研修の工夫を自由記述で回答した自治体数と比率（%）

| | 都道府県 | 市区 | 町村 | 計 |
|---|---|---|---|---|
| 自治体数 | 24（16.4） | 83（56.8） | 39（26.7） | 146（100） |

Table 5-3　研修実施自治体における自由記述回答自治体の比率（%）

| | 都道府県 | 市区 | 町村 | 計 |
|---|---|---|---|---|
| 自由記述回答自治体 | 24（60.0） | 83（31.4） | 39（27.5） | 146（32.7） |
| 研修実施自治体* | 40 | 264 | 142 | 446 |

* 研修実施予定自治体も含む。

次いで市区の31.4%、最も記述比率が低かったのは町村の27.5%であった。

　研修実施自治体数（予定含む）がもっとも多いため、研修の工夫を記述した自治体数は最も市区が多かった。しかし、研修を実施した自治体（予定含む）における自由記述を回答した自治体の比率をみると、都道府県は、市区や町村よりも記述の比率が高かった。都道府県は、保幼小連携接続研修を企画する回数が多いこと、研修の参加者の属性が多様であることなどから、研修を実施する際の工夫が必要となることから、研修の工夫に関する回答が多かったと考えられる。

**研修における工夫の特徴**

　自由記述の内容を、1）研修体制、2）参加者、3）講師、4）開催の形態、5）テーマ、6）話し合い、7）資料、8）意見の収集、9）継続実施、10）連携状況、11）その他、の11の工夫に分類した。行政区分別の研修における工夫の記述数を Table 5-4、研修の工夫の記述例を Table 5-5 に示した。

　「研修体制」とは、研修の主催や連携接続取り組みへの体制、幼児教育アドバイザー / 指導主事の役割への言及がある記述である。「参加者」とは、悉皆研修や研修開催時期の工夫、参加の範囲の拡大への言及がある記述である。「講師」とは、講師の属性や講師の役割への言及がある記述である。「開催の形態」とは、エリアごとの開催、当番校・園の主催、担当年齢・学年別開催、研修の構成への言及がある記述である。「テーマ」とは、具体的な研修テーマ、カリキュラム作成、他地区の情報提供への言及がある記述である。「話し合い」とは、参加者の話し合いの時間の確保、事例の共有、子どもをみる視点の共有、ディスカッションの工夫、協議への言及がある記述である。

**Table 5-4　行政区分別研修における工夫の記述数**

| | 研修体制 | 参加者 | 講師 | 開催形態 | テーマ | 話し合い | 資料 | 意見収集 | 継続実施 | 連携状況 | その他 | 計 |
|---|---|---|---|---|---|---|---|---|---|---|---|---|
| 都道府県 | 3 | 9 | 1 | 4 | 3 | 5 | 6 | 0 | 1 | 2 | 1 | 35 |
| 市区 | 9 | 15 | 5 | 8 | 15 | 18 | 19 | 6 | 5 | 15 | 1 | 116 |
| 町村 | 4 | 13 | 2 | 1 | 7 | 5 | 5 | 1 | 3 | 9 | 3 | 53 |
| 計 | 16 | 37 | 8 | 13 | 25 | 28 | 30 | 7 | 9 | 26 | 5 | 204 |

## Table 5-5　研修の工夫の記述例

| | |
|---|---|
| 研修体制 | ・学校教育課主催の「教務主任研修会」と子ども未来課主催の「主任保育士研修会」を同日に企画し、それぞれの前半部分を合同の研修会をしている。後半はそれぞれの研修。[町村]<br>・幼児教育アドバイザーと意見交換をし、研修内容や研修資料を作成。[都道府県] |
| 参加者 | ・1回は県域全体を対象として県庁を会場に実施し、もう1回は同じ内容で県内の特定の地方圏域を対象としてサテライト型で実施。[都道府県]<br>・少しでも多くの幼・保・こ（※こども園）・小の職員が参加できるよう、時間を調整しやすい午後6時開始の「アフター5講座」という任意の研修をシリーズで実施している。[市区] |
| 講師 | ・研修の前後に各園・学校を講師と共に訪問し、実地での相談、指導にも対応するようにしている。[町村]<br>・就学前担当、小学校担当の指導主事が、それぞれの立場から連携の重要性や必要性、相互理解の大切さなどを就学前・小学校双方の参加者に伝えている。[都道府県] |
| 開催の形態 | ・「5歳児担当と1年生担任」、「昨年度5歳児担当と1年生担任」と分けて研修会を実施した。[市区]<br>・研修の1コマ目に幼稚園の参観授業（研究授業）を行ったうえで、2コマ目に講話、3コマ目に園への助言などを行っている。[町村] |
| テーマ | ・各研修の中で、家庭教育支援事業の情報提供。[都道府県]<br>・地区別の接続研では、「秋」というテーマにしぼって事例を持ち寄ることで、子供の姿や指導者の働きかけの相違点を協議できるようにした。[都道府県] |
| 話し合い | ・保育参観を小学校教師がする際には、参観の視点を示し、指導主事や幼稚園教諭がとなりで説明した。[市区]<br>・保小中の教師がまじり合ってグループとなり、支援学校の教師とともに支援が必要な子どもについて、指導方法・方針について検討を行っている。[町村] |
| 資料 | ・年度末に研究記録冊子を作成している。[町村]<br>・各学校・園同士で連携しやすいように「連携資料」を作成し、各校（園）配布している（校長、園長名、コーディネーター名、連絡し易い時間などの情報を共有）。[市区] |
| 意見の収集 | ・就学前教育に関わる者の研修については、日程、内容などアンケートで意向を聞く。[市区]<br>・アンケートを事前に行い、課題を整理し、協議の柱にすることができた。[市区] |
| 継続実施 | ・接続のための研修も毎年回数を重ね、管理職向けの研修からシフトし、実際に子どもたちの指導にあたっている教諭等を対象とした研修を実施している。[市区] |
| 連携状況 | ・生活科授業研究会では、小学1年生の給食や清掃の様子も公開していただき、生活の様子を保育園・幼稚園の先生方に見ていただいている。[市区] |

「資料」とは、研修時の資料の使用や研修時に作成した資料の配布への言及がある記述である。「意見の収集」は、研修の日時や内容の決定のための現場の意見の収集等への言及がある記述である。

「継続実施」は、研修等が継続的に実施されていることへの言及がある記述である。「連携状況」とは、交流等の内容への言及がある記述である。「継続実施」や「連携状況」は、研修自体の工夫ではないが、継続して研修を実施することや交流の実施自体が実績として蓄積され保幼小連携接続のあり方の改善につながるという意味で工夫として記述されたと考えられる。研修の内容に焦点をあてるため、「継続実施」と「連携状況」を除くと、記述数が多い工夫内容は「参加者」（記述数37）、「資料」（記述数30）、「話し合い」（記述数28）、「テーマ」（記述数25）であった。

**「参加者」に関する工夫**　保幼小連携接続研修の実施の難しさに、保育者（保育所・幼稚園・認定こども園等）や小学校教師など施設種・学校種が異なる対象者が研修の参加者となることが挙げられる。この困難に対応するため、各自治体はこれらの対象者が一度に集合する場を設定するための研修の場所（例：県庁会場とサテライト会場）や時間（例：アフター5講座）等の工夫を行っていた。

**「資料」に関する工夫**　各自治体は、研修の場での自治体作成の接続期カリキュラムや子どもの映像の利用、連携しやすくするための資料の作成・利用（例：研究記録冊子、連携資料）等の工夫を行っていた。資料によって参加者の理解が深まることや研修の目的が明確になることを期待したことがその理由ではないかと考えられる。

**「話し合い」に関する工夫**　各自治体は話し合いの場を設定し、子どもをみる視点の共有（例：参観の観点を示す）や異なる学校種の教師の交流（例：保小中の教師、支援学校の教師がグループとなる）等の工夫を行っていた。講演や研修、保育・授業参観のみの場合と比較すると、協議する時間が設定されている場合の方が、参加者同士の連携接続に対する認識や子ども理解の共有

が進むことを期待したことがその理由ではないかと考えられる。

　「テーマ」に関する工夫　保幼小連携接続研修のテーマは、各自治体の子どもの育ちや地域の課題を踏まえて設定されると考えられる。各自治体は「幼児期の終わりまでに育ってほしい姿」や接続期カリキュラムの作成・実践に関わるテーマを選択する他に、情報の提供（例：家庭教育支援事業の情報）やテーマを具体的に絞る（例：「秋」というテーマ）等の工夫をしていた。

### 行政区分別の特徴

　行政区分別に研修の工夫への記述数をみると、都道府県や町村では「参加者」が最も多く、市区では「資料」が多かった。

　自治体研修の機能に関する結果から、都道府県は研修参加者が保幼小連携接続について同等の知識を得ることを期待していることが推測された。そのため、研修の工夫としても、保育者・小学校教師がすべて参加の機会をもてるような工夫が必要となったと考えられる。

　市区の場合は、保幼小連携接続の知識を持った参加者が、学区ごとのニーズを踏まえた取り組みを話し合うことを研修に期待していると推測された。そのため、各園・小学校で実施されているカリキュラムや交流活動に関する資料を準備し、学区内での話し合いが円滑に進むような工夫が必要となったと考えられる。町村の場合は、連携している保育者や小学校教師が子どもについての情報交換をすることを研修に期待していることが推測された。そのため、交流のある保育者と小学校教師が話し合いの場を持てる機会を作るという工夫が必要になったと考えられる。

### 考察

　質問紙調査の結果から、保幼小連携接続研修のあり方に関して次の2点が明らかとなった。第一に、行政区分が異なる自治体では、自治体研修の機能や研修の工夫として着目する内容が異なっていたことである。第二に、保幼小連携接続研修に特有の困難さに対応するための工夫がなされていたことで

ある。

## 行政区分による研修機能と工夫の違い

　保幼小連携接続研修の研修の機能への期待と研修実施上の工夫に、行政区分による違いがみられた。都道府県の教育委員会と市区町村の教育委員会とでは役割や資源が異なってくることが、違いに影響を与えた要因の一つであると考えられる。

　都道府県は、域内の市区町村の間に規模による差が生じないよう支援を行う役割があるため、保幼小連携接続研修においても知識水準を一定以上に向上させることが重要になってくると推測される。また、保育所、幼稚園、認定こども園等の施設種が異なる参加者を集めるためには、幼児教育担当部署との連携が必要となるが、そのような組織的な連携についても、都道府県の方が連絡を担当する人員を配置するなどの対処を取りやすいことが考えられる。

　講師に関する研修の工夫をみると、都道府県から、「就学前担当、小学校担当の指導主事が、それぞれの立場から連携の重要性や必要性、相互理解の大切さなどを就学前・小学校双方の参加者に伝えている」との工夫が報告された。これは、人的資源や予算措置がより豊富な都道府県ならではの工夫といえる。これに対して、市区から、「研修の前後に各園・学校を講師と共に訪問し、実地での相談、指導にも対応するようにしている」との工夫が報告された。市区は都道府県ほど豊富な人的資源をもつことができないが、園・小学校の要望にきめ細かく対処することで、現場の連携接続の取り組みを支援したといえる。

## 保幼小連携接続研修の困難さと工夫

　保幼小連携接続研修特有の課題としては、園と小学校の両者が集まる研修を実施しようとすると、時間的な制約が大きく実施が難しいといった課題が挙げられる。それを解決するために、時間（「時間を調整しやすい午後 6 時開始の「アフター 5 講座」という任意の研修をシリーズで実施している」）や場所（「1 回

は県域全体を対象として県庁を会場に実施し、もう1回は特定の地方圏域を対象とし
てサテライト型で実施」)に対する工夫が試みられていた。

　保幼小連携接続をテーマとした研修には、保育者のみを対象とした研修や
小学校教師のみを対象とした研修もある。しかしながら、保育者と小学校教
師がどちらも参加する研修であれば、保育者と小学校の相互理解が促進され
る効果が期待できる。ただし、異なるタイムスケジュールで働いている保育
者と小学校教師が同時刻同一場所に集まるには、何らかの工夫が必要となり、
前述の工夫が生み出されたと考えられる。

　保幼小連携接続研修特有の課題と課題の解決に向けた別の工夫の例として
は、園と小学校の両方についての知識や経験をもった研修の講師を探すのが
難しいということも挙げられる。このような課題に対しては、「就学前担当、
小学校担当の指導主事が、それぞれの立場から連携の重要性や必要性、相互
理解の大切さなどを就学前・小学校双方の参加者に伝えている」といった工
夫が試みられていた。

　保幼小連携接続研修においては、研修講師に幼児期の教育と児童期の教育
の双方の知識が求められる。研修を2回シリーズとして、1回目に保育者や
保育に詳しい講師による研修、2回目に小学校教師や小学校教育に詳しい講
師による研修とすることも可能である。しかしながら、複数回の研修にする
と両方の回に出席する都合がつかないという参加者が出てくることが予想さ
れることから最善の方法とは言い難い面がある。そこで、1回の研修に幼児
期の教育に詳しい者と児童期の教育に詳しい者が講師を務めるという工夫が
生まれてきたと考えられる。

**本研究の課題**

　本研究は、自治体の保幼小連携接続研修の担当者を対象として質問紙調査
を行い、研修のあり方を明らかにした。しかしながら、全自治体を対象とし
たものではなく、また回答をしていない自治体を対象とできていないことや、
研修内容の詳細までは問えていないことが課題である。さらに、今回は同じ

都道府県内で回答した複数の市区町村での比較などの事例検討は行っていない。

　研修のあり方に影響を与える者として、研修の企画・実行担当者以外に研修講師が存在する。研修講師は自治体の研修担当者に依頼されて講師を務める立場であるが、講演の内容や研修での助言の詳細は、研修講師の保幼小連携接続に対する考え方が反映されることが予想される。研修講師の考え方は、幼児期の教育に詳しいかどうか、児童期の教育に詳しいかどうかといった研修講師の経験の影響を受けていることが考えられる。そのため、研修講師の立場からみた保幼小連携接続研修のあり方や研修講師がもつ保幼小連携接続の概念を検討することが求められる。

**引用文献**

ベネッセ次世代育成研究所（2009）. 幼児教育の質を高めるための教員等の研修について―認定こども園における研修（園内・園外）の実情と課題　ベネッセ総合教育研究所 Retrieved from: https://berd.benesse.jp/jisedai/research/detail1.php?id＝3290（2020年10月１日）

一前春子（2017）. 保幼小連携体制の形成過程　風間書房

一前春子・秋田喜代美（2012）. 人口規模の観点からみた地方自治体の保幼小連携体制作り　国際幼児教育研究, *20*, 97-110.

一前春子・秋田喜代美・天野美和子（2019）. 保幼小連携の取り組みに対する保育者と小学校教諭の振り返りにみられる特徴―取り組みに影響を与える要因とは何か　国際幼児教育研究, *26*, 39-50.

文部科学省（2018a）. 初任者研修実施状況（平成30年度）調査結果について　文部科学省 Retrieved from: https://www.mext.go.jp/content/20200121-mxt_kyoikujinzai02-000004215.pdf（2020年10月１日）

文部科学省（2018b）. 中堅教諭等資質向上研修実施状況（平成30年度）調査結果について　文部科学省 Retrieved from: https://www.mext.go.jp/content/20200121-mxt_kyoikujinzai02-000004218.pdf（2020年10月１日）

OECD（2017）. *Starting Strong V: Transitions from Early Childhood Education and Care to Primary Education.* Paris: OECD Publishing.

Perry, B., Petriwskyj, A., & Dockett, S. (2014). Theorising transition: Shifts and tensions. In B. Perry, S. Dockett, & A. Petriwskyj (Eds.) *Transitions to school: International research, policy and practice* (pp. 1-18). Dordrecht: Springer.

東京大学大学院教育学研究科附属発達保育実践政策学センター (2019). 平成30年度「幼児教育の推進体制構築事業の成果に係る調査分析」成果報告書　文部科学省 Retrieved from: https://www.mext.go.jp/a_menu/shotou/youchien/1414283.htm (2020年10月1日)

# 第6章　研修講師からみる保幼小連携接続研修の課題と工夫

## 要約

　本研究の目的は、自治体主催の保幼小連携接続研修の内容を研修講師のねらいや意図の観点から検討し、保幼小連携接続を進めることにつながる研修の在りようを明らかにすることである。保育者としての実践経験のある大学教師4名、小学校教師としての実践経験がある大学教師4名、幼児教育の研究を専門とする大学教師4名に対してインタビュー調査を実施した。調査内容は、保幼小連携接続研修での工夫、保幼小連携接続に関わる講師の役割、保幼小連携接続の取り組みが上手くいっていると思う自治体・学校・園の取り組み、自治体が主催する保幼小連携接続研修の役割などについて尋ねるものであった。調査の結果から、背景の異なる研修講師の語りの特徴として次の3点が明らかとなった。

　第一に、小学校教師としての実践経験ありの協力者は、遊びの中から子どもの行動や興味・関心を見取る際に、豊かで鋭い視点で見取る点については保育者としての実践経験ありの協力者と共通しつつも、常に「教育課程」、「カリキュラム」や「教科」との関連性を見出そうとする語りも比較的多く見られた。

　第二に、保育者としての実践経験ありの協力者は、幼保における保育・教育と小学校での教育では、幼保の保育者にとっても日々の保育の遊びの中から子どもの学びを見取ることが必ずしも出来ているとは言えないことや、小学校教育を理解しようとする姿勢のあり方についても言及していた。

　第三に、保育実践・小学校教育実践の経験を有さない大学教師の協力者は、

保幼小連携接続に関わる人たちを「繋ぐ」という役割や保育者養成大学における保幼小連携接続についての学びの必要性、カリキュラムを必要に応じて更新していくことの重要性、保育における子どもの学びを言語化して発信していくことの重要性について語っていた。

## 問題と目的

　自治体主催の保幼小連携接続研修は、保育者・小学校教師の保幼小連携接続に対する認識に影響を与えると考えられる。このような認識には、国や地方自治体レベルの保幼小連携接続の方針の解釈や地域の子ども・家庭のニーズの何に焦点を当てるのかといった方向性などが含まれる。

　たとえば、保幼小連携接続の取り組みが「移行期の子どもを支援するもの」という認識は共有されていても、「どこまでが保幼小連携接続の取り組みなのか」という認識は共有されていない可能性がある。小学校教師が「授業時間内に行われる子ども同士の交流」を連携ととらえる一方、保育者は「授業時間外の子ども同士のあいさつや遊び」も連携ととらえている可能性が示唆されている（一前・秋田・天野, 2019）。自治体主催研修は、このような認識の違いに両者が気づいたり、保幼小連携接続の枠組みをとらえ直したりする場として機能していることが想定される。

　研修に参加する保育者・小学校教師のどのような認識に働きかけるのかについては、研修担当者と研修講師の考え方が影響すると推測される。参加者に具体的な助言や指導をしたり、課題を課したりする立場の研修講師の保幼小連携接続に対する考え方は、研修担当者と同様に大きな影響力をもつと考えられる。

　そこで、本研究ではこれまでに様々な自治体において保幼小連携接続に関わる研修を担当した研修講師に着目した。自治体主催の保幼小連携接続研修の内容を研修講師のねらいや意図の観点から検討し、保幼小連携接続を進めることにつながる研修のありようを明らかにすることを目的とする。行政機

関での勤務経験や、学校や園での教育・保育経験等様々な背景をもつ研修講師の「保幼小連携接続研修では、どのようなことを意識したり、工夫しているか」、「保幼小連携接続に関わる講師として大切だと思う役割とは何か」、「保幼小連携接続の取り組みが熱心、あるいは、上手くいっていると思う自治体・学校・園の取り組みにはどのようなものがあるか」、「自治体が主催する保幼小連携接続研修の役割はどのようなことだと考えるか」という視点から、保幼小連携接続の課題と工夫についてについて明らかにする。

## 方法

### 調査協力者

　インタビュー協力者は以下の12名であった。本インタビューでは、本書の筆者らのいずれかが面識のある人から選定した。保育者としての実践経験のある大学教師 4 名、小学校教師としての実践経験がある大学教師 4 名、幼児教育を専門とする大学教師 4 名であった。12名の内訳は Table 6-1 に示す通りである。

### 調査時期

　2020年 7 月～ 9 月に実施。

### 調査手続き

　インタビューは、ビデオ会議システムの Zoom を用いて実施した。面接内容は、調査協力者の了承を得て録画し、後日逐語録を作成した。インタビ

**Table 6-1　調査協力者の内訳**

| 協力者の内訳 | 協力者（各 4 名） |
|---|---|
| 保育者としての実践経験ありの大学教師 | ① HS 先生、② HK 先生、③ HT 先生、④ HB 先生 |
| 小学校教師としての実践経験ありの大学教師 | ⑤ SK 先生、⑥ ST 先生、⑦ SY 先生、⑧ SZ 先生 |
| 大学教師 | ⑨ RJ 先生、⑩ RM 先生、⑪ RF 先生、⑫ RS 先生 |

※協力者のアルファベットは氏名のイニシャルとは無関係である

ュー協力者のそれぞれの研修講師経験について語ってもらうため、12名個別で計12回実施し、インタビュアーは筆者ら3名（一前、秋田、天野）で担当した。1回のインタビューは1時間30分〜2時間であった。

**インタビュー項目**

インタビューガイドに沿って、半構造化した①〜⑱の問いを切り口として進めた。調査協力者の回答に対してさらに補足的な質問を行った。調査協力者が語りやすいように、調査協力者の回答の内容によって質問する順序は適宜変更した。

---

インタビューガイド

Ⅰ．インタビュー者の紹介

Ⅱ．研究の趣旨説明

Ⅲ．インタビュー

① 保幼小連携接続研修の講演をこれまで何回くらいされたことがありますか、その際にどのような依頼でどのような内容のお話をされてきましたか。覚えている範囲でよいので教えてください。

② 保幼小連携接続研修を進めるにあたって、保幼小連携接続研修における講演とはどのような役割を果たしているとお考えでしょうか。

③ 講演だけではなく、研修講師全体を依頼されること、あるいは講演以外の時間も研修に参加されたりした場合の役割を教えてください（パネリスト、ワークショップでのファシリテーター、コメンターなど）。

④ 研修講師の方では研修内容などに関して、講演者としては講演内容について、講師側、講演者側にどの程度自由裁量がありましたか。

⑤ 特に印象に残っている研修、活気があるとお感じになった自治体の研修があれば教えてください。
  ・その研修の具体的内容はどのようなものでしょうか。具体的な自治体名はどちらで、それはいつ頃の研修でしたか。

・その講演の参加者はどのような方でしたか（小学校教諭、保育士、幼稚園教諭、保育教諭など）。覚えておられましたら教えてください。
・参加の形式について、悉皆の研修か自由研修か覚えておられましたら教えてください。
・その研修は、単発のものであったのか、市区町村の指定で複数回の園や学校での研修に関わるといった継続的なものであったのか、覚えておられましたら教えてください。

⑥　研修講師としてのご経験から、どのような研修が保幼小連携接続をうまく進めることにつながるとお考えになっていらっしゃいますか。

⑦　この数年の研修で特に意識して伝えていらっしゃることはどのようなことですか（10の姿、スタートカリキュラム、年間の計画の作り方など）。

⑧　研修担当の指導主事等との事前の打ち合わせや連絡方法、当時の進め方などでこんなことがよかった、もっとこうしてもらえるとより効果的になるというようなことがあれば教えてください。

**倫理的配慮**

　インタビュー調査は、筆頭発表者の所属機関の研究倫理審査委員会の承認を受けて実施した（承認番号 KWU-IRBA ♯20009）。

　また、本調査におけるインタビュー内容の文字記録については、インタビュー協力者に確認してもらい、その使用についても同意を得た。

## 結果

　12名の保幼小連携接続研修の講師経験者のインタビューの語りを以下の6つの視点から整理した。

---

　1．経験や背景
（保幼小連携接続に関わられるようになった背景や研修講師のご経験等について）
　2．意識や工夫
（保幼小連携接続研修では、どのようなことを意識したり、工夫したりされているかについて）
　3．講師の役割
（保幼小連携接続に関わる講師として大切だと思う役割について）
　4．印象に残る取り組み
（保幼小連携接続の取り組みが熱心、あるいは、上手くいっていると思われる取り組みについて）
　5．自治体の役割
（自治体主催の保幼小連携接続研修の役割はどのようなことだと考えておられるかについて）
　6．その他、思うこと
（昨今の「保幼小連携接続」について思われることについて）

---

　以下、保育者としての実践経験ありの大学教師（4名）、小学校教師としての実践経験ありの大学教師（4名）、大学教師（4名）の順でインタビューの語りを示す。

**インタビュー手順**

　インタビューはまずすべてをトランスクリプトとして文字記録にし、インタビュー協力者に使用の確認を求めた。その上で前述の6つの視点をもとにして、筆者らの判断で該当の質問内容に最も関連する箇所を判断し抜粋をした。本書ではインタビューのすべてを掲載しているわけではない。また一部質問順序等が異なったために順序の変更、統合等を行った。ただし、それぞれの語り口が対話の中で構成されたものであるので、今回はその語り口を残

す形でそのままの記録を整理し、その全体内容をもとにして共通する一般的知見のみを考察することとした。

## 1　保育者としての実践経験ありの大学教師（4名）
### ①【HS先生】
#### 1．経験や背景

> ○一前　先生は、保幼小の連携接続の研修ということで言うと、いつ頃から関わられるようになりましたでしょうか。
> ○HS先生　実は私たちの幼稚園が文部科学省の研究開発学校、幼小連携の指定をあずかったのが平成13年なんです。
> 　そのころには、あまり連携接続というのがなくて、有馬チームが先駆けてお取り組みをされていて。それに続くようなかたちで自分たちも始めたということなんですが。やり始めて成果が出る3年目、平成15年、16年くらいから講演とかの依頼が来るようになりました。
> ○一前　本当に先駆けと言いますか、こういう研修も始まったときに、初期から参加していらっしゃるというかたちになりますね。そうすると、これまで相当数になっていらっしゃると思うんです。講演、それから研修講師として、どれぐらい参加していらっしゃいますか。
> ○HS先生　50回以上はしていると思うんですが、いまは少し少なくなっておるんですが、それでも年間5回くらいはあります。
> ○秋田　一時期、指導主事をされていたから、そのときは逆に講師を呼ぶ側でしたかね。
> ○HS先生　はい。平成21年、22年と2年間、TS県教育委員会の指導主事をしておりまして、そのときには講師を呼ぶようにしていましたが、県外の講師というよりは県内のK先生とか、そういうことで頼みやすくて、低予算なので、そのようなことでやっておりました。

#### 2．意識や工夫

> ○秋田　その指導主事の前と、それから後とで、講師のやり方とか、だいぶ変わったんですか。講演の仕方とか。

○HS先生　はい。文科省の研究開発を受けていたときには、とにかく自分たちがやれることとか、やったことということで、どちらかというとアクロバティックというか、あっ、そんなことが幼小でできるんだということを求めていたので、そんな内容だったんですが。指導主事をしていくと、実際やるときのいろいろな問題、課題、あるいは、やりにくさとか、引っ掛かっていることとか、お互いが尊敬し合えないところとか、そういうことが大変よく分かったので、お互いの尊敬につながるようなことを、いかにして分かりやすくするのかという研究の内容に変わってきました。

○秋田　それは現在まで、指導主事後23年から、ずっとやっぱり尊敬し合える。

○HS先生　そうです。自分たちは附属の幼稚園と小学校ですから、連携接続の実践例もどちらかというと芸のような、その人たちだからこそできるということを求めていたのですが。その後、教育委員会を経て、汎用できる具体的な取り組みとか、あるいは引っ掛かっていることで。

　例えば小学校以上の教育というのは学習時間と遊び時間があって、それぞれ真逆である。ところが、幼児教育は遊びを通して学習をするという、このロジックが大変分かりにくいとか。そういう当たり前のようにしてきたことを、それをなぜかという説明を加えることによって、お互いが歩み寄れるということが分かったので、その点について心を砕くようになりました。

○HS先生　特に「学校教育法」の22条の「幼稚園は、義務教育およびその後の教育の基礎を培うものとして、幼児を保育し、幼児の健やかな成長のために適当な環境を与えて、その心身の発達を助長する」とかという、行政用語の文言がありますよね。

（中略）

　私たち幼児教育の人間は予算や行政の話に弱くって、そういう規定されていることについて、あまりにも無知なんです。それも教育委員会に行って分かったんです。ところが、小学校以上の学校教育の先生と対等に話をしようとすると、そういうことについて知らないと相手にされないということも分かったんです。そこを、なぜかということを具体的な説明を加えることによって、小学校、中学校の先生方と歩み寄れるということが委員会時代に学んだことなんです。

○秋田　それは指導主事同士が分かり合えるというんじゃなくて、小学校の現場の先生に、保幼小について分かってもらうためにも、この法律とか、法令とか背景を説明することで分かってもらえる？

○HS先生　はい。指導主事は小学校の現場から来ている人なので、彼らは優秀な

人ですが、基本、小学校の先生と共通した思考回路を持っておいでなので。

　あと、やっぱり行政に対して、いろいろなことを説明します、教育委員会の人とか。その人たちは必ずしも教育界の人でもなかったりしますので、いかにしてそれを分かってもらえるのかと。事務屋さんは法令にのっとって仕事をするので、そこをいかにして揺さぶって、幼児教育に予算を付けてくれるのかというためには、必要な戦略だなと思ってやりました。

〇秋田　先生が指導主事だったときは、どういう保幼小連携研修を目指して、SK先生を呼んだりされていたんですか。

〇 HS 先生　まず SK 先生の一番魅力は幼児教育をリスペクトしてくれるんです。自分自身が担任をやって、いろいろ困ったという話をして。実際はあまり困っていないとは思うんですが。でも、幼児教育の先生はそれですごく勇気づけられるんです。

　私たちは、どちらかというと教育というのは、幼稚園は小学校、小学校は中学校、中学校は高校、高校は大学で、ずっと上を向いて歩いているので、坂本九さんみたいなんですが、下の方をしっかりと見つめていないというのが弱点なので、やっぱり連携接続の基本は、いかにその足元、下を見えるかというところだなと思って。

　それができる人が SK 先生で、そこで、その姿を見て、小学校の先生がやっぱり、イケている小学校教諭というのは下を見るんだということが大変よく分かるので、自分が義務教育担当の指導主事をやっているときには、生活科の先生方の研修と、幼稚園の先生の10年研（10年経験者研修）と一緒にしたりとか。あるいは保育技術専門協議会という中堅の 5 年の人がする講座と、生活科部会を一緒にしたりとか。

　そういう指導主事同士がコラボして、するような取り組みを TS 県では珍しかったんですが、やり始めて、指導主事同士が仲良くやりながら相手のことが理解できるような仕組みをつくることを心掛けました。

〇秋田　そうやってやられて、今度、自分が研修の講師で呼ばれていくと、他の自治体では結構穴が見えるというか、いろいろあれですか、自分でも組織されているからいろいろ感じられます。

〇 HS 先生　そうですね。やっぱり、幼児教育の人は分かってくれないとか卑屈になって。あとは小学校の先生方は忙しいですからね。IT 教育や英語は入ってくるわ。道徳は教科になるわ。さまざまなことが小学校に集中して入ってきておるでしょう。そういう中で、忙しさの中で、とても下ばっかり向いてはいられないということがあるので、なかなかそのことについて、いかにして幼小を、接続連携をすると成果が出て、あなたたちの教員としての暮らしがよくなるのかということを説明

することが中心になりました。そうすることで、子どもも伸びるし、保護者の評価
も上がるし、教育成果が上がりますよというような、そういう宣伝の仕方に変わっ
てきたように思います。

○秋田　三方よしで。

○HS先生　はい。

（中略）

○秋田　わりと単発のときと継続したときで、意識して講演のときに、HS先生の
場合はみんなが楽しんで聞ける講演をされるんだけど、継続してなんか関わるとき
と、一回初めて行くときとかは意識とかやり方は違いますか？　変えていらっしゃ
るのですか？

○HS先生　そうですね。やっぱり、幼小の先生同士でリスペクトしてくださいと
言うのと同じで、やっぱり私も一番最初には、相手に対する敬意をいかにして伝え
るかというのを大事にして。特に長い付き合いになる人には、必ず一番印象的なよ
いところというか、可能性のあるところを取り上げてリスペクトします。それを何
回か尋ねて、関わるうちに、どう温めながら気になっていた課題の方を、今度はそ
こに向き合っていけるようにするかなので、最初はかなり温かく好意的で。本当の
核心部分というのには、やがて触れていくという感じです。でも、単発のときには、
そこのやっているよいところをたたえるとともに、本来あるべき連携接続の姿とい
うのをお話しするような感じです。

○秋田　じゃあ、イメージはつくりつつ、だけど課題はいろんなところを見られる
と似てきますか。

○HS先生　そうですね。それはそうです。最初、自分が指導主事時代にしたのと、
変わっていないような、そんな感じはありますね。

○秋田　どこが課題ですかね。

○HS先生　やっぱり、小学校の先生と幼児教育の先生たちは、やらなくてはいけ
ない、やった方がいいということは分かっているけれども、現実の生活の忙しさの
中で、なかなかそういうゆとりがない。

　もし、ゆとりがあればできるけどという感じでありますので、何かを当てられる
というか、研究を当てられるとかいうときには本気を出すけど、そうじゃない日常
生活の中で、いかに連携接続を大事に温めるかというのは、ちょっとどことも難し
い感じです。

○秋田　そこをどういうふうに、ゆとりはないのにゆとりがあるようにうまく支え
ていくんですか。HS先生はそういうところが上手なんだと思うんだけど。

○HS先生　いや、そんなことはないと思うんですが、とにかく人は自分たちのやっていることを価値付けられると頑張れると思うので、必ず明るい面に光を当てながら、その可能性を開いていくという。つまり、できているところを、よりできるようにする。で、できないところをカバーする労力というのは、かなりタフでないとできないので。あのドラッカーさんのマネジメントと同じ。強みを生かすと弱みが中和されるという方式でやっています。

○秋田　保育の研修と保幼小の連携の研修で、意識して変えていらっしゃるところってどこですか。

○HS先生　保幼小の連携のときには、必ず私は幼稚園の側の人間だから、小学校の先生方に対する敬意とリスペクト。先生方の教育の素晴らしさを語るのですが、幼児教育だけで言うときにはその逆だったりします。

○秋田　逆というのは幼稚園教育へのリスペクトを語るということですか？

○HS先生　要はそうです。幼稚園教育というのは100年の歴史の中でいかにして構築されてきて、私たちは価値のある仕事をやっている誉であるかということとかね。

○秋田　今度、小学校の先生のときはそうで。で、あれですか。幼保というときの保育園は。

○HS先生　保育園は、私は逆に幼稚園と下手に区別をしないで、今回の保育所保育指針も、0、1、2歳時期の記述が増えたりして、かなりラーニングプログラムの面も膨らんできているので、あまり区別をしないで乳幼児期の教育というような語りでするので、同じチームとして扱います。

（中略）

○HS先生　私の講演するときにも保育所の所長さんもばあっと来るんですが、なかなか一緒に研修って難しいんです。だから、いつもうちの附属幼稚園が中立で、県とか市の幼稚園、保育所の主任さんの研修とかやってあげています。

○秋田　なるほど。

（中略）

○HS先生　やっぱり、お互いのことを知らないが故に批判するというのは、国際問題もそうですけれども、すごくあります。私は本当に知らないが故に相手に対する敬意がないことを、なんとか自分は変えていかないと、本当の意味で教育界はうまくいかないなとかと思います。

（中略）

○秋田　ちょっと保幼小として誤解というか、われわれから見ると教育という意味

合いが違って、指導が強くなり過ぎているような園も見たことがあって、そういうときは先生はどうされるんですか。

○HS先生 それは私も悲しい顔をするしかないんですが、一番すごいのは小学校の先生を保育の現場に「輸出」して、そのまま幼稚園とか保育所の子どもたちのところで文字の指導をさせたりとか、縄跳びの指導とか、そんなのはまだいいんですけれども、鬼ごっこをしたら、それで数の足し算とか、引き算のことにとか。そんなことはべつにいいかなとかと思うようなところが、実はその連携の見せ場だったりするようこともあったりするんで困ってしまうこともあります。

○秋田 そういうときはよさを語り、目をつぶる。でも、研修の講師って、どういう役割として、そこに立ち会うんですかね。悩むところだと思うんですけど。

○HS先生 気持ちとして、それだけ幼児の教育に関心を持ってきてくれているってことに、まずはリスペクトですよね。ありがとうございます。そんな熱心な人たちと一緒にできるって、皆さん幸せ。でも、その熱心さが遊びを通して行う教育というものは、決して足し算や引き算が分かることというよりは、むしろ人と関わる中でこんな力、あるいは、ちょっぴり辛抱をしながらもルールを守って頑張り抜くとか、あるいは自分のことを人に表現して分かってもらえてうれしいとか。そういう根っこの部分で、それがあることで、小学校、中学校はへこたれない。それこそ非行に走っても戻ってくれるような心根ができるとかいうようにやった子の、善意のポイントを元あるべきところに、ちょっぴり寄せていくような感じかな。

○秋田 なるほど。そこをちょっと説明をしたり。それは、だから、目の前で起こっていることとは違うんだけれども、事例とかエピソードを話しながら、そうやっていくと。

○HS先生 そうですそうです。それが、うちも秋田先生からもいろいろご指導いただいたんですが、非認知的な能力というのが、みんなが知っているキーワードになるから、その認知的なさまざまな力を下支えする、その力。今回で言うと学びに向かう力や人間性とか言われているように、そのことというものを、やっぱり発達の順序性というところで、そこをやると、もっとしっかりとしたものになるのというような話に持っていきやすくって。人もそのキーワードを知っていてくれるので大変そこは分かりよいです。

○秋田 なるほど。それは小学校の先生と、保幼小をつなぐ一つの鍵が非認知みたいなことですかね。

○HS先生 はい、そうです。私はこの間、TK大学のE先生に、すごくいいことを聞いて、泣いてしまったんですけど。まだ言葉もない赤ちゃんがおぎゃあと泣く。

おぎゃあと泣いたら、親や保育士さんが「どうしたの」って抱きかかえてやってくれるんですね。言葉がないから、あのとき、こうしてこうだったという記憶は残らんけれども、記憶がないから逆に希望というものが生まれる。泣いたりしてもほっとかれないとか、自分って価値があるとか、必ず信頼できる誰かが自分を大事にしてくれるとかいう、言葉も持たない乳児期の関わりの中では、記憶ではなく、希望というものが残るとかいうのを聞いて、私もあまりにも感動で泣いてしまったんです。そういうことというのが、実は学びの基本で。だから、「どんなに厳しい指導されて、生徒指導されても先生についてきてくれたり、どんなに難しかっても、先生のことが好きだから、因数分解を分かりたいと思ったりとかするんです」なんていうようなことを話をすることで、わりと人ってなるほど（と思ってくれる）。特に荒れた学校とか、生徒指導で困っている人は、人間の根幹として、そういうのがなかったから学習が立ち上がらないことをよく知っているので、その辺はすごくよしという感じで分かり合えるところです。で、保育所の先生もすごく泣いて手強い赤ちゃんに奮闘していますよね。それはただ単におむつを替えるということだけじゃなくて、基本的な外界への信頼や自分への信頼、大人への信頼を形成している。すごい大事なことをしているんやということを、みんなで共有できるでしょう。それってすごく大事です。日常の仕事に誇りが持てますもの。

　私はいままで思っていたけど、私自身も若いときには、幼小連携とかをやる前は、小学校に行っても壊れない人間を育てるのが幼稚園教育の宿命だったと思うって。そんなうがったことを言っていて、もう恥ずかしいです、いま思えば。だから、教科とか、そんなものにつながる学びとか、そんなちっぽけなことを言わんといてよと思っていましたけれども、保育所の先生は、逆に「幼稚園の先生なんか、何が遊びよ」と言っていると思うんですよ。人間が人生で初めて、スプーンを握って、自分で食物を食べたり、二足で立って歩行したりとか。そういう人類の成し遂げてきた大偉業を、私は子どもたちと一緒に見ているんやって。何が遊びや。ちっぽけなこととか言って、とか丁々発止やっていると思うんです。そこをうまく変えることによって、敬意というのは生まれるかなって思って。

○秋田　「敬意」ってキーワードですね。

（中略）

○ HS 先生　保育を観に行くと自分自身何か発見があるような、自分自身の中で何かが生まれるようなかたちでいこうかなと思う。

　いろいろ気になることがあっても、すごくそこの幼小連携の研究会に呼ばれて嫌だったとかいうのもないんですよ。どこでも呼ばれると、とにかく行ってみて、そ

こで何ができるのかなということを考えるようにしています。

（中略）

○秋田　研修での写真や動画は何か使い分けをされるんですか。保幼小連携のときに。結構意識して。それとも、どっちかをたまたま使うかみたいな感じですか。

○HS先生　あのね、本当にいい場面は動画で撮るべきだと思うんですが、動画で撮ったら証拠が残るので。あたかもそれがあったかのようで、語りでカバーするためには写真の、静止画がいいと思ってやっています。

○秋田　分かります。そうですよね。全部見えちゃうとちょっと、というとき。

○HS先生　そうです。

○秋田　でも、それは撮り始めのときは分からないではないですか。

○HS先生　はい。

○秋田　直感ですか。

○HS先生　そうです。何か起こりそうだと思って。私たちは保育をしているので、何かが起こるときに後ろからではなくて前から写るんですね。予見ができるので。だから、そういう点では自分は長いこと幼稚園で、現場にいたので。そこら辺では、まあまあ当たるんです。それで、その場面を「カチッ」と撮るような感じなんですけれども。でもそうですね、全然いい場面が撮れないということもいっぱいあるんですよ。そんなときは掲示物とかそんなのでもなんでも撮るんです。とにかく何か糸口を見つける。それは自分の試されていることへのチャレンジだと思うんです。

○天野　先ほど、指導主事をやっていらっしゃったときに中堅の保育者と、それから生活科をつなぐということをおっしゃっていたと思うのですが。

○HS先生　はい。

○天野　それはどうして。どうして生活科と中堅をつなげるのですか。どうして中堅。

○HS先生　やはり中堅の5年目ぐらいから幼稚園とか認定こども園とかの先生は自分なりの保育が形作られつつあって、新しいチャレンジができる位置にあると思うんです。私は県の指導主事だったので、幼稚園、こども園の先生たちで。保育所の方はこちらの附属に帰ってきて研修に呼ばれるようになったのと。縦割りなので行かせてもらえなかったんですが。だいたい、いわゆる新採研の1年目があって、そして5年研があって、10年研があるんですが。5年研から10年研までの間で先生たちの成長グラフの角度が落ちて行ってしまうんですよね。日々の暮らしに慣れることで埋没してしまう傾向があると思います。

○天野　なるほど。

○HS先生　TS県的には。そこで刺激があることが大事なのと。それと幼稚園、こども園の5年から10年の人たちにとっては、いろんな自分の体験を言語化して語るということは研修の最も大事なポイントだと思うので、それを小学校の先生方に語ることができるための一つの修練ということです。生活科の先生方も、もちろん幼児教育との連携接続というのは、もうミッションなので当然だと思うのですが。それでやっていました。

○秋田　でも、そういう例は先生がTS県でつくられたけれども、他にも先生が呼ばれて行かれるところで何か面白い、そういうコラボというかやり方を見られたことがありますか。

○HS先生　今年はTS県でもコロナが出たので行けませんと言って断って、動画で研修をやってもらうんですが、KT市なんかは新採研と、それと生活科の研修会と一緒にやります。

○秋田　へえ。新採と。

○HS先生　はい。だから、新採さんが幼児教育のことを学習するのと生活科の先生が幼児教育のことを学習するのが、きっと共通点が多いということなんだと思います。だから、自分もそういう内容で「そもそも幼稚園教育とは」とか、「なんで教科書がないのか」とか、あるいは「なんで遊びを通してが効果的な学習方略なのか」とか、そんなことをお話ししながら実際の姿を見てもらうことを多くした研修内容にしています。

○天野　やはり生活科がなじみやすいですか。他の教科よりも。

○HS先生　私は生活科に対しては、あまりいいとか悪いとかいう感想はないんです。国が生活科とつなぐように書いてあるだけで。KS先生は、以前KJ市の高学年の5年生、6年生の指導者で。陸上競技場のコースレコードなんか三つぐらいつくっている指導者なんですよ。

○秋田　ああ、知らなかった。

○HS先生　英文科だしね。だから、私は分からないけど、字幕なしで映画を見て笑えるんですよ。

○秋田　ええ、すごい。

○HS先生　だから、全然低学年の生活科ではないんです、専門は。ただ、附属小学校に来たときに生活科の人がいないからやっていただけなんです。だから、生活科の人だから何かが優れてできるということは私はむしろ思っていなくて。あまり生活科に固執することはありません。でも、文科省から必ず「生活科とのつながりでいってくれ」と言われます。

○秋田　ああ、なるほど。でも、実際にそういう研修があるんですね、幼、小一緒が。新採と生活科で。

○HS先生　はい、ありますね。わりとみんないろいろと考えているみたいです。特にやはり、KT市とか、NR市とか。ああいうところはすごく教育委員会がシステマチックに研修を考えて、うまくよくやっていますね。

○秋田　それは、幼稚園と小学校の教育委員会の中でうまくコラボができているということですよね。

○HS先生　はい。それともう一つ言えるのは、自分が幼稚園籍の指導主事だったのですが、幼稚園籍の幼稚園担当指導主事というのがすごく少なくて。全国の4分の1ぐらいだと思うんです。

　T県でもそうで。教育要領が変わる節目の10年目には附属幼稚園から指導主事に出向するようにしています。自分も10年前に行っていたし、いまは本園の教員が私の替わりに次に園長になる子が行っているのですが。

　それぐらい幼稚園籍の人間を行かせるというのは少ないんです。だから、K市もN市も小学校籍の先生がやってくれているんです。

　そうすると、小学校籍の人が幼児教育のことを分かるのは難しいかもしれないけれども、小学校の先生方の困り感とか、生活科の先生に何を研修してもらいたいかというのはすごく明確にあるんです。

○秋田　なるほど。

○HS先生　だから、それは強みで。「先生方、すごい強みですよ」ということを私は申し上げているんですが。幼稚園籍の私では分からないような嗅覚でやっているんだと思います。

　時々、幼稚園担当指導主事の幼稚園籍の人が少ないのは問題みたいなことを言っているけれども、決してそれは当たっていないなと思います。

○秋田　結構小学校の指導主事もそういう配慮があるというか、幼児教育を理解しようとして、深い人がおられますよね。

○HS先生　できる人はみんなできる。教育委員会時代に、私がやるいろんな講座で指導主事たちも何か聞きに来たりするんです。一番たくさん来ていたのは高校の指導主事です。

○秋田　ええ。

○HS先生　来て、げらげら笑っていました。「面白い」と言って。

○秋田　それはやはりHS先生の。ね。面白い。

○HS先生　いや、違うと思います。高校の先生たちはすごく専門的なので群れる

ことを嫌いマニアックな嗜好が強いのではないでしょうか。小学校の先生たちはみんな学校で仲良しでしょう。中学校の先生たちは体育とか音楽とか教科で仲良しでしょう。ところが高校の先生は国語同士でも仲が悪いんです。いわば論客ですからね、友達が少ないんだと思う。

（中略）

○HS先生　そんなの関係ないと思いますけれども。そんなのも多少はあって。やはり他者への敬意というのは大事だなと教育委員会に行っても思いました。それはすごく。高校の先生なんかすごく専門的で、すごく難しいことを言っていますけれども、あの難しさで小学1年生を教えたら小学1年生はみんなついて行けなくなります。

○秋田　幼児教育はもっと、こまやかじゃないですか。

○HS先生　ねえ。そんなことしたら、みんな嫌ですよね。でもよく言われました、高校の先生に。「幼稚園はね、べつに校則もないし、体罰もないし、赤点もないし、退学もないのに、なんで先生の言うことをあれだけ聞いているんだ」ということを。

○秋田　何と答えたんですか。

○HS先生　それは、愛と信頼です。

○天野　なるほど。

（中略）

○HS先生　いろんなことが高度化し先端化して専門的なことが深まるということは、やはり相手のことが分かり合えないのかなということもあるのかなと思うので。その辺は自分たちが意図しながらやっていかないと連携接続の研修とか難しいなと思います。

○秋田　国立大学附属を中心にした保幼小連携とか幼小連携のスタイルと各自治体とか市町とかでやっていく連携と、どういう展望とか違いがあるんですか。それによってもたぶん公開研なんかでやっていく、附属がやっていく研修とか研究会と。それから自治体主催でいろんな市町の人がいるときとで、何か意識したりねらいが違うんですか。

○HS先生　附属でやっているのというのは、オーソドックスな学習指導要領、幼稚園教育要領ということに基づいたあらまほしき姿ということをやって、教育的な要素というものがかなり盛り込まれているし、それを意識しています。だから一つのモデルケースとしては参考になると思います。ファッションショーだと思います。あんな服は決して似合わないと思っていても、人が見て「すてき」と思うようなことをやるのが自分たちの役目かな。同質で考えるというのは間違いで。それぞれが

やるべきことをやりながら、相手の面白みにリスペクトしていくというのが。それは思います。

○秋田　でも、なかなか NT 大学はうまくいっているけれど。いま附属もなかなかみんな苦労をしている。幼小がうまくいっているところは少なくなってきているような気もするんですけれど。どうなんですか。

○ HS 先生　それはね。この間も、SK 先生と言っていたのですが。幼稚園教育がきちんとしているというところだったら小学校は連携したいと思うけれども。そうでなかったら、ごめんなさいだし。小学校教育が頑張ってしっかりしているというところだから、しっかり関わっていきたいと思うけれども。その接続の部分だけを「どう」というようなことでは、あまりにも得るものが少な過ぎるので。相手に敬意を持てて、求めるものがないから連携接続は無理。

　だから自分たちは幼児教育をしっかりとやることというのがすごく大事で。そこがやはり接続連携の一番基本だと思います。でも、いまは接続とか10の姿だとか言って、そのつなぎ目の部分にかなり意識が向いてしまっていて。そこら辺の問い方の間違いというのがちょっとあるのかな。

○秋田　そこを研修のときに、当然つなぎ目のところのカリキュラム、教育課程の話はしないといけないんだけど。でもそれだけではないんだよというところを、やはり先生は研修の中で話すことを意識されている。

○ HS 先生　そうですね。そう思います。あなたたちがやっている、そういうよさを外に表すときに、決して独善的にはなってはいけないので。文科省の言っている、例えば幼児期の終わりまでに育ってほしい姿の「このこと」というものを挙げて、今回の先生方がお取り組みしたものを、ちゃんとネーミングを付けて。そしてこんなことをやりましたという、そういう成果の表し方にしたら、なんていうことを言って。自分たちのやったことが価値付けられるようなかたちで、公的な文科省とかの示してくれたものを活用してやる。でも基本は自分たちの持っている冷蔵庫の中のものという感じです。だってできた料理にはチャーハンとか、あるいはビーフストロガノフとかいって名前が付きますよね、ばあんと。そういうことをちょっと使い分けしながら、最後は少し自分たちのやったご褒美で格好をつけてというときに、公的な（ものと結びつける）。これはこの間、秋田先生に教えてもらったことで言うと、支配的なストーリーを引き寄せてくるようなことが有効かなと思います。やはり実践者として何かたたえられることということは、みんなの頑張る力になれるので、そういうのは講師として呼ばれたときに必ず箔をつけるというようなかたちでやっているところです。

（中略）

〇秋田　なるほど。例えばK先生は、わりとワークショップ型でやると話されていたんですけど。HS先生の場合は十二分に芸があるから、わりと笑わせながら考えさせる方が多いですか。それとも何か課題をやってもらうように自治体とかに言って、何かやりながらそこで「ぼけと突っ込み」を受けられる。

〇HS先生　私は課題はほとんどないんです。ワークもないんです。自分がワークで働きずくめみたいなことで、しゃべり倒して帰るので、笑いあり、笑いありです。でもこのごろは少し考えを改めて。うちの幼稚園にK先生の次に小学校から、小学校籍でうちの幼稚園に来て頑張って研修してくれているMT先生などがいるので、その人の幼小接続の指導のビデオとかを見たりして、自分の話芸だけに頼らないやり方を考えています。

〇秋田　それはやはり誰が外部講師で、ここのNT市の場合は来られているかで少しやり方を変えたりはするのですか？

〇HS先生　そうです。

〇秋田　先生が講師で行くときは、基本はご自分の持ち味というかキャラを出しながら考えてもらうというものをずっと、この平成15年ぐらいから身に付けてこられたわけですか。

〇HS先生　（私が講師を担当すると）きっとお昼からの研修で眠らないで笑っていられるという、そこぐらいかなと。あまり自信がないんです。それでK先生とか、標準語で講演をするんですよ。それでTEDみたいにこうやって後ろにプレゼンを置きながら、ぴっぴっとかやるんです。私は指で押しながらずっと話しっぱなしです。落語の高座みたいな感じです。

〇秋田　対照的なお二人ですね。

〇HS先生　本当にそうです。でもK先生は、よく人に話をさせているので。先生の様子を見て、ああいうことって大事なんだなあということも学びました。私は、あまり人の講演とかをすごく聞いたことはありません。大御所の先生のお話というのは聞いたことはあるんですけれども。普通あんまり聞いたことがないんです。だからどういうのがいいとか、どういうのが普通というのが分からないまま生きてきたみたいな感じがあって。そこら辺は私はあんまり自信が持てないんです。

〇秋田　先生方に元気を与えたり。やはり敬意のメッセージを出す役割を担いながらやっていらっしゃる。

〇HS先生　そうなったらいいなと思って。それで講師というのは必ずいなくなる人ですから。

○秋田　ええ。

○HS先生　いなくなった後に何が残るかというのを常に考えていることが大事なので。険悪な雰囲気が残るよりは、友好な雰囲気とか。あるいは何か上司からの叱咤とかそういうのが残るよりは、ねぎらいや励ましの言葉が残るようにと。自分がいなくなった後のことを考えるような感じです。

## 3．講師の役割

○秋田　市とかが長続きしていく保幼小連携をやっていくには、どういうことを講師がやっていくといいんでしょうね。

○HS先生　やっぱり、敬意を持つということは人を観察することだし、観察をするとさまざまないいところや可能性というのが見つけられるし、課題も見えてくるし、その課題に対する差し伸べる手も温かいと思うんです。だから、やっぱり基本はそれかなって思います。

○秋田　HS先生先生ってものすごい観察力じゃないですか。保育でも、どうして、こんなに見えるのかと思うぐらい見えているじゃないですか。でも、それをあれですよね、保幼小でお互いが、経験が結構ないこともあり、ここが見えたり、観察するための、先生が手を差し伸べるというか、何をされるんですか。

○HS先生　このごろはカメラとか動画が撮れるでしょう。スマホでも、デジカメでも。わりと最初に断って、そういうよい場面を撮るんです。そのことについて、あなたがやったのは、実は無意識的だけど、こんな素晴らしいことなんですよということを、解説をするんです。うちの幼稚園の先生たちも私も動画を撮るし、いろんなところに研修で呼ばれても、それで写真か動画を撮って、それで、なぜ、それが優れた関わりであったり、着眼点であるのかというのを解説をすると、魂の助産術のように、なんとなく自分の中で持っている、自分は持っている。だから、ちょっとした努力でそれを発言できるというような、そんなことにつながるのかなって。だいたい私たちが若いときからやらされてきた研究とかいうのは、ないところから立ち上げるべしというか、そのテーマに向かって頑張れということで、持っているものから引き出してくれるような、そういうことが少なかったかなとかって、反省的に思うので、自分がするときには、ないものをつくるんじゃなくて、あるものを広げて、自分の中でこういうものがあったのかというのが分かって、自分自身の利用価値というのが分かっているのが大事なことで。それぞれの地域の幼稚園、保育

所、あるいはこども園と小学校、中学校のあるものの中で、冷蔵庫の残り物のように何があって、何ができるのかということを並べて考えるという、そんなスタンスが大事かなと思います。

○秋田　まさに助産師さんだし、冷蔵庫の残り物で料理をうまくするみたいなのが研修講師の役割ですね。

（中略）

○秋田　つまり、外の言葉で文科省の言葉だったり、こういうことをあなたたちがやっていることと、こうつながるんだよとか、こうなんだよという、そういう箔をつけることが一つ役割。その助産みたいに引き出すと同時に、箔をつけることも研修の講師の仕事ですかね。

○HS先生　はい。だって赤ちゃんが生まれてきたら出すだけではなく、へその緒を切るだけではなくて、「かわいい女の子ですよ」と言ってあげるでしょう。やはりそういうのは大事だと思います。「そうか、苦労したかいがあった、こんなかわいい子どもや」と思える。そこが大事なポイントだと思います。

○秋田　なかなかそれを講師がやっても、やはり何かこう、保幼小連携はすごく難しいなと思うのは校長とか園長のセンスということも、かなり。

　先生たちはみんなすごく頑張っているんだけど、そこをどう箔を。外の人だけではなくて、直属の園長や、HS先生の園なんかはもうHS先生が園長だから、それだけですごいんだけど。そうではない園はいっぱいあるから、あれなんですかね。そういうのを、どうしていくんですかね。

○HS先生　それはね、やはりつらくて泣きそうになることもあります。けなすんですよ。一生懸命分からないなりにやっていて、分からないなりに一生懸命に研究主任が頑張って発表しても、園長はこっち側に付かないといけないのに、こっち側から指導主事と一緒にけなすんですよ。それができていないとか。

　そういうのもつらくて、だからいつも私はこっち側で、こうやって押し戻していくんです。そうすることによって、こっちの園長はこっちに付いてくるので。「それでもいいんや」というのが分かるので。やはり人は自分が責められたくないので、責任を寄せていくんですよね。その辺がつらいところです。

○天野　その辺の空気感もすごく読まれているということですね。

○HS先生　そうですね。私は俳句を詠むより空気を読む方が得意なので。それだけしか読まないんです。やはりそういう点で私たちは、幼小連携・接続のまずさも、結局責任のなすり付け合いが起きたことだと思うんです。それで自分たちがやるべきことというのは、なすり付け合いをしない。一緒に責任を取ろうという気持ちで

研修に臨むというのが、外部講師の責任かなと思います。

○秋田 だからあれですね、そうすると先生は幼稚園籍というか、幼児教育側だけど、やはり小学校側と両方に責任を引き受けてやっていらっしゃる感覚ですか。

○ HS 先生 そうです。もう、すぐに謝ってしまう。「ごめんなさい」と謝るので。

　私は謝らせたら日本一だと、必殺技は平身低頭というすご技なんですけどね。とにかく現場の先生方は努力するし、頑張るけれども報われない。しかも一番身内の、一番評価されたい上司に「頑張っているね」とねぎらいの言葉もないことが一番心が折れてしまいますので。やはりその辺については、やるべき人がそれができるようなことをするのも、講師の役目の一つだと思います。だって外部講師の方が校長とかよりも、意見を言いやすい立場にあるので。それはやるべきだと私は思います。それは秋田先生もうちの幼稚園に来て、どんな保育を見せても、いつもたくさん助言をしてくださって。次にこう頑張ったらいいという種を置いていってくれるので。私はそういうことを学んで、何かやろうかなと思って取り組んでいるところなんですけど。

○秋田 やはり校長、園長がうまくいく保幼小のために、先生方と同時に園長や校長にこんな力量がとか、指導主事とかがどういう力を持っていたら。やはり観察ですか。何が。

○ HS 先生 観察力と、もう一つは自分の学校、園の先生たちのやったこととかを、たたえる力ですよね。それをたたえて、表現する力。その表現する力にはもちろん、新学習指導要領とかさまざまな新しい知見が含まれているような、説得力のある言葉。

　それは教育関係者だけではなくて、保護者に対してもそうですよね。

○秋田 うん。

○ HS 先生 それは、やはり管理職が持つべき力の一つだと思います。

　だって私たちがこんなふうに持っていて、「これはアイスキャンディーです、アイスクリンです」と言うよりも、「ジェラートよ」と言われたら、こっちの方が価値が高いのかなと同じものなのに思うでしょう。そういう、いまの時代の流行もしっかりキャッチしながら、決してうそではなく、たがえていなくて正確に表して、表現された人が気持ちいい。いや、それだったらもっと頑張れるというように向かっていくのが大事かな。

○秋田 素晴らしい。

○ HS 先生 置かれているところの持ち味というものを、いかにして出していけるかというのが、全然知らない外部講師の一つの着眼点というか、ポイントかなと思

います。

（中略）

○一前　そうすると先生はご自身が指導主事として外部の先生を招く経験もおありになるわけですよね。

○HS先生　はい。

○一前　ご自身が招くときにどうですか。こういうタイプの人と別のタイプのこういう人と組み合わせるといいなといった頭の中で理想の研修をつくったりされたことはありませんか。

○HS先生　そうですね。自分がやっていたときには、自分のような人はうっとうしいから嫌なんですが。実践家で、自分自身は生活科の実践家というよりも小学校のバリバリの数学とか国語の先生と。それと赤ちゃんのときに本当に言葉が生まれる、バブバブの喃語から言葉が生まれるような、そんな劇的な要素を知っているその保育士さんとか。そういう何か人間の成長、発達をつなぎ合わせるようなところの人を、もし呼んできて講座ができたら素晴らしいなと思いながら、それはなかなかできなかったんですけれども。もし、自分がもう一回指導主事になるとしたら、そのことをします。いま自分の中では保育所保育指針とか教育要領や学習指導要領の大枠として、何をどうするのかという大きなガイダンスは知っているので。

　その中の具体をいかにして現場の先生が自信を持って感動的な言葉で語って。そういう0歳から18歳までの子どもたちを、自分たちが支えて育てていくんだという、そういう高まりがあるような研修ができるんだったら、もう一回指導主事をやってみたいです。

○秋田　なるほど。

○一前　実際にそれをやったときに、指導主事の方の立場から見ると、その研修がうまくいったとはどういうところで分かるんですか。

○HS先生　それはね。うまくいったかどうかの教育委員会的評価は後でアンケートをして評価をするので、それの満足率。ちなみに私は100％なんです。とてもよかったが85％以上の伝説の指導主事なんです。たぶん、気を遣っていたと思います。

　幼稚園の先生はやさしくておもいやりがあるのいで評価が甘いんです。高校とかになるとすごく厳しいんですけどね。私自身がいま思うのは「自分の園に帰ってみてやってみようかな、それで実際にやってみてこんな感じでした」というのとか「ちょっと工夫してこんなところを変えてみました」とかいうレスポンスがあるのが評価としてよい評価だと、いまだったら思います。それと、いまだったら専門家としての乳児期のプロの保育士さんと、それとバリバリの高校の国語の先生とコラ

ボをさせるとかいうことがあるのですが。

　その出来事と出来事をつなぐ理論というか、物語を語る語り部はやはりいるので。それは大学の専門の先生とか指導主事のような立場の人間が、その出来事をつなぐということが大事だと思うんです。

（中略）

○HS先生　出来事と出来事をつなぐ理論ということを言える人の存在を探して、そこをコーディネーターとして位置付けることによって、それぞれの実践者が誇りを持てるような価値付けができると思うんです。

　秋田先生はいつもそういうことをやっておられる。何かどんな保育でも、すごく何か見ようによっては、こんなことが言えるというのを言ってもらって。自分はそんなことが言えるようになりたいなと。MB先生もすごくて、そこまで言うかと思うぐらいすごいですよね。それは実践が素晴らしいのではなくて、MB先生が素晴らしいのでしょうという。そういうことを私たちは感じて。小林秀雄でもあったではないですか。花が美しいのか、それとも花が美しいと思う自分がいるのかという、そういう話です。私はその両方が大事だけれども、この行政の指導主事という立場は、なぜ花がそのフォルムが美しいと言えるのかという語りと、なぜあなたはそれを美しいと言える感性を持っているのか。その両方をうまく語れる。しかもいまの教育課題とうまくリンクさせながら語れる。いまの言葉で語れるということが、指導主事としての専門性のすごく大事なことかなと思います。

## 4．印象に残る取り組み

○秋田　子どももよければ教師もよく。そういうのでご自分で呼ばれていって、ああ、いい研修をしているなと思われる自治体ってどんなところですか。

○HS先生　いろいろあるんです。それぞれ特徴があって、KT市なんかもすごく前から進んでバリバリやっているし、NR市も教育委員会が主になって、すごくやっているんですが、その他の中学校区、だいたい学校というのは、中学校区に小学校が幾つかあって。そして、幼稚園、保育所があってというかたちになっているので。H県のH市のK幼稚園、小学校、中学校というのは幼から中学校の先生までがその地区で集まって、いろいろと発表のし合いっこをするんです。で、幼稚園が研究発表するとかになったら、中学校の校長、教頭まで来るんです。現場の先生たちは自分を呼んでやってくれる幼から中までの研修会とかいうときには、一堂に会す

るんですが、その他でも園内研修をやったら、中高の校長教頭が来てくれる。わりとそれぞれ生活の厳しいところの地区も含んでいるようなところは、やっぱり、いかにして、その家庭を支えたり、子どもの実態を知ったりしながら、学業を進めていくのかというのに沿って、やっぱり保幼小接続というのは、すごく有効な手だてだというように実感を得ているので、そういう点では草の根的にすごく大事にしているようなところがあります。TB市なんかもそうです。

○秋田　結構、厳しい地域がやっぱり、そういう意味で。

○HS先生　はい。

○秋田　それはまたKT市やNR市とは違いますね。NR市も厳しいところはあるけど。

○HS先生　はい。だから、やっぱり行政的なものでカバーしながら、こういうことですというのと。それと実際問題、子どもの非行防止とか、家庭教育支援とか、その地域をいかにして沈まないようにするのかというところで、幾つかやり方があります。

　KC県なんかもそうです。KC県は公立幼稚園が圧倒的に少なくって、保育所が多いんですが、保育所の先生方も中学校区ですごく熱心に、学力向上というような視点から子どもたちの生活をいかに支えて、小学校へ引き継ぎながらやっていくのかということで、熱心に取り込まれとります。

○天野　中学校の先生は幼保の先生方の発表をどんな感じで聞かれるんですか。どう読み取られるというのか。

○HS先生　だいたい中学校の先生は生徒指導の観点で、そういうプロセスを経て育ってきたのかとか、そういう家庭的な背景を持ちながらきたのかとかいうような、その生徒指導を中心としたものの見方で子どもの成長発達を追うという印象が私には強いです。

○天野　例えば、保育者からの子どもへの愛情のかけ方とか、そんな感じですか。

○HS先生　それは、中学の生徒指導しておる自分が言うのもなんだけれども、もうちょっと、そのような子どもの側に寄り添ったようなことをせねば、子どもは心を開かんのだなってことが分かったというか。ちっちゃいときから、そういうふうに扱われてきた人を、ちょっと頭ごなしというのは、いかがなものかと客観的に思うとか。いろんな自分自身を振り返るようなことというのは、わりと生徒指導のごっつい先生が言っておられます。

（中略）

○天野　ヒアリングをしていると、保育園の先生が「幼稚園さんは小学校と連携を

しやすいけど、保育園はなかなかやってもらえないんですよ」ということを聞いたりとかするのですが。

○ HS 先生　でも、実際に保育所がすごくやっているところも多いです。KC 県なんかまさに保育所がすごくよくやっているんです。地域に保育所しかないというのもありますけどね。保育所が幼稚園と違って、園に滞在する時間が長いですから、それこそ本当に、昼からでも、夕方近くでも、いつでも関われるでしょう。そういうのがあったり、あと中学校が野球の練習しているのを保育所の園外保育で、みんなでぞろぞろ行って見て応援したりとかで。そんな、わりと自由にいろいろやれていいというところもいっぱいあるんです。でも、学校教育の枠組みの中で幼稚園は入れられているから。そういうはた目からの印象はあるのかもしれませんね。

○秋田　いまの、すてきだなと思って、午後、保育園に、園外保育で小学生と関わったり、あれですか、いろいろな自治体をご覧になると、こういう関わってすてきだなみたいな、いろんなところでありますか。自治体による特徴とかはありますか。

○ HS 先生　そうですね、やっぱり、KC 県のような、もともと保育所が多いところというのは、さっきも言った生徒指導の先生がすごく関心を持って幼小接続を見ているように、かなり生活ベースで連携があるので、何か具体的な取り組みをやらねばいけないとか、教育的な何かをやらねばいけないという呪縛からはちょっと外れていると思います。その代わり、保育所の夕方ぐらいの時間に小学校の先生がちょっとワークブックを持っていって、漢字を教えてやろうかみたいなことにもなるんですけどね。でも、決してそれは悪気があるわけではなくって、自分にできることをやって、貢献して、しかも家庭的にいろいろ難しいような子どもでも学校教育に行ったときに、やる気が出るようにというんですが、もう本当に生活ペースで、やっているのが特徴ですね。私の知っている限り、あとはだいたい教育ベースで連携をやっているので、何か教育的な特色もあるような活動をやって。そして、一緒に計画したり、評価したりするということが多いですけどね。

○秋田　具体的に教育的な特徴、活動というのは自治体によって、それは違いますかね。

○ HS 先生　はい。自分が昨年行っていた TZ 市の保幼小の取り組みなんかは、ちょっと生活の厳しいようなところで、幼稚園、保育所と小学校の先生が一生懸命やっているんです。田舎でわりと自然もあるのに、家庭の暮らしの中で自然を楽しむような文化がない。だから、学校教育の中で、あるいは保幼小の連携の中で自然と関わって、自然の中でのものの命とか、動植物の生命と関わる意義とか、そういうものを触れて、人権を大切にするような、感性や感覚を地域で育てたいとかいう連

携・接続のコンセプトです。いわゆる「幼児期の終わりまでに育ってほしい10の姿」の自然との関わり、生命尊重というところを大事にやっていきましょうという絞り方をして、田舎なのに、なかなか足元にある花とか植物にも関心が持てない子どもたちを、いかにして触発しながら連携して育てていくのかなんて取り組みをやっています。

## 5．自治体の役割

○秋田　HS先生は指導主事でいらしたから、今度は保幼小連携の指導主事さんを見る目って、結構厳しいかもしれないとも思ったりするんだけど、どういう指導主事とかのあり方だと、あれですかね。各自治体で保幼小がうまくいくとか。
○HS先生　やっぱり、さっき言った、現場に対する敬意を持たない指導主事というのは、私はまずいと思います。やっぱり、やらされてやる連携接続の研究というのは、全部身にならないので、当てられている研究指定が終わるとなくなってしまうし、人が替わるとなくなってしまって、いろいろなものというものは絶対継続しないと思うんです。だから、上から目線でやるというのではなく、自分が指導主事のときにやっていたような、他者に対する敬意というものを持ちながら、現場を育ててくれるような指導主事が私はいいと思います。
○秋田　たまたま呼んでもらったところが、そうだなと思えばハッピーだけど、そうでない場合も結構あったりしますよね。
○HS先生　そうですよ。そんなところもままあるんですよ。何か本当に上から目線で、「あなたたちは分かっていない」とかいう感じで。でも、そんなんつらいですよね。そんなん分かっていないから、あなたが来て研修させられているんやんって感じです。分かっていたら、そんなん最初からやっているしと思うんですが、なかなか難しいです。

## 6．その他、思うこと

○秋田　これからの保幼小連携に期待するとか、そういうところで何が課題で、次にもう一歩いけるとしたら何ですかね。
○HS先生　やはり私は幼児教育の弱さというのは、教科書もないし、専門的な認められるスキルというのがないから。だから逆立ちをする保育園がはやったりして

しまうんだと思うんですよ。幼児教育のスキルというものを科学的にお話しするようなことというのが、すごく大事になってきます。例えば私たちが話すときも、お日さまが後ろからがんがん照るようなところで話しませんよね。ここにいる子どもはまぶしいし、先生の顔は真っ黒で表情が読めないから、何を言っているのか分からない。必ず保育士が話すときは、子どもはまぶしくないように太陽を背にして、先生はまぶしい太陽の方に顔を向けて、表情が見えるようにとか。たった一つでも、そんなことあるでしょう。例えばこのすごく暑い夏のこの時期に、絶対に影踏みなんかしませんよね。だって日中は太陽の南中高度が高いから影は短いし、走ったら熱中症になるし。でも冬になって、やがて春がやってきて、「ねえ、春らしい感じだけども少し肌寒い。でも外に行って先生と鬼ごっこ、いや、影踏みするか」なんて言うと、長い影ができて踏んだりして楽しんで体も動かせるし。もしかしてラッキーだったら木の芽の様子なんかも見られるかもしれない。春の匂いもするかもしれないと、やるでしょう。そのように私たちの保育というのは、すごく科学的だし。そう説明すると、なるほどと思うものもあるのですが。その辺の専門性を科学的にきちんと出す。しかも幼稚園も保育所も、先生がそんな難しいことをいちいち出さなくてもある程度パッケージされて「こんなのです」と言えるような。聞かれたら、こんなのですと言えるような何かというのは、私はつくるべきだと思います。そのために余生を頑張ろうかなとか思っているこのごろなんです。

（中略）

○秋田　保幼小連携接続を指導できる先生が全国に数えるほどしかいなくて。これがエキスパートみたいな。どうしたらいいんでしょうね。

○HS先生　ねえ。でもやはり関わりを持って、そういう人たちと話をしていくという、地道なことがいいかななんて思いました。

　あと、今回コロナで経験したようにいまのネット環境とかを活用しながら人の語りを、優れた語りを聞かせたり、人と語るときの具体的なスキルを経験して。

　それこそ「いいもの見っけ」とできるようなことがたくさんあれば、力は付いていくと思います。自分もそうしてきたので、きっと若い人たちも「いいもの見っけ」というものが、できると思います。

## ②【HK 先生】

### 1．経験や背景

○秋田　平成何年の改訂のときから、先生は教育課程調査官でしたか。

○HK 先生　平成元年改訂は調査官ではなく協力者です。で、調査官は平成7年からです。ですから2008年以前になるんですけれども、正確に言いますと、その当時は、調査官になったころは、自治体が幼保小の連携に関わっての研修は、ほとんどないんですね。幼小の連携で自治体ではなくて、もう秋田先生には、ずっとお世話になっていたんですけれども、研究開発校の研究です。幼小連携という枠の公募はありました。

○秋田　平成7年のころから。

○HK 先生　枠組みとしては、ずっとあるんです。この幼小のカリキュラムの検討は、結局生活科が位置付いてから、ずっとそのまま継続した枠組みなんですけれども、全国に公募をかけても集まらないという状況があって、むしろその生活科の研究は生活科が小学3年、4年の学習にどう続いていくかが研究の課題でした。平成10年のときには「総合的な学習の時間」を導入するわけなので、小学校の「総合的な学習の時間」の導入に関わっては、新しいカリキュラム提案が、いっぱい出てくるんですけれども、大学附属の幼稚園の方では、要望を出しても、なかなか小学校が手を挙げないということがありました。これではいけないということでいたところ、有馬幼稚園（東京都中央区立有馬幼稚園）と小学校が幼小連携の研究に応募してきました。秋田先生が関わられていた平成13年ごろです。

○秋田　そうですね、有馬幼稚園が教育課程研究開発学校に手を挙げたので始まったという。

○HK 先生　平成10年の改訂のときに教育要領の中に「小学校以降の生活や学習の基盤をつくる」という項目を新たに足したんですね。だから、やはりそこはどうしても幼小の連携研究はやりたかったんですけれども、なかなかカリキュラム研究までに踏み込むところがなかったところに有馬幼稚園と小学校が手を挙げてくれたという実情でした。それならば、もっと同じような視点で研究開発校をつくろうということで、急きょあのときには KB 大学と UT 大学の附属幼稚園だったかと思います。そのうち Y 大学の附属幼稚園が、また手を挙げてきてくれて、そのあたりから、特定の幼小、国立大学附属か、ないしは公立の幼小というところで始まったのが、たぶん幼小に関わるカリキュラム研究の始まりだと思うんですね。その前の生活科ができるまでは、だいぶ研究開発校が幼小連携研究をやってきたんですけれ

ども、私が調査官になったころは、やっぱり小学校が「総合的な学習の時間」を、どう位置付けていくのかと、生活科との関連というのが課題でしたので、そこは幼小の連携研究にはならなかったというところだったと思います。この事前の調査用紙の記入に当たってはすごく私も悩みましたが、2008年前からなんだけれども、2008（平成20）年のカリキュラムで、そこは、もう教育要領の中に入れるというかたちで動いていたので、ぽつぽつとはあるんですけれども、いまお話ししているところの平成13年ごろは、ここにいう自治体主催のという研修は該当しないと思っています。だから、いまはもう記録がないから、私がどこに入れたかその当時のものはないので、大学の附属には行かせてもらいましたけれども、自治体でその当時に幼小のカリキュラムにせよ、連携にせよ、研究会を主催したというところはないんじゃないかと思うんですけど。

## 2．意識や工夫

○秋田　先生はその前の研究開発の附属に行っていたころと、そのセンターができたり、それ以降では研修講師として話される時に、やり方とか、何か変わってこられたんですか。

○HK先生　そうですね、変わってきたというよりは、要するに保幼小連携になってきたときには、できるだけ幼稚園や小学校等の違いを、幼稚園というよりは幼児教育と小学校教育の違いを強調するようにしました。そうではないと、その後、話し合いましょうと言っても、なんか深まらないなという気がして、最近は、もうだいぶんその連携をしようという市町村は、お互いに見に行きましたなんていう経験があるので、もっと中身の話になるんですけれども。平成10年からその報告書を書いていたころは、ものすごくその違いという、例えば手を洗うというのを一つ取っても、幼稚園や保育園は保育室の中に水道もあるし、自分のコップもあるし、タオルもあるけれども、小学校1年生は、廊下に出て、ずっと遠いところまで行って手を洗って、うがいをして、そして給食の準備をするんだよという話をしたりですね。要するに環境が違うということが、子どもたちの手を洗うという行動につながるまでに、先生の言葉でつないでいかないと、1年生って意識が持てないんだよと。結果だけで、今日できたよ、マル、できなかったよ、バツではなくて、その前にどういう働き掛けをするかということが大事だよということを、特に小学校の先生などに伝えるときに、水道が幼稚園や保育園は当たり前にあるんだよという話をした

んですね。そしたらもうびっくりするわけですよ、幼稚園や保育園に来ていたけど、そこまで気が付かなかったみたいに。

　その話をしたときに、何回かそれはしているんですけれども、今度は幼稚園や保育園の先生がびっくりするわけです。

　要するに自分は小学校に行ったことはあるので、廊下の方に行って手を洗うということは分かるんだけれども、結局それが自分たちの指導と結び付いて、子どもたちが手を洗うという環境があって、自ら進んで手を洗うということができているんだということと、ない中で「1年生が自分で洗わなきゃ」と思うときには、よほど意識を育てておかないと、手を洗うことは、なぜ必要なのかとか、洗わなかったらどうなるのかということを子どもが意識できることが必要です。

　忙しいときにでも洗わなきゃいけないんだけれども、そういうときはどういう順番でやっていったらいいのかというのが、やっぱり5歳児の後半って少し意識を向けていくと、よく言うんですけれども、その具体的なことが1年生になるんだということだけじゃなくて、やっぱりこの子たちが何もない中で手を洗うには、どうしたらいいのか考えるということが必要なんだということが幼児教育の側にも伝わったので、逆に小学校の先生には、「幼稚園・保育園とは違うよ」という具体的な物的な環境で話をしたんだけれども、その話を同時に聞いて、幼稚園や保育園の先生方は、「ああ、そうだった、違っていたね」というように気付いてほしいと思いました。

（中略）

○HK先生　私が関わっているTG県の幼児教育のところは、私は一応顧問で研修計画の相談に乗るとかそういうことをしているんですけれども、自治体が講師で呼んでいないんですよね。結構ずっと継続しているので、5回連続の、例えば去年の場合かな、今年は、まだ行っていないからなんとも言えないけど、5回ぐらい連続して、幼保小の連携ということがテーマなんですけれども、幼稚園と同じ学校区の幼保小の先生が1名ずつペアになって同じ地区だから好きなときに授業を見に行ったり保育をするんです。まったく別な研修センターの授業なんですけれども、いま3日間ぐらいをボランティアでそれぞれに入るという制度もあるんです。

　だから結構授業を見ることは、よくやっている方だと思う、でも悉皆ではないから、今年は誰さんがボランティアで3日間研修に行ったから、次は誰さんというかたちだから、順番にならない方もいらっしゃるんだけれども、でも地域的には、どこの地域も見に行くことはできているんですね。

　4月と5月ごろに集まって、最初は好きなテーマだったんですけれども、いまは

10の姿から一つ選んで、それに関わる子どもたちの発達の姿を取りましょうというかたちでペアの先生が、いわゆる参観をしたり、話し合ったりしながらまとめていくんですね。

　最初と最後ぐらいしか私は行けないんですけれども、途中の報告は聞いていて、最後のところの報告では、行ったり来たりしながら姿を見て、それを発達として書き込んで気付いたことなどを話し合うんですね。そのときの担当の指導主事さんは、前は国語の先生だったから、それを川柳に最後書くんですよ。今年は違うと思うんですけど、すごく楽しくするわけです。最後のところで、それが川柳になるんですよ。

○秋田　みんな川柳を考えるんですか、指導主事の人が川柳にするんですか。

○ HK 先生　いやいや、みんなが自分で。それが自己評価になるみたい。それは、だから横道なのかもしれないけれども、とにかくセンターには5回ぐらい集まって、でも随時見たり聞いたりするんです。だからそこには講師がないんです。

○秋田　ああ、なるほど。

○ HK 先生　だからカリキュラムをつくるところも、結構研修会講師というかたちではなく、就学前のプログラムなどをつくるときにも、研修会の講師というのは、その途中での講師と言うのかもしれませんけれども、委員会をつくりながら委員会に持ってきて、SY 区なんかもそうでしたよね。

○秋田　そうでしたよね、はい。

○ HK 先生　それぞれの方が持ってきて、それに対してアドバイスをするようなかたちは、それは研修講師と言うんですかね。

○秋田　それもカウントには入れているんですけど。

○ HK 先生　そうなんですね、分かりました。だから研修会講師という講演のようなかたちは取らずに、研修会講師ならばあるというかたちです。

　小学校との連携の研修会講師は研究開発校の方ぐらいじゃないかなと思っているんですけれども。

（中略）

○ HK 先生　小学校がいるかいないかは、すごく大きいですよね、うん。（小学校がいるときは）環境の話もしますし、割合具体的に保育のことを話しますね。

○秋田　小学校の先生がいる方が?

○ HK 先生　そうですね。すごく丁寧にやっているんですよって、10の姿を、みんな、こう、読むと、もう完成された人たちのように思うし、言葉だけではね。でも小学校の先生の意識の中には幼いというイメージと、そこが「10の姿」が結び付

かないでしょうという言い方をしながら、その間には、このことができるようになっちゃうんですよ、先生の誘い掛けでは、例えば、健康のところで見通しを持って安全に対する構えができてくるようになる。でも小学校の先生から見ると、危なっかしくて1年生は見ていられないから、6年生を付けましょうみたいに思っているわけじゃないですか。でも、これができるというのは、すごい条件があるんですよ。いろいろなことを3年間なら3年間の中で、ここまでになるためには様々な経験があり、その園の環境の中で、いろいろなことを試したり、確かめたり、遊び込んできたという、そういう条件の中で積み上げてくると、この時期になると自分がここでこうやったらこうなっちゃうと、ある程度の予測ができるので、やらないでいようとか、小さい組が来たら、ここは、こっちから回って行くんだと言えるようになるとか。それはその環境の中の経験の積み重ねがあるし、やっぱりうまくいかなかったときに言ってあげればよかったねとか、今度は気を付けようねということもあるし、もし気付かなかったら、先生がいつでも言葉を掛けられる距離には居るので、これが身を守ることができるようになるということを、すごく丁寧に話して。

　それで1年生はどうなるのかと言うと、環境は、まったく違うし、先生がずっと見ているわけではないし、するとだいぶここは違いますよねって、そこをすごく丁寧に言って、あの10の姿の文章が分かる。

○秋田　ああ、なるほど。

○HK先生　先生、感心なさっているけれども、先生も、たぶんそうなさっていると思います。

○秋田　いや、そんなに丁寧に、公的文書の裏にあることが。

○HK先生　条件とか、こういう経験の結果が、この言葉なんだよって、そう見ると、あの文章って、やっぱり何々の中にとか、何々をする中でとか、最初に条件が書かれているし、次に何々するようになるというのは、まだその方向に立っただけだよというような文型になっているよと言っただけで、小学校の先生は、そういう読み取りは早いですよね。一つを言うと、この文型は、そうやって見るんだ、あの10項目がばらばらではなくて法則が分かってくるような、うん。

○秋田　なるほど。

○HK先生　そういう話をして、SJ区でやったときには、その後の時間で何人かの先生方で話す会があって、できるだけ公立幼稚園の先生が事例を持ってそこに臨んでくださいという条件を付けてグループをつくったんですね。それは指導主事さんが、そうしましょうと言ってくれたんですけれども、そうするとすごく質問が多かったと言っていました。こういうことをやったんですかと、もうちょっと小学校

の先生が保育の状況が分かって、その事例に対する質問をしてきたという、だから自分が教師である、指導者であることを前提にしながら、じゃあ、どういうタイミングで声を掛けたのとか聞くようになって、それで初めて指導が共有されるということなのかなと思うから。

　やっぱりあの文章から、「具体的な事例から話し合いましょう」としても、いつも見ている文章と、ここで言わんとしている文章の違いとか、この文章の持つ意味のことを理解してから具体例に入っていかないと、時間だけ過ぎて終わってしまうということもあるかなと思います。そこは、もう1回きりだったので、それがすごく印象深く残ったんですね。

　MT区というのは、いまだにずっと続いているんですけれども、MT区は保育を見て幼保小の先生たちが話し合うんです。それはたぶんMT区のカリキュラムをつくるころから、ずっと続いているし、いまはそれが同じ評価に、大学の先生がそこに入るようなかたちでチームをつくって学校区ごとにやっているというから、それはすごくいいなと思うんですけれども。

　ある程度保育を見合っていれば、それほどまでに丁寧に小学校の先生に話さなくても大丈夫かなと思います。MT区の場合には、なんかすごく話し合いが、すぐできるような体制になっていて、そのSJ区の場合には、初めてだと言うから、すごくその文章の話をしたというような、そこには差があるかなと、やっぱり保育をよく知っていないと、「10の姿」のあの文章は伝わらないなと思うんですよね。幼稚園・保育園の先生方って、「10の姿」の文章で、この姿とあそこを結び付けて、ここにもある、あそこにもあると、いっぱい言ってしまうじゃないですか。するとなおさらこれが分からなくなるので、事例は一つでいいから、そこで先生がどう関わっているのとか、どういう流れの中で、それがあるのというのは、すごく、自分のこの1年生の指導のときの考えるヒントになっていくんだと思うんですよね。姿と姿を結び付けて話し合っても背景が違うんだから伝わらないかなということは思います。

○秋田　なるほど、事例だけじゃなくて、その事例につながる元の文章というか、こういうことがこういう意味だよねみたいなところを、とても大事にされて。

○HK先生　1回きりでやるときはね、特にですね。

○天野　いま先生がお話しくださったような意識の仕方は、研修講師として関わられるときに、そういったような意識をされるという感じでしたか。

○HK先生　研修講師、結果的に10の姿をいきなり話しても分からないなという失敗経験があって、話すんであれば、もうちょっとそこがどうして5歳児のここで

できるかというのを、しっかり話さなければいけないなっていうようなことですね。
　それは自治体の研修で学ぶというよりは、団体とか、私が一番ギャップを感じた
のは、やっぱり団体でも校長先生だけが集まっている会で話すと全然伝わらないな
というか、なぜ必要なのかとか、そこからだから、なおさらのことです。だから同
じ小学校の先生でも役職によってとか、1年生で苦労をしていない先生には伝わら
ないんだなとか、そういう失敗経験がいっぱいあるから、ずっとやっているんです
かと言ったら、1回きりしかやりません、夏の研修の1回でやりますと言うから、
SJ区のときは丁寧に話したつもりでした。
（中略）
○HK先生　SY区の場合、やっぱり幼稚園と保育園の境もすごく壁も高い感じが
しますよね。公・私立の壁もあるし、多様であるなって、一つの方向は、なかなか
向きづらいなって思いますよね。それでもたぶん小学校の先生が入ると、その話し
合いはできるのかなって思うし、やっぱり小学校の先生が幼保をどういうふうにそ
ろえるかというよりは、1年生の入門期をどう見るかということの話を、要するに
幼保をどうこうと言うと、もう本当に全然違う保育観で、もしかしたら言っている
かもしれないなと思うところもあります。だから1年生の入門期というあたりの課
題を、それぞれ出し合うとかね、接点になりそうなところから話し合うことかなと
思いますね。講演で変わると思いますか。
○秋田　いえ、講演では変わらないので、講演というよりきっかけで、何か教材提
示で話し合ってもらうきっかけをつくるのかなと思いつつ、先生が、例えばその1
年生の入門期の課題というときは、グループは保幼小の人たちで小学校とか一緒に
なってもらって、迎え入れる側と送り出す側の課題を語ってもらうようなイメージ
ですか。
○HK先生　そうですね、うん。送り出す方の課題から始まると長いような気も
しますけれども、もうスタートカリキュラムができているわけなので、今年はいろ
いろな状況で実践できなかったとは思いますけれども、スタートカリキュラムでも、
特にここは頑張ったよというところを話してもらって、それをきっかけに話し合う
ということで、具体的なことを例示にしながら、「10の視点」を全部振り返らなく
てもいいんだけど、「10の視点」に関わることが話せるといいなと思います。
　やっぱり「10の視点」って、どこかで使ってもらいたいとは思っているので、確
認でも構わないですし、始めから「10の視点」だと結び付けちゃうので難しいと思
いますので、例えば最初のときに子どもたちに話をするとか、持ち物の整理とか、
すごく気を使われると思うので、それがスタートカリキュラムの中では、どう書か

れているかということを説明していただいて、ここに幼児期から送り出す側として、つながっているものと、つながっていないものを出してもらうことで、少し共有できることがあるんじゃないかなと思いますね。少しでもね、前に進めばいいですものね。

## 3．講師の役割

○HK先生　いつも心がけていることは、先生がもっている資質で、そのことについては何らかのかたちでは話します。やっぱり1年生の担任の先生によって、小学校教育の見え方が変わります。私が衝撃的だったのは、生活科だったので理科の先生が1年生に下りてきたときに、ものすごい生き物がいっぱいいる、カタツムリの赤ちゃんが次から次へと生まれてくるので水槽が足りないんですよと言って、でもその先生の教室は、すごい楽しかったんですよね。すごく1年生になると違うという受け止めだったのに、生活科が好きな先生って、どんどん幼児教育に近づいてくるなって思うし、幼児教育を深めると思いました。

　幼児教育でもカタツムリは飼うんだけれども、子どもたちの興味関心に任せるところがあるので、どうやったらうまく卵がかえるかとか、かえった卵をどうやって育てていくかとか、図鑑まで持ってくるんだけど、こんなに本当に生き物を育てることを真剣にやっていたかなと思うと、理科の先生には、やっぱり生物が好きで理科になっているからかなわないところがあって、やっぱり教科の専門ですごく大事だなと思ったんですね。だからもっと幼小が近づいたら、5歳児だって自分が知る世界が広がるので楽しいと思います。そんなことを幼児期のところに話に行くと、当時は、必ずそれは小学校の教育を下ろしていくことですかって幼児教育では言われるじゃないですか。

　でもそれをね、上手に言われるのは、私は秋田先生の言い方をね、いつもまねして、RM先生や秋田先生が上手に話されるところを見ると、ああいうふうに言うと納得するんだなと思います。すごく段差があるんですよね、段差に気付いていないんですよね、どこが段差なのかって。それは大学の附属にいたおかげで段差も知っているし、先生によって、その段差を乗り越えられるんだなと思います。UT大学の附属小にいらした先生も、NT大学のSK先生のような先生です。保育者にはなりませんでしたけど、保育に入ってくると、ものすごく楽しいんですね。

　だからやっぱり先生の専門性って何かと言うと、幼稚園の先生の場合には、幼児

理解とか、保育を構想するとか、もちろんそれは大事なんだけれども、曖昧な言い方をしているんですけど、得意分野を伸ばして、やっぱり環境をちゃんとつくれる先生にならないと、5歳児の力は伸びないなって思います。

　それをストレートに5歳児の先生に言うと、ちょっとね、角が立ったり、誤解が生まれたりするので、私は、その小学校の先生方に、まず気付いてもらって、小学校もこうなるとすごく5歳児に近いよねというかたちで言うので、すごく幼保小の連携をするときに注意して言うことというのは、そういったお互いのよさというものを取り入れるということを、どうチャレンジしていくかということかなと思っています。

　やっぱり一貫した見方ができるまでに時間がかかりますよね。そこはたぶん両方知っている人が一番強いのかなって思います。だけど深さは、それぞれの分野で幼児教育をずっとやってきた人の深さというのはすごいし、そこをいかに次につなげていくかという考え方が幼児教育の中には必要だなとは思います。

## 4．印象に残る取り組み

○HK先生　SG区だったと思います。SG区はすごく進んで、当時はもういろいろなことを交流の中でやっていましたよね。いまもそうだと思うんですけれど、それもたぶん秋田先生のおかげだなと、継続しているなと思うんですけれども、入学する前に1年生体験をするときに、幼稚園に自分のランドセルを持ってきて貸してくれて、幼稚園からランドセルをしょって小学校に行って、小学校が、3・11の後だったと思うんだけれども、みんな2階に、1年生は教室が2階にあったので、階段を一人で場を離れて暗いところを上っていくというのをやっていたんですね。

　やっぱり子どもの視点からすると、教室に入ったところから始まるわけではなくて、一人でランドセルをしょって、あの広い校庭を横切って行くというそのことからやるということは、やはり環境の違いとか指導の違いに配慮しているからこそです。とか、ランドセルを置くときにも「新幹線置きだよ」とか、小学校の先生が具体的に分かりやすい指導していました。

○秋田　どういうのですか、新幹線置き。

○HK先生　新幹線置きというのは、ランドセルって、こうなっている（フタの部分に金具が付いている）じゃないですか。金具の部分を手前に置いたら地震のときに金具の向きに落ちてしまうと、もし下で何かをしていたら頭に落ちてくるので、

新幹線置きというのは、こう逆に入れるのです（ランドセルの金具のない上部のなめらかな部分を手前にするということ）。

○秋田　なるほど。

○HK先生　私は、それはすごいね、1年生の先生が新幹線置きに置けたかなとか言って点検するんですよ。しょってきたかばんを置いて、教科書を机の中に入れて、新幹線置きだよと言って子どもたちが置くわけです。「さあ、新幹線かな」と言って、すごく指導が丁寧になっていて、やっぱり環境の違いを乗り越えるのには、1年生の先生方には、環境は同じにはなるはずがないんだから、設置基準が違うわけだし、教室は学習するための教室になっているわけだから、そこをつなぐのは、やっぱり先生の言葉掛けというのは大きいんだと思うんですよね。

　新幹線置きという指示はその一つだと思うし、体験をしながら子どもたちの様子を1年生の先生も観察するということも、すごく大事だと思うし、いまのスタートカリキュラムの中身を環境の違いというところで、進んだ地域の先生方は、自分たちで「ここもそうだよね」という部分を、たくさん見つけてきたかなというふうに思います。

（中略）

○秋田　研修会のいわゆるカリキュラムをつくるとか、そういう連続講座みたいなのは平成20年以降ぐらいにされている、関わられるようになり。

○HK先生　もちろんそうです、平成20年以降、2008年ですよね、そうです。たぶんきっかけは、平成20年といっても、報告書が出た後だから中ごろですかね、正確な、ごめんなさい、でも平成20年以降です。

○秋田　それは例えばそういうふうにカリキュラムをつくりたいとか、5回連続したいというのはセンターの方が言う、先生がアドバイザーみたいなものだから、顧問だから、先生が提案して、これからはこうやったらいいんじゃないみたいな。

○HK先生　TG県の場合ですか。

○秋田　ええ。

○HK先生　TG県の場合は、もう本当にね、指導主事が私は、よくできていると思います。出来上がったものに対してとか、行ったときに、面白いね、川柳を入れても大丈夫なんだねというぐらいなコメントしか言っていないので。

　でもね、それはやはりいまは、ちょっと崩れそうなんですけれども、平成13年にセンターができるときに、県立の幼稚園を閉園してつくるときに、やっぱりそこには闘いがあって、とにかく幼稚園の人員を採らないで、吸い上げないでほしいという、県立の幼稚園は、もう全県に公立幼稚園が必要かということに対して、やっぱ

り全県になると1幼稚園だけでは、なかなか対応ができないわけだから、じゃあ、センターというかたちでいこうというのが、そのできたきっかけなんです。

　でもそのときに、やはり全国のそういうセンターができているところを見ても、それほど人員はなかったので、いまでも採れても1名か1名半ぐらいのところだったと思うんだけれども、当時の方がすごく頑張ってくれて、閉園する県立幼稚園の先生分だけの指導主事を残してくれたんですね。それがずっと残っているんです。
○秋田　3人とか5人とか。
○HK先生　指導主事は3人でセンター長がいて、管理職の1名だから、全部で5人で回しているんですね。そこは小学校籍の指導主事であるということと、あと小学校の中でも特別支援学校の籍であるとか、幾つかの条件はあるんですけれども、そこは枠をちゃんと守っているし、いま特別支援の人が入ってくることでプラスの面もたくさんあるから、1名は管理職のかたちなので、そこの籍だけではないんですけれども、要するに専任カウントにはどうなるのかなというところもあるんですけれども。

　あともう一つは、最初から私立幼稚園の代表の方が一人、月に何時間というかたちですけれども入るし、あと保育所は公立の方が、ずっと多いんですけれども、保育所の代表の方も入っているので、研修企画をするときには、たぶんそういった非常勤扱いだと思うんですけれども、先生方の声を聞くというかたちになっているんです。
（中略）
○秋田　何年か研修講師の幼保小でも、自治体とかの取り組みで、これはいいなみたいなのはありますか、いま言ってこられたTG県とか、それからSJ区とか、それ以外に何か、こう。
○HK先生　どうなんでしょうね、私は、MT区は、すごくできていると思います。いまだに続いていて、MT区の場合には、テキストをずっとつくって、さらにつくり替えているんですよね。就学前プログラムのような、保護者向けもつくっているし、それは、もうKK先生が、いまはFI先生という、いまの指導主事の前から、もうつくっていらっしゃるんですよね。保護者向けと3歳、4歳とつなげながらつくっているので、最初は5歳と1年生だったんだけれども、5歳の方がすごく焦点化しているんですけれども。
（中略）
○一前　先ほど、関わっておられるTG県のいろいろなところをお話しいただいたんですけれども、県がそういうシステムをつくったというところが大きい影響を与

えているというふうに考えていいんでしょうか。それとも先生が見るところ、他に
こういういいところもあるから、現時点でうまく回っているんじゃないかとお考え
になられるような何かがありますか。

○HK先生 そうですね、いろいろな条件が整って、たぶん、県立幼稚園を閉じ
るというので、すごく反対運動も大きかったので、それが一つのかたちになったと
いうことなんですけど、それはたぶんその当時は幼保というよりは、まずは先生方
の中では私立がすごく多い中で、教育委員会としては、その私立にまずはこれをつ
なごうと。保育所の公立は多いんです、TG県の場合、いまは、だいぶ民間委託を
しているけれども。

それはたぶん昭和30年代からずっと引きずっている問題で、幼児教育、幼稚園教
育が拡大するときに自治体によっては、みんな公立幼稚園をつくっていったわけで
すよね。その時代に公立保育所は、いっぱいつくっていったわけですよ、国の補助
金が3分の1必ず入るから、地方ってみんなそれでできているので、今回の民営化
でどんどん出しちゃっているわけですよね、民間にね。

保育所の場合には、それほど公・私立の差というのはないけど、教育委員会との
接点は非常に少ないので、たぶんそういう地域だからこそ県としては、当時は、思
春期のいろいろな問題行動とか、自殺が多いとか、高校の不登校になる率がすごく
多いとか、事件が続いたときですので、やはり臨床の方々が声を大にして乳幼児期
の問題と言えば、だから県としては何らかの施策を打たなければいけないというこ
とがあったので、たぶん中学生の問題行動なんかすごく問題になっていた時期だと
思うんです。

そういう問題と、たまたま統廃合で閉じるということと、あと公・私立の幼稚園
からすると、結構団体とは仲良くやっていたというようなことがあったから、公に
つくるときに反対運動が起きなかったということとか、そこをやっぱりまとめる方
が上手だったんだと思うんですけれども、組織をちゃんと残したんです。

結局、私立の幼稚園の先生が声をちゃんと出せるところだから、研究部長級の人
が月に1回は必ず非常勤で入るようなかたちがいまだに続いているし、保育所もそ
れが続いているし、あと指導主事もいわゆる私の上司だった方が、ものすごく強か
った方がいらっしゃって、私じゃないです、だから。附属幼稚園経由でそこになる
ようなかたちをつくったんですね。

でもいまは、また大きな国立大学改革があるから揺れていて難しくなっていて、
今度は附属幼稚園が、すごく弱くなっちゃっているんですけれども、要するに幼稚
園経験の人がそろっていたみたいなことがあってうまくいっているんだと思うんで

す。

　これはたぶんそれぞれの自治体のつくり方で、それぞれに一生懸命頑張って、つくっていらっしゃっているし、たぶんそういうものが必要だよねというかたちのものが徐々に、どのくらい増えているかというのが、課題は課題なんですけれども、増えていくことは必要かなと思います。

　あともう一つ、それぞれの地域の中でつくることは大事なんだけど、それぞれの整え方があるというところですね。

（中略）

○一前　まずそれぞれの自治体の事情としてはどうなのかなということで、それは他の地域でも同じように通用する要因なのか、やっぱり独自なのかなというところは押さえておきたいです。

○ HK 先生　だからここの地域の中の独自で、もしかしたらつくれるところはあるのかもしれない、GM 県もつくっていますよ。IK 県がつくりたいと言っていて、いまどうなったのかは分からないです。なんかね、県議会ではつくりたいと言っているので、私は話に行きました。だけどその後、できたと言ってこないので難しいかもしれない。

　やっぱり地域性があるので、一つの県ができると隣の県ができるので、ある自治体ができると、その周りが動くというのが日本の地方行政じゃないかなというふうに思います。

　GM 県はまた違うつくり方なんですけど、仕組みは同じにしたんです、TG 県に合わせてくれたんです。つまり総合教育センターという大きな屋根はあって、総合教育センターの中に幼児教育センターは仮称という言い方なんです。幼児教育部みたいになっていて、そこにセンターは別組織にありますというのをつくっていなくて、大きな屋根は全部借りているから、外とのつながりとか、県とのつながりとか、みんな大きなパイプでできるんです。

　幼児教育センターだけ別にしてしまうと、それをつなぐ人が必要だったり、仕組みをつくっていかなきゃならないので、大きな屋根は、もう幼児教育部になっていて、だからセンター長は部長さんになるんですけど、みんなでセンター長さんて呼んでいて、仮称なんだけれども、それで電話番号もつくっているし、マスコット人形もつくっているので、もう仮称であることを忘れてしまうんですね。

　だけど組織自体は多くの人が利用してもらいたいと思っているので、総合教育センターの人が、どうこう言うことは、まったくないから、それはもう了解済みなんだと思います、そういうつくり方をしているんです。

　そのセンターにつくるというのは、たぶん他の都道府県でも同じようなかたちで
つくっているし、GM 県も同じようなかたちで、それはたぶん行政的な指導がある
んだと思います。そうでないといろんな、行政というのは組織で縦の線ができて複
雑になると情報が流れていかないということがあるので、総合教育センターの中に
つくるというのが、一つのつくり方なのかな。

　ただ市町村になると総合教育センターそのものがないところがあるでしょう。も
うそれは教育委員会の中につくっていかないといけないので、やっぱりそこは市町
村でつくるときには工夫が必要なのかなと思いますね。


## 5．自治体の役割

○ HK 先生　それで先ほどの企画の方なんですけれども、ほとんどの方が附属幼
稚園の経験ではあります。指導主事さんが小学校籍だけれども、附属幼稚園の籍、
最低でも 3 年はいらっしゃったかなと思います。で、「小学校に戻るわ」と言って
戻っていった人が指導主事になったりもするので、やっぱり附属幼稚園から小学校
に戻ってもいいんじゃないかなって私は思います。その方が幼児教育は広まるんじ
ゃないかなって、もちろん10年ぐらいやってなる人もいるんですけれども。
○秋田　ええ。
○ HK 先生　だから自分たちが苦労したこと、本当に泣きながら、そうじゃない、
そうじゃないと言われながら幼児教育を学んだことというのが、すごく生かされて
いるなと思うし、それを川柳にしたいという気持ちも分かるなと思います。

　だから指導主事さんが、割合幼小を知っていると、それほど講師を呼んでという
よりは、その予算があるなら別に回してというような、だからいま危機管理とか、
リーダーシップどうのこうのとか、私立の研修で企画するようなものを県の中でや
って、県のセンターの中に入れているから、もう限られた予算の中でやるときに講
師を呼んでというのは別の予算に使っているように思いますね。

　自分たちで企画するのは、結構幼小連携とか、「幼稚園教育課程理解推進事業」
で文部科学省が出してくるテーマについては、自分たちで解説をするようなかたち
で、都道府県の場合には、もう限られた予算なので、限られているので、別なとこ
ろに使っているというかたちも多いかも。

　T県の場合は、ただ特殊というか、ある意味では恵まれているのかもしれません
よね。もう平成13年からずっとそれで、誰もそこをいじっちゃいけないと思ってい

るから。

○秋田　いいことです。

○ HK 先生　幼保小はずっとやっているので、そこの研究を、ずっと見てきただけでも、やり方が、ある違いは分かるかもしれません。まあ一長一短なところはありますけどね。その講演というかたちは、カリキュラムをつくっていて、カリキュラムができたお披露目のときに講演みたいなのはあったなというくらいで、単発でやるというところは、どうなんですかね、私は、それはあまりなかったと思います。秋田先生の方が、きっとおありになるかもしれない。

○秋田　いいえ、私も、だから UY 市とかのカリキュラムができたときのお披露目に講演するとかは、ありましたね。

○ HK 先生　そうですよね、私も、だから MT 区と、たぶん SS 市と、あと KK 区などが、KK 区は、結構早かったんですよね、カリキュラムをつくって、いまでもそれを連続して毎年1回は、いまは5歳児のカリキュラムというかたちになって、5歳児のカリキュラムに小学校の先生方が参加してくるので、幼小連携に特化したというのは、結構自治体で少なくありませんかと思いました。

（中略）

○ HK 先生　やっぱりいい研修というのは、継続することは大事なんだけれども、自治体の場合には、やっぱりこういうカリキュラムのようなものが、同じものを持って1年、2年と重ねていくと、今度は見て、その後話し合うとか、そういうことに発展していくんだと思うんです。このかたちをすぽんと当てはめれば、どこでもすぐできるかと言うと、そうではなくて、やっぱり自治体の研修というのは、裾野を広くしておかないといけないので、自治体の先生たちが参画しながら、共通のカリキュラムをつくって、最初は言葉だけ並んでいるんだけれども、それを基にしながら保育を見るとか、先生の話を聞くというのも必要なのかなと思います。

　このスタイルの一番最初は、実は ST 県だったんですけど、ST 県は、「三つの芽生え」で、いまだに、たぶん使っているんですけど、県は予算事情が、どんどん縮小しているんですけれども、いまは私立の幼稚園に行くとそのカリキュラムが貼ってあったりしているので、ちょうど2008年後ぐらいなんですけれども、KN 先生という方で、いま大学に出られてしまいましたけど、その方が指導主事のときに、小学校からいらした課長さんが、最初に聞かれたときに、「自覚的な学び」と「学びの芽生え」という言い方がありますよね、「自覚的な学び」って RM 先生が最初におっしゃったんですかね、それを質問なさって、あれは小学校の先生によく分かりますよって。

　そこを分かるような幼小連携のプログラムをつくりたいというかたちで、やっぱり三つの視点でつくったということがあって、それができると、幼保小で集まったときに、そこを元に話が始まるので、やっぱり行政の研修って、講演をやるよりは、その地域の幼保小の先生方で、つたないけれども、まずつくってみるって大事なことじゃないかなと思います。

（中略）

〇HK先生　だからやっぱりこういう冊子をつくるとか、冊子を基に研修するとか、単発でもいいから、それぞれの学校・園で研究会をすると、何年かに一遍、それがまたバージョンアップしてくるのかなと思うので、行政の研修のよさというのは、やっぱりそういう研修会を企画するというよりは、先生方の力でまずはつくってみるという、そこを元にしながら裾野を広げていくということが大事なのかなって思います。

（中略）

〇HK先生　たぶん、カリキュラムをつくるというのは、カリキュラムは自分のところでつくればいいぐらいにしか思っていないし、私立が非常に多いということもありますね。公立が十何園しかないので、カリキュラムをつくったところで、その言葉の意味がなかなかそれぞれの園の独自性の中で消えてしまうというところもあるので、たぶん通信があってやりとりをしながら、幼児期の中で大事なところを伝えていこうということが、意識しているか、していないか分からないけれども、仕組みとしてそれができているというような感じですね。

　だからそこに時間をかけるというよりは、それを実践する先生方が勉強できる場を、中堅の先生向けに開いて実習体験のようなボランティア体験をしましょうとか、あとそういう川柳をつくるぐらいまでお互いに見合いましょうみたいなことをやるのかなと思っています。そんなアドバイスは、全然していないんですけど、毎年毎年考えた結果、そういうふうになっているというかたちですね。

　だけど通常であれば、カリキュラムをつくるって大事なことかなと思います。S区でもだいぶ違うものがと思っているところがありましたが、一冊のカリキュラムになればできたかなと思えます。それでもなんか幼保小違うなと思うところはありますが、それぞれの解釈からスタートでいいかって思います。

（中略）

〇秋田　研修会とかで、だいぶん平成10年前と後とで違うような気がするんですけど。

〇HK先生　すごい違います。いまはもう保育所の方が熱心ですよね、研修に関

しては、そう思いますね。

　小学校に関しては、そうですね、それほど意識はせずに話すんですけれども、実際実質的に交流を持つとなると、やっぱり保と小は、なかなか取りづらいですよね。地域によっては、全然壁がなくできるところもあるけれども、大都市になればなるほど保幼の壁って大きいので、一緒に研修を受ける機会は、もうほとんど、行政が企画するところでしか取れないし、小学校との連携なんていうのも取れなくなってしまうので、行政の役割は、ものすごく大きいなというふうに思います。

　ただ小学校の先生からすると、幼稚園よりも保育所の方が、よく理解しているというのはありますよね。結構自分のお子さんは、保育所というのがあるので。

○秋田　なるほど。

○ HK 先生　うん。幼保の体験をしましょうというかたちで研修で交換するときにも、小学校の先生は、保育所の方に入るケースが多いんですね。夏休みに 3 日間取って研修に行くとなると、幼稚園が 4 時間で帰るということがもったいないという感覚になるようなので、ある意味では幼稚園を保育所と同じように見ているんではないかなとは思います。

○秋田　ああ、なるほど。

○ HK 先生　実際には RM 先生が、よくおっしゃるのは、いい幼稚園と、いい保育所と、いい小学校は、ほとんど変わらないぐらいに環境もよいし、先生たちもよく勉強しているけれども、やっぱり制度的にそこが満たされない部分というのは、どうしてもありますよね、それぞれには課題がね。

○秋田　その幼保とかやるときに、指導主事の影響と同時に、やっぱり園長とか管理職の大きさというのは影響しますかね。

○ HK 先生　それが大きいですよね。幼小とか、幼保小の、その指定校のようなかたちでやる場合ですか。

○秋田　そうですね、それ以外でも、全般に、どういう指導主事とか、どういう管理職を育てていけば、今後自治体で保幼小が広がるのにいいのかなとか。

○ HK 先生　ううん、保幼小が広がるにはね、そこまで私は考えて指導主事を育てていないので、思うんですけど、やっぱりあれですよね、ある自治体の場合を言うと、自分の中に少なくとも例えば幼小を進めていくんであれば免許ぐらいは持っていないとなかなか理解できないというのはありますよね。そんなことを言っていられないで、幼小連携の担当になってしまうということはあると思うんですけれどもね。

　高学年ばかりしか持っていないことがマイナスかというと、なんかやってみて、

高学年で例えば不登校になる子どもたちの問題ってここにあったんですねと気付いてくれるから、やっぱりその先生の問題なんだろうなって。

　高学年ばかり持っていたから幼小に関心がないということではないと思うんだけれども、少なくとも子どもに関心がある、免許を持っているから全てあるかというよりは、小学校の免許を取りながら幼稚園を取ってみようと思ったんであれば、何らかの関心があったんだろうなと思うので、学校教育の先生方の中には、少なくとも幼児期とか、乳幼児期というところに何らかの期待を寄せる関心がある人がいいですよね。視野を広げると言うんでしょうけどね、そういう機会が指導主事さんには欲しいですよね。

　資質・能力ということをしっかり進めていこうとすると、幼児期の体験てものすごく大事って分かってきましたって、よく指導主事さん、おっしゃるんですよね。だから学校教育で育てていきたいことを、やっぱり一貫して育てていくということを関心を持って、指導主事さんが今年は保幼小とか、今年は何々という分担ではなくて、やっぱり学校教育で何を育てていくかということに根差しながら今年は何々という、そういう指導主事さん自身の余裕か、何か基本みたいなのはあるのかなとは思いますね、うん。

○秋田　今後の保幼小連携に期待したいことは何かありますか。

○HK先生　そうですね、モデルとなるケースは幾つかあると思うんですけれども、自分の自治体とか、学校区でもいいんだけど、自分のところでは何ができるかというのは、すごく限られていると思うんですよね。都市部であれば、だいたい市区町村が、1年に1回ないし何らかのかたちの企画はしてくれると思うんですけれども。地方に行けば行くほど、やっぱり行政でやるかと言うと、TG県の場合でも、県はやっているけれども、もう市区町村になると、幼児担当とかという人は、全然いないし、だからたぶん県でお金を出して、それをやってくださいと言っているんだと思います。

　通常であれば、そういう研修って設置者がやるべきことだから、市区町村でやらきゃいけないんだけれども、市区町村って本当にお金もないし、人もいないというのが地方の市区町村なんだと思うんですよね。

　だから幼保小の連携をやりましょうと言っても、きっかけになる人はいないから、園長先生が声を大きくして、団体で研修をして、そこにみんなが入ってくるなんていうのは、地方は結構幼保の壁は低いので可能なところもあるんですけれども、だけれども、そういう意味では、自分の地域ではできるけれども、これはできないというものを、やっぱりチェックシートじゃないんだけれども、ある程度は自覚しな

いといけないなというには思います。

　たぶん都道府県や市区町村で研修を企画するときって、都道府県も後半になると、来年どうしようかというような研修の会議をやるんですけれども、そこに生かせるように、いまは実施の状況を把握するような評価会というのを、たぶんどこの行政でも持っていると思うんですね。センターであれば、幼稚園の代表とか、保育所の代表とか、小学校の代表の方々の意見を聞いて、それから後半に来年の研修を企画していくんですね。そのときにやはり声をちゃんと自分のところで何が足りないということをまとめて言っていかなきゃいけないんだろうなというふうに思います。

　そこを一人一人の園長先生とか、一人一人に頼むわけではないんだけれども、下りてくるのを待つというよりは、取り組んでいくためには、まずできることは何かということを考えないといけないし。それをまとめて、やっぱり幼児教育センターもいっぱいつくってもらいたいと思っているので、こういうのをぜひつくってほしいと思います。

　センターというのは、本当に教育事務所とは違ってある意味では広域に研修などを企画することもできるので、そういう下からの声も必要なのかなと。上からなかなか下りてこないので、いま一生懸命頑張ってはいますけれども、なかなかそういう行政が幼保の壁を乗り越えて研修をするような機会もない、できにくいので、ぜひ地方では声をまとめてもらいたいと思います。


## 6．その他、思うこと

○HK先生　この間、学期制のときに0年生という言葉が、一時期出ましたよね。あれは、でも、ああ、これは取られちゃうかなという思いがありました。5歳というのが0年生になるということは、何なんだろうって、やっぱりそこが深くないと、0年生で取られちゃうなと思うので、ちょっと危機を感じましたよね。0年生を教えるのは誰なのっていう。
○秋田　そうなんですよ。
○HK先生　やっぱり幼児教育の先生方には専門性を、あるかたちに持ってもらいたいなと思うんですよね。免許というかたちじゃなくて表せるといい、免許だったら一番分かりやすいんですけど、幼小を持つのがいいですよって言うのはいいんですけど、なかなかそれは制度的に難しいし。

## ③【HT 先生】

### 1．経験や背景

○HT 先生　保幼小連携接続で言いますと、秋田先生と一緒にやらせていただいた、平成29年度の研修が一番最初だったかなというふうに思います。というか、本当にテーマが保幼小連携接続というかたちでやるようなことに関わるってほとんどないんですね。だからそれが初めてだったのと、もう一つが平成30年で、ある区の幼稚園、公立です。私立も入っていいというようなのがあって、それのテーマが、「10の姿と幼児理解」というようなかたちで小学校につながるという。ただ、対象が幼稚園の先生だけ。9割が公立の幼稚園の先生で1割が私立の先生というような感じでした。

○秋田　HT 先生は、前に幼稚園の主任もされたり、そういう講師じゃなくて、ご自分が実践者だったり、それから園長として幼小連携のご経験もおありなんですよね。

○HT 先生　そうです。もともと僕は、TM 大学の幼稚部で担任をやっていたときに、やっぱり幼小の連携は、まあ附属だからというのはありますけれど。幾つか実践はやっておりました。その後、HI 幼稚園に移って、主任であったり副園長をやって。7、8年前に園長も兼任でやっておりますので、幾つかはあります。

### 2．意識や工夫

○HT 先生　一番いま、保幼小接続とか連携とか話すって、キャリアアップ研修なんです、保育園の。あれの中に小学校との接続というのがあるので、そこを内容として含んでくれという場合が多くて、それの場合には意識をするんですけれど。

　僕の場合、連携というよりも接続の方を意識するんです。どうしても連携となると、小学校と一緒にやらなくちゃみたいなイメージが強くて、もちろんそれはそれで大事なこと。だけど、もう一つが、すごく僕が意識をしているのは、園での生活とか遊びとかが充実していること自体が小学校につながっていくんじゃないですかと。

　まず何か、小学校のための予備校ではもちろんないし、そのために何か特別な準備をしなくちゃいけないと思われている方の方が多いので。いまだに研修とかをすると、そのために座らせるとか、文字を書けるようにするとか、ということも聞か

れるんです。だからそうじゃなくて、やっぱり日常の生活こそじっくりと関わることが大事ですよねというお話はさせていただいております。

　気を付けているとか、意識しているのが、学習指導要領が変わりましたよね。保幼小接続のところが、やっぱり自発的活動としての遊びという言葉が入ってというところのお話と、もう一つが、学習指導要領が変わってこれからかもしれませんが、小学校もだいぶ変わってきている。旧態依然というようなかたちではなく、ずいぶん変わってきているというようなお話をさせていただいています。

　おととしぐらいから、生活科の教科書の方にちょっとお手伝いをさせていただいて、小学校の先生とお話しする機会が結構あったんです。そうなると、結構驚くこと、驚くというか、いい意味での驚くこと、こんなに考えられて教科書って使っているんだとか、ここのページをこういうふうに考えるんだとか、すごく小学校の先生のイメージみたいなものが、そこでいい意味で変わったところがありました。そこを保育園、幼稚園の先生たちに伝えたいとも思っています。

〇秋田　具体的に、特に、ああ、こう考えるんだというのは、どういうところですか。先生のご本の中にも幼児教育で、こういうのがこうつながるという部分と、小学校側の話が書かれているわけですが。

〇HT先生　僕も親御さんからは、いろいろ聞いていたりだとかして、やっぱりいわゆる適応指導、型にはめてから用意どんで始めるという。まずルールをきちっと丁寧にやって、というイメージがあったんです。もちろんいまも、そうやられている小学校の先生はいらっしゃるとは思うんですけれど。子どもの気持ちをやっぱり大切にしようとしてくださっている小学校の先生もおられます。

　もちろん単元があって何があってと進めるところはあるんだけれど、そのときの子どもの興味・関心がどこにあるかということを考えて、授業を進めようとしてくださっているところは、保育と変わらないかもしれないというふうに思ったのがすごく大きいです。ただ、もちろん全部の小学校がそうじゃないとは分かっているんですけど。保育の世界も同じなので、全部の現場がそうじゃないというところはあるので、そこはお互いかなというふうには思っています。

〇秋田　やっぱり子どもの気持ちを大切にして、育ちの連続性を図るというところが、幼小でつながるといいということが、HT先生の思いであるんでしょうか。

〇HT先生　あります、あります。それはすごくあります。

　園側からすると、かなり小学校へ楽しみに行くんです、子どもたちは。ランドセルが届いたとか、机が来たとか、こんなことをするんだみたいな。特に就学前診断へ行った後とかは、こうだったみたいな話をすごくわくわくして幼稚園へ来るんで

す。その気持ちを最初から、幼稚園とはここは違うんだとか、小学校ではこうしな
くちゃいけないんだとかで、…まずはわくわくした気持ちを聞いてほしいなとは思
ってはいました。だからこそ幼稚園側は、そういったわくわくした気持ちを深めて、
広げて、小学校へつなげていくというところが、幼小接続はすごく大切なところだ
と思っています。

○秋田　その子どもの気持ちを大事にするということと、先生が連携よりも接続を
意識すると言われた10の姿だったりカリキュラムとは、どうつながりますか。

○ HT 先生　カリキュラムとはというと、またあれなんですけれど。

　接続のところでいうと、本当にカリキュラムでいうと、本当に5歳ならではの生
活というちょっと抽象的で申し訳ないんですけれど。あのころ、5歳児ってすごく
協働性を発揮しながら、遊びを自分たちでつくっていく姿がやっぱりあって、それ
自体を、そのときだからこそできることをまずは大事にしていきたい。それこそが
小学校につながるんだというふうに信じていきたいと思っています。

　もう一つ、接続のところでいうと、ちょっとカリキュラムと外れてしまうんです
けれど。地元の小学校とはすごく仲良くはやっているんです。大人同士の連携が図
れているといえばいいのかな。まあ先生が替わられるといろいろありますけれど。
校長先生とかとやっているので。

　例えば、数年前ですけど、ソーラン節を子どもたちが踊りたいみたいな話があっ
て、小学校5年生の運動会を見て。一人の男の子がそう言ったので、やっていった
んだけれど、どうしても温度差が生まれるから、小学校へ電話をしたら見せてあげ
るというので、見に行ったりだとか。

　それから造形展のときに小学校をつくりたいというクラスがあって、だったら見
に行った方がいいじゃないと、見に行かせてもらって。そうしたら副校長先生がす
ごくいろいろ案内してくださったりとか。あと何かあると小学校の校庭を貸してく
ださったりだとかということがあるので。ちょっとカリキュラムからそれるんです
けれど、大人同士の連携みたいなところがまずあって、その子どもの姿に応じたかた
ちで、その連携のパイプを使っていけるといいのかなとは思っています。

　連携って打ち上げ花火で終わってしまうのは、もったいないなと思っていて。何
かイベント的な感じでやるのは、もったいないなと思って。それは、大学にいると
きから思っていたので、そうならないようにするということを考えているという感
じです。ごめんなさい、ちょっとずれちゃいましたけれど。

○秋田　それは大学附属におられて、一貫校の中で幼小でやっていくときと、公立
で私立の園とやっていくときとだいぶちょっと違う？それとも時代的にだんだん変

わってきた？

○HT先生　附属のところでいうと、全員が小学校、大学の附属に上がるので、やりやすいんです。あと距離的にもものすごく近いし、先生同士も顔なじみ。だから1年生の先生とかなり定期的につながっていろんなことをやっていました。

　いまは本当にうちの園から、10、もうちょっとかな、20ぐらいの小学校へ行くのかな、かなり散って行きますので、そうなると連携のかたちというのはそれぞれが難しいので。だからこそ、でも近くの小学校とやれたら、子どもの経験とすると同じだと思ってはいるので、どこへ行っても同じだと思いますから、やっていくということはあるかな。ただ、継続的というのはちょっと難しいです。

　だから講演でも、そういったことを伝えていっていることが多いです。だから接続の実践事例、こういうふうな接続をやったことがありますみたいな話は、僕はしたことがないです。

○秋田　逆に幼児の姿をお話しされることが多いですか？

○HT先生　はい、そうです。そっちの話の方が多いです。

○秋田　園長として、小学校の副校長先生とか校長先生とのつながり方みたいなのも話されるんですか。

○HT先生　それは、時々話します。僕はあまりつながっていないんですが、副園長がつながっているので。

○天野　各園としてその地域の小学校とつながるコツはありますか？

○HT先生　僕は、あまりつながっていないけど、うちの副園長が実質トップみたいなものなので、そのトップ同士がつながっているということだと思います。やっぱり鍵は、担任がやりたいと言っても保幼小連携ってできないですよね。だからそこは、園長なり、副園長なりが理解して、大事だということが分かって、「ちょっと連絡するわ、ちょっと電話で聞いてみる」みたいな関係性があるとできますよね。

　だからこのコロナ渦での運動会も、運動会をもともと小学校でやっているんですけれど。だけどコロナでどうしよう悩んだときにも、電話で相談をしてみるというのがすぐできたような感じなので。

○秋田　電話で相談をしてどうしたんですか。

○HT先生　10月なんですよ、運動会が。だから、まずはできるかどうか相談をしようと。じゃあどんなかたちだったらできるのか聞いてみようみたいな感じで。「何でもいいですよ」と言われたので、いつも通りやらせていただきますと言ったんですけど。でもそこで、遠慮して電話をするのを躊躇する仲なのか、ちょっと電

話で聞いてみますと言えるのかというのは、違いますよね。

○天野　これは、小学校をお借りして運動会をするのですか？

○秋田　一緒にするのですか？

○HT先生　一緒にではないですね。お借りするですね。

○秋田　それはもう前からずっとですか。

○HT先生　はい、ずっとです。僕が園長をやる前から。もう15年ぐらい、もっとかな。ずっとお借りして。はい。私立幼稚園は多いんじゃないかな。近隣の小学校を借りるパターンは。

○天野　でもそうですね。園の子どもたちが、大きい小学校のそういう場を使わせてもらうということ自体も、もう何か間接的な連携というか。

○HT先生　はい、すごく子どもが喜ぶんですよ。やっぱり園庭よりもものすごく大きいので。それをきっかけにというか、小学校を見に行こうみたいな感じで、運動会前にここでやるんだよというように見に行ったり。そうすると、開けてくれて、いまだったら走れるみたいなことをおっしゃってくれると、「やった」みたいな感じで遊びに行ったりとか。というのはありますけども。

○秋田　すごく自然でいいですね。

○HT先生　だから、打ち上げ花火にはしたくないんですよ。やっておしまいみたいなのは。じゃなくて、自然に中で関わっていくというふうにするのはいいなと。行事にしてしまうと、すごく肩に力が入りそうな気がして。それよりも自然の流れの中でやっていけるのがいいなとは思っています。

○天野　いまお話しくださったようなことは、やっぱり自治体の研修としてはなかなかできないけれども、個々の園だからこそできるという感じ。

○HT先生　そうですね、そうだと思います。

○天野　自治体としては、なかなかそういうことを企画するのは難しいかな。

○HT先生　そうだと思います。はい。自治体だとやっぱりさっきもお話ししたとおり、一園からいろんなところへ行ってというところもあるし。あとは、やっぱり園がさまざまなので、そういったことを面白がる園と、そうじゃないところと、じゃあどうすればいいんだというのは必ず出てくるような気がするんです。となると、やっぱり自治体という規模だと難しいですよね。あとは、講師の比率が自治体によっても違いますので、そこによってもやっぱり違ってくると思います。

○秋田　HT先生は、私立幼稚園のお立場から見ると、YH市なんかも、私立しかないから逆に割り切れることがあるんですけど。HT先生のおられる区だと、園だと、やっぱり公もあれば私もある、そういう中で幼と保もある、そういう中で、ど

ういうふうに私立園だったらの幼小って考えられるんでしょうか。やっぱり自然に
ですか。

○HT 先生　自然にもそうだし、一つはやっぱりいまさっきから言っています、
お互いをまずは保育者と教師が知るということだと思うんですけれど。

　本当に、小学校の先生と幼稚園の先生が席を同じくするということが、僕がこの
区へ来てから1回もないんじゃないかな。僕が参加していないだけかもしれないで
す。もしかするとあるかもしれませんけれど、僕は参加したことがなくて。だから
こそ、そういったことが、まず、あるのがいいなとは思うんですけれど。もちろん
年度末、引き継ぎのことであったりだとか、小学校の先生が来てくださって聞き取
りをすることがあるんですけれど。それも毎年違う方がもちろん来ますから。1年
生の担任の先生ですから。その校長先生とか副校長先生とか、毎年は替わらないで
すから、そういった方々と、もう少し何か近い距離でお話ができるということの方
が、まずは第一歩とすると大事かなと思うんですけども。

○秋田　そうすると、そういうところを、例えば先生がまた研修で入られるときも、
そういうかたちで伝えられるという感じですか。

○HT 先生　そうですね。園長主任研修であればですよね。キャリアアップ研修
は、主任はいるけれど、園長はいないので。

○秋田　ええ。じゃあそのときは、話し方を、キャリアアップのときは、子どもを
中心にしてつなげる話をして。

○HT 先生　そうです。

○秋田　園長・主任になるとちょっと変えるのですか？

○HT 先生　変えます。それは、キャリアアップに来ている方々に言っても、私
たちにはできないで終わっちゃうので。

　ただ園長のときには、やっぱり、そうですね。しょっちゅう伝えているわけでは
ないですけど。他にもいろんなことを伝えているので。でも要素としては、伝える
ことと、伝えていることもあるかな。はい。

○秋田　先生にとっては、10の姿、今回の著書の中では、それを取り上げていらっ
しゃるんですけど。10の姿というものがあるということで、かなり一方でプラスに
なっていったり、研修がやりやすくなっていると思われますか？

　講師の方によっては、むしろ10の姿に誤解が時に生まれる場合もあるので、いろ
んなお立場の方がおられるようなんですが、HT 先生の場合はどんなふうにお考え
になりますか。

○HT 先生　正直最初は、すとんと落ちなかったんですけれど、繰り返しいろん

なことを考えていくうちに、いまは本当に何だろう、あれがあるから伝えやすくなったところがたくさんあって、ちょっと保幼小接続から離れてしまうんですけど、親御さんにも伝えやすいんですよね。

　要するに多様な育ちがありますよと言うことを伝えやすい。話がもっとそれてしまうけど、親御さんに最初に見せたときには、自分の子どものできないところ探しをし始めたんですよ。道徳性が芽生えていないみたいな感じで親御さんが言いだしたから、そうは見ないんですよと。ただ、そういう対話ができるのでよかったんですけれど。

　同じように研修なんかも、最後に急に現れるものでももちろんないし、小学校に向けて急にそれを狙いか何かに持ち込んで、徹底的に一つ一つ、つぶしていくみたいなものでもなくてというところの、それこそ遊びを通した中で見られる姿であるというのは、すごく伝えやすくなったのと、やっぱり多様な姿があるよねということも言いやすくなったというか、言えるので。あれはすごく、僕はいつもその話はします。資質・能力と含めてです。

○天野　10の姿の誤解をしているところから、対話をして変えていくのですか？

○HT先生　それは、もう保護者会で、最近はあまりしていないんですけれど。出たばかりのときは、こういうふうになるんですよね、みたいなのをやると、お母さんたちは、それを見ながら、隣と話をしているので、よく聞くとそうじゃないよっていうような感じで話をしています。でも親御さんの気持ちは分かるんですけどね。

○天野　それは、やっぱり園の先生であっても同じですか。

○HT先生　同じだと思います。昨日たまたまキャリアアップで小学校との接続をやったんです。10の姿の話もして、振り返りのシートを見ていたら、10の姿の1項目を1日ずつ、今日は健康な心と体みたいなので、ねらいを立てて、10日間ずつやっているという園があって、ええ、散々それは言ってきたんじゃないのかなと。やっぱりそういうのがあるので。多くはないと思いますけれど。

○天野　10の姿を総合的にというのは、難しいですか。

○HT先生　はい。以前にYK先生のお話を伺ったときに、僕はその話が一番ストンと落ちたんです。その10の姿の一つ一つが単独であるわけじゃなくて10のどの姿も全てがじんわりと育って見られるようになるというのが本当に保育はそうだなと思ったことがあったので、それはやっぱり伝えていきたいなと思っています。

○秋田　いま先生が言われている、例えばキャリアアップ研修等でも、10の姿というときに、先生の方がある事例でお話をされることもあると思うんですけど、研修

としては「おっ」と思うような園もあるわけだけど、でもそれもいろいろ話し合ってもらうようなかたちのワークショップなんかを入れつつやられるんですか。その研修の方針によって違うと思うんですけど。

○HT先生　はい。キャリアアップは特に時間が長いので、グループ討議はたくさんできますから。いまはできないんですけれど、コロナでね。でも、そこはたくさんいろんな園の話を聞いてもらって、あと必ず僕は、最近はそこのグループで出た質問とか、ここが気になるよねみたいなものは付箋に書いてもらって、貼ってもらって、それについて答えるみたいなことをしています。

　きのうは、IU先生と一緒にやっていたんですけれど。彼女がうまく僕の話を整理してくれて、というようなかたちでやって、ワークシートでやるようになったら、そういうふうに細かく聞くといろいろ出てくるんだなと思いました。

○秋田　やっぱりキャリアアップとか園長主任研とかで幼小の話とかをしていきながら、話だけではなくて、どういうかたちだと先生方がうまく保幼小の先生が伝えたいことを理解してくださると考えていらっしゃいますか。とても難しいことなんですけど。

○HT先生　僕は、やっぱり実践者でもありますから、実践現場にもいますから、やっぱり実践で語るということが、僕自身は大事だと思っています。そのあたりも、5歳児の中ごろぐらいの協働性の遊びの事例をさせていただきながら、それを10の姿と絡めてお話をして、それが小学校につながっていくんだよねというふうに、これこそがつながるんだよねというように話すことが多いです。

○秋田　それを聞いて先生方で話し合ってもらうのですか？

○HT先生　はい。質問が出てきて、それにもお答えしているみたいな感じで。だいたい出てくる質問は、文字はどうしているんですかとか、多くはないけど少なくもないです。

　まとめるためにどうしているんですかとか、特に小学校の接続というふうになると、そういうのがやっぱり出てくるんです。だからそうじゃないよねということは、逆にそういうふうに質問してきてくださるからこそ、言えるというところがあるので。だからそこは、対話は大事にしたいなと思います。ただ、1時間半とか2時間の講演だと、それはできないです。

○秋田　そうですよね。

○HT先生　はい。だから研修のかたちとかも、ある程度対話ができるということの方が大事かなと思ったりはします。

## 3．講師の役割

○秋田　子どもの姿で、分かってくれたなとか、そういう感覚が幼小のつながりの感覚になるんですかね。

○ HT 先生　はい。僕はそうです。そこで何か、分かってもらうところが第一歩というか。お互いの理解のところでは、大事かな。だからこそ、やっぱり公開保育であったり、公開授業であったりというところは、ひとつ大事な鍵になるかなと思うんですけれども。

○秋田　それはやっぱり、実践を紹介するだけよりは、当然、公開して、生を見てもらった方がいいから。その方がいいし、みたいな。それが第一歩だとすると、その奥には何が、二歩、三歩とあるのですか。

○ HT 先生　対話だと思います。共に理解するというところの第一歩ですよね。正直、いま、お互いのことを知らな過ぎると思うので。

　きのう、聞いたんですよ。キャリアアップ研修のときに、生活科の教科書って見たことありますかって。言ったら、80人くらいいたけど、一人か二人しか手が挙がらないんですよね。

○秋田　残念だな。

○ HT 先生　本当、そうなんです。だから、生活科でなくてもいいんですけど、教科書すら見たことがないというような感じになるし。そうなると、もっと授業なんか見たことないだろうし。

　もう一つ言えば、授業に対する思いが小学校の先生たちはあるのに、その思いにも気付ないだろうし。なんか、僕は大学の附属を辞めて、いわゆる町の幼稚園に来て、一番最初に思ったのが、お互いの悪いところばかり見ているんじゃないかなと思って。何か、小学校の先生は、もう幼稚園じゃないって言うし。幼稚園の先生は幼稚園の先生で、小学校の先生は頭が固いって言うし。

　もちろん、そういう人もいるんだけれど、でも一生懸命やられている方も多いし、子どものことを考えている人もお互いいるしというところが、つながり合うといいなと思っています。

○秋田　それは、先生がキャリアアップ研修とかのご体験で、外の方と感じるところと、先生が園長として、例えば自園の先生方も巻き込むというか、伝えるときにはどうされるのですか。

　さっきも、何か面白い。やっぱり小学校をつくってみたいと、作品展で思うって。やっぱり日ごろから大人が、何かある種の環境がなかったら、子どもからそれだけ

抜きでは、なかなか出てこないだろうなと思って。

○HT先生　うちの職員に関して言えば、さっきも言ったように、校長先生とかと距離が近いので、そこで何か感じているところはありますよね。それは、だからありがたいなと思うし。

　外の人は。外というか、講演とかいうところであると、どうだろうな。きのう、僕の本からですけれど、小学校の実践事例を少し紹介したんですね。だからやっぱり、感想のところに、小学校は座っているだけじゃないんですねというのがあって。ああ、そうかと思ったんですよ。

　だからやっぱり、もっと。キャリアアップ研修だけじゃなくても、保育者対象の研修でも、小学校の実践事例みたいなものも伝えていくのは効果があるかもしれないですね。

○秋田　なるほど。そのときの先生の、小学校の実践事例のイメージは、わりと生活科的なものですか。

○HT先生　そうですね。生活科的なものですね。接続というところでやったので。生活科と国語科の話をしましたけれど。あと、環境の話だ。教室、机があって、椅子で並んでいるだけじゃないっていう。いろいろ。サークル対話もそうですけれど、いろんな工夫を、いまされている小学校の先生がいるという、そういうことの話を、昨日しましたね。

○秋田　なるほどね。そういうところで。でも、環境といっても、保育の環境と小学校の環境は、やっぱりある部分で違うじゃないですか。そういうところを、どう考えておられますか。それか、先生が終わりのところでも自覚性とか。そういう部分、違いますよね。

○HT先生　そこの切り口ではなく、小学校も昔と変わって、こういうことをし始めましたよということで、要するに、遊びのコーナーをつくったりだとか、サークル対話というものがあったりだとかという紹介にとどめています。そこの、保育における環境と、小学校の環境の違いみたいなものまでは触れなかったです。あまり深いところまでいっちゃうと、余計に分からなくなっちゃうかなと思って。何も知らない人たちにいろんなことを言っても、ちょっと難しいかなと思った。そこでとどめたっていう感じですね。

○秋田　まずはつながっていますよと。

○HT先生　はい。あと、旧態依然とした小学校のイメージで、いつまでもいないでくださいということですよね。

○天野　どうしても、親も先生も、そういう旧態の小学校で育ってきている人たち

なので、なかなかその発想を変えようとするのは難しいのでしょうか。

○HT先生　僕もたぶん、ずっと幼稚園にいたら、そう思い続けていたと思います。もちろん、旧態依然と考えられている先生が、まったくいないとは思ってはなくて。いらっしゃって。そこで困っている保護者もいてというのは、分かってはいるのですけれど。でも、変えようとしていたりだとか、考えようとしている人は小学校にもいて。それは、保育の世界も同じ話でということなので。よく考えようとしている人たち同士でつながり合ってというのも面白いんじゃないかな。

○秋田　先生が、つながると面白いなと、小学校の先生のことを思えてきたのは、生活科の教科書の編集がきっかけですか。それとも、保育者時代からのつながりですか？　たぶん、もともと幼稚園の方が詳しいわけじゃないですか。いま、小学校も面白いなって思える。先生が思えないと伝わらないので。それを思い始められたのは、教科書とか、生活科との出会いですか。

○HT先生　その前からですね。そこで生活科の教科書をやって、強くなったのは事実です。思いが強くなった。ただ、その前に、先ほどから言っていた、うちのソーラン節であったり、学校をつくるというのであったりというところで、小学校の先生たちの姿であったりだとか。あと、すごくウェルカムなかたちで受け入れてくださって。共にという姿勢であったりだとか、というのを見て。

　もう一つが、自分の子どもたちが小学生だったときというのは、やはり行きますので。やっぱり感じるところはありましたよね。それで、生活科の教科書でいろんな人と話をして。ああ、やっぱり小学校教育も深いんだなと。当たり前なのですけれど、そこに至れなかった自分みたいなところに、さらに気付いたという感じでしょうか。

○秋田　お子さんが、ある意味で新しい授業に巡り合えていたということですよね。

○HT先生　そうですね。先進的なのか、どうか、分からないですけど。一生懸命やられているというのは分かるし。いろいろと工夫してやられようとしているのも分かるので。やっぱり先生も、幼稚園の先生と一緒で一生懸命やっているんだなという、当たり前のことに気付いたということですね。それが何かきっかけだったかな。

○秋田　そのメッセージは、園の先生と小学校の先生がつながっていく上で、すごく大事ですよね。

○HT先生　はい、大事だと思います。小学校の先生も、べつに楽をしようとしているわけでは、もちろんなくて。一生懸命やられていて。でも、幼稚園の先生は、そこに気付いていない人が多いんじゃないかなと。いつも出てくるのは、小学校の

先生への愚痴みたいなことが多いので。それはちょっと違うんじゃないかなとは思ったりはします。

○天野　園の先生も、すごく一生懸命やっているし、小学校の先生も一生懸命やっているし、行政の方も一生懸命やっているんだけど、何かこう、うまく交わらないという感じでしょうか？

○HT先生　そうなんです。幼稚園と保育園も交じり合わなくて。お互いが、訳分からないことになる。でも最近、園長同士が話をしたりということも、僕の周りはすごく増えてきているんですよ。となると、お互い、いいやつじゃんみたいな話に。一緒に頑張っているじゃん。一緒にやっていこうよってなっている姿を僕はすごく見ている。であれば、小学校も一緒だなと思うんですよ。じゃあ、一緒にやっていきましょうよというのがあると、先生がおっしゃってくださったとおり、みんな、頑張っている。だけどどこか、対話をしていないからこそ、ずれてきてしまっている。だから、対話していくことがやっぱり大事だよなとは思うんですけれどね。

○天野　結構、トップの人の関係性が大事。

○HT先生　僕はそう思います。現場もそうなんですけれど、どこかに。私、いま、5歳児の担任じゃないからっていうのが出てくると思いますし。小学校の先生ももちろん、それはあるでしょうし。

（中略）

○秋田　HT先生は大学の教員でもあるのだけど、でも、保育の実践でやっぱり経験したことからメッセージを発せられて、たぶんキャリアアップ研修とか、他の研修でもそうだと思うんですけど、そういう立ち位置で話されることが多いですかね。

○HT先生　はい。というか、ほぼそれです。実践者の立場から話をする。もちろんそこに、僕なりの理論付けはしますけれど。実践から始まって、実践で終わらせることが多いですね。もともと僕は、実践者のスタートなので。現場から始まった人間だからなのと。担任をやっていたときも、主任をやっていたときもそうなんですけれど、他の園を見に行って、刺激になったことがたくさんあったので。だからこそ、そういったところで伝えていけるといいなと思っています。

## 4．印象に残る取り組み

○HT先生　ちょっと特殊な事例になってしまうのですが、某区で仕事をさせていただいたとき、一番最初に言った10の姿の話なんですけど、一番最初に話を持っ

てきたのが、某区の高校の教育主事だったんです。なぜかというと、その高校の教育主事がうちの幼稚園の保護者だったんですよ。それで、保育が面白いと。保護者としてね。だから一回、園長、幼稚園に話をしてくれと言って、来たんですよ。ものすごい特殊事例になってしまうのですが。

　でも、そうやって実践を見て、理解してくださって、つながってというのは、ありがたいですけど、ごめんなさい、かなり特殊事例ですね、僕は話しているのは。

○秋田　いや、でも巻き込み方としては、すごく大事ですよね。結局、保育が面白いという応援団というか、それをどうつくるかがつながらないと、うまくつながらないので。

○HT 先生　それは本当にそう思います。だから某区もそうでしたけど、小学校の教育主事さんも面白がってくださって、やって。実は「次もまたお願い」と言われたのですが、日程が合わなくて、その後でコロナになって、そのままになっちゃっているんですけど、すごく面白かったですね。

○秋田　その保育が面白いって、例えば高校の先生とか小学校の教育指導主事が言ってくれるのって、どういう面白さですかね。そこがたぶん、保育が面白いって幼児教育の人が思うのと、まったくぴったり合うこともあれば、ちょっと違ったりもするかもしれないんですけども。

○HT 先生　一番言われるのは、驚きなんですよね。子どもって、ここまでするのという。だいたい僕は遊びの事例でお話しするので、そのときに、小学校の先生によく言われたのが、「生活科を超えているよね」と言われるときがあって。それはすごくうれしいなと思うのですが、すごくうがった見方というか、マイナスの面から見ると、幼稚園児をなめるなよと思うところもあって。ああ、すごく幼く見ていたんだなと思うところもあるので、そこの驚きみたいなものはすごく感じられるんじゃないかな。

　また話がそれますが、生活科の教科書をつくるときに、一番最初に出版社に言われたのが、小学校の先生とかメンバーにたくさんいらっしゃって、そのメンバーの前で実践発表してくれと言われたんです。そして園の実践発表をしたときにも同じことを言われました。

○秋田　生活科の先生でも。

○HT 先生　はい。言われたので。そこら辺もあるのかなと思いました。こちらの当たり前が、やっぱり小学校に行くと大きく変わってくるというものと、どうしても小学校からすると１年生は一番下の子たちなので、どうしても、幼い子扱いしているところがあるんだけど、もちろん幼いんだけど、彼らには彼らの生き生きと

した姿があるので、そこをそのまま伝えることで、分かってくださるというところはあるかな。


## 5．自治体の取り組み

○天野　例えば、いま自治体の研修がたくさんの人を集めてやられている、保幼小の連携の研修もあると思うんですが、そういうものの役割って先生はどのようにお考えですか。

○HT先生　僕は、本当に数が多いわけではなくて、でも、思ったことは、幼稚園、小学校の先生、教育主事の方々というのが一堂に会すことが、まず大事だと思うんです。その中で研修に来ている方々が、さっき言ったようにグループ討議とかができると、なおいいんだと思います。そういった意味、そこの効果とか意味みたいなものは大きいと思います。あと、同じ話を聞く、そのメンバーが。そこは大きいですよね。だからもっと回数が多いといいのになと思ったりはしますけれど。だいたい年に1回ですよね。

○秋田　どれぐらいの回数があったら結構満足がいきますか。

○HT先生　都道府県レベルだと、そんなに多いというのはあれだと思いますけれど。市区町村レベルで年に3回とかあるだけでも違うよなと思いますけれど。

○秋田　その場合は、もし仮で3回だったら、どう組むなと思われます？

○HT先生　3回であれば、最初はお話を聞いて、2回目は何かグループで対話をして、2回目と3回目の理想を言えば、2回目と3回目の途中に公開保育とか公開授業があって、それのフィードバックが3回目にあるみたいなのだと理想ですよね。

○秋田　確かに。

○HT先生　本当は、公開授業に行きたいんです。なかなか行く機会がなくて。でも案内は来るんです。公開授業がありますというのは。だから正直、僕も行きたいと言っておきながら行けていないんですが。でも案内は来ています。

○天野　そうすると仮に年3回だとしたら、同じ講師が3回行くということがよいような。

○HT先生　もちろん、もちろん。それはそうですけど。なかなかそうもいかない。でもそれが理想。ただ、次に1回目だけ話をしていただいて、それを踏まえてどうするというのは、ファシリテーションになってくるので、同じ講師の先生であ

る必要がないんですいね。一緒に対話をしていくというふうになって。

公開授業とかは、小学校の方は慣れていらっしゃいますので、公開保育の方をどうするかだけを考えて、だけじゃないんだけど、考えて。できなくはないかもと、いま話の中でちょっと思ってきちゃったんですけど。

○秋田　公開保育に、小学校の先生が来るということはない。

○HT 先生　ないですね。ないというか、そんなに公開保育をしたことがない。

○秋田　ああ、なるほど。

○HT 先生　東京都でも公開保育をやっているんですけど。私立幼稚園連合会が。ECEQ（注：（公財）全日本私立幼稚園幼児教育研究機構が開発した学校評価実施支援システム「公開保育を活用した幼児教育の質向上システム」のこと）や公私合同のものもやっているんですが、そこに小学校の先生が来られたことがないです。聞いたことがないです。

○秋田　なるほど。

○HT 先生　ECEQ をうちもやりましたけど。小学校までは声を掛けなかったです。というか意識までしなかった、正直。

○秋田　なるほど。その先生がそういうものだとキャリアアップ研修とかのときも、例えば幼小とか先生の方で、キャリアアップの場合は組まれると思うんですけど、そういうときの研修を組んでいる団体とか、自治体からの依頼でキャリアアップをやるわけじゃないですか。そのときにそこをオーガナイズする人との関係とか、それによってやりやすさとか、やっぱり違ってきますか。

○HT 先生　それはもちろんそうですよね。はい。何度か顔を合わせていて、僕の思いみたいなものと、向こうの思いが一致しているところだとツーカーでやれますし。あとは、キャリアアップなんかは特にそうなんですけれど、取りあえず時間やってくださいみたいな感じだと、えっと思ったりはします。

いま特にキャリアアップ研修がコロナでなかなかできないというふうになると、オンラインでというような話で。オンラインが悪いわけではもちろんなくて、その可能性もあるんですけれど。何か本当に、えっ、オンラインで時間だけそこの場にいればいいみたいになってきてしまうと、それは違うんじゃないと思うと、それはどんな保幼小接続に限らずなんですけれども、やりにくさはあります。

○秋田　その「なるほど」と思いが一致できるような担当者と、取りあえずみたいな担当者の違いってどこにあると思いますか。

われわれいろんな自治体とか、いろんなところで、その担当者をいかに育てるかが結構大事なんじゃないかと思っていて。講師の立場からいうと、私も呼ばれて行

って、この人なんだろうという人と、本当によく学んでいる人とおられるわけですけど。その辺を先生は、どうご覧になりますか。

○ HT 先生　この間、某市でキャリアアップ研修をやったんです。担当の園長先生たちは後ろの方で寝ていて、行政の人がものすごく熱心に聞いてくれたんです、若い行政が。その後に先生の話を聞いてみたいな話で、「僕はこう思うんですよね」みたいなことを伝えてくれるんです。だからそういうふうになるとやっぱり、僕ももちろんやりがいはあるのもそうだし、あとは、行政の人がそういうふうになっていくと、ここは変わっていくところなんだろうなとも思いますし。研修に限らず。そこが一つ鍵かなと思いますけれど。

○秋田　きちっと聞いてくれて、そこを学ぼうとしてフィードバックしてくれるような感じですか。

○ HT 先生　はい。ただ、運営屋さんではなくて、一緒にちょっと話を聞いて学んでみようみたいな。そういうところは、次につながるなとは思います。僕に頼む頼まないは別としても、いろんなことを考えて研修を組み立てていってくれるんだろうなと。だからそこの市は、次にキャリアアップを往還型（注：園外の研修で学んだことを園内で実践し、その結果をさらに園外の研修で学ぶことをくり返す往還型研修のこと）でやるかどうかということをいま検討しているというふうには、おっしゃっていて。じゃあこういう資料がありますよというふうに、いまやりとりをしているんですけれど。というふうに変わっていくと思います。

○秋田　そういうオーガナイズする人って、実践者というよりは、その事務的な組織の人だったり、小学校の教員だったり、自治体のそういう人じゃないですか。

○ HT 先生　はい。

○秋田　どうやって育てるんでしょうね。われわれも頭を抱えながら、本当にそういう人がよくなるといいなと思っていて。

○ HT 先生　でもそういう人に限って、「保育って面白いですね」とおっしゃってくださるなとは思ってはいるんです。全員じゃないですけれど。そこを何か大切にしたいなとは思うんです。

　そうですね。あとは、話が始まると、もうその部屋からいないという人もいます。そうなっちゃうともう、こっちはお手上げなので、一緒に聞いてくれるとうれしいですね。うれしいというか、次につながるでしょうね。

## 6．その他、思うこと

○秋田　いろんなタイプの人がいていいなと思う一方で、やっぱり幼稚園の実践者の。もちろんHR先生とか、ST先生みたいに生活科から来て、保幼小を語る人もいるんだけど。幼稚園の実践者で、幼児教育が分かって、実践が語れるという人って、そういないわけでしょう。保幼小が語れるって。

○HT先生　僕も、語りきれているかどうか分からないですけど。でも、じゃあ誰がいるといわれると難しいですね。

○秋田　何が必要なんでしょうね。全国でもそうそう多くないんですよ。それを考えたときに、特に実際には、私立の幼稚園と小学校が、うまくつながって。つながるというのは、子どもの経験として、つながっていくことが本当に大事なのに。そういう役割の人がそう多くないって感じていて。

○HT先生　はい。

○秋田　何があればできるんでしょうね。本当に子どもの育ちがつながっていくことが願いなので。

○HT先生　まず、あれじゃないですかね。私立幼稚園で保幼小接続とか連携を丁寧に考えている人って、多くないような気がするんです。実践から、まず。

　だからまず、そこからやらないといけないかな。それをやってから、それを語れる人になっていくという順番ですよね。なのに、実践をやっていないから、それは語れるわけがないよなとは思うんで。特に私立幼稚園。保育園はもっとだけれど。いないかな。A先生くらいかなって思っちゃう。

（中略）

○HT先生　ちょっといま、僕、個人的に興味があるのが、団体の研修のあり方で。いまだに偏っているんじゃないかなというのは、ちょっと個人的に調べたいなと思っているところではあるのですけれど。ごめんなさい、話がそれちゃっていますが、また。

○秋田　全体の研修の組み方ですよね。

○HT先生　そうです、そうです。だいたい市区町村でも、私立幼稚園は団体で研修をやっているんですよね。

○秋田　俯瞰図をもとに。

○HT先生　そうです。俯瞰図をもとに、年間10回とか、多くて。やっているのを、この間もプログラムを見たら、こんなに実技に偏ってしまって大丈夫なのかなと思わなくはないところがあって。あれ、もしかするとこれって全国的にそうかも

と、ちょっと思っちゃったんですよ。

○秋田　なるほど。

○ HT 先生　いまだにそうだったのかと思うところがあって。となると、保幼小接続すら。手前の手前の手前に、もしかするといるかもしれない。うん、研修自体が。

○秋田　俯瞰図で、保幼小がどう入っているかは、私もあまりちゃんと見たことがない。

○ HT 先生　私もそうですね。そこは、あまり意識したことがないですね。

○秋田　ああ、そうですね。

○ HT 先生　確かに、そうですね。

○秋田　本当はでも、小学校は、自分のところと関係ないからっていう園の発想に、どうしてもなりがちなんですかね。

○ HT 先生　まあ、いろいろ行くからっていうことと。なんでですかね。

○秋田　何がバリアーなんだろうって。幼稚園の先生たちにとっても、関心が薄い。

○ HT 先生　はい。はい。研修テーマになっていないですからね。

○秋田　育った子が小学校へ行ってどうなっているか、園の先生たちにとっては知りたいことではあるはずだと思うんだけど。

○ HT 先生　いやいや、知りたいことですし。うん、そうですよね。おかしいですよね。確かに。

○秋田　なるほど。いま、伺いながら、だんだんいろんなことが。

○ HT 先生　だんだん考え始めちゃった。だから、うちみたいに、本当に近くの小学校があると連絡したりというのって、珍しいような気がするんです、私立。

○秋田　ああ。

○ HT 先生　だからこそ、研修形態であったりだとか、もっとそこら辺の重要性みたいなことというのを伝えていかないといけないし。たぶん、気付くと思うんですけれどね。そうだよねって。

○秋田　いま、私も伺いながら、実は Cedep（注：東京大学大学院教育学研究科附属発達保育実践政策学センターの略称のこと）は、ECEQ の調査研究をやっているわけですよ。だけど、そこに小学校の話は全然別途。だから、保幼小のプロジェクトの研究がこれで、ECEQ の研究はこれでみたいにやっていて。つながっていないんだなって。

○ HT 先生　ECEQ も、本当にあれですものね。小学校の先生に来てもらったりだとかというふうになると、また変わりますよね。

〇天野　来ていないですね。確かに。

〇HT先生　いい機会ですよね。確かに、確かに。うちも案内とか、出さなかったわ、小学校に。公開保育をやりますというのは。次はやってみよう、それ。

## ④【HB 先生】

### 1．経験や背景

○ HB 先生　私は 3 カ所しか関わっていないんですけど。それは近年、10 年以内だと思います。最初は TT 区の初めのところと、それから SN 区。

○一前　このカリキュラムの方はもう、研修というよりカリキュラムのために集まって、先生も向こうもご意見を出してアイデアを練っていくという、そういう会合を重ねるという感じでしょうか。

○ HB 先生　そうですね。秋田先生もおそらくそういう委員をなさっていると思うんですけど、メンバーの中に幼稚園の先生と小学校の先生が入っていて、それぞれが実践を持ち寄ってきて、そしてよりよいアプローチカリキュラム、スタートカリキュラムというのを考えようというのが、一般的に自治体でやっているカリキュラム開発ということになるんじゃないかと思います。

### 2．意識や工夫

○ HB 先生　自治体の方からお願いされるテーマとしては、例えば学び合える子どもを育成するためにとか、すごい大きなテーマなので、それは例えば公開研がセットになっているようなところだと、そこの園長先生と相談しながらサブタイトルを決めたりはします。

　あとはその時々で、幼児教育でいまこのことを小学校の先生にも理解してもらいたいというものはありますよね。例えば近々だと 10 の姿を誤解しないでほしいとか、そういうことは強調して、その時々に伝えたいことは強調してお話ししたりします。学び方の違いはあるけれども、学んでいることは同じなんだというお話をしたりとか。

○一前　方法については、会場や時間の関係がありますから、講演だったら講演でというかたちになりますでしょうか。

○ HB 先生　ただ、でも自治体のそういう公開研を伴うような保幼小連携って、私は NM 区と SN 区に主に関わりますけど、必ずグループワークを入れてくださっていて。先生方が情報交換できるような、あるいは講演を聞いた後にそれをどう思ったかと話し合えるような、そういうセッションを持ってくださっています。

○一前　そういう場合は、自治体の方で準備してくださる枠組みの中に入っている

ということですね。

○HB先生　はい。グループワークなんかはどうしたらいいかを相談したりもします。グルーピングなんかどうしたらいいかとか。

○秋田　HB先生が特に幼児教育のご専門で、ご自分も実践をされたことがある、それを小学校にわりと伝えるようなスタンスで小学校を見られるんでしょうか。どういう観点でそこにつながれたり、入られるんでしょう。

○HB先生　2007年と2008年というのはもう10年以上前なので、またちょっと課題が違っていたと思うんですね。

　私、過去の講演のテーマをちょっと見てみたら、1999年から2005年までの間は、交流活動をどうするかみたいなことがやっぱり多いですね。生活科の時間に幼児を招いて、そこで交流するときにどんなことに留意したらいいかみたいなことのテーマが多くて。2007年と2008年は、子どもの発達の連続性をちゃんと踏まえて、子どもをしっかり見ていこうというふうにちょっとずつ変わっていったかなという印象です。

　そういう幼小の研究をするときに重要なのは、校長と園長が仲がいいかというところなんですよ。仲がいいという言い方はよくないですね。ちゃんとしっかり向き合って、連携がいいかどうかに関わっていると思うんですね。

　この両方の研究はとてもよくて、例えば交流活動でも、一方的に小学校が幼稚園を招くみたいなことが多かった中で、ちゃんと指導案を一緒につくる。時間の流れを真ん中にして、右側に幼稚園、左側に小学校というふうな新しい指導案をA園の幼小なんかは考えていたので、秋田先生たちがなさった有馬の本（『幼小連携のカリキュラムづくりと実践事例』秋田喜代美他（著），小学館，2002年）で出されていた互恵性というのをすごく意識していたなと思います。

　それから名付け合う関係性というのも、確か有馬の本に出ていたと思うんですけど、バディーを組んで何回も何回もお兄さんが、バディーを組んだ幼児のお世話に来るみたいな。名付け合う関係が大事ということを連続して実践してみて、それで子どもたちが幼から小へとどんなふうに成長していくのかを追っていったというふうに思います。有馬の研究は、すごく一つのメルクマールになっていたんじゃないかと思います。あれ何年ですかね。

○秋田　あれがちょうど2000年前後ですね、はい。でもなかなかあれが持続可能かというと、やっぱり園長や校長が替わると難しい。

○HB先生　はい。本当にそうです。

○秋田　そういうときにHB先生は、例えば幼稚園側の先生方に助言をするときと、

一緒にやられて小学校の先生に助言されるときとで、何か意識されていることってあります？　指導主事の経験も、幼稚園の方の指導主事のご経験もおありだし、いろんな研修にお入りになっていらっしゃって、そういう中でそういう交流とかを見たときに、どういうふうに見られるのかなと思って。

○ HB 先生　そういう幼小連携の研究をしているときには、小学校の授業も見せていただけるので、私もすごく楽しかったんですけど。小学校の授業を見て、その後に話し合うときには、できるだけ個別の子どもの取り組み、幼稚園の先生たちがやっている幼児理解みたいな感じで、児童一人一人がどんなふうに取り組んでいたのかということを、できるだけ記録を取って出すようにしていて。

　割合と学校の先生たちというのは、自分が考えた指導案に沿って実現できたかどうかで評価し合うけど、そうではないんじゃないかというふうに、できるだけ具体を話すようにはしていました。

○秋田　そのときは、小学校の先生にもこうやって記録を取るといいよとか、そういうことは言われた。

○ HB 先生　はい、そうですね。なんですか、SO 県の AD 小でやっていたみたいな、座席のところに記録をばっと書くやり方、こんなやり方があるとお伝えしたりとか。

○秋田　ああ、なるほど。

○ HB 先生　あとは交流活動のときの記録を取るときにも、その後の協議会で。
　私、必ず協議会で、自分で取った記録を出すというのを信条にしていて、それはどんな園内研でも、校内研でも記録を出すようにしているんですけど。幼小の交流の活動のときにも、交流活動がどううまくいったかじゃなくて、そこでどんな生の交流が起きていたのかということを。私の力ですからそんなに全ては書けないので、一部の子どものことですけど、それは出すようにしていました。この人はそういうところを大事にしている人なのかなというのは伝わっていたんじゃないかなと思います。

○秋田　その記録は、ご自分が実践者だったときからそういうことをやってこられて、幼稚園の指導主事もされたり、都研にもおられて、それでそういうものが幼小連携にも生きてあれなんですかね。いや、いままでもうそういう講師の先生は聞いたことがないので、やっぱりそれは先生の特別のご経験と専門性だと思うんですけど。

○ HB 先生　みんなやっていると私は思っていたから。

○秋田　じゃあ小学校でも、幼稚園でも記録を取って、それを共有するということ

をやっていらっしゃる。

○HB先生　はい、そうです、はい。それは必ずそのようにしています。

○秋田　それは複写して皆さんに配るんですか。

○HB先生　それはそうですね、うん。

○秋田　それは先生がどこで学んだというか、やっぱりご自分が公立の園で、N区とかいろいろやられてきたものが基盤になって生み出された。

○HB先生　そうですね。私、幼稚園に2カ所勤めていたんですけれども、二つ目に移動したNM区の幼稚園は新設園だったんですね。それでそのときはまだ若いときですけど、そこでもう、すぐ研究発表をしなくちゃいけなくて。

　それで保育を見合った後に、それまで結構、保育を見合うとか授業を見合ったときに、保育者や教師がどうだったかという。

○秋田、子どもじゃなくて。

○HB先生　そうそう。指導者側の一挙手一投足のことが結構、協議会の俎上に上ることが多かったです。私の最初の園では、もう何回も涙があふれるという感じで。それであなたは一挙手一投足に魅力がないからなんとかかんとかと言われて、ぶあっと泣いたりとか。

　それでそういう経験があったので、問題にすべきはその教師のやり方じゃなくて、子どもの見方だから、保育を見合うって昔はちゃんと時間を取って見合っていたんですね。いまはそういうことがとても難しくなっているんですけど。

　例えば保育をするクラスだけが早くから登園して、他の学級は1時間遅れて登園して、その日はそうやって研究するということがまかり通っていたんですよ。いまはとてもできなくて、皆さんお互いの保育を見合えないでいるんですけど。それがたぶん2010年ぐらいまでは、そういう研究会って盛んに行われていたように思います。

　そのときに、お互いに保育を見たときに、先生の記録を取るんじゃなくて、子どもの記録を取ろうと。子どもが環境とどう関わっていたかとか、どんな学びをしていたかとか、それを研究会のときに。

　協議会って短いから、それまた保育者って話が長いんですよ。ええ、ああしてこうして、ああしてこうしたって、1人が30分ぐらい報告しちゃうわけ。それはよくないから、協議会までの30分の間で、とにかく1枚の記録用紙にそれをまとめようというのを提案して、それはそのHP幼稚園というところではいつもやっていたんです。

　1枚に何かまとめると自分の見たものが整理できるし、チャートで書くとか、何

か図示するとか、いろんな手法がそこで生まれて、そういう見た後に整理するというのがすごい有効というのは、とてもよくみんなに共有されていたので、それから私は、関わるところには必ずそういうふうにして、できる園にはそれもお願いしてやっています。小学校でもそうです。

○秋田　やっぱりご自分がそこの実践者だったときに編み出されたものなんですね。指導主事になられていろんなところから学んだというより、まさにご自分でそれがやっぱり切実感があって編み出されてきた。

○HB先生　昔は本当に厳しかったですからね、先生。もう本当に泣いたみたいな。

○秋田　確かに涙を流していましたよね。

（中略）

○天野　先ほど自治体が何かグループワークを設定してくださるとおっしゃっていたかと思うんですが、そういったそのグループワークの中で、それはHB先生がご自分で組み立てることができるんですか。先ほど小学校の先生が子どもを見る、例えば記録だったりとか、幼稚園の方の先生が子どもを読み取る、それを交換するような、そういうようなグループワークをそこで取り入れたりすることはできるんですか。

○HB先生　グループワークを運営するのはだいたい指導主事の方なので、だけどもその保育の見方の観点をあらかじめお示しして、こんな記録用紙を使ったらどうだろうとかいう提案を先にさせていただいて、その後の話し合いの観点が、見ながら明確になるようにどうしたらいいかは、事前に相談したりはします。

○天野　それとここでやはり、小学校の先生の見方と、幼稚園の先生の見方の違いとかってお感じになりますか。

○HB先生　いや、でも学校の先生たち、すごい肯定的に見てくださるので、こういうふうに子どもを見てくださいとお願いすると、本当に面白い記録が出てきます。それはやっぱり、ああ、皆さんお力があるんだなと思います。

○秋田　それは具体的に、例えばなかなか幼稚園の先生方だけでは見られないけど、ああ、小学校の先生はこんなところを見るんだみたいなところというのは、お感じになることはありますか。もちろん人にもよりますが。

○HB先生　本当にそれは人によるのだと思います。

（中略）

○秋田　そうすると、HB先生が幼小連携をしていくことで、参会者の人も含めてつないでいきたいものは、そういう子どもがどういうふうに、特に環境との関係で見えてきたり、その育ちのつながりみたいなものを研修で学んでほしいと思ってい

らっしゃるところが大きいですかね。

○HB先生　それは私もこのお題をいただいて、ずっと過去のことを振り返ってみたときに、これは一貫していたなと思うのはそこだと思います。

　例えば1対マスですよね、特に小学校の授業は。でもその中でも子どもって結構、ちゃんと先生の言葉を聞いて、彼らなりに環境に関わって何かを生み出そうとしている。教材とか教科書とかいろいろでしょうけど、それは幼児でもそうだと思うんですけど、1対マスのときにその個々の動きをしっかり見てほしいと思っています。先生が言ったことのとおりにやるんじゃなくて、やることがいい評価じゃなくて、それぞれがそれぞれに考えているってことに気付いてほしいと言うのは、一貫して自分で大事にしていたことじゃないかなというふうに思います。それは幼児でも、幼稚園でも、保育園でもこども園でも、小学校でも同じだと思います。

○秋田　比較的、子どもの遊びを中心に考えている幼稚園の先生方の場合と、もちろん保育所が全部そうだというわけじゃないけど、やや生活的な見方が違ったり。それから小学校の先生ももちろん、そういうことが見える先生もおられるけど、やっぱりすぐ型とか、先生の指導の方に目が行っちゃうようなところがあるような気もしないでもないんですけど、そういうところを先生はどういうふうに超えたり、変わってもらおうと意図されるんですかね。

○HB先生　それは幼児教育の方も本当にさまざまですからね。小学校が先生の言うとおりにさせようとしているとかというだけじゃなくて、なんかもう話し合うべき人は身内にいるという感じですから、本当は。

　例えば私立幼稚園さんで、もう勇気を持って私のところに連絡が来て、保育を見てほしいんだけどって。喜んで行きますよね。そして何時に伺えばいいですかといったら、保育は10時半から始まりますから、10時半に来てくださいとか言うんですよ。つまり10時半ぐらいまではバスが順次来て、1番バスの子は10時半までは遊んでいればいいんですよ。10時半になったらみんなそろうから、そこからが保育だと思っている。チャイムが鳴るところもあります。いまから保育が始まりますからお片付けしましょうという園もあります。いまでもあります。

○秋田　ええ。

○HB先生　そういう園に行ったときに、でも勇気を奮って来てと言われているんだから、はなから否定は駄目だなと思うので、喜んでそこの場面から見るわけですけど。でもその中でやっぱり先生がさせようとしていたことがうまくできたかという評価じゃなくて、させようとしていたこと、してほしいと思っていたことに子どもがどう応えて、あるいは予想外にどんなことを広げているかということは、でき

るだけ伝えるようにしています。それは記録と写真でできるだけ伝えようとしています。

　「ああ、そうか」と思ってくださるところもとても多いように思います。たぶん気持ちが楽になるんじゃないかと思うんですよ、先生だって。

○秋田　そうですよね。

○HB先生　うん。保育を見られて、うまくできたかできないかという評価じゃなくて、あなたがしたいと思っていたことに、子どもたちはこんな多様な、受け手として多様に反応していたということを、こんないい姿もあった、ここもこうだったと言ってもらえたら、ほっとするんじゃないかと思うんですよ。それは小学校の先生も、幼稚園の先生も、保育士さんたちも。

○秋田　公開とか子どもの姿が見られるときはそうですね。例えば保幼小の講演みたいな、ある意味である程度、先生側から情報や何かをお伝えしなきゃならないときは、それは何かエピソードを使う、どういうかたちで伝えられるんですか。

○HB先生　それはそうです。エピソードでしか伝えられない。子どもの姿からしか子どもの育ちを伝えることはできないし、子どもと環境との関係を伝えることはできないので、エピソードを伝えます。いまどきは写真を使えるので、写真も使います。

　ただ私たちは第三者なので、1人の子どもをずっと追うことができるわけなんですよ。

○秋田　それはね。

○HB先生　それは1人の子どもがこうだったああだったって示されると、本当にみんな感心してなるほどと思うけど、保育者はそれができない宿命の中で保育をしているので、あまりそれがなんていうか、すごいことって思われないようには気を付けるようにしています。

○秋田　それは、やっぱり本当に引き裂かれるようにして先生たちは、あっちこっちでいろんなことをしなきゃいけない、そこへの共感と同時に個々に伝えていくということですかね。

○HB先生　だと思います、はい。1人の子どもに向き合って、一人一人を大事にしましょうだけでは保育は進められないので、だから私は保育マップ型記録というのをすごく大事だと思っているのです。それもとにかく全体もどう動いているかもいったん記録して、私がいまからお話しするのは、ほんのこの一部分ですということが伝わるようには努力しています。

○秋田　それは小学校の幼小連携のときもそんな感じですかね。例えば座席型の指

導案で、全体はこうなんだけど、特定の子はこうだという感じですかね。

○HB先生　そうですね。幼児教育の保育を小学校の先生に見てもらうときにも、てんでばらばらにいろんなところで同時に遊んでいるというのが、学校の先生には信じられないわけですよね。それでそれをどうする、どうあなたは見るんだということが、やっぱりものすごい信じられないんです。だからいつから保育は始まるのとか言う人もやっぱりいるわけですよね。なので保育者は、鳥瞰的に、俯瞰的に見るまなざしと、一部を焦点化して見るまなざしを伴っている。できるかできないかは分からないけど、そのことは意識して保育者というのは、意識して全体を意識しながら、個別の遊びも常に意識しているんだという。そこの葛藤に揺れながら、苦労しながら、楽しみながら保育をしているんだということは、小学校の先生にも分かっていただくようにしています。そうでないと、本当に勝手ばらばらに遊んでいると思われちゃうんです。その全体の中にちゃんと保育者の「ねらい」という網の目がばっと掛かっているという、そういうお話はするようにしています。

　これは実は、さっき、話し合うべきは身内にいると言ったけど、実は保育者自身にもあまりそういうことが意識されないところもあるので、みんなでやっぱりそのことは考えていかなきゃいけないかなというふうに思っています。

○一前　先生はおそらく保幼小連携というテーマだけではなくて、保育一般に関して講演されたりということもあると思うんですが、そういう場合と保幼小連携がメインのテーマとなっている場合と、力の入れどころとしては変わらないんだというようなところでしょうか。それとも連携だと、ここはプラスして言っておかなきゃという点はありますか。

○HB先生　授業を見るスタンスとか、保育を見るスタンスは変わらないわけなんですけど、保幼小連携はやっぱりその接続のところが皆さん興味があって、忙しい時間を割いて来てくださっているので、例えば子どものエピソードも、できるだけ5歳児の後半のエピソードを出すようにして、小学校に上がる直前の子どもたちがいかに育っているのかという。ここまで育っている人たちを引き受ける側は何が大事かということを考えていただけるようにしようとは思っています。

　ただ5歳児の終わりにすごく育っているとしても、小学校に入ったときにはいろいろな園からごちゃ混ぜになって入ってくるので、こういった集団をつくり直さなきゃいけないから、それにやっぱり1学期間かかるんじゃないかということもお話しするようにしています。

○天野　やはり10の姿が出てきたということは、接続はしやすくなった、伝えやすくなったのでしょうか。

○HB先生　どうでしょうか。気を付けなきゃいけないことの方が増えたんじゃないでしょうか。

○天野　例えばどんなところでしょう。

○HB先生　2018年と2016年に、ある県の保幼小連携に関わっているんですけど、県全体の。

　それは10の姿で幼児の姿もみんなで分析するし、小学校の算数科の授業も、10の姿でどうやってつながっているのかをやってみようというのだったんですね。それは算数の授業のビデオをみんなで見て、いわゆる幼児期の10の姿というのがどういうふうにつながっているのかを、その場でみんなでワークショップみたいにしたんですけど、それはものすごく面白かったですね。総合的に遊びの中で身に付いてきた10の姿というのを、算数という中ではどういうふうに読み取ることができるのかという。それは、そこのグループ分けは、保幼小がごちゃごちゃに入るようにグルーピングはされていましたけれども、とても活発に話し合われていたと思います。

○秋田　それはあれですか、例えば算数科から見ようみたいなのは、先生のご提案か、県の指導主事のセンスだったのでしょうか？

○HB先生　県教委のセンスだと思います。私が行ったときにはもう準備されていましたので。

○秋田　ああ。

○HB先生　はい、T県教委は保幼小連携にすごい力を入れていて、とてもいい研修のプログラムも考えているし、面白い冊子もつくっていました。

○一前　先生方に連携というものを知ってもらうには、非常によく計画された研修だったなとお感じになった自治体というのがあれば、教えていただきたいんですが。

○HB先生　私はそんなに有名ではないので。だからそんなに多くは関わっていないので、なんとも言えないんですけど。

　県単位としては、その県以外はちょっと分からないですね。見聞きしたところでは、Y市がすごく面白いと伺っていますし、横浜の小学校の公開研はものすごく面白かったと、みんな言っていますので。あとはどうでしょうかね。

（中略）

○秋田　子ども理解と同時に、HB先生は見えるための記録のあり方も一緒にセットにしてお伝えくださるということが、研修の中ですごく大事にされているところですかね。

○HB先生　はい、そうです。他に技はないです。

○秋田　いいえ。それぞれ研修の講師の方の持ち味があって、私たちは、実は共通

性があるのかなと思いながら。共通項はもちろんあるんですけれども、むしろそれぞれにご自分の強みというか、そのご経験に支えられた研修はすごく大事だなと、伺うたびに思い出しています。

○HB先生　諸外国の実践に詳しいわけではないので。それは他の先生方が書いたものを読んでしか分かっていないから。理論的なお話をするときに、それをかいつまんで、「いま、こんなことが行われているらしいです」ということはお話しします。

　それから文科省が言っていること。それから、これからの動向についても、それは私が話さなくても必ず中核の人が話しているから、それはほとんど私は触れないです。

　基本的なことは、「文科省はこう言っていますけど、それに加えて私はこう考えます」ということは言おうと思っています。それぞれの詳しい人たちが話してくれていると信頼して、そこは。自分ができる範囲のことをお伝えするという感じですかね。みんなは知りたがっているので、世界的な動向とか、国の動向とか。それも、とても大事なことなので、自分たちがいま立っている場所を知るために。

　横の場所、世界の中の自分の場所というのと、時間軸の中の場所。歴史上、いまどこにいるかということもしっかり押さえないと、「いま」の保育はしっかり見られないと思うので。それを抜きにして、目の前の子ども、「Bちゃんがブランコに乗っていてね」みたいな話をしていても、それは私は駄目だと思っています。

　一応、組み立てとしては、位置の確認からして、そして具体に入るという。具体に入るときも、とことん具体に入るんだけど、具体というのはすごい個に埋没してしまいがちになるので、さっきもお話ししたように、全体と個というものも押さえる。

　そして先生たちは、忙しくて本を読む時間もほとんどお持ちになれないので、ちょっといまこんな評価の仕方が出ているのを本で読んだとか、例えばアクティブ・ラーニングと言うけど、どう深まるかという視点を、こんな人はこう言っているとか、新しい視点も少しお伝えするようにはしています。

（中略）

○HB先生　私がイメージしている遊びというのは、子どもたちが自分たちのやりたいことに向かって、継続的に環境に関わって取り組むということをイメージしているんですね。

　私の経験上、偏っているのかもしれないですけど、たっぷりとした遊びの時間が提供されていて、子どもたちが自分たちの遊び中で見つけた課題をとことん追求で

きる。そういった時間と環境が用意されている。そして適切にそこに場面介入というか、適時的に関わる、しっかり子どもを見ている保育者がいるという。

　同時に遊んでいるわけですから、幾つかの群れを形成して、どこかの場所で安定していろんなところで遊びが展開している。しかも 1 日の長い保育の時間の中で、みんなで集まる時間もあるけど、それもその遊びの時間と分断されずに、そこで学んだことを受け止めつつ、一斉の活動も行われ、一斉の活動で経験したことがまた次の遊びに生かされるという、連続性もあるというのをイメージしている。

○秋田　でも、多くは分断されるという感じですかね。本当に遊んでいない。

○ HB 先生　それは、たぶん秋田先生もよくご存じだと思いますけど、遊びの話をすると、「それはよく分かるんだけど、うちはもうカリキュラムが決まっていて、遊ぶ時間がないのです」とおっしゃるんですね。

　それはカリキュラムではなくてプログラムですと言っているんです、私は。やることが決まっているのはプログラム。カリキュラムというのは子どもの経験の積み重ねなので、忙しいから子どもの遊びが確保できないというのは間違いですと言っているんですけど、なかなか。言い方が悪いんでしょうかね。

○天野　いま、また10の姿のところで、私は頭に固まっているんですけど。どうしても到達目標という言葉が、10の姿は到達目標ではないと言われているんですけれども、それがいまの遊びのこととも関係あるかなと思うんです。到達目標ではないということは、小学校の先生、もちろん幼稚園の先生も分かっていない方がおられるような気がするんですが、どう伝えればいいんだろうなと思っているんです。どうなんでしょうね。

○ HB 先生　10の姿を決めた今回の改訂に、私は関わっていないので、その経緯がどうなのか分からないんですけど。そうすることによって幼小連携が進むと、小学校の先生たちがこの訳の分からない遊びの中で何をやっているんだというのを理解していただけるのではないかということで出されているのだと思うんですよね。肯定的に捉えると。

　だから、ただ楽しくて遊んでいるわけではなくて、そこにさまざまな経験が積み重なっていくんですよと。でもそれは総合的なものなので、そこだけを取り出して、それを目標に遊びを考えると本末転倒になるんですというのはとことん言っていく必要があると思うんですよね。

　でも遊びに見方が分からないのは、小学校の先生だけではなくて、幼児教育者の中にもたくさんいるので。総合的に遊んでいるけど、分析的に見るとしたら分析的に見る視点というのを、一応、10の姿というふうに出されていますよという言い方

しかないのではないでしょうかね。それはいままで5領域でもそうだったんです。

○秋田　その辺はなかなか功罪というか、いい面と相まってその辺が、誤解かどうかもそれぞれ何を正当と考えるかにもよると思うんですけど。難しいところだなと思いながらですね。

○HB先生　ある県の国公立幼稚園大会が今年オンラインになるので、先生たちとの話し合いが昨日もあったんですけれど。オンラインで研究発表をする事前の勉強会ですね。

　園には三つぐらい教育目標がどこでもかかっていますよね。よく遊ぶ子とか、よく考える子とか、友達と仲良くする子とか。スローガンですね。そこに10の姿が当てはめられていたんですよ。よく考える子の思考力とか、友達と遊ぶ子は協働性とか。それは違うでしょうと。

　それはそこに当てはめるものではなくて、よく考えるというのも総合的だし、みんな総合的なんですよね。でもエピソードで、総合的に遊ぶ姿を記録したときに、じゃあそれをどう読み取るのかというときには大変役に立つのではないでしょうか、10の視点。

○秋田　例えば、そういう目標を当てはめているときに、そこは注意しないで、具体的なところを示して感じてもらうのか、ちょっとこれは違うかもしれませんねという感じで伝えつつ、理解してもらうんですかね。その辺が難しいところですよね。研修の講師とかの。

○HB先生　でもご存じかもしれませんけど、私ははっきり言います。間違えって。

○秋田　でも言ってあげた方が、そうですよね。

○HB先生　「研修は初めてなんです」と言って、どきどきしながら呼んでくださったところだったら、よく考えていますねと言って、そしていろんな考え方があるんですけど、よく考える中でも友達と考えたりするから、ここにこれも入りますよねと丁寧に説明します。

　だけど国公幼の大会に発表するような先生たちが、それはまずいだろうと思うときには、はっきり言います。

○秋田　なるほど。

○HB先生　人を見て言います。

## 3．講師の役割

○HB先生　講演するときに、保幼小連携がテーマだと、だいたい集まってくる人というのは小学校の先生は忙しいので、校長とか副校長が来ることが多いんですね。あるいは1年生の先生。意外にそんなに普通の教員が積極的に来るということはない。

　なので、集まっている人数にもよりますけれども、園長や校長の意識が変わらないと何も変わらないので、ターゲットにしたいのは校長、園長なんですけれども。話の対象としては、忙しい中に来てくれた教員の先生方が分かるようにお話ししつつ、こういうことができるのは運営者にかかっていますよね的な感じです。

○秋田　なるほど。難しいですよね。保幼小って幅が広いと思うので。

○HB先生　たぶん望んで来ているというよりは、悉皆研修だと「行け」と言われて来ているケースも多いので。だから来てよかったなと少しでも思ってもらうためには、具体的な子どもの姿を通して語るということと、それだったら実践報告と変わらなくなってしまうので、ちょっとそこに理論的な枠組みも少し、新しい考え方はこうなっているということもお話ししたいなと思っています。

（中略）

○HB先生　（前略）保幼小連携の研修を組み立てるときに、幾つか柱をちゃんと持っていてくれると。例えば子どもを理解するということは、保・幼・小、最も中核で重要とか。あるいはそれぞれの子どもが取り組む活動についての教材的なものとか、内容ですね。コンテンツのところもとても重要とか。それからチームで動く教員の資質向上はとても重要とか。そのように柱を立ててくれると、そこでそれが専門の人というのがいるわけですので、いいと思うんですけど。

（中略）

○秋田　先生がさっき言われた研修を組み立てる時の柱は、先生の中で、もし保幼小の講師を柱で見るなら、こういう三つぐらいの専門性の人がいるかなというイメージですか。

○HB先生　その三つは重要なのではないでしょうかね。保幼小連携といっても、なんと言ったって教員同士の研究活動だと思うんですよ。小学校の先生と幼稚園の先生、保育園の先生たちがどれだけ話し合えるかということだと思うんですよね。ということは、教員の研修になるので。だから、その柱は絶対に必要だと思いますね。

○秋田　先生が講演とか何かでお話をされたりするときは、この3本柱を主に押さ

えられるのか、やはり子ども理解のところがその中でも中核だから、そこを中心にされるんですか。

○HB先生　私は小学校の教員をやったことがないので、小学校教育の方法論は話せないですよね。

○秋田　ええ。

○HB先生　方法論についてのアドバイスはできないと思うので。子どもってこういう力を持っているということはお話ができるけれど、それを伸ばすための方法論は小学校以上は学び方が違うので、小学校の先生は考えてくださいね。そして発信してくださいね、ぐらいしか言えないですよ。

○秋田　ああ。

○HB先生　なので、子ども理解の仕方とか、子どもがいかに有能な学び手であるかということは、強調してお話しするようにしようと思っています。

　あとは小学校の1、2年生は、もっと柔軟にいろいろ考えた方がよさそうなんだけれど、1教員ではカリキュラムを変えることもできないし、時間割の編成も変えることができないので。それは校長先生に働き掛けて、校内でいかに柔軟に対応できるゆとりがあるかどうかというお話は、個別にはしたりします。

○秋田　ふんふん。

○HB先生　1教員でできることと、チームでしかできないことというのが、たぶんある。それは幼稚園でもそうですよね。保育者は本当に子どもを大事にしたいと思っているんだけど、上ががちがちだとなかなかということがあるので。

　1教員でできることと、チームの研修としてできること。記録の取り方も、個人の研さんのための記録と、チームで共同学習のための記録の取り方というのがあるので、それは方法論として具体的にお話しします。

（中略）

○HB先生　うちの区では、こういうのをつくっていますよというのを、一生懸命、私立園の皆さんにも、保育園の皆さんにも、その区はアピールしていると思います。

○秋田　ふうん。

○HB先生　そうすると、あれはだいたいつくり方は同じで、子どもの姿があって、縦に時間が区切られていて、そして5歳児の後半から小学校の前半のところが色濃く出ているという感じなんですよね。横の切り方が区によって違うんですよ。何で子どもの発達を見るかという軸が違う。

　その軸は、いろいろ問題があるところもあると思います。ある自治体の開発プログラムなんかは、本当に教科に直につながるような横軸をつくっている。七夕のお

願い事を書くのに、「正しい鉛筆の持ち方」とか書いてあるんですよ。幼稚園ですよ。

　あれえ、だいぶ違うじゃないと思うけど、あれは小学校の指導主事がきっとリードしてつくったんでしょうね。そういう誤ったのは困るけど、たいがいはまあまあのところで収まっているので。それはやっぱり理論としてみんなで共有していくということが、いまは一番手っ取り早いというか、それが第一歩のような気がします。
○秋田　そういう意味では自治体がカリキュラムをつくり、それが私立も含め、なんかそういうものをイメージしながら考えていくということが、特に私立が多いときとか、保育所が多いときは有効ですかね。
○HB先生　そうですね。あとはみんなが真剣に考えるのは、配慮を要するお子さんの特別支援シートですか。
○秋田　はい。
○HB先生　それはやっぱり、みんな真剣に保幼小連携を考えているんではないかと思います。

## 4．印象に残る取り組み

○HB先生　昨年すごく面白い研修を某区でしたんですけれども。それは某区のある小学校と、あるこども園が連携して、2回の幼小連携を自分たちで区に手を上げてやった研究会なんですけれども。

　小学校の体育の授業を、幼稚園の先生たちとか、あるいはそれを区内外の小学校の先生たちがみんなで見て、そして次に幼稚園のいわゆる運動的な活動もみんなで見てという。そのときに幼児の運動的な活動を見ていただいたときに、小学校って研究テーマを教科ごとに皆さん、自分の専門というのを持っていらっしゃる、その体育の研究会のメンバーが、設定された環境と子どもの動きの関係とか、すごいそういう教材的なものとか、環境理解みたいなものをしっかり入れ込んだ幼児理解をしてくださっていたので、それはさすがだなと思いました。

　なのでその次のときに、今度は小学校が体育の授業を見せてくださったんですけど、その体育の授業者の先生が、もういわゆる体育の並んで、あいさつから始めるんじゃなくて、遊び仕立てで始めて、2年生の授業だったんですけれども、それはとても楽しい授業だったんですね。だから幼稚園からしっかり学んで、2年生ぐらいまではやっぱりイメージで身体が動くんだということをしっかり学んで、それを

授業に取り込んでくださっていました。

　私もそのときの授業の記録は、すごい力を入れて、1人の男の子をずっと追って、それで写真も撮って、先生の言ったことをその子が理解して、自分で行動に移していたということを報告させていただきました。そういう記録は参会者からは出なかったですね。参会者の先生はやっぱりやり方が面白いとか、先生の声の掛け方がいいとか、そんなことの感想はたくさん出ていました。でもその6月と11月にやった昨年の保幼小連携の研修は、ものすごく実りがあったと思います。

（中略）

○HB先生　私立のMJ小学校というところはとても面白い小学校で、独自の保幼小連携のシンポジウムを毎年やっていらっしゃるんですね。

○秋田　へええ。

○HB先生　すごい面白くて。始まりは、小学校への入学希望者を増やすためみたいな感じだったんですけど。私は2回、登壇させていただいているんですけれども、すごく面白いですよ。MJ学園そのものがとてもユニークな教育をなさっているので、校長先生が面白いんですよ、言うことが。

　そうすると、遊びのことをお話ししていても、それが教科につながっていく。とても面白いので、MJ学園のシンポをみんなで聞いたらいいんじゃないかなと思うぐらい。

○秋田　へええ。それは幼稚園の先生と、小学校の先生とかが登壇されるんですか。

○HB先生　いつも、どこかの保育園の園長先生と、幼児教育の関係者。今年は私だったし、去年は大学の発達心理学の先生だったかな。その前は私。それから、そのM学園の校長先生が出るんです。でも校長も授業をするらしいのです。

○秋田　ああ。

○HB先生　すごく面白くて。遊びから教科へのつながり方がすごく分かりやすいですね。もう一つの課題は、さっき話していても伝わりにくいところはどこですかと聞かれたんですけど、遊びだと思います。私がイメージしている遊びの話をしていて、会場全体はうなずいているんだけど、全然分かってなさそうという。

○秋田　ああ、分かる。

○HB先生　分かりますか。

（中略）

○一前　先生が、TR県のところを複数回行っていらっしゃるというお話を、先ほど出していただいたので、そこについて詳しく伺いたいんです。このときは2016年と2018年ですね。

○HB 先生　はい、2020年は今年はコロナの影響でなし。

○一前　ということは、これは 2 年ごとの 3 回セットというかたちで予定されていたものなんですか。

○HB 先生　たぶん、毎年やっていらっしゃるのではないかと思います。次の年は別の人が行っているのではないかと思います。

○一前　いろんな先生を呼ぶというようなかたちでしょうか。

○HB 先生　小学校の教員をなさっていて、幼児教育の専門の大学の教員になった方がいまとてもいらっしゃるので、そういう小学校経験者が保幼小連携の講師をやることが結構多いんではないでしょうかね。

○一前　そうですね、どういうご経験のバックグラウンドをお持ちかということも考慮して選んでいるかもしれない。

○HB 先生　それは分からないです。

○一前　そのときに参加されているのは、どの施設、学校の方がいらしている会ですか。

○HB 先生　とても大きな会でして、保も、幼も、小も。

○HB 先生　はい、全員。

○一前　形式としては、これは講演ですか。

○HB 先生　講演と、その後にワークショップ、その後にまた短いワークショップのまとめというのを、私が引き受けていました。

○一前　2016年と2018年と 2 回、先生は呼ばれているわけですね。そうすると、必ずしも対象は同じとは限らないんですけれども、TR 県としては 2 回続いている。

　そのときに、話の内容だったり、やり方だったり、ちょっと変えたりというのは、どういうふうに計画されているんですか。

○HB 先生　最初に呼ばれたときには講演だけでしたので、幼小連携で大事なこととか、協働性が視点でお話ししたと思います。子どもが学ぶのに協働性がとても大事で、それは小学校のグループ学習に、幼児の遊びがグループ学習に、こうつながるみたいな論で展開したような記憶があります。

　2 回目のときには、10の姿がもう出されていて、10の姿を使ったワークショップが途中に挟み込まれていると聞いていましたので、10の姿の話をしました。子どもの育ちの読み取り方。

○一前　先生のお立場としては、最初にお話をして、ワークショップがあったときに少しそこを回りながらコメントをしていくようなかたちでしょうか。

○HB 先生　周りを回りながらコメントするのは指導主事の皆さんがやっていらし

たので、私はその全体のまとめというか。15分ぐらいのまとめみたいな感じで。

○一前　個々の先生方のところに細かくコメントすることはできない場だったんですね。

○HB先生　はい、他に助言者がいらっしゃいました。

○一前　そうすると、まとめの部分にはそういう場合、どんな要素を持ってこられるんですか。

○HB先生　そういう研修を企画して、参加して実施するということに価値があるということだけを話したと思います。これを持続してくださいと。内容が深まったかどうかではなくて、そういう機会が設けられて参加してきたということも大丸という。

○一前　TR県の自治体の研修に関して、先生は面白いと表現されたように思うんです。どの辺が面白いと思われたのかなということを教えていただきたいんですが。

○HB先生　TR県では、子どもの姿をどう読み取るかという、保幼小連携のカリキュラムを先につくっていたんだけど、10の姿が出されたから、最終的な姿を10の姿に書き直さないといけないのかどうかというのをものすごく悩まれたんですね、ワーキンググループの方たちが。

　その話し合いにも呼ばれていて、それで私は、そんなことは迷わずに、先生たちがやっていた視点でやってください。同じことだからと、背中を押して。それで大丈夫みたいなお話をしたんですね。それがいつだったかちょっと記録にないんですけど。

　そのことをしっかり踏まえて、幼児期の終わりの姿を10の姿でばっちり切り分けるということをしないでいるんですよ。だけど小学校の授業をみんなで10の姿で読み取ろうというときには、幼児のときのこの具体的な姿が、小学校の算数のここにつながっているのではないかということを、みんなが真剣に話し合っていたので。そのやり方は面白いなと思いました。小学校の授業の子どもの姿を、10の姿で読み取ってみようってあまりしないと思うので。

　いま小学校の先生は、電子黒板に電子タイマーが大好きで、ピッピッピッ、あと5分とか言うんですよ。グループワークの時、あれが本当に興ざめで、あれだけはやめてほしい。

○一前　もう一つ、MJ学園の校長先生が面白いんだという話の、どのポイントが先生の心に響いたのか教えていただきたいです。

○HB先生　1回目の先生は、算数の専門の方が校長だったんですね。今年は校長が替わっていて、体育の先生だったんですけど。

　私が、わあ、いいなと思ったのは、「一番僕が大事にしているのは、説得じゃなくて納得です」とおっしゃったんですよ。子どもたちを説得するのではなくて、子どもが分かったと思う、納得するまでの時間を大事にしている。いいことを言うと思って。

　それは、幼児が遊ぶときがそうですよね。自分が納得するまでやるわけだから。自己完結して、自己報酬をして、納得するというのが遊びの大原則なので。それはつながるなと。教科学習になろうと、そういうスタンスで先生がいてくださるということが、もう、これがまさに幼小連携だと思って、素晴らしいなと思ったんですね。

　他にもいろいろ面白いことをおっしゃったんですけど。その前の算数がご専門の校長先生も面白くて、角度を学習させるときに、僕はいつもスイカ割りをさせていると。スイカ割りをさせながら子どもたちに、左45度とか、15度とかいいながら、スイカ割りをしながら角度の学習をさせてきたとおっしゃったんです。

○天野　すごい楽しい。

○HB先生　これはすごい楽しいなと思って。それを一生懸命、校長がそういうことを。公立の校長ってほとんどそんなこと言わないんですよ。ごめんなさいね。

○秋田　いや、分かります。

○HB先生　ちょっと言い過ぎなところがあって。ごめんなさいね。すごいやっぱり、実践から離れない経営者というか、管理職が先生たちを育てるんだと思うんです。だから校内を見て回ると、面白いものがたくさん置いてある。造形物でも、描画表現でも。すごく子どもたちの個々が大事にされているというのが掲示物から分かるんですね。MJ学園って。

　その校長さんの考え方、前の算数の専門の先生もそうだったし、今回の先生もそうだったし、校長がそう考えているということは、教員もそういう授業をすると思うので。それは、私はすごく一貫していていいなと思いました。実際に授業を見たことがないので分からないんですけれども。

○一前　校長先生が、授業の内容までお話しされるというのは、なかなかないですよね。

○HB先生　なかなかないと思います。

○一前　ある先生が授業のことを話すから、別の先生は理念的なことを話すという分担があるという背景もあるかもしれないですね。

○HB先生　それで、校長さんのことを、「さん」付けですからね。

○秋田　ああ、いいですね。民主的ですね。

○ HB先生　副校長が、校長を「さん」付けで呼んでいました。

## 5．自治体の役割

○ HB先生　研修を企画するのが指導主事ですよね。私は1993年から4年間、指導主事をやっていて、その後の指導主事の動向ってすごく興味があるんですけど。だいたい一口でそんなことを言ったら誤解を生むかもしれないんですけど、幼稚園担当になるというのは新人の指導主事の仕事なんですね、大方の自治体で。
○秋田　小学校籍で主事。
○ HB先生　はい、そうそう。ほとんどが小学校籍か中学校籍が指導主事になりますので、幼稚園担当というのはだいたい新人の役割なんですよ。それだと教育行政が何かも分からないまま幼稚園担当になりますので、上から言われたものをただやるというか、もう例年やっているものを引き継ぐみたいなかたちが多いんじゃないかと思うんですよ。いまこれが大事だからこういう研修が必要とか、本当に幼小連携を根付かせるためには、こんな研修が必要とかというところまで深く考えられないけど、もうとにかく回さなきゃいけないという。とにかく講師を決めなきゃいけないみたいな、そういうところが多いような気が、言い過ぎかもしれませんけど、そんな実感があります。
○秋田　いや、私どももその辺が課題かなと思いながら、講師の先生はどう考えておられるかなと思いながら。
○ HB先生　それで前は、前というのがいつかはちょっと定かではないんですけど、指導主事もすごく意欲的で、ゆとりもあったので、例えば幼稚園担当が幼稚園の研修会に出てきて、幼児教育を理解して小学校に上げていくというふうに、指導主事が伝書バトみたいになっていて、一生懸命学ぼうとしていたんですね。例えば私が園内研をやるところに一緒に来て、保育をどう見たらいいのかということを一生懸命学ぼうとする人はたくさん出会ってきたんですけど、このごろほとんどいないです、忙し過ぎて。
○秋田　それはあれですかね、数が減っているじゃなくて、みんないろんな仕事が多くなって指導主事の人ができなくなったんですかね。
○ HB先生　だと思います。ものすごい量の仕事を彼らはこなさなきゃいけなくて、教育課題もどんどん、なんでしょう、どんどんモグラたたきみたいにいろんな問題が出てくるんでしょうから、きっとそうやって空いている時間にちょっと来てみる

みたいなことは、もうほとんどできなくなっているんじゃないかなという印象を受けています。

　例えば、ある区で保幼小連携の研修会を、幼稚園の公開保育を見た後に、みんなで保幼小の人たちが話し合うという研修に 2 回関わったんですけども、指導主事はずっと受付にいて、保育を見ない。

○秋田　そんな。

○HB 先生　ちょっと私、むかっとして、あなたは保育を見なくて、どうしてそんな保幼小連携の研修が組めるんですかと言ったら、「いや、見ましたけど」と言うんですけど、まあそんな感じですかね。ちょっとがっかり。

○秋田　でもあれですか、そういうとき HB 先生は講師で行かれて、やっぱり指導主事も巻き込みたいから、少し助言じゃないけど、そういう働き掛けは結構されている。

○HB 先生　すごく嫌がられています。

○秋田　いやいや。

○HB 先生　そんなとこにいないで保育を見た方が絶対いいですよとか、他に受付する人はいないんですかとか、私ははっきり言ってしまうのでとても嫌そうな顔をされたりします。

○秋田　いやいや、まあそうですよね。

（中略）

○天野　やはり先ほどの TR 県のお話からも分かるように、教育委員会の研修を企画する方の保幼小連携に関する熱意みたいなのが強ければ、そっちの方向の研修が深まっていくような感じですかね。

○HB 先生　そうですね、幼児教育が専門ではない、他校種の指導主事が真剣になってくれると、いい研修ができていると思います。

○天野　すごい差が出ますよね、自治体で。

○HB 先生　はい、差が出ます。

○秋田　そこはどうしたらいいんでしょう。

○HB 先生　そこはどうしたら。でも、まあ、あれじゃないでしょうか。幼児教育の研修センターがあちこちででき始めて、いっときあったのに、要らないみたいにつぶされてきたのが、また盛り上がっているんですか、動向としては。

　だからこれを機に、幼児教育からも教育はしっかり始まっているという、間違った意味ではなくて、教育がしっかり始まっているということが徐々に広がっていくのを期待して、気長に働き掛けていく以外ないように思います。

〇天野　そういったときに、一つの自治体にHB先生がずっと継続的に関わっていく方がいいんですかね。講師の先生が入れ替わるよりも。今年1年は関われるかもしれないけれど、その次も同じ先生がずっと関わっていくと、かなり継続的に見られるのかなと、勝手に思ったりもしているんですけれども。いかがですかね。

〇HB先生　ある程度の継続性は必要だと思います。ただ関わり続けていると、自分だって絶対ではないから不安になりますよね。大丈夫かなと。他の人の話も聞いてと言いたくなります。

〇秋田　その辺が、なかなかわれわれも課題で、たぶん指導主事の方がいろんな方を呼ぼうとする自治体と、ある程度腰を据えてここでやろうみたいな自治体がある気がしていて。そのあたりをどう考えたり、どうメッセージを出していくことが、それぞれの自治体にいいんだろうと思うもので。

〇HB先生　うん。研修を組み立てる指導主事の先生たちも大変ご苦労だと思うんですよね。だいたいヒアリングが通って、予算が決まってから講師の交渉というのが始まるので。すごい大変なんですよ。あらかじめ予約もできないでしょう。予算が決まらないと。だから、そのときに、どこに誰がいるのかさえ分からない新人の指導主事とかが担当すると、本当に困ると思うんですね。

（中略）

〇秋田　自治体の中には、かなり公立が多いところと、私立が多いところがあって、保育所と幼稚園の割合もあれなんですけど。そういう中で保幼小をやっていくときに、先生が感じられることはありますか。特に私立幼稚園が多いときに、独自性ということは皆さんおっしゃるんだけど、なかなか創設の理念というところと、保幼小をどう考えていくのかなというところがあって。

〇HB先生　それは自治体も困っていらっしゃるんではないでしょうかね。意識に差があって。だから、もともとは公立の幼小でやっていた研修、前は「幼小連携」と言っていたものが「保幼小連携」になりましたよね。

〇秋田　ええ。

〇HB先生　幼小連携と言っていたときには、幼稚園と小学校だったわけですよね。いま保幼小連携というと、こども園も入れて、この「保」は保育園なんですかね。幼児教育と小学校教育なんでしょうかね、連携だから。

　温度差があって、公立の場合は、それも自治体によって違いますけど、併設の幼小が多いと連携しやすいんですよね。実際に子どもがそこに上がっていくので。

　でも私立幼稚園が多いと、一つの園から20校ぐらいに分かれて進学していくので、学校も20園ぐらいから子どもが来たりするから、具体と具体の接続は難しいですよ

ね。

〇秋田　そうですよね。

〇HB先生　名付け合う関係性は難しいです。それなので、考え方しか伝えられないと思うんです。考え方を伝えるとしたら、いま、盛んに自治体でつくっているプログラムですかね。スタートカリキュラムとなんですか。

〇秋田　アプローチ。

〇HB先生　アプローチってあんまり言いたくないけど。

〇秋田　今度の改訂で消えましたよと言っても、まだ気付いていない自治体も結構あったりして。

## 6．その他、思うこと

〇HB先生　その委員になる先生というのはとても柔軟な、小学校の先生の中でもとても柔軟な、優秀な人が選ばれるので。その人の実践は、本当にここまで幼児のことを考えてくれているのかというぐらいの面白い実践を上げてきてくれるし、本当に柔軟に、そのなんでしょうか、学び方を教えるみたいな小学校1年生の先生が多い中で、幼児期の遊びを重視しながらやってくださっているんですね。だからまとめる報告書や実践事例集はとても面白いんですけれど、それが現場に活かされている実感はほぼないです。

〇秋田　ああ。そこのギャップは。例えば指定された区で、公開とか何かをとか、いろんなところに行って感じられるんですかね。

〇HB先生　いま、いろんなところでたぶん保幼小連携のシステマチックな研修を考えていらっしゃると思うんですね。

　某区でも年に1回、必ず出なきゃいけない悉皆の研修というのに保幼小連携というのが入っているんです。そこには校長から言われて出てきた先生とか、必ず幼稚園も、保育園も、小学校も1名ずつ参加するんですけど、そこでは温度差がありまして。その温度差というのは、私が関わっている公立の園にはないんですけど、私立の幼稚園とか保育園さんからは意識のあまり高くない感じは受けています。小学校ばかりが悪いわけじゃなくて。

## 2　小学校現場経験ありの大学教師（4名）

### ⑤【SK先生】

#### 1．経験や背景

○秋田　先生は、自治体に呼ばれると同時に国立大の、例えば附属とか、そういうまたちょっと違った団体から呼ばれることもあるように思うんですけど。

○SK先生　はい、あります。

○秋田　保幼小の連携接続を考えていくときに、それぞれ自治体でやる場合と、附属を中心としてやっていく場合と、何かその意識とかあり方の違いみたいなのを感じられたり、こうあったらいいなと思ったりってありますか。

○SK先生　県の場合は仕方がないですけれども、附属の場合はやっぱりよいモデルを発信してほしいですよね。それは文章報告でも、写真を使ったエピソードみたいな発信でもいいんですけれども、なかなか最近附属にしても、いいなと思うところは、少ないですよね。

○秋田　どんどん小学校の先生が経験する場としてなってきて、生粋の幼児教育で幼稚園が保たれているところはだいぶ減ってきてはいますよね。

○SK先生　はい。と思いますね。

○秋田　そうです、すみません。なかなか全国で保幼小の連携の講師をやっている人ってそう多くないんですよ。

○SK先生　去年、私はME大学附属幼稚園にお話をしてきました。それと、TR大学附属幼稚園かな。あと、昔はNS県とかKU県とかは行っていましたけどね、附属幼稚園ね。

#### 2．意識や工夫

○秋田　カリキュラムをいろんなところでいまスタート、アプローチをつくるわけだけど、やらされた感かどうかというのがやっぱりアウトプットのできたカリキュラムに表れる。

○SK先生　出ますね。もう見たらすぐ分かりますね。

○秋田　それは、カリキュラムレベルというより指導案とか組み立てを見れば分かるみたいな感じで。

○SK先生　そうですね、はい。分かるような気がしますけど。でも、最近小学校

の先生に意外と好評なのが、スタートカリキュラムの話をさせてもらうと、1年生の4月の算数の授業を一緒につくってもらうんです、幼児教育側と。

○秋田　ええ、いいですね。

○SK先生　例えば「5＋3＝8」とかあるじゃないですか、幾つと幾つとかね。でも、「5＋3＝8」という学習からもう小学校の教師は抜けきれませんが、その授業、45分の授業を幼稚園、保育園の先生と一緒につくると、柔らかい授業になるんです。オタマジャクシを捕りにいくとかそういうことね。豆を数えるとか。最近そういうスタートカリキュラムの研修の場合は、1時間単位の授業を一緒につくってもらうということもしています。

○秋田　ああ、なるほど。

○SK先生　そうすると、そうやって数の学習ができるんだと、そこで初めて気が付くんです、小学校サイドがね。そういうスタートカリキュラムならいいと思います。大概でも、どこへ行っても往々にして国語と算数をくっつけるだけとか、もう絵に描いた餅のようなカリキュラムしかできていませんので、意味ないねと言います。

○天野　あえて小学校の教科という枠組みのよさを言うとしたらなんでしょうか？

○SK先生　でも、小学校はもう教科の中でやるしかないですからね。そして、優れた小学校教員はもう100年前からでも楽しく算数をしていたはずなんです、絶対にね。そこにやっぱり帰っていった方がいいですよね。

○秋田　それを生活科じゃなくて、算数でやってもらうことの意味って結構ありますか。

○SK先生　あると思いますね。やっぱり国語、算数というと小学校の先生は重要視しますから。

○秋田　なるほど。

○SK先生　はい。そして、時間数も多いし。国語も面白いですよ、『おおきなかぶ』を一緒につくったり。そうすると、やっぱり幼児教育側の考え方が伝わってくるんですね。だから、小学校のスタートカリキュラム、指導計画そのものじゃなくて、45分単位の授業を一緒につくるということが、最近いいなと思っています。

○秋田　その一緒につくるという場合に、幼稚園や保育園の先生が『おおきなかぶ』、まあ幼稚園でも読んでいるから、それで入ると何が変わるんですかね。

○SK先生　本を読んで学ぶということからも、具体的な活動や体験がいっぱい入ってきますよね、具体的な操作がね。算数なんか特にそうですよね。教科書と離れたところで数の学習をつくろうとしますので。そこがいいような気がしますね。

○秋田　やっぱり教材そのものが、教科書が教材じゃなくなる。

○SK先生　はい、そうですよね。

○秋田　ですかね。

○SK先生　はい。結局45分さえちゃんとそうやってつくったら、あとはそれが波及していきますのでね。

（中略）

○一前　講演という場しかないというとき、そこでこれだけ伝えようと意識されていることはありますか。

○SK先生　いえ、もう伝えるのはどこへ行っても同じですね。もう伝えたいものは決まっているし。

○一前　それがうまく伝わるかどうかは、話し合いを入れた研修と比べると、うまくいかない可能性が高いけれども、先生がおっしゃったように伝わる人はいるだろうから、伝えることは同じなんだと。

○SK先生　それしかないですよね。

○秋田　その、SK先生がいまいろいろ伝えたいものというのは、幼児期の学びがこんなに豊かだよということですかね。

○SK先生　そうですね、はい。それで、小学校はいったいいつまで100年前の授業をしているのと。

○秋田　ああ、なるほど。

○SK先生　はい。変わりましょうということですよね。あと、幼児教育側も本当に形骸化しちゃっているような保育もありますので、幼児教育側にはやっぱり元の本質をちゃんと見極めましょうと言って。違う方向に行っていませんかみたいな。

　この間も行ったんですけども、どう見ても小学校の体育にしか見えない活動なんですよね。それで、壁を見たら、もう図工の時間としか思えないような製作になっていますから、まだ往々にしてありますよね。

○秋田　ありますあります。

○SK先生　はい、だから幼児期にしかできないことをいまいかにやっておくことが大事なのか。それが、一番本来の接続ですよとは言います。やっぱり、遊び込める子は学び込めるんですよということですよね。最近よく使います、遊び込みから学び込みへといって。それが一番の接続だと思います。

○天野　10の姿というのはどうですか。

○SK先生　使いますけどね、中で。あまり重要視しません。でも、小学校の先生には分かってもらいやすいので、中でモデル図は示して、エピソードの中で説明し

ます。

○秋田　保幼小は、よく担当者が動かす部分と、うまくいっていると思っても校長とかの異動でずいぶん変わったりするといわれたりもするんですが、そういうところはどう考えられるんですか。

○SK 先生　そうですよね。だから、誰が管理職であっても、誰が担当であっても、やっぱり連携接続をするためには、教育課程をしっかりつくっておくことですよね。

○秋田　なるほど。

○SK 先生　両方の中にそれを位置付けておけば、交流の。それは、ぜひ伝えます。

○秋田　それで、そのときの教育課程というのは、各学校とそこの園の教育課程ですか、それとも自治体のカリキュラムとか、いろいろあるじゃないですか。

○SK 先生　はい、教育課程はやっぱりその園独自のものだと思うので、小学校も同じですけどね。自園、自分のところの教育課程を見直して、そこに書き込んでいくことが大事ですよね。最近、つくづく教育課程の大切さがちょっと分かるようになってきました。

○秋田　結構学校によっては、自治体とか前につくったもののちょっとした手直しぐらいで、あんまりそういう連携を考えていないような、接続を考えていないような学校も多いように思うんですが。

○SK 先生　そうですよね。だから、研修会をして、連携を進めましょうねと言って、交流活動もしましょうねと言って。そのときに言うのが、必ずやりっぱなしじゃなくて、交流活動の写真 1 枚でもいいですと。もちろんビデオがあれば一番ですけどね。記録映像に残して、そこでちょっとしたメモでもいいんですよね。こんな活動をしたらこんな学びがあったみたいな。せめて、そのやった人が A 4、1 枚ぐらいにまとめたものをファイリングしましょうと言っている。

## 3．講師の役割

○SK 先生　連携、交流もプランニングが大事だし、スタートカリキュラムそのものもプランニングが大事だなと最近思いますね。講演会は意味がないなと。みんなそのときだけですから、うんうんとうなずいて帰るのは。

○秋田　そうですよね。

○SK 先生　はい。帰ったらもう元のもくあみですからね。

○秋田　委員会にとって一番効率的にこなしたことにはできるけど。

○SK先生　そうです、もうそれだけだから。

○一前　そうすると、先生は講演だけだと効果がないなと思いながらも、でも依頼があると講演にいらっしゃる。

○SK先生　はい、きっかけにはなって、会場に100人いて、一人、二人でも実践が変わってくれたらありがたいじゃないですか。もうそれしかないですよね。

（中略）

○秋田　先生がこれから保幼小で研修をさらに深めたり、今後全国的に広げていくために、何が鍵とか。可能性と課題というんですかね。

○SK先生　やっぱり幼児教育の充実ですよね。私が結局幼稚園に行くようになったのは、幼児教育の魅力に取りつかれてしまったからなんですよね。だから、それぞれの園でもってご自分のところの教育課程をしっかりつくってもらって、その教育課程に書かれていることが本当に保育の中にちゃんと具現化されて。その具現化されたものの遊びの中にどんなに学びがあるのかということを言語化したり、映像でもって示してもらうことが一番いいと思うし、小学校の先生もそれを見ると分かってもらえると思うんですね。だから、幼児教育の充実。難しいかもしれませんけど、諦めるともうしょうがないので、やっぱりそこを一番願います。

○秋田　そこを自治体とか各園に。

○SK先生　そうです。その上で、いいものといいものがつながったら、もっとよくなりますから。

○秋田　うん。

○SK先生　充実した幼児教育と、充実した小学校教育がつながったら、本当にすてきな連携の姿、接続の姿になりますので、それぞれに頑張ってもらうしかないですよね。

　あと、講演会じゃなくて交流活動のプランニング。あるいはスタートカリキュラム、45分単位のプランニング。できるだけ具体的な研修の場を、ワークショップの場を増やしていくことが大事なような気がします。

○秋田　なるほど。

（中略）

○一前　保幼小連携をテーマに研修をやりましょうというよりは、幼児教育をテーマにしてやっていけば、ある意味保幼小連携につながるというような。

○SK先生　それは成果があればですよね。

○一前　そうですね。

○SK先生　はい。やればいいというもんじゃないでしょうから、やって本当に幼

児教育がいまよりもっと充実したものになっていけば、おのずとつながっていくと思います。

○秋田 なるほど。

○SK先生 難しいと思います。なかなか変えられませんから。本当に難しいと思いますよ。

○秋田 難しいですよね。

○SK先生 はい。変わらない、変えられない。小学校もそうですけど、幼児教育もそうですもんね。そこをどう切り崩していくかだと思います。

○秋田 なるほど。じゃあその切り崩すのが講師とか研修の役割という位置付けですかね。

○SK先生 そうですよね。もう嫌われ者です、どこへ行っても。

○秋田 そんなことない。

(中略)

○一前 そういう食らいついてくる自治体と、先生のお話を1回聞いたらいいかなという自治体と、その後の継続につながるかどうかということの違いは何でしょうか。

○SK先生 いや、でもそれは人の違いじゃないんでしょうかね。

○一前 そこにいる。

○SK先生 おそらく、はい。それ以外にないような気がしますけどね。あと、園長先生の姿勢ですよね。園長先生の姿勢はものすごく大きいと思いますけど。でも、変えたいと思っている園長先生は結構多いんですよね。

○秋田 ええ。

○SK先生 けど変えられないから、変なのを呼んで、ちょっと言ってねと。代わりに言ってねみたいなところはありますよね。部外者が行くと言いやすいので。

○秋田 ええ。

○SK先生 変えたいと思っている園長先生はたくさんいると思います、全国にもね。

○秋田 じゃあ、まだまだ尽きないですね、そういう意味で。

## 4．印象に残る取り組み

○SK先生 IM市ですね、はい。もうでも、だいぶ前の実践ですが。

○SK先生　かれこれもう6年ぐらい前の実践ですから続いているかどうか分からないんですが、当時は本当に熱心な校長先生がいて、3年ぐらい継続して行っていました、ずっと。優れた実践でしたけど。小学校側は3回企画するんです。それで、3回するからいつでも来られるときに来てくださいねと、幼児教育側にね。それでもって、連れて来て一緒に遊んで、帰ると、ただそれだけなんですけれども、非常に簡単にできるし、選択ができるので。選べるのでね。

○一前　でも、なかなかないですよね、小学校側が来ていいよというのは。

○SK先生　そうなんですよ。でも、本当によかったですね。20園あっても30園あってもできるんです。みんながみんな来ませんからね。広い体育館さえあれば。何をしたっていいんです、竹馬に乗って遊んだっていいし、縄跳びをしたっていいし、鬼ごっこをしたって全然いいんですよね。そこで面白かったのはね、3回来た男の子がいたんですよ、5歳児のね。でも、1回目、2回目は中に入れなかったというんですよ。緊張感があって。でも、3回目に入れたというお話があったんです。よかったねって。その子がどんなに入学式を楽しみにできるかですよね。2回で終わっていたら、もう本当に不安と緊張感の中で小学校に行けたかどうか分からないのに、3回目に入って一緒に遊べたので、入学がすごくスムーズでしたと言っていました。

○秋田　いいですね。

○SK先生　はい。だから、3回やることには意味があるんだと思います。

○一前　その場合は、幼児教育側に来ていいよというのは、近隣の。

○SK先生　そうですそうです。もうそこに入学するのが決まっているね。お手紙というか、電話1本連絡をするだけですから。

○一前　その場合、幼稚園ですか。

○SK先生　幼稚園、保育園、こども園全て。

○一前　全てですか。

○SK先生　私立も公立も関係ないです。行くか行かないかは幼児教育側が決めることですが、小学校側は全ての園に連絡するという。

○秋田　時期はいつですか。

○SK先生　時期はだから、たぶん1学期、2学期、3学期に1回ずつぐらいですね。たぶん行事が立て込んでいないときに選んでいるんだと思うんですけどね。3回あると、1回ぐらいは必ず行けますから。

○秋田　なるほど。

○SK先生　はい。1回でも行くのと行かないので大違いです、子どもにとってね。

保護者にとってもすごくいいし。

○秋田　いいアイデアですね。

（中略）

○SK先生　学校で、（保幼小連携の）担当者が替わっても、１年生の担任が替わっても、去年こんなことをやったんだというのは分かりますよね、ファイルがあれば。写真だけでもいいんです、最低限。そうすると、多少なりとも継続できるのかなと思いますね。

○秋田　そういうのを忠実にやっている自治体はありますか。

○SK先生　どうでしょうかね。でも、やっているところはあると思います。でも、８割、９割ぐらい幼稚園、保育園に出掛けるので。小学校からはほとんどお呼びが掛かりませんからね。

○秋田　やっぱり幼稚園の方が多いですよね。

○SK先生　多いです。もうたぶん95％ぐらい幼稚園側、保育園側。小学校から単独で呼ばれるというのは本当に少ないですね。TU市ぐらいですかね。あそこは小学校からも毎年呼ばれます。

○秋田　ああ、なるほど。それ自体が保幼小のある種の問題かもしれませんね。

○SK先生　はい、と思います。

○天野　T市の場合は小学校の校長先生が保幼小に、結構連携にご関心が強いという感じでしょうか。

○SK先生　そうですね、TU市もずいぶん古く、10年ぐらい前からやっていて、最初は幼小で呼ばれて行ったんですけれども、そこに生活科の指導主事さんなんかが来ていて。小学校の先生にもやっぱりそういう方はいますので、こんな話は小学校でもぜひ聞かせたいなと思ったら呼ばれますよね。

○秋田　うんうん。

○SK先生　でも、本当は小学校の先生に聞いてほしい内容ばかりなんですけどね。

（中略）

○SK先生　WK県でも、実践報告をしてもらうようなところで優れた公立小学校、公立幼稚園の事例はありますね。

○秋田　ああ、なるほど。

○SK先生　逆に、附属よりもそういうところの方が感心する場合があります。この小学校の先生は本当によく分かってやっているなという方はいますよね。W県はそれがよかったですね。

○秋田　それはやっぱり低学年の。

○SK先生 そうですね、1年生の先生ですけどね。WK県は必ず私の話の前に実践報告があるんですね。それで、6会場に行って、去年のWK県の会場の小学校の先生、幼稚園の発表がすごくよかったです。それは、指導主事さんともう仲良くなっているので、いいのを探して必ず発表してもらってねとは言うんですけどね。
（中略）
○SK先生 本当です、ズバズバ言うので。率直に。ズバズバ言っても毎年来てくれと言うところがあるんですよ、あれは感心します。
○秋田 いや、それは心地よいんですよ、ちょっと言われた方が。
○SK先生 いやいや、もうこれだけ言ったら無理だろうと思っても、来年またぜひ来てくださいとかね。
○秋田 いいですね。
○SK先生 OY県のBS市なんですが。あそこはすごくタフですね。
○秋田 でも、そういうところは続くんですよね、結構。
○SK先生 はい、それでよくなりました。遊ばせてしまっていたんですけど、この間も行ったらちゃんと遊んでいました。保育を見ても、先生が真ん中にいるかいないかで全然、すぐに分かりますから。遊んでいるか、遊ばされているかはね。もう先生がいなくても遊んでいました。
○秋田 ああ、それはいいですね。
○SK先生 はい、雨の日もちゃんと外に出ていましたしね。

## 5．自治体の役割

○SK先生 いわゆる、例えばよく小学校でやっているスタートカリキュラムというのは、4月から1カ月分ぐらいのカリキュラムをつくって、これがスタートカリキュラムって。それではまったく意味がないと思うんですよね。それよりも、45分の活動をどうつくっていくかということさえ。もうその45分がつくれれば、あとどれも同じようになってきますからね。だから、もう45分をまずどうつくるかから始めた方が、スタートカリキュラムは効果的だと思います、本当の意味の。
○秋田 それは、結局紙でいろいろ委員会とかが、その自治体のカリキュラムとかをつくったりしますよね。
○SK先生 はいはい。
○秋田 そういうので議論をすることが意味があるという方もおられるけど、どっ

ちかというとその紙のアウトプットができることよりも、45分なりを実際に、具体的にどう動くかとか何をということを語る方がいい。

○SK先生　いいと思います。そこから先へ進んでいけそうな気がするんですね。4月、5月の月間のつくったものも、そこで止まっちゃいますよね。

○秋田　ええ。

○SK先生　スタートカリキュラムをつくりましたで終わっちゃうんですね、往々にして。これを評価したり、まずしませんから、つくって終わってしまいますけど。そんな気がしますね。

○秋田　例えば、つくっているけどそれがうまく使われている自治体みたいなのに先生が会うことはありますか。あんまりない。

○SK先生　よく使われている。

○秋田　うん。

○SK先生　でも、なかなか4月の研修に呼ばれるって少ないでしょう。

○秋田　ええ、そうですね。

○SK先生　はい。だから、4月の研修というのはなかなかないですね。

○秋田　だから、結局研修が8月ぐらいになって一緒に実践をつくるとか。

○SK先生　はい。そうですね、だから、4月の45分をつくるにしても、8月につくっても半年後になっちゃうので、実践が。だから、いかに根強くそれをやるんだという意識を持たせられるかどうか、自治体が。

○秋田　うん。

○SK先生　ただし、つくることにはすごく意味があると思います。小学校の先生はたいてい感心しますね。そうやって幼児期は数を学んでいるんだみたいな。言葉を学んでいるんだみたいな。

○秋田　うん。45分で結構単元で5、6時間とか10時間とかの扱いで考えるというより、45分、まずは保幼小の先生で考えていく。

○SK先生　はい。でも、その45分を考えるのを1時間でできるかどうかもぎりぎりですね。

○秋田　それは指導案みたいなのを書いてもらうんですか。

○SK先生　指導案まで書く暇はないので、本当に活動。どんな教材でもって、どんな導入をしてということを楽しく絵に描くような、モデル図をつくるような感じでつくってもらっています。もう指導案レベルだと何にも変わらないので。

　そういうときは、もう幼児教育の先生は絵を描くのが得意じゃないですか、だから大喜びでやっていますよ、絵を描いて。

○天野　なるほど。じゃあ一緒にそういうのをプランニングしてもらうまで。

○ SK 先生　はい。それが一番いいような気がします、最近ね。小学校の先生に一番分かってもらえるような。スタートカリキュラムの本当の意味をね。

（中略）

○ SK 先生　（いくつかの大学附属の研修にも関わってきましたが）附属そのもののモデルとなっていいなと思うのは、あまり、少ないような気がしますね。

○秋田　やっぱりそこから保幼小発信をするというのが前はどこか開発学校モデルがあったんですが、開発学校モデルの限界みたいなのが来て、むしろ自治体が中核になってやっていく方がいいみたいな感じですか。

○ SK 先生　はい、そんな気がしますね。それで、自治体だと優れたモデルを探せますよね。

○秋田　ええ。

○ SK 先生　全体がよくなくても、あそこはすごくやっているみたいなところがあったら、そこで話をしてもらったりできますもんね。

○秋田　なるほど。

（中略）

○秋田　指導主事さんの仕事として、そういういいモデル園を探すとか、学校を探してもらって、それを研修に生かすみたいな感じが有効。

○ SK 先生　そうですね。やっぱりよいモデルを示さないと、やりたいとみんな思わないので。

○秋田　なるほど。

○ SK 先生　やっぱり皆さん、いいものを見たらいいと思いますよね。

○秋田　なるほど。

○ SK 先生　もちろん私の持っている映像もあるんですが、それはよその実践、附属の実践になっちゃいますからね。その県の、あんなところに、うちの県でこんなに優れた事例があるんだという方がいいような気がしますけれども。

○秋田　なるほど。その指導主事さんというのは、例えばその県の幼児教育センターみたいなところの方ですか、そうじゃなくて教育委員会のいわゆる学校教育課の指導主事。

○ SK 先生　教育委員会の方が多いような気がしますけどね。WK 県の場合は教育委員会ですね。

○秋田　いま、幼児教育センターというのはもう全国にできてきていますが、そういうのでやる幼保小と、そういう教育委員会の自治体で学校教育課とか、そこでこ

うやっているものは違いがありますかね。

○SK先生　まだセンターの方の動きは、そんなに活発でないような気はしていますね。仲が良くてなんですが、何回も話し合ったり、依頼があったりするのは教育委員会の方が多い気がしますね。

○秋田　ああ、なるほど。そうですか。

○SK先生　はい。センターそのものは、まだあまり依頼は多くないです。もう手一杯なんじゃないですか、きっと。分からないですけど。

○秋田　結局そうすると、指導主事はほとんど小学校籍ですよね、保幼小でやっている先生も。幼児教育プロパーというより。

○SK先生　はい。だから、そのプロパーと。幼児教育担当と一緒になってやっているところはいいですよね。

○秋田　それはそうですね。

○SK先生　はい、たった一人だと、やっぱり限界がありますが、共に学べるパートナーがいれば早いですね。WK県は、それがいるので、必ず。

○秋田　ああ、WK県は。

○SK先生　はい。仲良くやっていますね。

（中略）

○SK先生　やっぱり指導主事さんが多いです、教育委員会のね。

○秋田　そういう方が理解が深いと、結構うまくいく。

○SK先生　そうですね。やっぱり発信の仕方が上手かどうかがありますよね。

○秋田　発信というのは、どこに向けた何の発信。

○SK先生　例えば、講演会だけをしても、研修会だけをしても、その場限りじゃないですか。その研修会の内容をA4、2枚ぐらいにまとめて全ての学校に発信したらと言うんです、最近ね。感想を書いたり、含めたり、アンケートの結果も載せたりしながら、こんな研修会がありましたということを発信しましょうと言っています。言ってもそれをやる人とやらない人がいるので。やったところはやっぱり定着で前へ進んでいきますよね。

○秋田　なるほど。

○SK先生　はい、だから、必ず連携の研修会をしたら、研修会だよりみたいなものをつくって、全ての市町の保、幼、小、私立も含めてね、ペーパー1枚でもいいから送った方がいいですよとか言ってやっているところもあります。

○秋田　例えば。

○SK先生　KC市はやっていました。KC県のね。

○秋田　KC市、そうでしたね。

○SK先生　KC市はやっていましたね、必ず。真面目でした。

○天野　教育委員会が中心になる場合、幼稚園は結構巻き込みやすいかと思うんですが、保育園がなかなか一緒に。広報をしても、お便りを出しても、保育園の生活時間というのがちょっと違ったりしますよね。それで、一緒にやるのが難しさがちょっと保育園の方はないのかと思うんですけども。

○SK先生　それはあるでしょうね。でも、それをやっぱり乗り越えないとつながっていかないので。この間HS市に行ったら、夕方6時からでした、研修会。6時から8時。それは、保育園の先生方も一緒にやってほしいという願いが向こう側にあったので、夕方の場合もありますけどね。でも、最近保と幼の区別もずいぶん取れてきたような気がしますね。公立、私立の壁も、ずいぶん。もう10年前に比べれば、なくなっているような気はします。

○秋田　それは、やっぱり講演とか研修に行かれて、肌で何か。

○SK先生　感じますね。

○秋田　発言とかで感じる。

○SK先生　そうですね。私も、最近講演しても一方的にしゃべらないんです。マイクを回して、もう双方向でずっと最近やりますからね。そうすると、私立の先生や保育園の先生方も発言をもらいますので。その辺でうまく混じっている気がしますね。

○秋田　ああ、なるほど。

○天野　今年は、こういうコロナの状況になっていると、この保幼小はどんな感じで進んでいくんですかね。いまはまだ。

○SK先生　もうずいぶん中止、延期ですよね。もうしょうがないですもんね。それで、Zoomでもいいからお願いしますというところもあるし。感染の予防をしながらのことですけども、本当に4、5、6、7、8ぐらいは、予定されていた8割ぐらいはなくなったんじゃないですかね。

○秋田　Zoomにした場合だと、動画と講演的にならざるを得ない。あとは、グループで語ってもらうみたいにしかならざるを得ないですよね。

○SK先生　はい。やっぱり伝わりにくいと思いますね。

○天野　あと、結構保育園には端末がない、パソコンが一人ずつ使えるものがなかったりというのが結構ありますかね。

○SK先生　そうですよね。そういうときは、もう行政の方で会場を幾つか準備して、分かれて入ってもらう。プロジェクターとスクリーンを用意してね。そんなか

たちになるんだと思います。自園ではたぶん無理だと思いますね。


## 6．その他、思うこと

○天野　子どもの遊びの中から何を学んでいるのかを読み取るときの、どのように伝えられるんですか、小学校の。

○SK先生　私はいつも、最初に孫の話から始めるんですよ。どんな話かというと、2番目の孫が1歳ぐらいのときに。一緒には暮らしていないんですね。車で5分ぐらいのところにいて、1週間に1回ぐらい遊びに来るんですよ。1歳になったばかり、まだ言葉も十分発せられないときに、リビングにいろんなおもちゃがあるわけです。絵本があったり積み木があったりブロックがあったり、車があったりするんだけど、その真ん中の孫が決まって最初、1歳ぐらいになったばかりのときに、必ず手に取るのがサプリのケースだったんです。サプリのケースってあるじゃないですか、ふたの付いたやつ。それでしばらく遊ぶんですよ。そこからいったい何を学びますかと問い掛けるんです。

　みんな最初中に何かを入れて音が鳴るとか言うんですが、空っぽですとか言って。結局、ふたが開けられることが楽しくて仕方がないんですね。閉められたらもっと楽しいですよね。だから、最近おもちゃで遊ぶのが大事なんじゃなくて、おもちゃにするということですよね。

○秋田　うん、なるほど。

○SK先生　そうそう。だから、幼児期だって、0歳でも1歳でも2歳でも、もう本当に興味関心の塊で、自分の近く、身の回りにあるものをおもちゃにして遊びますよね。その中には学びがたくさんあると思うんです。それを、これで遊びなさいとやってしまうから、学びが少なくなってしまいますよね、幼稚園においても保育園においてもね。

　だから、その辺の遊びの原点みたいなところを伝えてあげたら、遊びの重要性だとか意味が分かってもらえるような気がして。だから、必ず最初その話をします。

○秋田　素晴らしい。

○SK先生　おもちゃにするということが、すごく大事なんだみたいなことですね。いま洗濯ばさみで遊んでいますよ、こんなところにいっぱいくっつけて。面白い面白い。

○秋田　なるほど。

○SK先生　それで、幼稚園、保育園へ行って、子どもが遊びを見つけられないとかいう先生がいっぱいいるじゃないですか。言語道断とか言います、それは。

○秋田　なるほど。そこにもう伝えたいものが結構おありで。

○SK先生　そうですそうです。先生方の、毎日子どもたちと生活している中に、どれだけたくさんの学びがあるかということですよね。孫と5分遊んだだけでも、それだけ学びがあるんですからね。もちろん大変な状況、支援が必要なことだとか、厳しいことはいっぱいあるんですけれども、そんなことを言っている場合じゃなくて、やっぱり子どもたちは生まれながらにして遊べるし、遊びの中で学んでいるので、その辺をしっかり捉えて発信しましょうと言っています。

○一前　先生の話を伺っていますと、幼児教育の豊かさということに非常に焦点を当てられておいでですね。

○SK先生　そうですね、はい。

○一前　そうすると、例えば先生は保幼小連携以外にもいわゆる幼児教育関係の研修なんかもお引き受けになられていると思うんですけれども、ああいうところとの違い、連携の研修の場合は、でもポイントはここというような違いはどう思われますか。

○SK先生　それは、やっぱり連携の研修にしても、接続の研修にしても、幼児期の遊びの中の学びを伝えることが何よりだと思っていますので、研修の形は違っても内容はほとんど変わらないと思います。プレゼンもそんなに変わらないし。

## ⑥【ST 先生】

### 1．経験や背景

○ST 先生　文部科学省の教科調査官になったのが平成17年になるのですが、教科調査官になったということは結果的に、生活科の担当だと、やっぱり幼小の連携とか接続みたいな話はありましたので、いろいろな自治体に関わるようになったのは、そのころかなということが、まずは大きく言えると思いますけれども、やっぱり徐々に増えてきているというか、ボリュームが上がってきているというのは明らかだと思っています。

　特徴的なのが、平成20年の改訂のときの指導要領に初めてスタートカリキュラムという言葉を入れたんですね。学習指導要領の解説の中に。2回使ったんですけど。これまでも、生活科は幼小連携とか幼保小連携の重要な役割を担っていたし、幼児教育を学ぶことで生まれた教科だと思うんですけど、スタートカリキュラムという言葉が出たことで、より接続とかいうことが強調されてきたというのはあると思います。

　その上で、今回の指導要領で、さらにまた指導要領的には縦のつながりが強調されてきているので、だんだんボリュームは上がってきているというか、回数が増えたり、いろいろなところにお伺いしているというような状況ではないかと思います。
（中略）
○ST 先生　文科省には12年いたんです。なので、大学に出てからは、そうですね、年間の回数ですか。幼小絡みが10回ぐらいですかね。
○秋田　いいえ。いまアクティブ・ラーニングは初等から中等から、先生は超売れっ子だから。
○ST 先生　いえいえ、そんなことはないですけど。4月の頭のころに、やっぱりスタートカリキュラムみたいなのが一定程度あったり。あとは幼稚園や保育所の先生向けに行くこともあれば、合同でみたいなこともあったりだとか。それぞれ、ちょっと取り組みとかは違いますけど、ざっくり言うと、そんなイメージかなという気がします。

### 2．意識や工夫

○ST 先生　（研修の中で）ディスカッションするときは、まず、できるだけ幼児

教育関係者と、例えば小学校関係者は交ぜ合わすというか、シャッフルするということは、一つは大事かなというふうに思います。それが、たぶん自治体の構成によって若干違ったり、参加者によって少し違ってくるとは思うんですけど。

　保育所が圧倒的に多いところもあれば、幼稚園が多いところもあったりとかというのはあると思うんですけど、できるだけ、どちらにせよ組み合わせをするというか、そういうふうなことは、まずはした上で、どちらかというと、子どもの具体的な事実というか、子どもの姿で語るようにというふうなことを、できるだけしていきましょうと。

　それは、簡単に言うと、やっぱり幼児教育関係者の方が非常にお得意なことだと僕は思うんです。小学校の教師以上に。なので、それはなんというか、幼児教育の皆さんのいいところが際立つというか、そういうような状況が生まれると、まずはいいんじゃないかなというふうには思います。

　なぜかというと、幼児教育関係の人と小学校の人が集うと、どうしても、これまで幼児教育の人って、すでにずっと連携とか接続とか言っていたし、一生懸命、これまで門をたたいていたのに、簡単に言うと、小学校側がそれに応えていなかったという現実があると思うんですね。

　あると思うので、どっちかというと幼児教育の皆さんを前面に出すというか、幼児教育の皆さんの取り組みや考え方が、むしろ今回、小学校や中学校、高等学校まで、教育課程全体としては広がっているというふうに捉えることが十分にできるので、そういう価値観が会場全体に広まっていくような雰囲気といいましょうか、ムードが出るといいかな、なんて思うので、そういうことは話題にはしますね。

〇秋田　でも一方で、先生の場合は小学校のことをとてもよくご存じというか、経験もされてきているので、その辺のエンカレッジが、幼稚園しか分からない方の講師とは、ちょっと違うような気もするんですけれども。

〇ST先生　そうですね。僕の場合は、幼児教育の専門家とか、幼児教育の情報をそんなにたくさん持っているわけではないので、「幼児教育の子どもたちが、こんなふうにやって、こうしています」ということは、逆に言うと、そんなに語れないわけです。

　でも「小学校の低学年の子どもたちは、こんなふうに学んでいきます」とか、あるいは、それがさらに中学年、高学年、もっと言えば中高まで、こんなふうにつながっていくということは、僕が話せる強みではあるので、そういったお話を積極的にはします。

　そのときに、その全ての土台になるところに幼児教育があるという話だし、幼児

教育で育ったことが、こんなふうに連続していくんですよという話と。やっぱり今回の指導要領の改訂は、まさに、そういう大きな縦のつながりと、もっと言えば幼児期の、これまで大事にしてきた発想を小中高までつないでいくんだよというふうなことを際立たせてお伝えするようにはします。

　自治体のご担当の方も、僕にお話をと言ってくださる方は、どっちかというと、そういうことを言ってくれみたいなお考えが、たぶん最初からあって。幼児教育のことをきっちり聞きたければ、それは秋田先生とか他の方に、ちゃんと聞いた方がいいので。

　「それが、どういうふうに小学校以降につながっていくかというふうな話をしてください」みたいなことは、やっぱりありますので、そこを明確に見せることで、「よりいっそう幼児教育を、これまでどおり頑張っていただくことが大事です」みたいなイメージを伝えるようにはしています。

○秋田　そこは講演というか、お話をする部分と活動を入れている部分の、そのお話の部分で、わりと先生が、そういうことをご講演されるとかいう感じですか。

○ST 先生　そうですね。その辺は、まとめてお時間をいただくときにお話をしていきます。例えば、さっきみたいなグループワークみたいなものの前か何かに60分とか90分とか、いろいろ時間によって違いますけど、話をするようなときがありますので。

　そのときに、幼児期の子どもたちは、まさに小学校の低学年とこんなふうなところが共通しているのかなみたいなことを確認しながら、低学年の子どもたちも、やはり体験を通して学んでいるんだというふうなことを生活科なんかでお話をしていくと、だいたい、きっと幼児期の学びとシンクロしてくると思いますので。

　加えて、小学校に入れば、そこにもうちょっと言葉というのが明確に、自覚的に使用しなければいけなくなってくるところが出るので、そんな話をだんだん入れていくことをしながら、だんだん学びが高まっていってというふうな話をご紹介して。

　その後に、「それらを実際に行っていくためには、どんなステップを踏んでいけばいいですか」とか、あるいは「どんな連携をしていくとうまくいくかもしれませんね」みたいなことを、具体的なお取り組みがあるようなものをご紹介したりというふうなイメージで、全面的には子どもの学びをできるだけ、低学年の生活科のあたりを主に中心にしながらご覧いただくという感じが、まずは前半の中心でお伝えするようにしています。

○秋田　その具体的取り組みというのは、その特定の先生が関わられたり、公開で入られたりした幼小連携とか生活科とかをご紹介されるかたちですか。

○ST先生　そうです。その一定の学びが連続していますよねという話をした後に、具体的に「ある小学校ではこういうふうな幼小の連携をしています」とか「こういうスタートカリキュラムをつくってやっています」とかいうふうなことを、それまで関わってきた学校さんなんかのお話をご紹介して、具体的に、こういう指導計画をつくっているとか、授業の場面の様子とかをお見せしたりして、ご紹介するようにしています。

○秋田　今回の改訂の後、先生は年々、ずっと十何年こういうお話をされていて、どういうところが、どのように変わってこられたんですかね。もうちょっと、いまはスタートカリキュラムを中心に話すとか、前は交流が中心だったとか、何か変化はありますか。

○ST先生　やっぱり変化があるというか、意図的に変えるような感じで、自分では構成しています。大きく言うと幼と小を連携・接続するということで、キーワードは、小学校の僕の立場からすればスタートカリキュラムというのが、やっぱり一番大きなキーワードになるんですけど、スタートカリキュラム自体が3段階ぐらいにステップアップしているかなという感じを持って伝えるようにはしていまして。

　一番初期の段階は、とにかく学校生活に適応するというようなことを前面に出していたという感じです。これは、幼児期の学び、遊びとかを生かして小学校でも子どもたちが学校になんとか早く適応できてみたいなことを、どちらかというと前面に出していたのが最初でした。

　その次の第2ステージのときは、学校生活適応というよりも、小学校の低学年で、子どもたちが安心・安全で自己発揮が存分にできるように、もっとしていきましょうみたいなかたちに、今度は少しステージを上げていったというか、そういうふうにしてきたのが、そのセカンドステージという感じで。

　今回の指導要領で、より明確に、幼稚園教育要領や保育所保育指針で出してもらいましたし、小学校学習指導要領の総則にも書いてもらったので、かなり、そこの法的な裏付けもしっかりしてきたので、今回の第3ステージは、むしろ学びが、より充実するようにというふうなことを説明するようにしています。

　幼児期の学びが小学校の学びにつながっていくような、そういうスタートカリキュラムをつくっていけるといいですよねというふうなことで、具体的には、10の姿をお示ししてお話をして共有したり、「それが学習指導要領や、それぞれ教育要領にも、こう書かれていますよね」みたいなことも確認して。

　なんとなく接続というよりも、ちゃんと資質・能力が育つような連続になっていくとか、子どもたちの学びの質が上がるような連続・発展になるようにというよう

な意識は、3段階ぐらい変えてきた感じは、頭の中ではあります。

○秋田　その中で、いろんな継続的な自治体の場合、そこについて年々、先生が若干プッシュというか、よりそれが発展していくような助言をされていく感じですか。人が替わるので、あまり替わらなくても。異動で。

○ST先生　いま言った3段階ぐらいを、そこそこ意識してくれたかなと思うのは。その意味では、ある程度継続していないと、その連続性が生じないこともありますけど、さっきのSO市とかYH市とかは、そういったことを少しは連続的に意識してくださってきたかなという気はします。

　同じ自治体に、そんなに、さすがに5年も10年もずっと関わっているわけでもないので、そういうところばかりではないので、そういう意味では、そういうふうなことが生じやすいというのは、ある程度ずっと関わっていたということがあるからでもあるかもしれないです。

　指導要領全体の改訂を含む変更と、僕は生活科の調査官だったので、生活科を中心とした指導要領改訂の幼小連携のことに関しては、先ほど申し上げたとおり、最初の20年改訂の前の改訂のときに、初めてスタートカリキュラムが入ったので。

　そのころは、言ってみれば、さっきのように、いままでのことをもう一回ちゃんと見つめ直して、小1プロブレムみたいな問題もあった時代なので、学校生活への適応ということを意識しましょうというぐらいな、よちよち歩きだったんですよね。

　それが平成で言うと20年だけど、27年ぐらいに国研の方からスタートカリキュラムとかの資料が出るころになってきました。あのころから少し、もうちょっと組織的にとか、しっかりという感じになるので、先ほどのセカンドステージの安心・安全、自己発揮みたいなことを、もうちょっと幼児教育を学びながらつなげていこうというふうになって。

　今回の指導要領が、ここで29年に出て、言ってみれば資質・能力でつながったというかたちになっているので、先ほどのように、よりいっそう学びが連続するようにしようということでは意識はしていますね。

　そんな背景との連続性があるんだと思いますが、自治体さんが、それをどこまできれいに、クリーンに意識してくださっているかというのは、すみません、心もとないかもしれません。

○秋田　いえいえ。やっぱり先生が、ある程度継続されたり、もともと生活科のキーパーソンがいるところと、ある意味で幼保の担当がいたり、それから、あまりまだ進んでいないんだけどというところも先生をお招きされると思うんですけど、そういうところで、どう変えるとか、何を、その場合に一番意識されるんですかね。

うまくいっているところと、でも、うまくいきたいので先生をこれからお呼びするというところも多々あるように思うので。

○ST先生　そうですね。おっしゃるとおりで、先ほど幾つかご紹介したところは、キーパーソンもよく勉強していて、つながりもあったから、ある程度、継続的にやってきたと。本人も動かしやすい組織的な背景というか仕組みもあったので、滑らかな感じがあると。

それに対して、おっしゃるとおり、一人、頑張ろうと思っている人はいるんだけど、まだ、まったく周りは硬直していてどうにもならないとか、なんとかしたいんだけどみたいなところも確かにありますよね。

そういうところは、ある意味、1回ぽっと飛び込みみたいな感じで落下傘部隊みたいに入りますから、そのときは、その1回でできるだけ、幼保小連携とか、幼児教育と連携接続することが将来にわたってどれぐらい価値があるのかみたいなことを、できるだけお伝えしたいなという気持ちはあります。

簡単に言うと、どうしても、これまでの発想だと次々と見るというか、小学校だと中学校に目が向くし、中学校は高校に目が向くしみたいな感じで出口意識が強いわけですよね。教育長とかって、どうしても、そっちに頭が向いていて、やっぱりどこに進学するみたいな話もありますから、そっちの頭が強いし、だいたい中高の先生上がりだったりすることも多いので。

そうじゃなくて、むしろ、下じゃないけれども、前の方というか幼児期の方を、先に目を向けることの方が、結果的にはお得ですよというようなことを、できるだけ伝えるようにはしようと思っています。だから、幼小連携とか幼保小連携がうまくいったり、あるいは幼児教育が充実する方が、乱暴に言えば、将来、成績もよくなるとか、進学実績も上がるとか。

直接そういうふうには言いませんけど、いろんな情報を見せて、「そういう子たちの方が、こんなふうに豊かに学んでいっているんですよ。いろいろなところから研究もされています」みたいなお話は伝えるようには。そういうことを、できるだけ意識するようにします。そうすると、目がそっちに向いてくれるんじゃないかなみたいな感じですね。

○秋田　そういうときに、講演だったり、ワークを入れながらやるときに、やっぱりすごく熱のある人もいれば、低学年で、そういう担当だから来られる人もおられると思うんです。先生は、講演とか研修をされるときに、特にターゲットというんですかね、誰に向けて一番、何を伝えたいというようなところを意識されるんですか。

○ ST 先生　やっぱり参加者の属性が、そのときによって、ちょっと違うので。今日は幼児教育者が多いですということもあれば、小学校の先生の方が多いですということもあったり、保護者の方も今日はいますというふうなこともあるので、一応その参加者属性は意識しながら話はするようにしているので、毎回ということでもないかもしれないですね。

　幼児教育の関係者が多いときは、結局、幼小連携という話ではあるんですけれども、やっぱり幼児教育でやってきたことが、こんなに意味があって、価値があるから、小学校以降、非常に有効に機能するんだと。なので、「いままでやってきたことを大切にしていただくことが重要なので、もっと自信を持ってやっていただいて構いませんから」みたいな話は心掛けるようにしていますし。

　小学校の先生方が多いときは、「僕らはこれから新しい教育に向けて、もうちょっと子どもを中心に、しっかりやっていかなければいけないので、その意味では、低学年教育でやってきた生活科もそうだけど、幼児教育にわれわれが学ぶことが多くあるんですよ」というふうなお話を伝えるようにはしています。

　そうすると時々、そういうところに、最近は「中学校の先生も入れたいんですけど」みたいな方も、教育長さんとかがいたりして、それを学ぶことは、中学校教師も、そういう学びをした方がいいから入れていこうとかいうふうに発想されたりする方もいるような気はします。

○秋田　なるほど。

○ ST 先生　でも最後は、さっきみたいに、ちょっと行政的にアクションを起こしてもらえればと。仮に、硬直していたとか無風状態のところに行くとすれば、やっぱり行政のご担当者だとかキーパーソンに「やっぱりいいな」とか「必要だな」と思ってもらわなきゃいけないと思うんですね。

　実際にそう思ってしまえば、それはもう、秋田先生方がご努力してくださったおかげで、さまざまな財政的な支援とか、あるいは法的な改正もされてきているから、少し追い風みたいなところはあると思うんです。

　だけど実際に、それを、アクションを動かすキーパーソンが、そこを「やっぱりいいな」とか「これって、こういうことなんだ」と納得して自覚してもらわないと、たぶん動かないので、そういうときは、そのキーパーソンには、講演のところだけじゃないですけど、できるだけ前後を通してアピールはします。

　例えば、講演会が始まる前に、教育長とか課長とかと話したりするじゃないですか。終わった後とか。そういうときは積極的に、そういう話はします。

○秋田　なるほど。

○ST先生　「なんたって、ここをやらなきゃ駄目でしょう」みたいな話とか、「このことをやったら、小学校に入ってからの学校生活も落ち着くし安心ですよ」みたいな話とか。

（中略）

○秋田　講演以外にも、例えば、幼小セットで公開の保育とか、幼小連携の授業とかがあって、その後、講演されるような場合と、それから、いわゆる委員会のセンターとか、どこかに集めてやる場合がありますよね。そこで、かなり違いが。話されることとかは違う。

○ST先生　そうですね。おっしゃるとおり、公開保育ですとか、あるいは低学年の、1年生の入学直後の授業ですとかというのとセットで、その後にお話ということもあれば、そういうのがなしで、すぐお集まりいただいてということもあるので、保育だとか授業を見たときは必ず、そこでの子どもの姿を取り上げて、それを話の中に位置付けるようにはします。

　写真で、デジカメで撮って、そもそも、こんなことを話そうというスライドを用意してあるものがあるので、そこに「今日、誰々君がこんな様子だった」みたいな話をできるだけ入れて、話のストーリーの中にうまくはまるような姿があれば、そこに入れますし、できるだけ、そこの中で見えた姿を取り上げて、皆さんで共有したりして、その話をできるだけリアルに再現して、みんなで得た学びを生かせるようにはします。


## 3．講師の役割

○秋田　その資質・能力が、やっぱり生活科とか、幼児期もですけど、どう表れるかということで、資質・能力でつなぐという今回の発想、姿とかいうわけなんだけれども、実際には、その姿とか表れを、子どもの学びの姿を見てくださいということをお伝えはするんですけど、実際には、そこが一番難しい。

　実は、幼稚園、保育園の先生も、子ども理解をしていると思っているが故に、本当に理解しているのか疑わしい場合もあるんだけれども。見守っているつもりで、実は放ってあったり、そういうところがないわけではなく。

　生活科も、そういう部分がないわけではないと思うんです。そのあたりをどういうふうに、研修とか講師がやること、指導主事もですけど、できていくのでしょう？

○ST先生　そうですよね。たぶんすごく似ていて、そこは、きっと生活科の担当者や指導者は、幼児教育に学ばなければいけないことだと思うんですけれども、その意味では、今回の指導要領の資質・能力という点では、むしろ高学年や中高の先生も連動してくる話とは思いますが、重要なのは、いかに教師が見取る力を持てるかということじゃないかなというふうには思います。

　目の前の子どもには、こういう学びが生じていて、いまこういう資質・能力が発揮されているんだということを教師が見取れるかどうかが最重要になってくるので、結局、それが見取れなければ見逃してしまったりとか、見取れないから、価値付けとか意味付けもできなくなってしまうとかいうことが生じたり。

　あるいは、逆に見取れるようなイメージが自分の中にないが故に、それが実現できるような状況の設定だとか環境構成ができないだとか、あるいは、そういう学習活動や単元の構成ができないということになるんじゃないかと思うんですね。

　ですから、見取れるような教師の力というものが付くかどうかというのは非常に重要になってきて、それは、今回の指導要領的に言えば、幼児教育だけじゃなくて、ずっと上まで一緒という話だと思います。

　資質・能力は、簡単に言うと指導要領にはこう書いてあって、今日の指導案にはこう書いてあるとしたとしても、それは具体的にどういう姿なのかということを、こちらが、いかにイメージできるかという話だと思うんですけど。それを、ある程度クリアかつ、質高くイメージができると。

　さらに、もうちょっと言えば、低学年とか幼児教育の場合は、よりバリエーション豊かにイメージできるというか、それはすごく大事なんじゃないかと思います。そういうことができている教師は、きっと見取れて、みんなで共有することができて、そういう人は、きっと豊かに、授業の子どもの学びを語ることができる人にはなっていると思うんですけど。

　そういうのがないと結局、全部すうっと通り過ぎちゃってみたいな感じになると思いますので、そういう力が付くかどうかは、すごく大事じゃないかなというふうには、いつも申し上げたり、話はするようにしています。評価の話とかも、それにつながると思います。

○秋田　ええ。そこの、例えば幼小連携で、結局は、そういうところが保育者と教師で共有できるかどうかというところは、すごく大事だと思うんですけれども。

○ST先生　そうですね。

○秋田　そこを支える自治体とか、そういう芽を育てるための自治体の役割とか、何かそういうワークショップ的なものとか、そういうのを先生が経験されたり、ご

提案されたり、何かそういうことはありますか。

○ST 先生 それは、やっぱり同じような映像ですとか、同じような保育でも授業でもいいと思うんですけど、場面を捉えて、その子どもの姿を見取って、そこには、いったいどういう、われわれが期待する子どもの姿があるのかみたいなことを、それぞれカード、ポストイットとかでもいいんですから書き出したりして。

それをお互いに交流したり、分類したり、いろんなことができると思うんですけど、することで、そういう見方もあるんだなとか、そういう価値があったんだなというふうなことが見えてくるというふうなのはやったりしていると思います。

これに関しては、決して幼小だけではなくて、例えば NITS 独立行政法人教職員支援機構、つくばの教職員支援機構さんなんかの研修会でも同じように、主体・対話・深い（「主体的な学び」「対話的な学び」「深い学び」のこと）とかの研修でも似たようなふうにはやっていて。

僕が一定程度説明した後に、10分ぐらいの動画、NHK の番組とかがあるんですけど見てもらって、そこには、期待する主体・対話・深いって、どういう姿だったみたいなのを、みんなに出してもらって、それをもとにワークショップをするみたいな話もしたりしていますから、ベースは、きっと似たようなイメージだと思うんですけれども。

幼児教育の場合は、それがより、幼児の学びを見てもらったりだとか、低学年の姿を見て、それをもとにとか、あるいは、場合によっては子どもの描いた作品とかですかね。小学校の生活科で描いたカードとかがありますよね。そこには、どういうふうないい点があると思うかみたいなところを、みんなで出し合って交流してもらうとか、そういうふうなことはします。

○秋田 結局、そういう具体で共有しながら、でも目指す方向は資質・能力がつながって育っていくみたいなところを、先生はわりと研修のワークの中で一緒に、そのシャッフルされた中でやっていくことが多い感じですかね。

○ST 先生 そうですね。いまの話は、ちょっと評価っぽい話ともつながってはいくんですけれども、ずっとにらんでおけば見えるというわけじゃないから、どうすれば見えるんですかみたいな話をするようにはするんですね。

そういうときには、目の前の瞬間の姿だけを見ていても見えないので、やっぱり子どもの姿って多様に表れるので、表情も振る舞いも言葉もつぶやきも、いろいろあるから、そういうのを空間軸で関連付けることをすると、より豊かに見えるんじゃないですかという話と、その子は時間の経過とともに学んでくるので、時間軸でつなげていくと、もうちょっと見えやすくなるんじゃないですかという話と。

　もう1個は、そうは言いながらも、目の前の子どもたちにこうなってほしいという教師の一定の水準というか、言ってみれば小学校だと評価基準になりますけど、そういったものを持っているからこそ、より見えるというのがありますよみたいな話をした後に、前後なんですけど、そういう、さっきみたいな作品をどう読み解くかとか、子どものこういう姿が期待できるんじゃないかということをお互いに交流してみたりだとか、そんなふうなことは研修の中に入れたりはします。

○天野　先ほど先生が見取る力とおっしゃったんですけれども、やはり、ここはすごく難しいと思っていて。身に付けていただくのが。解釈になってくると思うので、ここの。

○ST先生　そうですね。はい。

○天野　どうしても、その人の解釈なので正解がないような気がするんですけれども。結局、この人の考え、この人の考え、みんな違うような見方が出てきて「共有できてよかったね」で終わってはいけないような気がして。

　結構、「いろんな人の見方が見られてよかったね」で終わってしまう場合があると思うんですが、その辺は、ワークショップのときは、持っていき方というんですか、どのようにされて。かといって、まとめてしまっては何か、最後のそれに引き付けられて。その辺は難しい。どうされているんだろうと。

○ST先生　まずは、出てくる姿は、やっぱりそこに本当にあった事実に基づいているのが大事だと思います。基本的には、おっしゃるとおり解釈するから推論しなければいけないんですけど、その推論は何かの事実に基づいてしているはずなので、こういうふうにしていたからこうじゃないかという、そこの、より根拠になる姿が、具体的にはなければいけないということだと思います。

　その上で、お互いにそれを出し合っていく中で、ある意味、違ったり、同じだったりとかいうのが出てくると思うんですけど、大事なことはモデレーションだと思うんですけど、話し合っていくうちに、だんだん自分の考えが少しならされていくというか、共有されている部分ってあると思うんですね。

　極端に、こっちとこっちだった考えがあったとしても、それを出し合っていくうち、ちょっとずつ近づけてくるところってあると思うんですね。この行為自体が、すごく意味があるんじゃないかなというふうには、説明はします。

　簡単に言うと絶対の客観はないわけですから、主観の集合体をもって、なんとか私たちは、ある程度安定した、信頼度の高い、妥当性のあるものにしようという話をしているので、そこが行われることが最優先で。でもって、こっちの人が、こっちに来たとすれば、自分は圧倒的な、そこに何か変化や成長があるわけですから、

そこが重要なんじゃないかという話はします。

　その上で、でもご担当の人というか、ご担任にしてみれば、いま自分は、こう変わってきたからとは言いながらも、必ず、それで何か説明をしなければいけないという局面が出てくるはずですから、それは、この子を一番よく知っているのは先生なんだから、その一番よく知っている人が、それだけいろんなことを考えて、いまこうだと判断しているのが最もベストですよというふうには、お話はします。

　たぶん、よそからぽっと飛んで来た人が、ああだ、こうだと言うかもしれないけれども、ずっとそこで見ていた人が、それだけの情報をもとに自分で考えてきて、こう思っているというのが、それは最も正しい評価なんじゃないですかというふうな言い方はするようにはします。

　なので、そこでの変容とか、そういうふうなことをお互いに、実際に学び合っていること自体に大きな意味があるのかなと思います。

○秋田　TS先生が、もともと小学校の生活科とか、小学校を中心にやってこられて、それで幼小連携ということを、特に講師としてやられるということが、学校教育、公教育としての学校とか、それから、先生がいろんな学校種の研修をやっていかれる上でどういう意味を持たれるのでしょうか。

○ST先生　僕が担わなければいけないなと思って、自分で幼児教育の方たちですとか、幼小、幼保小のときに意識しているのは、まず一番最初にあるのは、幼児期の教育に関わっている方たちが、これまでやっていたというのは、この指導要領改訂の大きく貫くものとしては、それを支える柱となるというか、基盤になるものだということは、お伝えしなければいけないなと思っています。

　指導要領の改訂は、幼児教育とか幼児期の教育で考えていたものが小中高に広がっていったというふうに、自分の中ではそういう捉えをしているので、それはニュアンスとしては伝えなければいけないなというふうには思っています。

　資質・能力の育成って、そういうことなんじゃないかということだし、「学習する子どもの視点に立つ」と論点整理に書いたということは、まさにそういうことなんじゃないかということです。

　二つ目は、その意味では、幼児教育の関係者の皆さんには、これまで以上に、ちょっと失礼な言い方になりますが、自信を持っていただきたいというふうな思いで向かうことも多いです。

　なんとなく、小学校の先生が失礼な対応をしていたせいかもしれませんけれども、一生懸命やっていたのに全然聞き入れてもらえなかったみたいな話とか、そういうことって結構あったりして。

そんなことはなくて、むしろ幼児教育の関係者の方がやってこられたことには、すごく大きな価値があると思うんですけど、やっぱり、なんとなく学問の専門性みたいなのが、高等学校とか上に行けば行くほど出るが故に、そっちの方が価値があるみたいな感じって、ちょっとあるような気がするんですね。何か、高校の先生はすごいことをしているみたいな。

そんなことは、まったくなくて、それは高校の教師にもすごい専門性はあるけれども、保育所、幼稚園の先生方には、子どもを見るというすごい専門性が高くあるということだと思うんだけど、その両者が同じような価値を持って語られないような傾向が、まだあるような気がするので、そんなふうになってほしいというのが二つ目ですね。

あとは、その研修会の場を通して、ぜひネットワークをつくってほしいなというふうな気持ちは持ちますね。その会が終わると全然、もうばらばらになっちゃうとかじゃなくて、できるだけ、少なくとも、そこにいらした方たちのつながりみたいなものが生まれて、顔がちょっと分かって、名前が分かったら、電話をまたできるかもしれないぐらいな話ですけれども、できるだけ、そこで一緒にいらした方たちが、ちょっとでもつながりを持てるようなことができればなというふうな気持ちはあって。

（中略）

○秋田　TS 先生のように、幼稚園の教諭をやられたわけではないのに、幼小連携で幼児が見えたり、それを語られるというのは、すごいことだなと。どこで、どういうふうにして。

そういう人が今後も、さらに若手でも育っていくことはすごく大事だと私は思うんです。研修講師をやれる人が、幼小連携は正直、少なくて。それで伺いたくて。

○ST 先生　なるほど。そうですね。それは生活科の授業研究会で学んでいることは多いかもしれないです。僕が、例えば総合の授業を通して学ぶ機会もあれば、生活科のこともありますけど、やっぱり、ちょっとムードというか雰囲気が違うところがあって。生活科の授業の方が、より子どもたちの姿をもとにというふうな意識は強いですよね。

あとは、やっぱり一番、僕の前任者が、前の主任視学官をしていた NS 先生ですけど、ご一緒させていただいて学んでいることも多いです。極めて、僕なんかよりも圧倒的に子どもを中心に語られる人なので。

○秋田　はい。ご一緒すると本当に、子どもの日記１枚から、こう読むとか、いろんな。

○ST先生　はい、そうです。一緒に授業を見にいったりするわけですけど、同じ1枚の子どもの絵とか何かに目を付けて、僕は、その説明を5分ぐらいで終わりますけど、S先生は、それで1時間ぐらいしゃべりますから。よく、そんなに話せるなみたいなところはあって。そういうことから学んでいるのも。そういう先輩方がいらっしゃったりすることから学んで。

　この前の土曜まで、生活科の生い立ちの学習会をやっていたんですけど、NS先生とかも出てくれたんですけど、たぶん僕らは似た世代で、そうやって学んでいることが多いんじゃないですかね。

○秋田　なるほど。

○ST先生　はい。と思いますね、きっと。他の生活科創成期の方たちとかは、非常にそういう、子どもたちを見取るというか、見る目みたいなものが豊かで、そういうことから、校内研修会とか、いろんな研究会でご一緒するときに、ああ、なるほどなんて思うことは多いですね。そこも大きいでしょうね。

○秋田　ありがとうございます。

○一前　ST先生の目から見て、例えば、こういう経験とか、こういうマインドを持った方が研修に関わると、そこからよい実践というのは生み出されていくんじゃないかなというような思いは何かありますでしょうか。

○ST先生　講師としてですか。その企画する側ではなく。

○一前　企画する側でもいいんですが、どういう方が、この研修、あるいはワークショップに関わっていくと、よりよいんだろうかということを、先生のお立場から、どうでしょうか。

○ST先生　その中心にあるところは、やっぱり子どもを中心に考えるというふうなことは欠かせないことだと思います。

　他には、やっぱり改革マインドがあるかどうかは大事だと思います。特に企画する側の人とかいうときには、これまでの前例踏襲みたいな感じではなくて、どういうふうにアクションを起こしていけば新しい動きができるかみたいなことを常にお考えになれるような人の方がいいかなというふうには思います。

　このコロナの状態もそうですけど、こういうふうになっちゃったから何もしないというタイプの人と、全部中止みたいな考えの人と、でも、この状況だからこそできることはないかとか、この状況の中では何ができるかと考える人は、やっぱりいらっしゃるわけですけど、その意味では、そういうふうに改革するようなマインドがあるかどうかというのは、結構重要じゃないかなと思います。

　その上で、フットワークのいい人がいいかなという感じはしますね。やっぱり、

ちょっと何かあったら、すっと動けるとか、すっと連絡が取れるとかいうような、腰の軽さというわけでもないけど、ちょっとそういう動き。いろんな人と連絡を取るのもそうですけど、人とネットワークをつくるのも一緒だと思うんですけど。

　そういうふうなことができる方の方が、いろいろなことがうまく動き出したりしていく。特に、鍵になる人は、そういう力をお持ちでいらっしゃるかどうかというのは大事だと思います。

　さらに、自分にはないかもしれませんけど、何か明るい人というか、みんなが聞いていて一緒にやりたくなるとか、元気が出るとかいうのは一番大事かもしれないですね。お話を、いくらすごいことを言われても、やる気が起きなければどうにもならないので、お話を聞いたときに、いろいろやりとりしたときに、何かちょっと気持ちが温かくなって「よし、自分もやってみよう」とか、元気が出て終われるかどうかというのは一番大事かもしれないですよね。

　研修会が終わって、くたびれて帰って「もう駄目」みたいなのではつらいですけど、「あした、頑張ってみよう」とか「授業をやってみたいな」とか「子どもに会いたいな」とか思えるようであることは大事だと思います。難しいですけどね。そんな簡単な話では。

○秋田　そういうふうに、だから TM 先生はやってこられたわけですよね。

○ST 先生　いや、でも先生、やれていないときもいっぱいあって、打ちひしがれて家路に就くことも多いですよ。

○秋田　そんな。

○ST 先生　本当です。はい。でも、ちょっとでも役に立てばと思ってはいますけど、どうなんですかね。意識はしますが難しいですね。

## ４．印象に残る取り組み

○一前　こんなやり方は面白いなとか、手応えがあったところでもいいんですけれども、先生の印象に残っている自治体の研修などはございますでしょうか。

○ST 先生　そんなに手応えがあるようなこともできないのですけれども、自治体の取り組みで印象があるのは、YH 市、SO 市、FI 県。この辺は非常に、1回の研修会でというよりも、自治体全体の取り組みですとか、あるいは、複数回が連続して行われたりだとか、あるいは、研修会だけではなくて全体の施策と連動されて行っていたりだとかというふうなところは印象的に思って見ています。

　特に YH 市、SO 市は、そもそも行政の中の教育委員会の方に入っている、特に低学年担当をしているような、例えば、よくいるパターンは、生活科を担当するような指導主事さんが市長部局の方の、YH 市だったらこども青少年局とか、そういった首長さんの部局の幼児教育を担当しているところと併任になっていたり、そちらの方の専門の指導担当みたいな方たちが入ったりしているので。

　非常に幼と小の連携・接続みたいなことを積極的にお取り組みになったりしているので、研修会だけでもそうですけど、そういう全体をうまくパッケージ化して取り組まれていることは、一つは印象的ではあります。

○一前　その三つの自治体は、先生ご自身も研修の講師なり、他の立場として複数回、関わっているようなかたちですか。

○ST 先生　そうですね。年に何回もということもありますし、毎年みたいな感じもありますし。きっと秋田先生とか皆さん、行っていらっしゃるところだと思うのですが。

　そういうところで印象的だというのは、まずは幼児教育関係者と、それから小学校の関係者が、できるだけ一堂に会するようなことを積極的にされていたり、それから、会するだけではなくて、そのとき、できるだけメンバーがシャッフルされるというか、一緒に。どうしても種別に分かれたりしがちなところがありますけれども、座席を意図的に近くにしてみたりだとか、あるいは、そのことを一緒に、ワークショップみたいなことをやったりだとかというふうなこともやって。

　簡単に言うと、その研修の場で何か話を聞くということではなくて、その場を共有することでお互いの価値観も共有して、そこで顔と名前が分かってネットワークづくりみたいなこともしながら、その後につなげていくということをしていますね。

　KC 市もそうですね、KC 市もそんな感じかなと思いますけれども。たぶん、いま申し上げた四つぐらいは、幼小連携とかスタートカリキュラムなどに非常に積極的にアクションを起こそうとされたところでもあるんじゃないかなとは思います。

　ですので、研修自体をそういうふうにアクティブにしながら、その場のネットワークづくりというふうなことも、とても意識されながらやっていらっしゃるというところは、とてもいいと思います。

（中略）

○ST 先生　いま申し上げた四つの自治体（YH 市、SO 市、FI 県、KC 市）に共通するところは、その研修を主催する中心のキーパーソンが、僕が前からつながりもあった、生活科を担当していたような指導主事さんとか、鍵になっている人がいらして、その方が小学校教育と、また幼児教育、幼稚園、保育所の関係者の方とう

まく連動しながらやるようなことをしていますので、やっぱり事前に話し合うことなどは結構ありました。どういうやり方がいいですかねとか。

　そのときに、例えば僕の方に、乱暴に言うと丸投げという感じではなくて、「何分ぐらいは話をするけど、ここはこういうふうな話し合いをさせたいんだけど」とか、あるいは「ここに、こういう映像…共有したいな」というふうな、両者相談しながらみたいな感じがあったように思います。

　ある意味、ご担当の方と、これまでもつながりがあったので、なんとなく、その辺の価値観が共有できているためということかもしれませんけれども。

## 5．自治体の役割

○ST 先生　自治体によって、持っている課題があると思うんですよ。ちょっと学力が低くて心配だとか、生徒が落ち着かなくてなんとかだとか、いろいろありますけど、案外そういう課題って、この連携・接続をうまくやっておいたら解決することはいっぱいあるんじゃないかと思うので。

　それは研修会もそうですけど、付随するかたちで、そういう話はするようにしたりとか。あと担当者にもそういう。すみません、周辺の話になっちゃいますけど。
○秋田　それがすごく重要だと思うんです。
○ST 先生　担当者にも、ちょっと言い方を悪くすると、上手に知恵を働かせた方がいいよという話は、よくしますね。結局、直接のご担当者が、例えば、駅にお迎えに来てくれたりするじゃないですか。そうすると、会場まで車でご一緒していただいたりだとか、その道中、20、30分ぐらい、2、3人で話したりできますよね。

　そういうときに、最初は「どうですか」みたいな話をしながら、さっきのYH市、S市みたいな話を紹介しながら、「こんなふうにしていかれると、もうちょっと動き出すかもしれませんよ」とか、あるいは「ご担当のお立場で、もうちょっと教育委員会の、この立場の、この人に、こういうふうに話し掛けていくと、何かものが動き出しますよ」とか。
（中略）
○秋田　なるほど。それがすごく大事ですよね。
○ST 先生　結局、皆さん、そういう上手な、いい情報がうまくつながっていないというか、連動しないが故に、同じ自治体にいても、教育委員会の部署と首長部局の方が似たようなことをやっているんだけど、うまくつながっていないようなこと

が案外あったり、ご担当者同士が、まだ直接話をしたことがあまりないみたいなこともあったりして。

　だから、僕が行くので首長さんの方の、例えば子ども○○局とか子ども課とか、そういった方が呼んでくれたりするときに、委員会の方の担当者も「先生が来たから呼びました」みたいなこともあったりするので、そういうときに初めて会いましたみたいなことが結構多いんですよね、やっぱり。なので、そういうことがうまく機能するきっかけにできればなというふうな意識はありますね。

（中略）

○ST先生　基本的には、担当の指導主事がどういうふうに振る舞うかとか、どういう言葉を使うかとか、どういうふうに財政的な予算を巧みに扱うかというのは、すごく大事なことだと思っているのですが。

　やっぱり、学校現場から来られている人たちが指導主事とかになっているが故に、そういったことに、あまり経験がないような方たちが結構多くて。で、3年ぐらいで替わったりするじゃないですか。そうすると、なんだか、そんなことは分からないうちに終わっていくみたいなことが多いと僕は思うんですね。

　なので基本的には、いろんなことにおいて、より行政的センスを発揮できるようなことをした方がいいとか、いろんな方と連動した方がいいということは常に意識していますけれども。

　より、その幼小ということにおいては、先ほどのように学校種間のつながりというか、あるいは、組織的な行政の、自治体の中の組織が違うところにあるというふうなことなんかがあるので、その辺は意識してお伝えするようにはしますね。

　小中高の方に関しては、同じ教育委員会内にはいるので、その中での横の連動をちゃんとした方がいいんじゃないですかみたいなことは言いますけど、幼小に関しては、明らかに担当部局が組織的に全然違ったりするようなことがあるので、そういうことができるといいかなというふうな意識はあります。

○秋田　いまTM先生が、指導主事の言葉と振る舞いと、財政のいろいろできるかが違うという、その指導主事の言葉、振る舞いが、どうあるといいんでしょうね。私も伺って、この指導主事はセンスがいいとか、この人は分かっているのかなと思ったり、正直、するところがあったりするんですけど。先生は、ご自身も指導主事をされたことが。

○ST先生　そうです。

○秋田　ですよね。

（中略）

○秋田　そのときの言葉という、指導主事とか担当の方が、どういう言葉と振る舞いがあると、その研修とか、みんなが巻き込めると思っていらっしゃるのか。まさに先生にしか聞けないことなので教えてください。

○ST先生　そうですよね、やっぱり言葉は重いなと思いながら。簡単に言うと、自分が研修するときに、そう意識しないといけないと思っているということなんですけど。

　やっぱり分かりやすくあるということが最重要だと思うんですが、分かりやすくあるということは、印象的なキーワードをできるだけ端的に伝えられるかどうかというのが、まずはあると思います。

　行政の説明に書かれている文章を一から十まで端から読んでも、私は伝わらないと思うので、それを自分の中で一回かみ砕いてというか、そしゃくして、より的確な言葉として端的にお伝えするということじゃないかと思います。

　これは、どの指導主事もまったく一緒だと思うんですけど、文部科学省に指導主事さんをみんな集めて説明するわけですよね、僕らが。彼らは一生懸命録音していって全部、一字一句書き起こすんですね。書き起こして、もう一回言うみたいな感じなわけですよ、先生。それはいかがなものかということだと思いますので。

○秋田　はい。オウム返しはやめてほしいとよく言います。

○ST先生　本当にやめてほしいですよね。

○秋田　ええ。

○ST先生　でも、じゃあ、どうするかなんですけど。そのときに、彼らは、それをすることが行政的な重要な仕事ということになっていると思うんです。昔はそうだったかもしれませんけど、もう、そんなのはどこでも手に入る時代になったので、いかに本人がきちんとそれを読み解いて、自分で解釈し、自分の言葉として、できるだけ分かりやすくコンパクトに伝えるというようなことが大事だと思います。

　そのときに、より、相手に対しては印象深いというか、そういう言葉が用意されて、しかも、そこで具体的な子どもの姿みたいなものが提示されながら説明されれば、たぶん聞いていらっしゃる方は納得したり、腑に落ちたりすることが多いんじゃないかとは思います。

　特に、幼児教育関係者から高校、大学みたいな、高校の先生の研修会とかもよく行くので、全然、参加者の雰囲気って違っていて。

○秋田　違いますよね。

○ST先生　全然違うじゃないですか。高校の先生とかって、どっちかというとロジカルに物事を説明してほしいという感じが、すごくします。やっていると。

　幼児期の関係者は、どちらかというと情緒的にというか、そういう感じは、まずは大きくあると思うんですね。なので一応、そこは押さえながら、幼児教育の関係者のときには、子どもの姿をできるだけ潤沢にお見せしながら、でも、それだけじゃなくて、ここはこういう考え方が大事なんじゃないですかみたいなことは押さえるようにはしていて。

　高校の先生のときには逆に、理論的なことばかりにせずに、意図的に子どもの姿をちょっと見せてみたいなことをしたりとかは、意識はしていますけれども。すみません、振る舞い、言葉からは全然離れたかもしれませんけど。

○秋田　いえいえ。印象的な言葉も、学校種によって、たぶん幼児教育の場合は、やや情緒に訴える言葉が分かりやすいと同時に重要で、それが、だんだん学校種が上がっていったりすると、より論理的なところに重点を置きながらやる方が伝わるという感じですね。

○ST先生　僕はそう思います。例えば、同じ姿を幼児教育関係者に説明することもあれば、高校の先生に説明することもあるんですね。ある程度、姿については、どちらも丁寧に話すんですけど。

　そこから考えられる、例えば、こういうふうな研究者の考えがここにあるんだとか、あるいは、こういうふうなデータがあって、こういうこととつながっているんじゃないかとか、OECDのPISA（注：OECD加盟国を中心として、3年毎に実施される国際的な学習到達度テストのこと）の結果、こうなっていて、このことはとかいう話をしようと思ったときに、幼児教育の関係者は、そこをあまりねちねちとやり過ぎると、ちょっと離れる感じがするので、触れないよりも触れた方がいいなと思って触れるんですけど、ちょっとさくっといくような意識で。

　高校の先生とかには、そういうときには、こういう研究のこういうデータで、こんなふうにみたいな、こう解釈できるんじゃないかみたいなことを付け加えるという感じの違いは確かにあります。反応を見ていると、そんな感じがします。あまりしつこくやっていると離れていくみたいな気がします。


## 6．その他、思うこと

○秋田　先生が幼小連携なり、講演とか研修に関わられて、共通に次への一歩として、ここが課題、ここを突き抜けたら、もう少し先生が考えられる新しい姿に行くのにというような課題はなんでしょう。

○ST 先生　現状では、先ほど言ったとおりステージが上がってきている中で、いかに、その学びが連続してつながっていくかという。ただ適応とか安心だけの話じゃなくて、これが連続することによって期待する資質・能力が、より確かになっていくんだというふうにしていかなければいけないかなとは、自分では思っています。

　その意味では、それを支える一つが、いかにカリキュラムをデザインするかという話になると思います。そこにスタートカリキュラムという話が出てきているので、その辺のカリキュラムの精度を、もうちょっと上げていくことが、どれぐらいできるかという話が一つと。

　もう一つは具体の、どうしても、すみません、小学校のスタートカリキュラムに引き付けますけど、具体の学習活動というか、授業でのありようが、どうなのかというか。簡単に言うと、その二つを、より質を上げていくということが、さっきの学びの連続ということにつながるといいかなとは思います。

○秋田　スタートカリキュラムが、より精緻になるという、精緻というのは、より詳しく、きめ細やかになる。それとも、より洗練させながら、削除したり加除していく感じのイメージですか。

○ST 先生　まだスタートカリキュラムって、つくり始めてきたような新しい概念のところがあると思うんですね。その意味では試行錯誤の連続だとは思うんですけれども、その一番骨格に当てはまるのは、いかに幼児期から上につないでいくかという話が1個あって。

　もう1個は、今度は、いかに教科間の内容を効果的、関連的にやるかという、この縦軸と横軸だと思うんです。そのかなり中心の結節点に生活科が存在するというポジションだとは思うんですけれども、ここのところの、より連続していく縦と横がうまくつながるようなカリキュラムをつくっていけるかということになるんだと思うんです。

　そこまで丁寧に考えて整理がされているかというと、なかなか難しいところがあって、縦は、たぶん学習指導要領と幼稚園教育要領、保育所保育指針は、大きな枠ではつながっているということでいいと思うんですけど、その上で今度、横串を刺しながら、特に入学当初は、他の教科とうまく、例えば生活科と国語とか、そういったものがうまく連動することで、子どもたちの学びが、より幼児期でやっていたような総合的な指導というかが、うまくできるものができてくればいいかなと。

　そこが、資質・能力レベルでつながっていて、実際の表れとしては、ちゃんと遊びや活動になっているというふうな感じだと思うんですけど、そんなものがしっかりと、これから生まれてくればいいかなというふうには思います。

○天野　いまちょうど、そのことをお伺いしたいなと思っていたところなんです。生活科というのが、やはり幼児期の教育と一番なじみやすいのかなと思っているのですが、小学校の先生方って、他の国語とか算数とか、そういう教科と生活科とのつながりを、やっぱり分断されているんですか。

○ST先生　生活科が誕生したときは、そもそも、そういった発想を払拭するというか、見直そうというふうなことが大きな考え方としてはあって、幼児教育に学ぼうということで入ったと。

　生活科というのを教科として、ちゃんと位置付けて、教科書もつくり、そのこと自体は賛否ありますけれども、教科として生活科が安定してきたという側面はあったと思うんです。ですが一方で、より安定すればするほど、おっしゃるとおり、他の教科とそれぞれが独立するので、じゃあ、どう接続するかみたいなところが薄れてきている部分はあるかもしれないですね。

　ですが、スタートカリキュラムとか幼小とか幼保小という話がどんどん出てくることで、だんだん、そこがもう一度、リバイバルじゃないけど見直されてきているという状況が出てきているんじゃないかと思います。

　結果的には、教科書会社さんなんかも、かなり教科書教材は生活科と関連するようなものが、国語にもいっぱい出てきたりしてきているので、意識としては、向かおうとしているところは出てきていると思います。だけど、それがどれぐらいできているかというと、あれかもしれないですね。

（中略）

○秋田　ST先生は、もともと小学校の先生でいらしたのですが、幼児期が柱になるというふうに言われるに至ったその確信は？

　逆に言うと、私はよく幼小連携で、幼稚園の先生がいくらやってくれても小学校で教え込みだからというのを払拭しようとしていて、小学校の低学年って、いかに先生たちは、いい先生がいっぱいいるんだよって。あなたたちが思っている昔の小学校の授業は、いまの先生たちはやっていませんよと幼稚園教育に言うこともあるんですね。

○ST先生　やっぱり、自分の学んできた生い立ちみたいなものは、非常に大きく影響していると思います。

　もともとはNG県のO町とかJE大学の附属にいたので、その活動や体験を非常に重視するとか、子どもたちの学びを大事にしようというところに育てていただいたことがあり、そのことを経験として踏まえながら、文部科学省で生活科と総合の担当になってやってきたので、より、そのことを国の教育課程レベルでも、きちん

と説明していかなければいけないことを実感的に捉えてきたということだと思うんですね。

　そのことが、今回の資質・能力という話になったときに、言ってみれば、きれいに教育課程全体の中で、僕の中では整理がついている感じがありまして。それまで大事にしてきた高校の授業みたいなものも、結局は学習する一人一人の生徒が本気で真剣にならなければ力も付かないし、そうでなければ、まさに社会では活用できるものにならないという話なんだけれども。

　それって、やっぱり幼児教育がやっていたことだし、それを今回、ずっと縦に結びつけてやってきてくれたという作業に関わらせていただいたので、よりいっそう、少し確信を持って語れるようになってきているというか。

## ⑦【SY 先生】

### 1．経験や背景

○秋田　いつまで文科省におられたのでしたでしょうか？

○SY 先生　そうですね。22年でしたね。

○秋田　だから平成20年で、22年ですね。

○SY 先生　そうですね。

○秋田　その前だから、幼児教育課におられたわけですよね。

○SY 先生　そうですね。ですから、いつから関わりましたかといったら、20年からということになりますよね。

○秋田　先生は、その前はずっと幼児教育課じゃなくて、小学校におられましたか？

○SY 先生　もともと小学校の教員だったんです。

　KC 県の教育委員会で平成15年に、幼保の窓口を全国に先駆けて教育委員会に一本化したんです。当時、KC 県の学力問題だとか、不登校だとか、いろんな課題がありました。この課題を学校だけの問題だけとして捉えるんではなく、もっと早い段階、就学前から子どもの教育を考えなくちゃいけないということで、KC 県の教育委員会の中に、保育所と幼稚園の行政窓口を一本化したんですね。福祉部局から保育所の指導も含めて、KC 県の教育委員会へ移管したのです。

　ただ、福祉部局へ残したものは監査です。保育所だけの監査だけではないので、それは教育委員会が全ては担えないので、その監査だけは福祉部局に置いたかたちで、研修指導に関すること、許認可に関すること全て、県教育委員会が所管することとなりました。そして教育委員会に幼保支援課、こども課という課をつくったのです。私がそこに赴任したということです。

○秋田　その前は小学校。

○SY 先生　そうですね。まず小学校の教員を経て、市町村教育委員会で地域教育指導主事、研修指導員を経て KC 県教育委員会です。当時 KC 県独特の取り組みで教育改革が行われていました。家庭・地域・学校の連携を推進していくということで、地域教育指導主事という制度ができていました。まず、最初にその指導主事をやりました。その後、研修指導主事、KC 県教育委員会の指導主事、文部科学省初等中等教育局幼児教育課指導官等を経て現在です。

○秋田　小学校では低学年とか、生活科をやってこられている、そういうわけでもない。

○SY 先生　担任としては、高学年でした。ですから、生活科の経験はありません。
○秋田　そうです。
○SY 先生　そのころですので、あまりそういうところは経験していないんですよね。
○秋田　じゃあ県教育委員会に来られたり、KC 県の県でいろいろ、保幼小のことをやられたということでしょうか？
○SY 先生　そうですね。
　小学校の教員が、就学前のセクションにある日突然、勤務を命ぜられるわけです。すると、そこで何が起こるかというと、小学校とは評価は違うし、指導内容も違うし、戸惑ってしまうわけです。でも、現場からは指導主事だから指導を求められるわけです。そのギャップで先生方はすごく悩む現状があると思うんです。
　幼小接続と言われても、そもそも幼児教育を十分理解できていない状況で、接続の指導をしてくれと言われても、何をどうするのか困ってしまう。小学校の教員が幼児教育担当の指導主事になるとまずぶつかる課題です。
○秋田　ありがとうございます。
　で、文科省から今度は大学に出られたということですよね。
○SY 先生　そうです。機会があって KC 短期大学で教鞭を執るようになりました。
○秋田　すみません、ありがとうございます。
○SY 先生　はい。
○一前　だいたいもう何回ぐらい、あるいは年におおよそ何回ぐらい、研修の方には参加されておられますでしょうか。
○SY 先生　平成30年の要領改訂前までは、年間2、3回ぐらいありました。でも、すごく要請が増えたのが、やっぱり30年の改訂時ですね。講演依頼が年間10回前後です。園に出向く研修やモデル指定事業を受けている学校の指導などを入れると、回数はもっともっと増えてくると思います。
○秋田　モデル指定事業だとどれぐらいになるんですか。
○SY 先生　年間4、5回は行っていると思います。
　私が関わっているのは、CH 区の TS 小学校と HM 幼稚園の接続の取り組みです。CH 区のモデル指定を受けているので、そこで2年間関わらせていただきました。今年は、文科省の指定を受けて実践しています。研究3年目に入っています。
○秋田　はいはい。
○一前　ある程度、継続的に関わられているというのは、いまおっしゃったところの他にもいくつかあるんでしょうか。

○SY先生　HM幼稚園とTS小学校以外では、KC県において保幼小の接続モデル事業を展開している3地区です。

## 2．意識や工夫

○秋田　例えばOT市でも幼稚園だけじゃなくて、小学校の先生も加わっておられると、研修の中で幼保の人だけのときと、小学校の先生がいるときで変えられたりするのですか？　例えば研修のワークショップとか、演習とか、お話をされるときに何か意識されているところってあるんですか。

○SY先生　OT市のように意識が高いところでは、あらためて接続の大切について言わなくても相互に理解しているということを前提に研修が行われています。ですから、実践をもとにさらに深めていくための協議や演習を展開している段階です。講演というよりは、助言という方が良いのかもしれません。

　逆に、幼稚園、保育所の皆さんだけに話す時には、子どもたちのことを思ったら、だれかがしてくれるのを待つのではなく、保育者が積極的に行動していくことが大事だという話をします。また、私たちの保育について自信を持って語れるように保育実践を高めていかなければならないということを話します。そして、小学校にどうアプローチしていけばよいかということを話し合います。

（中略）

○秋田　KC県の場合、幼稚園とか民営の保育所はどうなんですか。結局、公立はわりと入りやすいんですけど、私立とか民営をどう巻き込むかというところも、結構あるように思うんですけど。

○SY先生　そうですね。KC県の幼保推進協議会にも、公立だけではなく民営の保育所や私立幼稚園の代表者、幼保連携型認定こども園などの代表者の皆さんにも入っていただいています。また、県の教育センターでの幼保関係の研修についての運営委員にも民間保育所の代表、私立幼稚園の代表の方が入っていただき、それぞれの立場から意見を出してもらっています。

（中略）

○天野　先生が講師として行かれるときに、先ほど小学校の方の先生がなかなか動いてくれないという場合のことをおっしゃっていたと思うんですけれども。

○SY先生　そうですね。

○天野　幼保側の先生たちに、「あなたが動かないと」ということをさっきおっし

ゃったかと思うんですけど、例えば、どう動けばいいのかと、たぶん幼保の人は分からないと思うんですけれども。そういうときにどのようなアドバイスをされるんでしょうか。

○SY先生　一人でこの課題を考えるのではなく、私たちが小学校にどのようにアプローチしたらよいか、するとしたらどういう手だてがあるかということを話し合い、それを共有するようにしています。それぞれの地域の実態によってその方法は違うからです。

　先生方自身がどうアプローチをすればいいのかということを考えていかない限り、私がA案、B案、C案、D案と示したところで、参考にはなるかもしれないけれど実態に対応したものにはならないと思います。子どもたちのことをよく知っている先生方が考えていかなければならないと思います。その手法としては、小学校だけではなく保護者や地域、教育行政にアプローチするなどいろいろな角度から方法を考えていくことが必要だと思います。

　講演終了後には、できるだけ研修担当者の方と話す場を持ち、講演を振り返りながら「今日演習でこういう意見が出ていたので、行政でぜひ取り組んでみてはどうだろうか」という話を指導主事としたりします。また後日いただいた、アンケートから気になることは、改めて電話するようにしています。

○秋田　そうすると、園の先生方だけではなくてやはり指導主事さんにも次への課題とか、一歩が見えるようなアドバイスもされて研修会を終えられる感じなんですね。

○SY先生　そうですね。できるだけ事前に内容等について電話で聞き取りをするようにしています。それに基づいて講演を組み立てていきます。幼小接続をただ単にやればいいということではなく、この研修でどうような資質・能力を育みたいのかなど目当てを明確に持っておくことの必要性や、次の研修に向けての取り組みを提案することで、これからの研修を考える上での一助になればと思っています。

## 3. 講師の役割

○秋田　先生が言われていた、その指導主事とか担当の人がセンスがよかったりの人から、そのオーダーが不明確な人までいるわけですけど、そのオーダーが不明確な指導主事を育てるためには、どういうふうに先生は意識されたりしていらっしゃるんですか。

○SY先生　私もそうだったんですけれども、いきなり小学校教育から幼児教育を担当するようになって、遊びを通して行う教育だと言われても、本当に遊んでいるだけにしか見えないわけです。一方園からは、指導主事としての指導や助言が求められるわけです。自分が十分幼児教育を理解できていない状況の中で、指導助言を行わなければならない現実とそれに対応する十分な資質能力が身についていないというジレンマがありました。大切なことは、小学校教員が幼児教育担当の指導主事になる場合、必要な資質・能力を身につけ、業務を推進することができるように支援体制や育成体制を整えておくということは必要だと思います。

（中略）

○秋田　研修会の継続的な、講師というものがどういった役割を幼小連携の場合に担っていくのがメインになると先生の場合はお考えになりますか。

○SY先生　やはり、1回だけの講演というのは、なかなか難しいですね。講演会があるから来てくださいと一回呼ばれても、そこの市町村の実態や接続の流れも十分理解しているわけではないので。できるだけ講演前にはそういう情報を集めてお伺いするのですが、やはり十分とはいえません。そこで話していることが、参加者のニーズに合致しなければならないと思います。要領をただ単に説明することは誰にでもできるわけですから。

　やはり私たちの役割というのはそこの地域で保幼小接続が進んでいくような支援することが大切だと思います。たとえワンポイントの講演であっても「接続を頑張ってみようか」という気持ちになってもらえるようにしていかなければならないと思います。そのためにできるだけ、そこの市町村の取り組みはどうなのか、何で困っているのかというのは事前にリサーチさせていただいて、それを踏まえ講演を構成していくということを心がけています。できたらやはり定期的に関わっていく方が、取り組みの流れの中に自分の身を置いているので、取り組みの経過を理解したうえで、先生方の考えや思い、悩みなどを理解しながらともに考えていけたらベストだと思います。

　ですから、できるだけ事前にいろんな話をするようにしています。また、講演後には、参加者からのアンケートをいただいています。いままでの取り組みを振り返ってみて、何ができている、何ができていないか、これから自分はどうしていきたいかということなどをアンケートに書いてもらい自分自身の振り返りをしてもらっています。また、私は、その意見を次の講演の際に生かすようにしています。

（中略）

○天野　先生が抱いておられるような課題などについては、保幼小接続とか連携の

講師を担当している他の先生方同士で、何か共有されたりとか、そういうことはあるんですか。

○SY 先生　ないですね。

　現場の先生は、理屈は分かっていても、実際の場面でどうすればよいかということだと思います。そういったところにわれわれ研究者や大学の先生たちが、幼稚園教育要領や保育所保育指針等を踏まえ、それを実践化する際の解説や考え方をわかりやすく解説する。つまり、われわれが中間に入って、理論と実践をつなぐ役目があると思います。

○秋田　実は今回いろいろ幼小連携の、保幼小連携の講師をやっていらっしゃる先生方に全国で見つけてお願いをしているんですが、そう多くはないわけです。小学校の講師とか、保育園、幼稚園の先生の講師というのは結構それぞれにおられるんだけど、この接続がちゃんと語れるというのが多くはないわけなんですけど。そういう人を育てていくためには何が大事でしょうね。

○SY 先生　大学で、ですか。それとも現場でですか。

○秋田　現場だと、例えばその KC 県のようにアドバイザー的な人にというのもありだろうなと思いつつ。SY 先生は、もともと小学校の先生でもあられた方が、ここまで造詣が深くて、幼小の重要性を言ってくださるところに意味があるようにも思いまして。そういうところは、どうなんでしょうね。

○SY 先生　教員の育成ではありませんが、私の大学では「幼小接続教育」のカリキュラムを置いているんです。もちろん私がそれは担当しているんですけれども。これからの教育の方向性を見据えた教育を養成校の中で一定、仕組みとしてつくっていくことが大事かなと思うんです。

○秋田　幼小連携のカリキュラムは2単位でたぶん15回とかやるときに、どういうカリキュラムをつくっていらっしゃるんですか。

○SY 先生　まずは、保幼小がなぜ大切であるかということを学生自身が調べ発表を通して、その必要性を学びます。また、その変遷を学びます。学生同士が共に考えていくことによって、その大切さについて学びます。そのうえで、現在の保幼小の接続の現状について、課題を洗いだし、課題解決のためにどのようにしたらよいか考えていきます。また、小学校の教育課程や生活科についても学びます。演習として、もし自分が園長になったら、幼小接続をどのように考えるかということでプレゼンを行い相互評価などを行っています。

○秋田　ではオリジナルですかね？

○SY 先生　そうですね。

○秋田　面白いですね。広がるといいですね。

○SY先生　大学自身がこれからの保育者の資質・能力のあり方というのをどう考えるかによって教科の内容であったり、設定する科目であったりが違ってくるのかなと思います。これからも幼小接続というのはやはり大きな課題になっていくし、保育者としては必要な力だと思い開設した科目です。そういう意味では、どういう保育者を育てていくということは、社会のニーズや動向を把握しながら、対応することも必要かなと思います。

（中略）

○一前　もしいま自分が自治体の研修を開催しないといけないという立場になったとして。

　例えば大学の先生でも、こういうご経験のある方、あるいは大学の先生以外でこういう方を呼んでワークショップなり講演なりをしてもらったら面白いのではないかなど、そういう視点で考えるとどういうことが思い浮かびますか。

○SY先生　先ほどもお話したように、大切なことは、実際に毎日子どもたちと関わっている先生方に、理論だけ話しても十分ではなく、理論に裏打ちされた実践を語ることが大切だと思います。逆に、実践だけ話しても十分ではなく、その実践を価値づけることが大切だと思います。そのことにより、先生方は腑に落ちて分かるのではないかと思います。そういう話ができる人かなと思います。

## 4．印象に残る取り組み

○一前　特に印象に残っておられるというか、こういう試み面白いなとか、先生の中で印象に残っているところはありますか。自治体ごとだったり、あるいは学校・園のペアだったり。

○SY先生　いまお話したTS小学校とHM幼稚園の実践は、すごくいい事例だと思います。具体的には、校長先生、園長先生が、しっかりと連携のもとリーダーシップを発揮され、「子どもたちの学びをつないでいくためにはどうしたらいいのか」ということをしっかりと根底に置いて、9年間を通した接続の視点で取り組みを進めています。ややもすると、「スタートカリキュラムのつくり方はどうすればよいか」、「アプローチカリキュラムはどうつくればよいか」というような講演や指導を要請されることが多い中で、TS小学校とHM幼稚園の取り組みは、その土台となる先生たちの意識をどうつくるかというところにポイントを置いた要請でした。

　やはり、先生たちがそこを意識しないと、片思いだけでは絶対にこれは成功しないわけであって、相手のことをよく理解して、相手が大切だよねと思えるような関係をつくらないと、いくらスタートカリキュラムをつくっても、それは絵に描いた餅になってしまうと思います。そこにその焦点を当てていたのです。教育委員会がやれというからやっていたのではなく、子どもたちのためにという思いが学校や園にあったからだと思います。

　相互理解を深めるために、半年以上かけましたね。幼児や児童の姿を通して、集まって話し合いをしたんです。何を話したかというと、TS 小学校の子どもたち、それからH幼稚園の子どもたちのいいところはどこなんだろう。そして、幼稚園、小学校通して、育みたい資質・能力は何だろうということを中心に、話し合ったんです。

　お互い話し合いを進めていく中で、今まで気づかなかった子どもの実態や共通する課題がだんだん見え始めてきたんですね。その過程の中で、「その課題をなんとかしなくちゃいけない」という意識がだんだん芽生えてきてように思います。

　6年担任から、6年生の課題として主体性がない、自尊感情が低いという課題がだされました。このまま中学校へ送り出すのではなく、主体性や自尊感情を高めて送り出してやりたいという思いが語られました。そのときに、先生たちの間からは、6年生だけの問題じゃないよね、うちのクラスにもあるという話がでてきました。自分たちは、一生懸命やってきたんだけど、しっかりと身に付いていなかったり、引継ぎが十分できていなかったのではないか、学年間の連携ができていなかったのではないかなど先生たちが気づき始めたんです。接続は1年生と年長だけではなく、小学校でも学年間の連携が大切だという意識が芽生えてきたんですね。幼小の連携接続を9年間でやってみようということになったわけです。

　また、幼児期の終わりから小学校入学時の接続は、自主性がない、自尊感情が低いという課題に対して、幼稚園でも保育の内容は、自尊感情や主体性を高める環境構成を工夫したり、そして自信を持ってやればできるという気持ちをいっぱい育てる保育を行って、小学校の1年生につないでいくことが大切だということになりました。

　例えば、5年生の先生が接続を視点に置いた授業をする場合には、5年生の先生は、事前に幼稚園と低学年、中学年の先生に、こういう授業をやりたいんだけれども、これまでどのような指導や学習の場を設定してきているかということを聞いて、授業計画を立てているのですね。まさしくこれって、発達や学びの連続性を大切にした育ちの縦軸の連携かなと思うんです。その軸で、小学校教育へ接続するための

5歳児終わりのカリキュラムや1年生のスタートカリキュラムを考えていけばよいと思うんです。いわゆる学び方が変わる、遊びから教科教育に変わるときに、主体性や自尊感情を育むことを中心とした接続のカリキュラムを編成するということになります。このように先生たちが課題意識を持って接続をやっているので、自分の担当学年だけではなく他の学年にも興味があるんです。これは、これからの新しい接続のモデルケースかなと思っています。秋田先生が前に言われていたように、やはり接続はもっと長いスパンで考えていくというのは、すごく大切だと思います。現在、T小学校とH幼稚園は、これまでの成果をまとめたDVDを作成し情報発信していこうとしています。

　市ではOT市の取り組みが印象に残っています。最近、接続についての講演で、小学校の先生方が参加される研修会が多くなったように思いますが、未だに幼稚園や保育所等の皆さんを対象に講演することが多くあります。やはり大切なことは、その会場には小学校教育に携わる先生、幼児期の教育に携わる先生がいて講演を共有するということが大切だと思います。

　OT市では、小学校の先生も各学校から必ず1名以上参加しています。そこで同じ話を聞いて、同じ演習をしてということになるので相互理解が深まると思います。さらにOT市では、各ブロック別（校区別）で実践を深めているので、研修会ではそれぞれの実践発表をしたり、課題を話し合ったりするための分科会を開催したりするなどの工夫がなされています。このように、講演だけではなく先生たちが自らの実践を持ち寄って、課題を出し合いながら研修が進められています。

## 5．自治体の役割

○SY先生　行政が連携や接続を意識している市町村は、やっぱり動きもいいですね。そういうところは、オーダーがはっきりしています。講演をこうしてくださいというオーダーがはっきりしているから、こちらもそれに応えやすい。つまり一つのバロメーターというのは、講演してくださいという依頼が来たときに、どういう内容でしましょうかと聞いたとき、OT市からのオーダーは明確です。逆に、接続などについての意識が醸成されていないところは、何を話しますかと聞くと、「何がいいでしょうか。」と逆に質問されるときがあります。これでは、保幼小の接続は進まないと思います。そういう意味において、教育行政を担う教育委員会の役割はとても大切だと思います。行政がしっかりと、この問題意識を持って取り組みを

推進することが大切です。

　研修を企画する人が、小学校の教員の先生が大半ですので、指導主事となられた小学校の先生方に、接続の必要性についてまずしっかりと学んでもらうことが大切だと思います。そういう機会を作っていかなければならないと思います。それは指導主事の問題ではなく、指導主事の育成をどのように行っていくかという体制の問題でもあると思います。

（中略）

〇 SY 先生　KC 県の場合その課題を解決するために、アドバイザー制度があります。退職した園長先生にアドバイザーをお願いして、園内研修の支援を行ってもらっています。年間200件余りの園内研修の支援の要請があります。それに対応していくためには、指導主事だけでは対応できないのでサポートをしてもらっています。それと同時に、新人の指導主事の育成という役割も担ってもらっています。

　アドバイザーの先生方が園内研修等に行くときに、新任の指導主事が同行します。新人の指導主事に対して、アドバイザーが実際の子どもの姿を通して解説してもらう場などを通して、学んでいくようにしています。これを積み重ねていくことによって、少しずつ保育のことが理解できるようになってきます。半年以上はそういう経験を積みながら、実際に指導の場面を経験していくようにしています。このようにして、指導主事の育成をしています。これは、KC 県独自のものだろうと思います。ただ、そういったシステムのない都道府県というのは、指導主事の負担感もあると思います。その場合、国で対応していくことも必要だと思います。一堂に会することが難しければ、例えば九州、四国だというブロックで、指導主事の研修できる場というのをつくっていかなければならないと思います。ですから、指導主事の問題というよりは、やはり組織体制の問題になるのではないかと思います。

　KC 県の場合は、幼保支援課という課が教育委員会にあって、運営チーム、親育ち支援チーム、幼児教育チームがあります。KC 県の教育センターにも幼保支援の研修支援チームがあります。組織体制がしっかりとしていると思います。そこの中で常に情報交換ができていて、一人ぼっちじゃないんですよね。そういう体制がないと、なかなか幼小接続や幼児教育の質の向上を図っていくことは難しいと思うのです。質を上げていくのであれば、もう一つは組織体制を考えていかないといけないと思います。

〇秋田　先生が入られている KC 県というのは、保育園がすごく多いじゃないですか。その中で幼保の部分と小の部分って、幼小と幼保と両方関わると思うんですけど、そこはわりと問題なく行ったんですか。

○SY先生　そうですね。当初は、それぞれが別に研修などを行っていたので、戸惑いがあったのは事実です。しかし、丁寧に説明しながら、また研修の成果を共有することにより違和感は取り除かれいきました。今では当たり前の状況です。研修は、教育委員会が主催するもの、教育センターが主催するものがあります。

　KC県の研修は、人材育成という視点で行われています。やはり大切なことは、日々どのように保育を展開していくかということは常に問われているわけなので、その園に研修をリードする核となる人間がいないと質の向上は図れません。その中核を担う人材の育成に力を入れているのです。

　また、各市町村の代表者からなるKC県の幼保推進協議会があり、年に数回そこで、KC県の教育・保育の質向上についての話し合いが行われています。例えば、KC県が幼小接続のプログラムをつくりたい、これについて市町村代表の園長先生方とどう考えればよいかということについて協議をするんです。そこで協議されたことを代表者の皆さんは、それぞれの地域の、例えば園長会に持って帰り協議を行い、その結果を再度、KC県の幼保推進協議会に持ち帰り協議するんですね。このように県が一方的に押し付けるのではなく、ともに協議を行うことにより、一体となってKC県の子どもたちのための施策を考え取り組んでいます。実施に当たっては、皆さんが理解をしているから推進できていくんです。このようにみんなで合意形成しながらつくっていっているので、仕組みとしてはすごくいいと思いますね。
（中略）

○秋田　KC県やOT市のような体制をつくり上げるのには、結局教育長が頑張ったんでしょうか。誰が頑張ったんでしょうか。SY先生の尽力も大きいと思うんですけれども、どうやってこの体制ができるのかというのを。

○SY先生　はい。やはり「長」ですよね。教育長ないし、または教育委員とか、そういった方々の意識が大切だと思います。

　やはり「わが県、わが市町村」の子どもが健やかに育っていくためには、どこに部署を置いて、どうしたらいいのかということをまず念頭に置いて、教育委員会なのか福祉部局なのか、その推進体制をどのように整えるのかなどの検討が必要だと思います。

## 6．その他、思うこと

○秋田　このごろは、やはり平成30年からの改訂でずいぶん変わってきたと伺った

のですが、令和になって、いまの保幼小の連携の課題とかそういうものはある種の共通性は、段階、レベルによっても違うとは思いますが、それはどうでしょう。変わってきていますか。何が課題ですか。

○SY 先生　確実に意識は高まっていますよね。本当にやらなければいけないという意識は肌で感じています。これから、接続の取り組みを発展させていくために発達や学びの連続性を踏まえどのようにつないでいくか、子どもの生活をどうつないでいくか、さらに保護者をどうつなぐかということを含めて、取り組んでいくことが必要だと思うんです。特に、保護者の皆さんは不安を持たれている方も多いですし、やはり小学校について分からないこともたくさんあると思います。また、現在は、小学校教育への円滑な接続のための5歳児終わりの教育課程やスタートカリキュラムなどを作成することが中心ですが、さらに、もう少し長い期間の接続を考えることも大切ではないかと思います。

　就学前に、小学校側の学び方を取り入れてみたり、あるいは幼稚園の遊びを通しての学び方を取り入れながら、そこは行ったり来たりしながら、緩やかなカリキュラムが組めるといいのかなと思います。それをどこかで提案していくことが必要だと思っています。少なくとも5歳ぐらいから小学校1年生にかけての、長い期間の接続カリキュラムが今後できてくれればよいかなと思います。

## ⑧【SZ 先生】

### 1．経験や背景

○秋田　先生は、もともと小学校で教頭先生をやられたということは、小学校の先生であられて低学年がメインでいらしたんですか。そうでもなくて、いろんな幅広くやられて。

○SZ 先生　というよりも、生活科移行期以前から、私は生活科のカリキュラムをつくるということに。まあ、小学校低学年の初等教育の研究会の中では、当初は理科部会。低学年理科が研究のスタートではあるんです。そして、生活科の創設期の以前から生活科のカリキュラムを24カ月作成するということに当たりまして、そのときに、じゃあその前はどうだったのかという問題意識に当たったというのが30年以上前のスタートになります。

○秋田　平成元年の生活科が立ち上がるちょっと前ぐらいですよね。

○SZ 先生　そうですね。その前のところで生活科の論文も現場で書いておりますので、全国の生活科学会の全国大会の授業を初めて担当したというのが、私、SK市ですけれども、教育現場の生い立ちとしてはそういうものを持っておりまして、その後、某都道府県で最年少の教頭になったというあたりから、校区を見据えて、そして、幼小をつなぐということで教頭としても講演にも行かせていただいておりました。

### 2．意識や工夫

○SZ 先生　学校、園をつくるといったときに、私、某都道府県の教育センターで教委とのチームで、全国に先駆けて学校教育自己診断という名称でスタートいたしました学校評価ですね。

○秋田　はい。

○SZ 先生　その学校評価ということに関わっては、園、小、中、高、全校種をまたぐ研究の主任になりまして、そこで求められるところがカリキュラムをつなぐということの意義と、もっと本当のところを言いますと、園目標に、育てたい子ども像に迫るためには、何が必要で、ここまで育ててきた子どもをこちらの学校にお届けしてバトンを渡すんですよという認識が園側にはほとんどなかったというのも、一つの衝撃ではありました。

　つまり、完了しましたと。うちはちゃんとやりましたよと。そして、小学校からのさまざまな課題に対しては、「幼稚園のときはよかったのにね、あの子はちゃんとやっていたのね。」という責任転嫁ですよね、双方の。小学校側からの責任も、きちっと幼児教育がなすべきことをやはり身に付けるべき。いまで言う「10の姿」という言葉がなかった時代から、必要なことがこの長きにわたっての幼児教育で培われてきていないんだという、双方の責任転嫁というぶつかり合いも、私の立ち位置からは大変よく見えておりました。

　そういう意味で「責任転嫁し合っていますよ」という、まさに、かぎ括弧付きの生の言葉で。こんな言葉をおっしゃっていますよというような、講演の中では知らせるという役割という点では、互いを知るという、子どもの実態だけではなく、教職員双方の実態も互いに知るという役割が、特に小学校の現場から来て教育行政を通った研究者として見えてきたことです。

　そして、いま申し上げた学校評価という、園づくり、学校づくりの中で求められていることと、まったく違う方向性のところで皆さんが、PDCA の D を。堂々巡りの Do をやっていますね、というように、皆さんには辛辣な言葉も含めてお伝えしてきて、プランは何だったんですか、リサーチされているんですかと。

　そのリサーチこそが小学校にとっては、園のこれまでの育ちや学びであり、小学校に向かう園側からは、小学校はいったいどんな教育を、何を大切にされているんだろうということを、せめて1校であればその学校目標であるとか、カリキュラム取り組みということを知る機会は、いま私が話しているのは一般論であり各地域のことですが、来られている方には、まず戻られたら、ホームページであれ、学校便りであれ、小学校1年生の4月の学校便り。これほど詳しい資料はどこにもありませんと申し上げて、戻ってからのいわゆる研修の効果測定はここにはないと。戻った皆さんがなすべき行動変容でしか効果測定はできないんだということを、自治体の研修側にも強く申し上げましたし、講演中にもまさにこの言葉を使って、ここでは終わりませんと。皆さんはファシリテーターですから、まず知りましょうと。
（中略）
〇 SZ 先生　ワークショップ、パネリスト、ファシリテーター、コメンテーターなどの研修に参加した場合の役割の配分としては、これが講演でした、これが研修会でしたというのは、自分自身が勝手に壊した部分がありまして、一例を申し上げると、役割という中で、講演の中でもこのコロナ禍の状況にない昨年までは、大ホールであってもペアワークをしていただきました。

　それは、座席配置のときから自治体の方に、放っておいたらみんな勝手に座るの

は、いつも話している同じの園の人と座るでしょうと。だから、絶対に離してください と。話す理想形は、小学校の先生とペアで座れるように座席を配置してくださいというふうに、あえて座席配置からお願いしました。

　そうしたら、行政の方には「もう面倒くさい講師やな」と思われたと思うんですけど、色を分けたり座席にちょっと貼っていただいたり。番号を付けていただいて、私は2番だからここねという、もう座席指定の講演会をさせていただいたので、隣の方とペアになってくださいというかたちだったり、もうそれをお願いできなかったら、その場で小学校の先生はお立ちくださいと。

　幼保小の先生バランスはかなり難しいですので、一番理想形は、まず、「はい、早い者勝ちです。小学校の先生のところに行って、ペアになったら座ってください」という強引さから始まって、保育所や幼稚園の先生の方が多い場合がありますので、そのときには、「自分の園と違う方とペアになって、できるなら保保じゃなくて幼保でペアになったら座ってください。その条件を満たしていない方は、いつまでも立っていてください」と申し上げるんです。

　必ずそこはペアということです。3人になったりされるんですけれども、もうそれも含めて、「日本野鳥の会の目を持っていますから、3人のところは300人いても分かるんです」と申し上げたり、教育長も参加されているところは、教育長や行政の方も一緒にペアになっていただきました。

　というふうに、講演の中でも、いわゆる研修のようなかたちで、いま現在の実践をお互いに1分間自慢。自慢なんです、そのときは。絶対に課題は言わさない。
○秋田　そうですよね。
○SZ先生　はい。
○秋田　私も苦い経験があります。課題をしゃべったら暗くなるだけで進まないというのを若いころに経験しました。
○SZ先生　で、1分間自慢というかたちで1分。ちゃんと1分で交代をして、そしてまあ全体の中で、「私のペアの人はよかったわ」と思う方は手を挙げてくださいというかたちで、まあ相手を評価するわけですから、ほとんど全員の方が評価されるんですけど。そして、全体の前で、大ホールであっても登壇していただいて、そして、皆さんは先生のお話が一番よかったかどうか。一番先に手を挙げた方のあなたはペアですから、どうぞもう一度お話しくださいと言って全体に広げるというような、社会的な承認を得て自信を持てば、壇上の上でも話せるでしょうという。

　それを保育者であったり教師に体験をしていただいた上で、まさに幼小接続は、小学校に入ったらこういう場が教室という場になるけれども、「子どもはみんなの

前でお話ししてねということになるんですよ」というようなことも含めての、まさに講演なのか研修なのか訳の分からないようなことをやってきました。

　で、パネリストということを求められているときには、ほとんど府県市町村で選ばれた、今年、ローテーションのところが多かったですね。ローテーションで、今年は何園と何小学校が発表してもらいますと。もう主体性も何もなく、「あっ、今年発表やねん」と言って、登壇されている発表者の方に対して、パネルディスカッションで「この進んだところはどのようにされたんですか」と広げるような役割がパネリストでした。

　ワークショップは、先ほど少し先走って詳しく申し上げたようなことで、そのことがかなわないところの方が多かったものですから、皆さん自身がこの「とまどいマトリクス」（『幼小接続期におけるカリキュラムの開発Ⅲ－入学期の子どもの戸惑いに着目して－』善野八千子（2012）奈良文化女子短期大学研究紀要, *43*, 73-85. ＊SZ先生が考案されたワークショップのためのツール）を活用していただけたら、ファシリテーターとなってやっていただくと。そして、幼小が一緒に集まることが難しい場合は、先に自分たちだけ貼って、一人だけ小学校に届けて。で、小学校のご都合のいいときに、今年の1年の先生にピンクを貼ってもらって。

　そして、いまでしたら写メで撮ろうが何だろうが、皆さんでまた見ていただいて、「ああ、そうなんだ」というやり方や時間のずれはどれだけあったとしても、1年に1度やると「あっ、去年と違うわ」とかいうことが、「えっ、こんなことで」というようなショッキングなこととか。

　少なくとも『おおきなかぶ』を読んでいた幼児教育の先生は、小学校の国語の教科書にどんなかたちで『おおきなかぶ』があるかご覧になっていますかというだけで、「えっ、あるんですか」というところから始まりますから、「毎日歌っている歌が、音楽の教科書のここにあるんですよ」とかいうような、まさにつなぐ意識やつながっていくんだという自信と誇りと見通しを持てば、どれだけ今日の保育が変わるのかということをフィードバックさせて、ワークショップの後でもね。実際、教科書も持って行きましたし、算数もそうですしね。

　あと、コメンテーターというのは、まさに全体が終わってからもう一度総括講演というようなかたちで、「もう、いつまでたってもまだまだ言い足りません」とか言いながら終わっていましたが。

（中略）

○SZ先生　助言の中で意識をしているのは、よい点と改善点を取り出したことと、今後できそうな提案ということをしたことと、「PDCAという言葉を聞かれたこと

はありますか」というところと、やっぱり変えていくためのCのチェックの部分が。チェックの部分の一つに幼小接続のカリキュラム評価を自分たちで入れるべきだ、入れることによって、これだけCからアクションプランの中に、具体策をみんなでつくっていくことができるんだというようなお話をさせていただいたというのがこのときの役割になるのかなと思います。

（中略）

　SZ先生　何よりも子どもが悪者でもないし、子どもに力が付いていなかったわけでもないし、それを受け止める小学校の力量がないわけでもないしという、この両方が見えたときに、のりしろが大事だという話をしたんですね。

　3月までのカレンダーしかない幼児教育者と、4月からのカレンダーしかない小学校の先生。でも、子どもは3月のカレンダーをめくったら、「ワーイ、4月や、1年生や」という、ここのところにあまりにもずれがある。3月と4月のカレンダーを両方見られる。お互いがつなぐことが一つの幼小接続であり、そこにのりしろがなければ紙は付け合わせてもくっつきませんねというのりしろ理論という話で、のりは付け過ぎたらべたべたでうまくくっつきませんし、1回だけぺっと塗ったってぱらっと剥がれますから、どの量が適切かはその校区でしか見いだせませんし、まさにそのプロは先生方ですねということの話と、じゃあ、そのためにという「とまどいマトリクス」を紹介できるようになってから、また、そこが少し自治体の方にも「もう一度、あの話を」と言っていただく一つの転換期のような気はしますね。

（中略）

○SZ先生　研修で特に意識して伝えているのは、最近では分かりやすくなってきた「10の姿」と小学校の教科教育というものがどうつながっているのかということは、皆さんにも分かりやすいキーワードとして出てきたことですし。

　スタートカリキュラムのあり方というよりも、年間計画というところまでが案といってしまうと、皆さんやっぱり現場で実践例がぽつぽつと出てきたとしても、まずは、1、2、3月と4月、5月をつなぎましょうという情報を共有の中で、可能になりますよねということだろうと思います。

（中略）

○SZ先生　今後のありようを模索していかなければいけませんね。今年はコロナの影響で幾つかのブロックの研修も中止になった中で、K市とW県だけ、私は今年2回だけ行っているんです。そのときにやっぱり、新しい生活様式じゃないですけど、新しい講演のあり方を模索しなければいけないんだなと思ったのは、ずっと申し上げてきたワークショップ型というのが、かなりいままでと同じかたちではでき

にくくなって。じゃあウェブ上でそれをする方法として、先ほど来申し上げている
ような、マトリクスのものですね、やっぱり。見えるものにして、問題意識を持っ
て子どもは何に困っているのかとか、実態を書いて残す。そのことをもって、私た
ちはこう考えていて、こう捉えていますよというものを相手に届ける。それはウェ
ブ上でも可能だと思います。

　あとは、情報の活用の方法として、働き方改革にも対応をしたとも言えるのかも
分かりませんけど。幼児教育に関わる先生方の労働時間って半端ないですよね。計
り知れないような、行事があればなおのことですけれども。そこに比例して辞めて
いく離職率の高さというのも、一面見られるように思うのですけれども。

　そのためには時間を言い訳にしない研修の積み上げのあり方。そのためには、私
は、一つは、一石二鳥ならぬ、一石五鳥プランという言い方をしてるのですけれど
も。

　まず、園内で、縦軸、横軸に取りましたら、育っている子どもの姿のプラスのこ
と、マイナスのこと。保育者自身ができていること、できていないこと。四つの窓
にしたときに、自分たちが育てたい子ども像に向けてなのか、幼小接続に向けてな
のか、テーマは幼小接続に対して育っている子どもの姿、プラスのゾーン。そして
まだまだ十分でないこと。教師側、保育者側の働き掛けとしてできていること、ま
だ足りない部分という四つのゾーンがあったとしたら、模造紙にそれを1枚区切っ
てやるだけでも、ポストイットでそれこそ書いていったところ、うちの園ではいま
こんな実態ですという入学前のものを文章化するとか、パワポでつくるとかいった
ら、先生たちは本当に大変なことなので。それをそのまま園内研修で使ったものを、
お迎えに来られるとか、ホームページとかでアップする。そうしたら保護者に見て
いただける。

　三つ目はそれを小学校の先生に届ける。小学校側も同じようにしていただくのは
可能だと思います。地域住民の皆さんにもいまは、要するに開かれた教育課程とい
う点でも、うちの園ではこんな取り組みをしていますよというふうに、ホームペー
ジ用にするのか、どんなかたちにするのか。行政に、本園ではローテーションで発
表しろと言われたからするんじゃなくて、こうですよと。これが一石五鳥プランで
す。

　誰かのためではなく、あなた自身の質を高めるためにそれができる、ひいては子
どもに力を付けるためにできるという点では、五鳥プランならぬもっともっと、ご
自身と子どもとレインボープランですとまで言うんですけど。

　時間がないからできないとか、やり方が分からないというよりも、まず何よりも

幼小接続に対して、子どもはここまで力が付いたという見られる姿がある。また足らない姿がある。私たちはやっぱりこれを頑張ったから、こういう姿が見えるんだというのも、明らかになるでしょうし。それが園という大変小さな小集団の研修って、深まりが見られにくいですよね。だからこそ可視化して見ていただく。

　それが成果と課題とかいう書かれ方をすると作文しますからね。やっていなくても書けますから、ああいうのは。年度末に何とでも書けますから。あのかたちで持って来てくださいという研修会もあると思うんです。各園の取り組みの成果と課題を持って来て、情報交換をしましょうと、文字で書いて打ってきたり、パワポでつくってきたり。あれは時間もかかるし、誰のために、行政が持ってこいと宿題を出されたから、やっていかないと仕方ないし、何を書くみたいな話で、書いてこられますけども、そこから子どもの姿もエピソードもなかなか、そこから話し出せばまた長い、何が言いたいのか分からないような話し方を延々とされるので、余計に時間がないとか、何のための研修会だったのか分からなくて愚痴であったり、実態の実践報告で「あら、時間が終わりました」となってしまうことが多いような気がするんです。すみません。

（中略）

○秋田　やっぱり子どもの姿を何か捉えて、そこと自分との関わりから出発をするみたいな感じですか。先生の研修はいつも伺っていると。

○SZ先生　そうですよね。それでなければ保育者は動かないと思うんです。子どもの姿の変容というのをどのスパンで見るかでしょうかね。もう一つ言うならば。目の前のきのうと今日の変化の連続性というのは、ご覧になっていると思うんです。

　でもそれを例えば、それを就学前に控えたときの、小学校入学に対する不安や期待というときのフェーズというのは変わると思うんです。そのときといったら、カレンダーでいうと、1月、2月、3月というこの環境移行期のトランジッションを一緒に、見守り方を少し視点を加えて、どう関わっていくかといったときに、子どもの姿の変容に不安が入り交じるのではないか、あるいは期待感がどんなかたちで現れるのか。たった一人で小学校に入学する子もいるわけですよね。その保育所、幼稚園から。

　そのことを捉えて、ではそれを受け止めていただく小学校は、どんなスタートカリキュラムという点では、4月の入学の初日からどういう計画を持ったものが去年はなされたのか、去年はですよね。去年をベースに今年はこういう子どもたちが来る中で、日々更新せざるを得ないわけです。

　だから去年のとおりにやってうまくいかないのは、毎年新しいスタートカリキュ

ラムをつくる必然性があるはずなのに、できました、うちはやっていますというところは、私には不思議で仕方なくて、毎年違う子が来ますし、毎年そのバランスが変わるわけですから、その子どもの実態を捉えてといったときには、やはりよく手を挙げていただくんですが、小学校の先生方は、自分の今年1年生の担任でも、去年でも結構です。何園から私のクラスに来たと、どうぞ数を言ってくださいと言うんです。そうしたら、そのカウントすら意識すらない。幼児教育側の先生方には、ご自分の園の子どもたちの年長さんが、私は乳児の専門家ではありませんから、本当の年長と小1という部分を仮に、そこにクローズアップしたという話の方が分かりやすいものですから。

## 3．講師の役割

○一前　2005年から始まりまして、2020年現在まで毎年のように先生は講師をお務めになっておられますよね。2005年ごろと2020年の現在では、例えば研修内で求められるテーマとか、あるいはやり方とか、何か変わってきたなとお感じになるところはありますか。

○SZ先生　まず、当初というのは、お互いを知るための情報という役割が大きくあったかと思います。その後、やはり知らせていく一つは、小学校の立ち位置から見た幼児教育のつなぎ手、バトンを渡される者として、どういう実態が小学校で起こっているのかとか、何が求められているのかという実践例も含めて、先ほど申し上げた最も親和性の高い生活科というあたりから、かなり入学当初の4月、5月の子どもの実態も含めて、いまで言う教科横断的な実践例、合科的な実践例を幼児教育とつなぐことの意義ということについて、お話しする機会が多かったと思います。

　その上で、その意義ということについての実例が大きく変わってきたのは、お話をしておりまして、現場の方で小1プロブレムという言葉そのものが持つ意味から、本校ではそういう実態がないから必要がないんだというような間違った認識をお持ちであるというのが、一番役割として衝撃的でもありましたし、本当の価値や意義はそういうところにはないんだという、問題事例があるから、それを解決するための話ではないんだということを丁寧にお伝えする役割があったのかなとまず思います。

（中略）

○SZ先生　あと、（どのような役割を果たしていると考えるかについてですが）

そのうちの一つがまず、1点目が互いを知るということですね、いまお話ししたの
は。2点目はつなぐということで、学びをつなぐ意義や価値については、私の経験
知や実践事例のみではなく、やはり秋田先生もたくさん書かれているようなことと
か、また、私自身が知る機会になりました背景ですよね。経済的な背景も含めて、
どのような証明が、実証が40年間にわたってされたのかというような例も、皆さん
自身はうすうす感じておられるでしょうけれども、研究とはそういうものではなく
て、エビデンスがあって本当に皆さんが幼児期の子どもの保育の質を高めないと、
こういうことが起こるんですよ。また、こういう未来の子どもたちの力が育てられ
る素晴らしい役割をお持ちですよという理論面が、つなぐの中でも意義や価値を入
れていったというのが2点目です。

　そして、3点目はつなぎ方の事例ですね。「あっ、分かった」と。そこまでは分
かったと。そのあたりの講演が前半のところなんですけれども、多くはその後。じ
ゃあ、どうすればいいか、どうしたらつながったのかという具体的な事例と、つな
がってよかった事例。つながるためのご苦労があって乗り越えて、こうしたからい
けたという例を、やはり多くの写真ももちろんのこと、その園長のお言葉であると
か、まさに小学校の学校長も含めて、ロングの遊ぶ時間には園庭に訪れている小学
校の先生が8人いるような、後でよかった例のYO市の例になるんですけどね、そ
ういう事例も含めて、隣接していたから接続したんじゃないんだと。もう長年にわ
たって、何十年にわたって、立地は物理的には隣接していたけれども、意識が変わ
ったから行動が変容したんだという例などを、3点目につなぎ方の事例、つながっ
てよかった事例をお話ししました。

　そして、最後に講演の中では、そのための合同研修の方法ですね。ほとんどの場
合、できないとおっしゃる方は、しない理由を長々と述べられるものですから、
「できない」「しない」理由ではなくて、こうすれば解決するという方策を、時間が
なくてもできる。一番分かりやすいのはそれでした。時間がなくてもできるワーク
ショップのあり方を、私自身は「とまどいマトリクス」というものを六つの項目を
横軸に取りまして、縦軸に「知・徳・体」。そして、就学前後の中で子どもが戸惑
ったという事例を、双方の研修の中で、表の中にポストイットを用いて、小学校の
先生には黄色のポストイット、幼稚教育の先生にはピンクのポストイットを使って。
（中略）
○SZ先生　それぞれ子どもが入学して間もなくで、子ども自身ができていたのに
できなくなったこと。それから、経験がなくて戸惑ったことというようなことを、
1枚のポストイットに1事例を書いていただくというワークショップのかたちをつ

くったわけです。

　その戸惑いの６点というのが、三つの「人間・時間・仲間」という、これが大きく環境移行によって変わるということ。それから、「技能・心情・物」ですね。この６点が最も大きく幼児期から小学校に変わる六つの要素だということを抽出してきたものを横軸に取りまして、そして、縦軸に「知・徳・体」。いまでは「10の姿」も「知・徳・体」に割り振りしたかたちで、この事例がどこに当てはまるんだろうというようなかたちで。

　例えば「男の先生がいる」と書かれるんですね、幼児教育の方が。そうしたら、小学校の先生が一緒のチームで６人ぐらいでワークショップをやっていると、「えっ、男の先生がいることで戸惑うって、どういうことですか」という認識のずれがまずありましてね。そしたら、「男の先生がいる」ですから人間ですよね。そして「知・徳・体」のところでいうと、たぶん人間関係の「徳」の部分のクロスするところでマトリクスがそこに貼られると。

　それで終わるんじゃなくて、じゃあ、男の先生がいるという人間関係と、それから、その心の問題というところのクロスしたところに丸が付いたとしたら、これを解決するには、次年度はこの皆さんで何か解決策があるでしょうかというのが、カリキュラムの中に盛り込まれるとしたら、例えば、アプローチカリキュラムの中でしたら、小学校の男の先生が就学前の２月、３月に、例えば一番強烈なのは白衣を着ただけで小学校の先生が怖いという、理科のでんじろう先生みたいに白衣を着て、「先生が面白実験する」「先生は小学校の理科の先生だよ」と言って、事前に園を訪問して遊びの中でそういうことをする。「みんな待っているよ」というようなお話をしていただくというような工夫をしていただくための何ができるか、何が子どもの戸惑いであり、それを解決するためには、何が本校、本園ではできるのかということを探っていただくための一つのワークショップのかたちなんですね。

　そういうところまでが、講演の90分では紹介で終わるものですから、一日研修であるとか、ご質問にあった連続研修の場合は、前回ご紹介したことを今回は皆さんでやっていただきましょうかということで、自治体の方には校区割りをすでにしておいていただく。そして、それぞれの場所で模造紙ですね。模造紙、半分のサイズというのを中央に置いて、そして、ポストイットも全部準備していただいて、そして後で発表を各６グループでしたら、６校区という言い方になりますかね。一番分かりやすいところで言うと、後でご説明するのはＮ市辺りはそれを実践していただきました。繰り返しですから。

　そしたら、戻ってこられたら「私たちの校区では」と言って、すでにその中で合

意形成が一つ問題意識を共通理解されて、このようなことが子どもの戸惑い事例として多く、「給食の時間がこうだ」とか「トイレがこうだ」とかいうような、本当に分かりやすい生活レベルでの、学習レベルで言うと、文字は習っていて自分の名前は書けるけれども、書き順が違うためにもうひどく叱られて、そこから学びの意欲が減退した。もっと強烈なのは不審者対応で、ある年から安全ピンを自分で名札を着けて登校して行ったら、帰るときにはそれを外すということにある年から変わったと。ところが保護者にも子どもたちにも、もちろん園にも知らされていないわけですから、安全ピンという名の安全でないピンを自分の胸に向かって、ぐさっと刺すという恐ろしい状況が入学当初にいきなり求められると。

　もちろん、脱いで留めたらとかいいとか、「誰かやって」と言える人間関係があればいいんですけれども、それすらない時期からスタートする。それで、担任の先生は「何をやっているの、みんなもうランドセルの中身はここに入れたでしょう」と責める。そして、帰りのときには、「ほら、もうみんな緑の旗のところに行って待っているでしょう。あなたが来ないとみんながおうちに帰れないのよ」という次の話はするけれども、まさか、（集まるのに遅れている理由が）名札がはずせないから戸惑っているということについては思いも至らないし、それができないという実態すらまだ一人一人を把握できない入学1週間、10日、2週間という、まさにスタートカリキュラムのところですね。

　これは情報一つさえあれば、そういうことをきっかけに、「学校早く行きたい」とか「もういっぱい勉強するんだ」と言っていた子が、そういう困った状況になることを解決するためには、「あっ、今年から不審者対応でそうなったんですか」と。それなら園で、遊びの中で安全ピンを使って、こうして留める、自分でこう留められるようになったら、「今度は自分でも服を着ていても留められるといいね」と。みんな着けっこしようかという、遊びの中で繰り返したり競争したりチャンピオンになったりという、固定的でない時間の運用の中で緩やかに子どもがやりたいなということが求められる。これを「安全ピンを着けるための練習をさせるのが幼児教育じゃないんですよ」と、これを100回ぐらい言わないと、幼児教育の先生は「小学校の下請けじゃないんです」って。これも100回くらい言いました。

　それが、自分が小学校側だからたぶん言えたと思うんですけど、いま申し上げたような方法を体験するから、後が、1、2、3、4、知る、つなぐ、つなぎ方の事例、そのための合同研修の方向の4点までは、おそらく講演の90分で、なんとかこれもかなりの、いま私がお話ししているような3倍速でしゃべるくらいでないと伝えきれないような中身はあるんですけれどもね。

　でも、そこで後は皆さんがと言って終わらざるを得ないのが講演で、「先生、も
う一回来てください」という依頼があったときには、ではこの前のを取り出してワー
クショップをやりましょうかと。で、広い研修室、そして、その後に全体で集ま
る大教室なりという、やはり予約も会場の設定も必要になってきましたから、それ
が講演と切り離しての研修と言えば、そのことであり、もう一つ研修としてカウン
トしましたのは、やはり実践事例などをお話しされたことに対する助言ですね。
　大きく変わってきたことというのは、いまお話ししたような講演や研修の中で言
いますと、まずはその小１プロブレムの解消策ではないということを誤解を解きな
がら、お互いの実態を知るというところあたりから、当初から学校評価という他者
評価に堪える項目は何かというと、「この園に預けてよかったですか」、この一言に
尽きるという一番恐ろしいアンケート項目を入れてくださいと言ってきたんですね。
　親も「忌憚なくそのことを正しく回答できるのは、卒園前の年しかありません」
と。園に通っている間では正しくは答えないでしょうから、そこのところは時期が
ありますから、卒園後でもいいし、そこはもう園でご判断くださいと。この園に通
わせてよかった。この評価を入れることと、もう一つが小学校に入学までの力を付
けてもらったというカリキュラム上の評価は保護者には分かる。その２点だけは、
毎年経年比較できるようにアンケート項目に入れていきましょう、怖がるなと言っ
たんです。
　やりがいもあれば、わずかに伸びるか。じゃあ、なぜ伸びたのか。なぜそれが最
も低い評価であるなら、やっているのにというのであるなら、どんな伝え方が必要
か。届いてなんぼの情報をあなたは届けていないと。自己満足で終わるのは、他者
評価ではないということも、学校評価というものすごく皆さん遠く思っている園評
価ですね。そこのところに幼小接続を位置付けることが、やはり小学校にバトンを
渡す幼児教育の最終の役割であり、評価として責任が果たせたかどうかという一つ
の指標であるということをお伝えしていくということは、もうこれは当初からやっ
てきましたけれども、だんだんと理解が進んだように思います、だんだんと。
（中略）
○SZ先生　当初は、行政のトップでもなかなかそこのところはご理解いただけな
かった。
　ところが徐々に、免許更新講習の中にも私自身はその二つのことを入れてきまし
たし、今年度の最新のでいうと、WK県の、これは文部科学省の委託事業の一つ
だと思うんですけれども、そのテーマの中にも実践事例がカリキュラムマネジメン
トを生かした園のことと、学校園評価を生かしたという２本柱にされていましたか

ら、これはだいぶそういう園づくり、学校づくりと幼小接続というカリキュラムマネジメントが、ようやくどういう意味を持ってつながれているのかというのが、行政の側にも徐々に理解されてきたのかなと感じるところです。

## 4．印象に残る取り組み

○ NR 県の YK 市に関しては、本当に市まるごとを変えていく支えの役割を一つはさせていただけたのかなというのはありました。

　そのことを受けて、ずっと今度は、なかなかそれでもやっぱり市まるごとに関わらないと行き渡らないんですね。

○秋田　そうですね。

○ SZ 先生　1園とか1校では難しいんですね。やる気のある校長とか園長だけでは届かない。その後とも、ずっと、SO 県 GI 市とか HG 県 AO 市とか AC 県とか、管理職研修の中にも必ず入れていきました。その例を基に話せる中身ができたからと言えるかなと思うんですね。できたらいいね、ではなくて、こうしてみたらこうなりました事例が、管理職研修でも研修講座でも話せる内容を持ったというのが、私がこのかたちができてきた一つの内容かなと思いますね。理論だけではないという部分の、私の小さな強みはそこに持たせていただくことができた。

　それから、次の出会いが HG 県 NN 市です。ここが、子育て支援センターという幼児教育を主体とした行政の講演なんですけれども、こうしたらどうですかという話を、結構その自由裁量があったかという点では、ただ、私が強引だったわけではないと思うんですけど、こういう力が、NN 市も比較的生活科という教科に対しての研修も進んでいたという素地はあったと思います。

（中略）

SZ 先生　（印象に残っている取り組みは、）いわゆる連続性のある研修会ですね。1年に2回とか、3回とかというよりも、年度をまたいで、2年、3年目という連続性の講座を持っていただくことによって、講師である私自身もその研修の深まりであるとか、小学校の先生の意識がまず変わってきました。そして、発表のときに去年はこうでしたけれどという経年比較や取り組みのフィードバックを基にしたお話ができたときに、やっと研修会だと思いました。こんなにかかるんだなというのは、一つの市の例でしかないので、他市でそれができたかというと、なかなか、私の問題なのか、市町村が同じ講師を何度も呼ぶとよくないのか、よく分からないん

ですけど。

（中略）

SZ 先生　（他には）TN 市。これは文化ホールでしたけれども、何に感動をしたかというと、たぶんこのときは180名を対象としてました。その180名を対象にと言ったときに、もう本当に60、60、60の保幼小の割合で、小学校は希望研修です。他は悉皆でたまたま研修会をくっつけましたみたいな研修会が多かったんですけど。

　ここはどういう発信の仕方をやったか分かりませんけども、公立、私立の小学校、幼稚園、公立、民間保育園、児童発達支援センター、認定こども園、所属長、教職員180名を対象にという、本当にバランスのいい、そして研修の目的を明確に理解されて設定されたなというので、26年でしたけれども、いまでも印象に残っているのがそういうところです。そもそも幼稚園が存続の危機にあり、少なくなってきてバランスが取れないとか、小学校も少子化でという中で、数にこだわることはないんですけれども。やはり全部のこの公立、私立を対象としているとか、民間の保育園まできちっと丁寧に入った研修にされているというのは、素晴らしい取り組みだったなと思います。

（中略）

○ SZ 先生　SK 市教育委員会が、これは委嘱事業というかたちで、SK 市の保育教諭、保育士の研修会を連続5回、中級講座として幼児期から学童期への接続カリキュラムというかたちで、5回連続を8月、9月、10月、11月、12月と毎月。　この月の設定は、とにかく年度内に5回してくださいと言われたので、私がそれでは毎月の方が、先月の復習というきちっとして、課題を持って来ていただくという連続ができますねというかたちでさせていただいたのも大変印象的な取り組みでした。保育教諭、保育士研修ですから、5回ですから、3倍速でしゃべらなくてもできましたし、ワークショップも実現可能でしたし。でもここに小学校の先生がいないということのもったいなさも、これで小学校と合同の部会だったら、SK 市は本物だと思ったんですけど。やっぱりこれは、行政の壁でしょうね、と思いました。

（中略）

○一前　YO 市の場合は、その自治体から呼ばれるということをしていて、そのうちにその園の方から「先生、見てくださいませんか」というふうに声が掛かって、そちらの園の方にも、何回か園の方に行かれたというのは、1回だけではなくて、その後アドバイスをされるようになったという意味でおっしゃったんですよね。

○ SZ 先生　これは全部 YO 市の取り組みだと思います。園の個別の取り組みではなくて。

　何回か行っているときにも、小学校からも来られていましたし。それが日常化していたというかたちでもあったと思うんです。ロングの休み時間、普通に10分、10分だったところをその取り組みによって、ロングの休み時間を取ることにしたというのも、幼小接続の取り組みの中で変わったことだったんです。

　それから、一日入学体験ということをされるようになったのも、その取り組みの中で変わったことです。

（中略）

SZ先生　また、市の全体の取り組みが発端であり、発表会は市のものではありました。でも主体的に園の工夫とか、小学校との接続で、本当に交流から張り紙一つで、遊びに来てねと言っても、誰も来なかった、卒園生も誰も来なかった園庭の間にあるフェンスを開ければ、チャイムが鳴ったら来る小学生。その目的は高学年が駆けっこ先生になって、運動会のときに速く走れるために教えてくれるという目的を持ってくるわけです。

　そして終わったら、チャイムが鳴ったら20分で戻っていく小学生を見て、「ああ、僕らはまだまだ続けてできるのに、お兄ちゃんたちは帰らなあかん時間があるんや」みたいな、その時間の制限の中で、カリキュラムが動いているということを体感を通して、学びながらというのが日常に、1コマを切り取っただけでも、それが見えるように変わっていったんです。

　そういう何度かの訪問、市としての発表会という大きな枠組みの中に、幾つかの種類のものが、主体的な取り組みも含めて、そして私が講演であったり、研修であったり、助言であったりの、あらゆるミックスされた意図的計画的であり、継続性を持っていたと言えるとは思いますけれども。それは、自治体がきっかけをつくっていただいたと言えるのかと思います。

## 5.　自治体の役割

○ネガティブ情報は、この子は問題児やから気を付けてねとか、個別の申し送り事項ということについては聞かせておいてほしいわというのはあるけれど、カリキュラム上の育てた園の取り組みとか、そのことによって何の力を付けたかということを受け止めるだけの、何がないと言ったらいいのか、ちょっとここでは学校によって違いますから言いきれませんけれども、手渡すものをお持ちの園であっても、受け取る側に「それは欲しいものじゃない」と言われたら、届ける意味もなければ、

もう本当に残念なんですよね。

　アプローチカリキュラムというかたちまでは、そこまではなっていないにしても、1月、2月、3月はこうしました。就学を見通したこういう保育を一つの転換として、ランドセルを買ってもらった子どもたちにはしてきましたと言えるものが、本当にべたな言い方をすると、それだけでも届けられたらいいと思うんですけど、受け取る側がそれを欲しがっていなかったら、そこには時間は費やされていない。

　そして、せめて研修会の中に、同じ場に身を置いて、同じ問題意識を持っていただいたら、そこからつくり上げるのは、今日来られている皆さん方がつくられますよねということが、このHG県NN市のこういう研修会であれば、次の一歩につながるというのが一番分かりやすかったんです。

（中略）

○SZ先生　NN市でも校長研修会で、話をすると「先生、来年は教頭研修で話してくれますか」とおっしゃいますよね。確かにそうですね。もう残り何年とかカウントしている校長に言うよりも、次に学校づくりを考えている教頭先生に聞いていただく方がいいですよねと言うと、「来年は、ミドルリーダーの修会で話してください」と、こういうふうに言われるところは、ある意味市全体の底上げを考えて、研修対象者を変えながら、テーマは、講師は連続させていただいていると。そういう方法についても私は、実感としては評価できるなと思うんです。

　でも、同じ校長研修に同じ講師が何度も行くというよりは、今度は違う方というかたちで企画することも求められているのが、一方、自治体側のやり方であり、市民に対する説明責任の部分とか、いろんな要素はあるのかと思います。

　私がある都道府県の教育行政評価審議会の副会長を4年させていただいたんです。そうしたら、教育行政評価の中には、この項目が入っているんです、幼小接続の。

　ところが、幼小接続100％と書くんです。私は、何が根拠の数字になっていますかと確認すると、合同研修会を実施した数なんです。分かりました。じゃあそこの参加者は幼児教育と小学校の割合をどうなんですかと質問をすると、入っていないんですね、小学校が。というように行政上の数値として表れていることについても、もう4年でだから交代しましたけど。

　そういうかたちで表れている数値が必ずしも、この幼小の合同研修会を実施している何割という中には見えてこないんだなと。私の小さな視点ですけれども、実感したり、指摘したり、答えを求めたりしているところなんです。

（中略）

○秋田　自治体の方の担当者をどう先生の方で関わって、育むというか、どういう

ふうに考えておられますか。

○ SZ先生　そうですね。ものすごくシビアなことを言いますと、指導主事レベルの質が問われると思うんです。指導主事の質というのは、この担当者になる場合には、生い立ちが小学校教員の実践者であった方と、それから幼児教育の現場から来られた方というのが、二つの種類があると思うんです、この研修に関わる方は。

　その中で問題意識はお持ちですけれども、実践者レベルの問題意識はお持ちであっても、それを今度は、指導主事の立ち位置として、何が求められているかということを十分にご理解されていない。その中で依頼された講師が、説明をまず講演の前にしないといけないレベルの方も多くなっていると思います。多くなっているという言い方は、私の依頼された範囲の中でのあまり根拠に基づかないことになってしまうかも分からないんですけれども。

　それが特に昨年まで現場におりましたという方の場合は、まだ実践者の感覚でおいでですので、これを市全体に広げていくとか、あるいは公立の場合でしたら転勤してもなお、その研修で得たことをレベルアップしていくんだとか、その地域に応じたやり方として、一般化できる力を持つために必要な研修なんだというところまでには、至っていない。だから、今年1回これをするという研修会を消化するような、中にはいらっしゃるなと思うんです。実践者としての問題意識もあります。でも、その役割とか継続性とか発展性を意識した研修会を企画なり、また、されようとしているかなという点では、市全体への働き掛けも弱いです。

　例えば、小学校の先生を参加していただくような研修会にできないんですかといったときには、こちら側の立ち位置としては、それは難しいんですと。これは行政の壁でしょうか。問題意識を持っている方でもそこで壁があって、あとは時間の調整ですよね。研修日の設定で。例えば、夏に8月に多いというのは、多くは授業が課外であるという、子どもにとっての夏季休業中の研修としては、設定がしやすい。でも子どもの実際の姿を見に行くのは、保育所はそれが可能だからってありますけど。

　そんなのを見に行っても、見る視点も持たない教員が行ったら逆効果です。「やっぱり遊んでいるだけやん」と。何を見てきたんですかと。行って、何を見てくるのか、何のために行くのかという研修を打たなければ、いくら小学校の初任者研修にそれを設定しても、それが幼小接続の理解に多くの小学校の教員の意識を変えようと思っても、難しいと思います。

　それは、自治体側の研修の企画者が、どんな視点で見てほしいとか、市の取り組みの中でここが解決していきたいところだとか、ここが成果なんだとか、よりこの

ことをつないでほしいんだとか。先生が3年生の担任であっても、こんなことをやってきた子が、入学をして3年生になっているんですよという意識を（もてるようにしてほしい）。

　そして、管理職であれば、学校づくりの中にこのことの意味が、どういう意味を持って幼小接続という研修のこのテーマが、学びの接続であるとかいうことになっているのかと。文科省が言っているからやらなきゃいけませんみたいな。

　何かこのごろ言われているでしょう、「10の姿」って知っていますみたいな。その知識も理解も大事ですけど、実際に結び付けるためには、なぜ「10の姿」として整理されたのか。それも10個がどうやって切り離せるんですか。総合的にこのことは、これにつながりますよね、じゃあ教科でいうと例えば、自分の力でつないでみたら、こういうことにつながっていますよねという、自然が理科という教科につながる手前に生活科があって、同じアサガオを育てていても、全然見方や関わり方が違うんだねとか。

　というような本当に連続性を持って、過去と未来をつなぐ現在の研修があるという。こういう両手をつなぐためにこの研修をしているんだという意識が、自治体の研修担当者に責任があるとは気の毒で言えませんけども。

　どこに働き掛ければいいのかなと思って、行った先では、これは課長にお話を聞いてもらいますとか。課長がわざわざ、必ず課長なり局長なり、また中には、教育長も同席のところ。ものすごく各府県や自治体によって、まずそこに現れる方が問題意識を持たれているような気がします。


## 6．その他、思うこと

○SZ先生　ただね、他のところもそうですけれども、取り組みが継続しているかどうかというのは、一番せっかくここまでやっているのにというのが、次の主任も一緒に研修に来ていただいていたんですよ、園長だけじゃ駄目って。でも、悲しいかな、公立には転勤によって受粉行為が広がるような拡散になればいいんですけど、転勤したらその地の中でもう種は発芽しない。土壌に肥料も水も与えられないと、種がそこに飛んでも発芽しないんですよ。それが、校長や園長だったらまた違うかなという思いもあるかなというのが、私自身のいろんな危惧であったり、今後の課題として見えているところでもありますね。

（中略）

○SZ先生　ある5歳児の担任を経験された先生は、いままで何校の小学校に行かれましたかと、そう数を聞くだけでも意識が、あっ、そんなのを考えたことがないというところから、双方始まるわけです。

（中略）

　たとえば、一番行きたい散歩コースを小学校にも一つに入れましょうと。散歩コースの一つに、小学校から10分かかるところか、地域によってはそれこそ20分もかかるところも、一番近くてもあるかも分かりませんけれど。実現可能な散歩コースのところに入れたとしたら、小学校に電話をするでしょう。そして散歩コースで小学校にもうすぐ5歳児が、「何日に行かせていただきたいですけど大丈夫ですか」と。「休み時間の何時何分だったら、小学生がみんな遊んでいる時間だったら、遊具を使わせてもらえますか」。「いや、その時間は無理です」と言われたら「この時間ですか、そのときにトイレを使わせてもらえますか」。この二つだけは、交渉をしましょうと言うんです。そうしたら、べつに幼小の連携校でなくてもなんでも、地域にある小学校で遊具とトイレぐらいを貸さないというところは、行かなくていいと言うんです。そこはやめて貸してくれるところを選びましょう。

　それは私立だろうが公立だろうが、何人行くかは希望の中で3番目でもいいですから、1回はそういう経験を、子どもたちの散歩コースを歩くという、歩いて通学するとか、横断歩道であるとか、自分の命をも守るという交通ルールも含めて。それが地域によって何を学ぶかは多様ではあるんですけれども。

　そして全部和式のトイレにまだまだ。耐震構造に関しては、優先順位で改善がなされていますけれども。トイレまで至っているところは、数値として明らかじゃないですけれども、圧倒的にまだまだ少ないです。一部の特別支援に、配慮を有する子のために多目的のトイレであったり、洋式のトイレが設定されていることは確実にありますけれども。多くのバランスで、まだまだ和式トイレが残っていて、スリッパに履き替えてという、一連の漏らす直前までのプロセスが何個あるんですかと。いったん漏らしたら、それがいじめの要因になるんですよ。

　というようなストーリーですよね。それは行かないと分からない、学校というところに。行って怖がらせるんじゃなくて、こういう場所もあるんだよ、だから園のトイレと違うところでも毎日おしっこはしたくなるから、我慢をしないで行けるようになるためには、こんな場所もあるんだよとまず知ると言うこともそうです。

　あと就学前健康診断が11月ごろにありますよね。それも私は、必ず研修会の中で言うんですけれども、小学校は就学前健康診断をしています。そのときに、本校に来る子どもさんをあらかじめ把握しているし、相談したい方はどうぞという、ちゃん

と養護教諭や心の相談のことも備えて体制を整えていますよと。小学校側は責任を果たしていることをきちっと言われるんです。

　でも、うちの子を知らない先生に誰が相談できるんですか。誰が要望できるんですか。逆でしょうと、小学校から園に行ってくださいと言っているんですけども。

　そうしたら、私の経験もそうですけれども、教頭のときに、園に行くとアウェーなんですよ、私は。そうしたら皆さんは、保護者と保育者の皆さんは、お互いが知り合っていますから、小学校にもうすぐ来られる側の教頭ですが、何かご質問なさりたいこととか、要望とかありますかと、そこから始める。と、そこから始めない人もいますよね。「小学校というところはこういうところですから、こういうところを頑張ってきてくださいね」というような、まったく真逆に入っていく人もいますよね。

　でもそうではなくて、まったくウェルカムですけど、何か心配なことがありますかという質問からいくと、私はアウェーですけど、皆さん知り合いだから、もうどんどん質問が来ますよね。

　まだ何もこの人に人質に取られないし、担任でもないし、言いたいことを言えますから本音で言うんです。小学校の先生って冷たいですよね。「はあ」みたいな話ですけど。「そうですか、どんなところでお感じでしょうか。聞かせていただけるとありがたいです」というふうに言うと、「いままで5年間、例えば、タロウ君と下の名前で呼ばれていたうちの子が、いきなり山田君と名字で呼ばれて、ものすごく距離感を感じるんです」と。「ええ、そんなことで？」と思った顔をしたらいけないんですね。「本当ですね、いままで呼ばれていた名称と違うかたちで、姓と名というかたちでいうと、例えばいきなり山田君と呼ばれたら、「誰？」みたいな認識になりますよね。4月からは、教室の中ではそうなんですけど。「お宅のお父さん会社でもいまでも、○○君と下の名前で呼ばれているんですか」と切り返すと、ものすごい嫌みな人ですけども。社会に出ると確実に上の名字で呼ばれる。その第一歩の段差、すごい大きくなった証拠、だからみんなに『僕が山田ですって分かるように返事をしようね』」と、ちょっとおうちでも声を掛けていただけるとうれしいですねと。

　これは保護者に言っているんじゃないです。保育者に言っているんです。卒業間際まであだ名や下の名前で呼ぶなということを含めて、私は研修会だと思って。それはある意味、小学校側の情報伝達の仕方として、小学校入学までに「10の姿」にこんなことがあるでしょう。こんなことまでできるように頑張って来てくださいよと言うのとは、立ち位置が違うんじゃないかと思います。それは保護者が忌憚なく

不満を持っていらっしゃる、本当に生の声が聞けるというのは、小学校から言って出かけて行ってくださいというのも、小学校の管理職には特に申し上げているし。

　その保育に関わる先生方に呼ばれ続けていた名称が変わるという、つまり、あだ名や下の名前で呼ぶことから、名字で呼ぶことに変わるときというのは、何も親や保育者が配慮をしたり、小学校側がみんなで祝ってあげたり、自信を持たせたりするかという、呼名一つ、呼名って絶対にある、通る道ですものね。

　いわば一つ取り上げただけでも幼小接続の部分での配慮だったり、みんなの前で大きな声で返事ができるという一つの姿というのは、安心して学校に行けるという一つの姿であるし。誰かがそのことを伝えていかなければ、いつまでたっても小学校の教員の意識と幼児教育に関わる保育者の意識というのは、責任転嫁で。

（中略）

○SZ先生　文化が違うとかカリキュラムが違うというのが、一言で言うのはたやすいですけども。そんなことしなくても、知らない間に馴染んでいくよというような方もいらっしゃいますけども、知らない間に馴染める子もいますけど、その安全ピンの名札の例だったり、エプロンのリボンだったり、名前一つ、今年でも帰り道に迷子になった子は何人もいますよ。そんな集団下校で1軒ずつ送り届けられませんものね。多くの人が立つところにお迎えに来ている親は、連れて帰りますけど、そうじゃない子どもさんはそこから一人で帰るわけで、スクールバスでとか、送り迎えをされていた生活からいきなり。それは安全の事故例や犯罪のデータを見ても、入学期の登校時、下校時の犯罪のデータは数として明らかにこれはなっていますから。安全教育も含め、そして生活自立の部分も大事なことですね。

## 3　大学教師（4名）

### ⑨【RJ先生】

#### 1．経験や背景

○RJ先生　講演が1回と、研修講師が7回です。それでそのうち、保幼小連携接続というところを中心にしたテーマだったのが、そのうちの6回です。

○秋田　それは同じ自治体ですか。

○RJ先生　違う自治体です。三つの自治体でお話しさせていただいていて、そのうち二つが、保幼小連携接続のみです。

　一つの自治体は、3年間毎年行かせていただいていたんですけれども。最初の2年は幼稚園の方の研究、3年とも幼稚園の研究発表ではあるんですけども。

　1年目は「ごっこ遊び」、2年目が「異年齢の関わり」というテーマで、3年目が「異年齢の関わりの中で、幼小接続連携・交流」というようなテーマだったかたちになります。

　その遊びとか、異年齢のというところには、公立幼稚園の研究発表会と幼保小教育研究会というのが兼ねているというような状況で。それで幼稚園の先生が1年間研究をしてきたことを発表されて、当日は公開保育もして、その上で、小学校の先生と保育園の先生もいらっしゃって、それで皆さんでその幼稚園の先生方の発表を聞いて、最後に私が講演というか、講評するというような感じの流れの自治体でした。

○秋田　それは何人ぐらいの方が、研修に参加されていたのでしょうか？

○RJ先生　30、40人ぐらいいらっしゃったと思います。全部合わせて。

○秋田　小学校も。

○RJ先生　はい。公立の小学校、公立の保育園、公立の幼稚園の全ての園から1名ずつは必ず参加をしていて、私立も声は掛けていて、一部はいらしていたというような感じでした。なので、純粋に連携という、接続というよりは、幼稚園側からの研究発表をみんなで聞くというようなかたちです。

　ですので、そこの自治体では、先ほど少しお話をしたように、幼稚園の先生方の研究の発表をされた内容と、公開保育を見てというところの二つの話をつなげて、私の方で最後にお話しさせていただくというようなかたちで進めるという感じでした。

○RJ先生　その自治体は、3年間1回ずつなので、3回です。

○秋田　計6回ということは、残り3回は、他の3回。

○RJ先生　他の3回は、一つは、X区なんですけど。X区の方は、保幼小の接続の2017年、2018年、2019年と3年連続で同じ時期に研修というかたちで、そこに参加されているのも保育園の先生、幼稚園の先生、小学校の先生で、幼保に関しては、公私立両方の参加でした。小学校は公立です。

## 2．意識や工夫

○RJ先生　2017年の研修では、幼小連携とか接続の背景とか目的というような概要の話と、幼児教育、どちらかというと小学校の先生たちに、幼児教育のようなことを知ってもらいたかったということもあって。遊びの話とか、その中で子どもたちがどんなことを経験しているのかというものをお話しさせていただいた後に、そのときに新しい要領とか指針が出てくるときだったので、その中身、そこでの接続とかという考え方のお話をさせていただきました。

　2018年は、やはり担当の先生が小学校の場合は替わったりするので、保育園とか幼稚園の先生の参加は同じ人だったりするんですけど、小学校の先生が違うので、やはり毎年「保幼小連携接続の背景と目的」と同じ概要の話を最初にしてから、新しい要領とか指針と学習指導要領とか指針の話とかの中での接続の考え方について、もうちょっと詳しく話をして、あと他の自治体で、どういうふうに取り組まれているかというようなところで、面白い事例とかがあればお話しさせていただいた後、ちょうどX区が接続期カリキュラムの改訂をしていたところだったので、それをいま改訂をしているということと、学習指導要領が変わっていくというところのつながりがあって、これからこういうものができてくるので、よろしくお願いしますみたいな紹介をさせていただきました。

　2019年では、また背景と目的の話をした後、そのときにはX区の接続期カリキュラムの改訂版ができたので、その中身と子どもの生活だったり、学習だったりというところを、小学校入学式に翌日と2週間後に見学をさせていただいたときの子どもたちの様子というところを合わせて、写真でその接続期カリキュラムの内容と、子どもたちの経験がどうつながっているかというような観点から、少しお話しさせていただいたというような感じです。

○秋田　結構準備を2019年には、もう講演とか研修のために、あらかじめその園に伺って、講師側が写真を撮ったりということをされている。

○ RJ 先生　その講演のためにというよりは、接続期カリキュラムをつくっていく過程の中で、教育委員会の指導主事さんたちが、「先生、小学校へ行ってみない？」と誘ってくださって、それでぜひと言って、入学式とかご一緒させていただきました。それが接続期カリキュラムの内容とつながるものだったりとか、私自身もすごくいろいろ学ばせていただくところが本当に多かったので、そのあたりをちょっとつないで。私も入学式とか入学式直後の学校には入ったことがなかったので、そのあたりを、思ったところを一緒に考えていけたらなというかたちで、準備というよりは、それを見せていただいたので、つないで話したという感じです。

○秋田　2018年の他自治体の取り組みの「他」というのは、具体的には、どういうところのものを紹介されているんですか。

○ RJ 先生　そのときは、まずY園の話と、あと KT 市の、それとさっき最初のお話をしたのが、実際にV市なんですけど。そのV市が幼保小の交流というところから、本を出されていて。そこでどういうふうに園の先生や、幼稚園と小学校と保育園、幼稚園だけじゃなくて、幼稚園と保育園の先生が、お互いの価値を交流させるのにすごく苦労したという話も書いてあって。そういうことも含めての接続というところでお話ししたら面白いかなというふうに思ったので、そのV市の事例で、乳幼児教育カリキュラムが作成されていく過程みたいなものについて、紹介をさせていただきました。

　あと TN 市が、カリキュラムというよりも、ご家庭向けに小学校に上がっていくお子さんの保護者の方向けに、「ドキドキワクワク TN っ子」というのを出していて、そこの中に結構保護者にとって小学校ってどんな場所なのかとか、どういうことを準備しておけばいいのかという心構えというか、そういう見通しにつながるようなリーフレットがあるので、それについてもちょっと面白いなと思って。やっぱり接続をしていくという観点を考えたときに、子どものこととか先生間だけじゃなくて、家庭だったり、地域だったりということも考えていく、という視点というものを紹介させていただきました。

○秋田　ありがとうございます。

○ RJ 先生　あと一つの自治体は、本年度、Q区なんですけど、こちらの方は、もともと2020年の１月に、幼保小の接続連携の研究をしていらっしゃる研究発表に対して、研究発表があって、その後に講演をしてほしいという依頼のお話だったんですけど。そのお話をお受けしたところ、幼稚園の先生に先に話してほしいという依頼が来ましたので、その話を１月にする前に、前の11月に「保幼小連携、就学前教育と小学校教育の円滑な接続について」というテーマで話してくださいということ

で。

　「幼保小の接続連携の背景・目的」と「新要領の指針と接続の考え方」と「接続期のカリキュラム」、カリキュラムをちょうどつくられているというところだったので、接続期のカリキュラムってどういうものなのかみたいなものの話をしてほしいということだったので、そういった話をしました。

　もともと最初の話のお話の1月の方も、同じような内容ではあるんですけども。そちらの方は、午後に、幼稚園の保育を見て、その後に小学校1年生と2年生の授業を見せていただいて、その後に、幼稚園の先生と小学校の先生が研究されたことの発表があって、その後に講演というかたちだったので、その講演の中では、いまお話ししたような話、プラス公開保育だったり、公開授業の中で見せていただいた内容と、Q区でつくられている接続カリキュラムをちょっと関連付けてお話をさせていただきました。

（中略）

○天野　3年間そうやって積み重ねてこられたと思うんですけど、やっぱり小学校の先生は異動があって、入れ替わってしまうと思うんですけど。そのあたりにうまく順調に、昨年やったことを次の年にうまく重ねていくときに、もう一回概要は話さないといけないとさっきおっしゃったと思うんですけど。そのあたりの、積み重ねていこうとするんだけど、異動で難しいとか、もうちょっとそのあたりを聞かせていただけると。やりにくさとか、何か工夫とかあれば。

○RJ先生　そこは本当に難しいなと思っています。特に小学校の先生が異動されてしまうことというのは。なので、そこは正直、概要を話すことぐらいしかできなくて。ただ、何か去年はこういう話をしましたというのを、ほんのちょっとだけ話をさせていただいています。一方的に私がお話をするという講演ではなくて、研修の場合は、全て私が関わらせていただいたところは、保育園、幼稚園、小学校、皆さんいらっしゃっているので、講習とか園が違う人たちで、ちょっと話し合う時間を持っていただいていたりはするので、その中で出てきた意見だったりとかを、こういう意見が去年は出ていましたというようなお話をさせていただいています。

（中略）

○秋田　RJ先生が言われた話し合う時間を持つということについて、もうちょっと詳しく、どういうグループでどれぐらいの時間、何について話し合ってもらうような工夫をされているんですか。

○RJ先生　保幼小、さっき全部の保幼小が参加していると言ったんですけれども。Q区の1月の幼小の研究発表については全部だったんですけど、11月については幼

稚園の先生だけでした。すみません、公立幼稚園の先生だけでした。

　それぞれ、その年によっても違うんですけど、自治体によっても違うんですが。

　まずX区については、幼児教育と遊びの話を1年目に、2017年にさせていただいたときは、子どもが遊んでいる映像を見ていただいて、それで座る場所が最初の年は、確か座っている場所が、幼稚園の先生は幼稚園の先生で座って、小学校の先生は小学校の先生で座ってみたいな感じだったので。そういうふうに座っておられていたんです。なので、それぞれが話して、小学校の先生で話し合ったこと、幼稚園の先生で話し合ったことというのを、遊びの映像を見て話し合っていただいたことを発表していただいたら、全然見ているところがやっぱり違っていて、お互いに驚いていらっしゃって。そこから逆に小学校の先生が、「幼稚園の先生ってこんなことを見ているんだ、すごい」ということが起きたりとするような感じでした。

　なので、映像がだいたい3分ぐらいで、話し合う時間が10分から15分ぐらいで、発表時間が5分ぐらいというような感じです。それについてその後、私がコメントをさせていただいてというような感じでした。

　2018年の方では、その2017年の研修の様子を見ていた指導主事さんが、今年は座る場所を混合にしようと思ってくださって、保育園、幼稚園、小学校が混ざるように座る場所をしてくださいました。

　そのときは、ちょうど幼小というところで、どういうふうに接続していくかというので、お互いにどんなことを望むのかということだったりとか。小学校に上がる前に、幼稚園や保育園の子どもたちに経験してきてほしいなということとか。あと逆に、幼稚園、保育園の先生が小学校の先生に、うちの子たちが上がった後、こういうことを大事に見てほしいなというようなことだったり。そのために何かしていることとかがあったら、話してくださいというようなことをお願いして、そのときは結構時間を取りました。20分、30分は取った気がします。できるだけ話し合っていただけたらと思って。20分か25分ぐらい話して、5分か10分発表をしていただくというような感じでした。

　2019年は、その「アプローチ・スタートカリキュラム」の内容だったので、それに絡みつつ、でも2018年と同じように、就学をしていくというようなところで、何か取り組んでいることをもうちょっと具体的に、お互いに望むことというよりは、具体的に取り組んでいるところというので、お話しいただいたというような感じです。時間は2018年と同じぐらいです。

（中略）

○―前　例えば、何分映像を見てとか、このぐらいお話の時間を設けてというふう

に、講師の先生の方にある程度そういう組み立てというか、自由裁量の部分というのは結構あるんですか、あるいは内容についてもどうなんでしょうか。いま、お話を伺っていると、講師の先生の希望をある程度入れて、研修の方に反映されているのかなというふうに感じたんですけれども。それはやはり自治体によりますでしょうか。

○RJ先生　自治体というかほとんどが、このテーマですという、X区とQ区に関しては、テーマと、最初はテーマだけだったりするんですけど、資料がないと、そこの自治体がどういう実態なのかとかが分からないので、資料とかを送りいただいたり、あと各自治体の接続とかの課題と指導というものがあったりとか、その指導主事の方から見て、どういうふうに園や学校の先生たちが取り組まれているかということを、逆に私が先に質問をさせていただいて、それをちょっと教えていただいた上で、組み立てをこんな感じにしたいんですけど、どうですかと一回伺っています。

○一前　講師の先生からの提案を受け入れていただいて、内容と話し合う時間をこれぐらいみたいなところの提案も、先生の方からされたりというような感じですか。

○RJ先生　そうですね。でも、X区とかは、2年目、3年目については、違う先生方が話し合う時間をつくってくださいという要望がありました。そういう座席にするので、話し合えるようにしてくださいと。

○一前　先生の前の年の、こういうことをやったというのを見てひらめいたというか、その内容を担当の方も「これがいいかな」というかたちで、次の年に提案されたというようにも、お話の流れを伺うと見えます。それだけではなくて、他の自治体の研修なども参考にされて決めたのだろうとは思いますけど。

○RJ先生　ちょっとそのあたりの経緯は、2017年から2018年に至っての経緯は分からないんですけど。でも、何かそういう違いが見えたのがよかったからというような、何かもっと交流をしてほしいと思ってとはおっしゃっていました。

（中略）

○秋田　いまの部分で、もうちょっと伺えるとありがたいんですけど。接続以外の区の施策みたいなものによって、やっぱり難しさが出てくるというのは、すごくよく分かるんですけど。そうすると例えば、その研修の講師が、その研修のそこの幼小接続の全般的なことを知っているというだけじゃなくて、その自治体の施策みたいなことがある程度分かっていることが、やっぱりうまくそこの自治体とつながっていくのに大事なこととしてやっていらっしゃるんですか。

○RJ先生　そうですね。これは研修として、うまくやれるかどうかというだけで

はなくて、私は、個人的にそういうカリキュラムとかプログラムだったりとか、そういったものの策定みたいなところの委員をさせていただいたことで、出てきた葛藤というか。

　だから本当に保幼小のことだけを見ているということであれば、逆に純粋に保幼小接続のことだけを、もしかすると考えてお話ししていたかもなとは思っていて。

　でも、同時に、保幼小の接続のカリキュラムの改訂版をつくるというところが始まった直後ぐらいに、保育の質のガイドラインの策定の委員になってくださいということで依頼が来て、それもちょっとお引き受けをして。なので、だんだん最初は、保幼小のところだけをどちらかというと、その自治体については見ていたのが、保育園の方も見るようになり、そしてさらに実は、公立保育園の民営化の委員もお願いされてというような、何かだんだん事情が、その自治体の保育の事情が広がっていく中で、自分の中では、まだ正直それを保幼小連携にどうつなげていくのかというのが、いますごく実は難しいところです。

　来週もちょっと乳幼児教育のプログラムの会議があるんですけど。やっぱりその接続期のところだけでカリキュラムをつくっていたのが、乳幼児からつないでと、下から子どもたちの育ちをつなげてというふうになっていくと、どうしても接続期とここまでのつながりが、また違うという話になってきそうで。そうすると、また私の中で接続期の考え方の見直しが、きっとこれから起きるんだろうなとは思っています。なので、それを知っていることが、より保幼小の接続にとっていいことになるかはちょっと分からないですし、それをいいふうに持っていけるのか、いまの時点で自信は正直ないんですけど。でも、そこはしっかり先生方にも伺ってみたいなとは思っています。

（中略）

〇秋田　保育の研修だと保育者が全部対象なのに対して、保幼小の場合だと小学校の先生と保育園や幼稚園の先生という、ある種対象をかなりやはり意識をして、力点とかがそのどのベースに合わせて、両方に入るように内容とか対応を意識されているという感じですかね。

〇RJ先生　そうですね。ただ、本当に正直なところ、私自身が小学校のことをそこまでよく知らないという部分とかもあって。なので、そのあたりが自分の中の課題だなと思っているんです。小学校の先生側からどういうふうに見えるか。

　今年実はQ区で校内研修に行かせていただくことになりまして。それでまたそこでいろいろ教えていただこうとは思っているんですけど。

　小学校の先生がどのようにものを見ているのかというところは、まだ自分にも十

分には分かっていない。十分に保育園、幼稚園の先生の見方も分かっていないんですけど、小学校の先生の方は特に分からないなという部分はあります。

　ただ、カリキュラム上において、それぞれの自治体で大事にされているところはやはりカリキュラムに載っている部分はあるので。

　例えば幼稚園で見せていただいた保育が小学校のカリキュラムというところから見たときに、どんな経験につながっていくだろうかとか。

　あと、逆に小学校で授業を見せていただいたときに子どもたちが、この前見せていただいた授業は国語の詩とかを読んで、それでその子どもたちがそれを自分たちでどのように読むかを考えて発表するという授業だったんですけど。

　それを見ていると、幼稚園の方で子どもたちがままごと遊びというのでもないですが、何かつくりながら宇宙人が来たみたいなイメージを膨らませて遊んでいる姿とかがあって。

　そういうところからイメージしたりだとか、そういう言葉の面白さだったり、そのリズムだったりみたいなところのつながりが、このようにつながっているんだなと思った部分はあったので。

　その子どもたちの育ちの。先生たちがどう見ているかというところは私にもまだ難しいんですけど。

　子どもの育ちが小学校の学習とどうつながっていくのかなというところは、少しお話をQ区ではさせていただきました。

○秋田　スタンスとしては、だからどうその子どもの学びがつながっているのかというのを、幼小の両方の先生にお伝えするスタンスとして大事にされている。

○RJ先生　そうですね。子どもの学びとか、子どもの経験というところから、先生がどう指導するかということよりも、子どもたちがこういう経験をしているのではないかというようなこととか、子どもたちがこう育っていっているのではないかという、子どもの目からということを大事にしている気がします。いま先生に言っていただいて。

　それがどう起きたかといったときに、例えば幼稚園だと物の置き方だったりとか、そういったものの環境だったり、先生が言葉を掛けていらっしゃったりとかいうところが、やはりそのイメージを膨らませたりとか。

　あと、小学校の方も子どもたちに。もう一個見た授業が三角形をつなげてかたちをつくるという授業だったんですけれども。

　三角形を二つ、三つとかつなげてかたちをつくるといったときに、小学校の先生の言葉の使い方が面白くて。重ねるではなくて、「ここをくっつけるんだよ」とい

う。算数の授業なのに、結構その三角形を組み合わせることについての言葉をすごくいろんな語彙を使って説明されていたんです。それがすごく面白くて。

　そういう、子どもたちのその後の発表とかいろいろつくるという過程とかも、やはりその先生が最初におっしゃられた言葉の使い方というのが、すごく子どもたちの三角形をつなげてつくっていくというところとつながっているように見えたので。その子どもたちのそういった姿というのは、そういう先生の話とかから来ているのかなと思いました。

　なので、子どもたちの目線とか子どもたちの育ちを、先生たちの言葉や環境構成がどう支えているかということも一緒にお話しするようには心掛けています。
（中略）
○秋田　RJ先生の場合は、よく自治体からこれで講演してくださいと基本タイトル、大きめのタイトルが来るではないですか。それに対して、RJ先生独自のタイトルをこんな感じですかと付け直して、ご自分の講話のタイトルでやるんですかね。

　その辺が私は、基本は「与えられたら何でもそのお題で話します」と言っているんです。だから自分では決めないで、向こうのやってほしいものに合わせてみるということをしているんですけど。わりとやりとりして調整されて付けられるんですか。
○RJ先生　タイトルはいただいたままです。
○秋田　なるほど。
○RJ先生　むしろタイトルはいただいたままで、大きいので。ただ、私は大き過ぎると分からない。自分が正直分からないので、大き過ぎるとどこを話していったらいいかが分からないので、自治体の方にお伺いしてその中身を、構成を決めていくときに少し狭めるというような感じですね。なのでタイトルはそのままです。
○秋田　分かりました。そのときの時間的にたぶん90分研修とか、2時間研修とか、だいたいどっちか。60分、90分、2時間とか、その話し合いを入れると2時間半とかまであると思うんですけど。どれぐらいが講演としてとか、研修として保幼小の場合、有効な感じをお持ちなんですか。
○RJ先生　一方的に話す講演だと短くていいかなと思ってしまうんですよね。なので45分とか、長くて1時間とか。話を聞いている方も大変だなと思ってしまうので、短い中で何か考えていただけたらその方がいいのかな、長く話すよりはと思います。

　あと、話し合いをするとしたら、やはりそれなりに時間を取った方が交流できたりとかがすると思うので。だいたい私の話を1時間ちょっとと、先生方の話を30分

とか1時間半から2時間ぐらいに。話し合いを入れるとしたらそれぐらいの時間がいいかなとは思います。

○秋田　そのときはあれですか。例えば話し合っていただくのに、講師の方から例えばポストイットを準備してくださいとか、模造紙を準備してくださいとか、いろいろ研修によってはあるように思うのですが、どのようにされると有効かなと。

　逆に講演の中に話し合いを入れるから、特にそちらの委員会にそういうことは要求しないけど、自分の中でコーディネートするみたいな感じですか。

○RJ先生　私は、V市の方は先生方がデザインされていたので、ポストイットとかは何も言わずに出てきてという感じでした。

　でも他の自治体もだいたい「使いますか」と聞かれます。自治体の方から「付箋は使いますか、何か必要な道具はありますか」という。結構いろんな研修でやはり付箋を使う研修とかされてきているのもあると思うんですけど。でも使ったり使わなかったりですね。

（中略）

○秋田　ご参加の先生たちが発表したり、話し合ったりしているのを聞いて、そこの中で準備していたものを柔軟に、ある種手持ちのもので、多少アレンジしたりしながら講演というか、研修のまとめとか、講評とかに使ったりしているという感じですか。

○RJ先生　そこまで柔軟にはできないんですけど。

　基本的には自分がつくっていったものの中で。それと先生方が話し合っていることだったり、出てきたトピックだったりとかをつなげて、自分がつくったスライドに補足をしたりとか。ここはこう書いてあるけど、実際違う部分もあるよねみたいな話になってしまったりとかすることとかもあるんですけど。

　でも、子どもの話ですごく先生たちが話し合いが深まっているなということを感じたりとかしたときに、やはり1枚写真がビジュアルとしてあると、残るかなと思って。言葉で話したことがもう一回それで視覚で見て、先生がお話しされたことなんですけど、実は別の園でこういうのもあってみたいなふうに、一回視覚的に子どもの顔が見えると、よりそれが残ってくださるかなと思って。そういうふうに特に写真を入れるというのは、そんなに多いわけではないですけど、やります。

○秋田　特に保幼小の連携だと、こういう写真がいいというのはありますか。

○RJ先生　保幼小連携だと、こういう写真がいいよですか。

○秋田　いろいろその内容によってたぶん写真は違うと思うんですけど。

○RJ先生　はい。逆に先生、何かありますか。

○秋田　いや、もちろん結構定番のものはあるんですけど。

　幼稚園と小学校は実はこんなふうに共通だよねみたいなことを。小学校でもこんな子もいるけど、こんな困った子もいて、ほら、みんな生き生きしているけど、こうやって落ちこぼれている子も実はいて。これは幼児とも同じだよねみたいな写真とか。何か経験の連続みたいなのに写真を小と幼を、だから両方準備することは結構するんですね。

○RJ先生　はい。そうですね。あと、私が結構使うのが、ずれが見える写真を使います。

（中略）

○RJ先生　5歳児と2年生の体育の授業で交流をするというもので。小学校2年生の方は「跳ぶ」という単元で、いろんな跳び方をするというものの授業に5歳児が参加するという。一緒にやるというので。

　それで小学校の2年生の方は幼稚園児を迎え入れるのだから、道具の準備とか片付けとかお兄ちゃん、お姉ちゃんがやってあげなさいみたいに、たぶん学校の先生が指導をされていて。それで何かこう、持ってあげるんですけれど。でもこう後ろから5歳児は付いて行って自分が何かしたい気持ちが満々なのにみたいな感じで付いていく子とか。

　あと逆に、中には5歳児がやりたい気持ちを察した2年生とかが、2年生が5歳児に持たせてあげて自分は後ろから付いて行くという、ちょっと対比的な写真をお見せしたりとか。

　あと、ゴム跳びで跳び越えるというものをつくるというものなんですけれど。高さが足りないという写真。これだと低いから。高くしたいということになったときに、5歳児が考えたのは、こうやってペットボトルで積み上げる。その上に載せるという。

　たぶん幼稚園の中で高さが足りなかったら箱を積むとか。積み木を積むとか、そういう経験をしているからこうなると思うんですけれど。でも小学校の方の2年生の子どもたちの高くするは、この三角コーンを使って、そこに輪っかにゴムをつなげたものを掛けることによって高くするという。この方法の違いみたいなところが。

　5歳児は5歳児でちゃんと考えているんだけれど。2年生が学校の先生に「高くするときはね、こうしようね」と言われているものと違ったときに、2年生は「こうした方がいいよ」と言ってやって。それが5歳児がそれを見て結構がっかりしている。

　だけれど、5歳児だってこうやって自分たちの幼稚園での経験を使って考えてい

るという。そういうずれみたいな感じなものを使ってしまうことが結構あります。効果的というよりも、私の好みかもしれません。

## 3. 講師の役割

○一前　研修の講師をなさることが、保幼小連携の研修にとって、どういう役割を果たされていると思われますか。

　自治体は自治体で、こういうことをお願いしますと、目的を持って先生にご依頼されると思うんですけれども。先生としては、この時間の中でこれは伝えたいなとか、ここだけは言っておかねばとか、自治体の方はこれを言っていらっしゃらなかったけど、ここのところは伝えたいなとかいうようなかたちで。狙いを持っていらっしゃるところは、どんなところにありますでしょうか。

○RJ先生　やっぱりそれぞれの講習と講師も違えば、園や学校の文化もそれぞれ違うと思うので、お互いを知らなかったりとか、そこに興味を持つってすごく大事だなと思っているので。

　どういうふうにつながっていくのかは、それぞれの学校だったり園の先生たちが考えていかれる部分かもしれないんですけど。そのつなぐ最初の、何と言うか、のりを貼ろうとするところというか、お互いに目を向けていただくきっかけをつくるということだったり。

　でも一方で、3年間させていただいたところだと、1年目とかは本当に、お互いに目を向けてくださるだけでいいなと思っていたんですけど。2年目、3年目というふうになってくると、その相手の講習からとか、他の園とか学校から気付いたことからさらに、どういうことをしているんだろうという興味を深めていただけたらという部分を、ちょっと疑問だったりとか、そういったものを引き出せたらいいなということは思うようになりました。

（中略）

○一前　保幼小連携を中心にした研修と、特に保幼小連携をテーマとしていない研修の内容は、先生の中では近づいてきている感じでしょうか。それとも保幼小連携以外の保育の研修と比べた場合の、保幼小連携というテーマの研修で大切にされていることとか、これはお伝えしなければというふうに感じていることはありますか。あるいは逆に、そこの垣根ってだんだんなくなっているんじゃないということでもいいんですけれども、先生のお考えをお聞かせください。

○ RJ 先生　そうですね。垣根は自分の中ではなくなっている気はするんですけれども。でも、やはり学校の先生たちには学校の先生のものの見方があって、幼稚園や保育園の先生たちには、その各幼稚園や保育園のものの見方があるので。

　ですので、自分の中では、垣根はもしかするといまおっしゃってくださったように、なくなってきているかもしれないけれども。でも、私の見方をそのまま語るというよりは、学校の先生からはここを見ていただけるとうれしいなとか、保育園の先生にはここを意識していただけるとうれしいなというところは変わっていないかなとは思います。

（中略）

○ RJ 先生　私は園とか学校の先生たちの課題意識だったり、いろんなことをお互いにしてみたいみたいなものから研修が始まっていくといいのかなと、その研修に呼んでいただいて思いました。

○秋田　そのときの講師の役割というのは、どうなっていくといいのかなと思われていますか。

○ RJ 先生　例えば、互いの質問の中には逆にすごく答えづらい質問もあるとか。その先生が、保育園や幼稚園の先生というところで答えづらかったりとか。

　逆に答えた先生の、講習とかの考え全体というよりも、その人の結構独断というか、思いが強いお話をされる方とかも中にはいらっしゃったので。

　講師に最後に何か一言求められたときに、そのあたりはそういった部分と、その先生のことを悪く言うとかではなくて、こういうのもあったり、こういうのもあるかもしれませんねみたいに少し濁してみたりというような。そういう答えの幅を少し広げるというか。

　あと、質問も結構偏る部分もあったんですね。やはり小学校の先生たちに幼保の先生が質問することの中で多かったのが、どんな方法で準備しておけばいいですかみたいなことがやはりすごく多かったんです。

　でも小学校の先生のお答えは、「何かを準備するというよりも、とにかくいっぱい今日みたいに遊んできてほしい」と言ってくださった先生で。でも先生たちの顔を見ていると、幼稚園、保育園の先生たちの中には、それに対して私の欲しかった答えではなかったみたいな顔をされている方も中にはいらっしゃったので。

　なのでちょっとおこがましいですけど少し補足というか、その遊んできてほしいといった意味がどういうことなのかということを、少し付け加えさせていただいたりとかはしました。

　なので、そういう意味でもやはりつなぐということなのかなとは思います。間を

埋めてみたりとか。

○一前 保育者側の先生方と、小学校側の先生方とが集まってお話をすれば意義ある話し合いというのができるのだけれども。

少しここが抜け落ちているからここを補足しますねということも、講師の先生の役目としては結構重要なのではないかということになりますか。

○RJ 先生 そうかもしれないですね。あとは、やはりいまだとスタートカリキュラムだったりとか。あと自治体だったりとか、そこが求められている「ここを押さえてほしい」というところをテーマとしていただいているので、そこと関連付けたりはしようとしているかなという気はします。

○一前 個々の様子をつないでいく役目を果たされているというようなことでしょうか。

○RJ 先生 役目を果たせるといいなという感じですね。果たせているというよりは。

## 4．印象に残る取り組み

○一前 研修の進め方としては、こういうやり方は効果的に感じるというような要素というのはありますでしょうか。

○RJ 先生 個人的に私が話すというよりは、先生たちが主体的に考えて研修デザインされているときの方が、学びが深まったり交流されているなという感じがします。

例えばV市で、V市の3年目のときにテーマが幼小連携、異年齢交流なんですけれども。異年齢交流の異年齢の範ちゅうが2017年のときは4歳児との交流だったのが、2018年は小学校1年生との交流にというような感じでのテーマだったので。結果的に連携・接続みたいな話だったんですけど。

その2018年の研修のときには幼稚園の先生と小学校の先生の方で少し考えて、お互いに知りたいことという、「お互いへの質問コーナーみたいなものを今日はやります」とおっしゃって。それは面白いですねという。

なので、その研修は最初に公開保育を見て、その後に幼稚園の先生と保育園の先生と小学校の先生が一つのグループで幾つかのグループに分かれて話を。

今日の保育について考えたこととかを話し合うというのと同時に、前もって幼稚園の先生、保育園の先生は小学校に、小学校の先生は幼稚園、保育園の先生にとい

うので、質問を付箋に書いてきてもらっていたみたいで。途中で書いてもらったのかな、ごめんなさい、ちょっとどっちだったか忘れたんですけど。

　それでそれを付箋でぺたぺた貼って、そんなにたくさん質問が出ていたわけではないんですけど。それについて質問コーナーで幼稚園の先生、園長先生が司会を、幼稚園の先生だったかな、司会をして。

　それでその質問について「答えてくれる先生」と言って、小学校の先生からの質問には幼稚園の先生を当てて質問に答えてもらう。それでまた逆というような感じのコーナーは結構盛り上がっていたので、それを踏まえて最後に私が講演させていただくというような感じだったので。

　結構それによって自分たちの質問が浮かばなかった先生たちにとっても、もっと知りたいとか、もっと相手に興味を持つみたいなきっかけになってからの話だったので。

　結構テーマ的なものもあるかもしれないんですけど、お互い、私の講演の後に先生方がその後も話を校種の違う先生たち同士でしていたというのが印象的だったというのがあります。


## 5．自治体の役割

○天野　何か自治体の方から、小学校教員の移動に伴う保幼小連携への影響についてのことは事前におっしゃられていましたか。

○RJ先生　一つの自治体はありました。入れ替わってしまうんですよねみたいな。でも、特にそれに対して私に何かを意識してくださいというようなご要望はなかったです。

（中略）

○秋田　RJ先生が研修をご担当されている間の指導主事の方が、例えば2017年を見て、2018年に替わられた？もしくは、ご担当は、この3年間同じ方が担当されている。

○RJ先生　そうですね、2017、2018、2019年は全部同じ方です。

○秋田　同じ指導主事。分かりました。

（中略）

○秋田　いま三つの市区で先生が担当されて、やっぱり課題はかなり3市で違うと感じられて、そこに応じたかたちにされているという感じですか。課題って上がっ

てくるのは、共通のものですか。

○RJ先生　だいたいやっぱり共通ですね。ちょっとV市はもともと幼稚園の研究なので、少し性質が違うんですけど。X区とQ区については、やっぱりカリキュラムをつくったりとか、研究をしたりとかはしているけれども、やっぱり特に小学校側の先生の意識というようなところが、なかなかその先生によってというところが、違いが大きくて、というところはおっしゃって。あと学校、校長先生によってというようなことをおっしゃっていて。それはV市の指導主事さんとも、V市は基本的に幼稚園の園長先生とか、その園の研修担当の先生とのやりとりが中心だったんですけど。当日は、指導主事の方もいらっしゃってとか。

　あと、前打ち合わせを毎年お願いさせていただいていたんですけど。そこに指導主事さんが来られるときもあって、そのときには、学校の先生によるんですよねというようなことをおっしゃっていました。なので、ちょっとそのあたりが、共通して上がってくる部分です。

　自治体によって違うというよりは、特にスタートカリキュラムをつくらなければいけないというふうなことが迫ってきたときに、そこの意識をどういうふうに持ってもらうかという、年度でちょっと違う感じがしました。

○秋田　確認ですが、指導主事は、教育委員会のいわゆる幼稚園担当の指導主事になるのか、いわゆる小学校の指導主事が幼小連携の担当になっているんですか。

○RJ先生　どの自治体も、もともと小学校の先生だった方が指導主事です。ただ、X区については、最近知ったんですけど、その方は幼稚園の免許を持っている指導主事さんだったということが分かりました。

　なので、どこの自治体も小学校の指導主事、小学校の先生だった方というか、小学校の出身の方ですけど。ただ、どこの自治体も、幼稚園の教育というものに、すごく熱心な方ばかりでした。

　なので、結構幼稚園へ行かれて、幼稚園のお話を聞かれたりとかということをされている先生方ばかりでした。

○天野　保育園とはどうですか。幼稚園と小学校というのはすごくあるでしょうが、保育園とのつながりみたいなものは。

○RJ先生　保育園については、ちょっとその研修というものに、V市は、採用自体が幼保で採るんです。幼稚園の先生と幼稚園の免許と保育士を持っている人を採って、それでどこに採用されるのか分からないので。

　採用の仕方なので、比較的保育園の方も、指導主事の方が回っているのか分からないんですけど、結構交流というか、一緒に何かをするみたいなことの研修をする

機会がすごく多かったり。あと先生自体も幼稚園の先生が保育園に行ったり、保育園の先生が幼稚園に行ったりというふうになるので。なので、そのあたりは、比較的指導主事の方がどう関わっているかは分からないんですけれども、結構交流はされているような印象です。

　X区は、それでも教育委員会の課長だった方が、保育課の課長になって、保育課の課長が教育委員会の課長になってという人事異動をされたりとかしているところなので、比較的一緒に研修を進めようとか、一緒に何かをしようとかはされているけれども。実際のやっぱり保育所については、特に待機児童の問題とかもあるというか、いま0といわれているんですけど。0というか、待機児童は減ったんですけど。

　でも、やっぱり、どちらかというと保育課の方は、小規模の保育所とか、そういったものの質をどう上げていくのかというところをものすごく課題にされているなというような。そういったところで、すごく悩まれているなという感じもして。

　何かちょっと課題がそれぞれ、逆に幼稚園は、子どもの数が減ってくるという中で、どうしていくのか。また、こども園だったりとかという話もちょっと出てきたり。そういう接続というところ以外での、それぞれの区の施策みたいなところとも相まって。何かそのあたりが難しいなと感じています。

　いま、そのアプローチカリキュラム、スタートカリキュラムの接続期カリキュラムができて、今度は0から5というもののカリキュラムをX区はつくられていて、検討委員として入れていただいているんですけど。そのあたりが、接続の話と乳幼児教育とか保育という部分の、0、1、2、3、4、5ということの経験を積み重ねていくというところと、何かちょっとそのあたりのつながりをどういうふうに考えていくのかといところが、すごく難しい。特にその現場の先生たちの思いを、またその自治体の人たちが、こういうふうに向けていきたいという思いとの違いも含めて。

　なので、指導主事の人がどう関わられているかというと、それぞれがたぶん連携をされている自治体の方だと思うんですけど。

（中略）

○天野　自治体の方なんですけれども。その自治体の方がそうやってテーマをおそらくRJ先生の方にご提示になってくるかと思うのですが、そのときの幼小接続に対する必要性の熱量というのが、どんな感じの印象を受けられますか。

○RJ先生　私が関わらせていただいたところは、どこもすごく熱量があり、逆にその指導主事の方は熱量があるけれども、やはり現場の先生によっては、それより

もという部分で悩まれていたりとかというような感じですね。熱量はどこもあるなと思います。

（中略）

○一前　研修の内容も当然ですし、そういう道具立てに関しても事前に、（自治体の担当者と）細かく打ち合わせは、いままでされてきたんでしょうか。

○RJ先生　そうですね。分からないままだと結構私が不安なので、ちょっとお伺いして。やはり指導主事の方だったりとかの方が、実態が分かっていらっしゃるので。

　逆にどうすることが一番効果的かというのは、私よりも全然見えていらっしゃると思うのでお伺いしてというようにしています。

○一前　そこのところは、もう少しこうしてもらったらやりやすいなとか、そういうことはなく、うまくいろいろサポートしてくれたなという感覚をお持ちですか。

○RJ先生　そうですね、はい。やはりどこの自治体もすごく指導主事の方だったり担当の方だったりが、幼小接続、保幼小の接続だったりというところで熱心なので。

　でも逆にその現場と常に関わっていらっしゃるからこそ分からないという部分もあって、たぶん私に聞かれたりとかするんだと思うので。そのあたりはお互いに聞きながらという感じです。

　あまりよく、すごく話しているわけでもないかもしれないんですけど。そんなメールを何往復もというよりは、1往復ぐらいで。「何かあれば教えてください」と言って、それに対して来て、「では、これでいいですか」と言って終わるぐらいの感じなので。べつにそんなにすごく細かいところまで打ち合わせているわけではないです。

○秋田　準備して行かれて、実際の現場に行くではないですか。それで講演の研修の現場に行って、何かその準備を変えられたりということはあるんですか。

○RJ先生　そうですね。X区とかでは、先生方の話し合いとかの話を聞いた中で、そこに合う子どもの保育の写真とか、そういった小学校の写真とかがあれば、そういったものを後から足したりとか。あと、口頭でこういったものがありますみたいなものを少し付け加えることもあります。

## 6．その他、思うこと

○秋田　全般として、もっと今後、保幼小がいろいろな自治体で研修を取り組んでいくときに、どうしたらより効果的だろうかとか。それからこんな資質の人が研修をやるといいのではないかとか。何か、何かがあれば。

　それから3年やっている者と、1年とか、継続研修と。いろいろな人の立場でいろいろな講師が来てというのもあると思うんですけれども。その辺は何か、こんなことがあったら効果的というのが、もっと効果的になるかなというのがご経験を踏まえて伺えると。

○RJ先生　やはり小学校の先生がご担当の方が毎年結構替わってしまうというところが、いつも難しいなとは思うので。講師が入る1回、1回の研修という話だけではたぶんなくて。

　学校の中だったり、幼稚園の中だったりで、どの先生がどの学年だったり、どの年齢の担任になったとしても、例えば幼稚園や保育園でも、特に保育園だと0歳から6歳までいてというところで、乳児の先生が5歳児のことだと分からないとか。逆というのもよく聞いたりするんですけれども。

　でもやはり0歳の先生でも5歳児が最後に卒園していくというときに、どう育っていったかというところを一緒に喜んだりとか、見通したりするという機会を意図的につくっているところがあるように、学校も入学から卒業するところまでの6年間みたいなところで、どの学年になっても。小学校1年生とか幼稚園や保育園の子どもたちに対しての意識だけではなくて、たぶんどの学年になってもという話なんだと思うんですよね。

　なので、どの担任になったとしてもとか。自分はいま4年生を持っているけれども。でも1年生の先生が感じている課題に対して、一緒に考えるとかいうことができたりとかすれば、たぶん指導主事の方がおっしゃるような、担当者によって意識が違うみたいなことというのが、もう少し起きづらくなるのかなという。

　それが小学校の話だけではないのかもしれないんですけれども。どの年齢、どの学年を持っていても、その一部。みんなでその学校全体とか、園児全体のことを考える意識みたいなものが、もっと出てくるということの方が実は大事なのかなと思ったりします。

（中略）

○RJ先生　その点では、逆になかなか時間はないんですけれど、園とか学校とかに入れていただけると、たぶん現場の先生と私の側との乖離みたいなものもあると

思うんですよ。知っている実態だったりとか。私自身も、きっと先生たちが思っていることとか、考えていることが分からないという部分とかも、たぶん研修の効果というのですかね。関わってきそうな気もするので。

　なので、入れていただく機会とか、一緒に考える機会とか、そういったものが 1 年に 1 回、そのときだけという、話をしてくださいというよりは、ちょっと学校に入れていただいてとか、園に入れていただいてとか、そういうふうに。

　V 市の研修を見たときに、相手が小学校の先生か、幼稚園の先生かというよりも、人として何か話して楽しいみたいな。そこでつながっていく感じもあったりしたんです。

　なので、私が講師として教えるとかそういうことではなくて、一緒に考えられるようになっていけたらいいなと。時間的な制約とかもあって難しいんですけれど。それがもう少しできればいいなとは思っています。

○秋田　それは自治体の方で、研修の講演会以外に年間の、例えばそういうものの全体像を講師に示して、そういうところにも参加が可能であれば参加してもらうようなかたちだと、もっと状況が分かってくる？そうすると有効な研修になるような？

○ RJ 先生　はい、そうですね。どちらかというと講演とかは、こちらが考えていることとか、見たこととかを一方的にお伝えするようなかたちになってしまって。それは何か自分的に消化不良みたいなときが結構あって。

　でも実際に今年は、園と学校に入れていただくことになっているので、少し怖いなと思いつつ楽しみでもあって。何かそうして知ることによって、こういうことを先生方は考えられていたんだというものが全体的に見えると、もっと。

　小学校の側の先生たちがこう見ているということを、幼稚園や保育園の先生側の方に少しお伝えできることとかも増えていくかなと思うと。そういう意味では、少しいまよりは効果的になるかなと思います。

## ⑩【RM 先生】

### 1．経験や背景

○一前先生　RM 先生はもう非常に長い経験がおありだと思うので、どこからお尋ねしていけばよいのか。

○秋田　20年じゃないですよね。RM 先生が幼小連携に関わってたぶん。

○ RM 先生　まあそうですよね。

○秋田　いつからですか。

○秋田　有馬でご一緒しましたけど、それより。

○ RM 先生　あれはいつだっけ。あれは10年度改訂を受けてぐらい。

○秋田　ええ、96年ぐらいかな、CH 区で。でも、それよりも RM 先生はもっと前にレディネスをやったり、私がもっとまだ若いとき、RM 先生はすでに幼小連携のなんかいろんな生活だとか。

○ RM 先生　そうですね。基本的に、要するに幼稚園教育要領とか小学校の学習指導要領の改訂に応じて、特に自治体や国立附属も動きますから、それによるんですけどね。今回改めて資料に当たっていませんので記憶ですが、平成元年度の改訂がありますけれども、そのときに、幼稚園教育要領については、小学校との関連は出ていないと思うんですけど、本文では。

　小学校で生活科が始まったわけですよね。生活科の趣旨として、幼児教育という言い方をしたかは忘れましたけど、幼保とつないでいくんだみたいなことや、それを小学校に持ち込むというか、あるいは、幼児期の教育を受けて小学校教育から始まりを受け持つのが生活科だとか、生活科は幼児教育に学ぶべきであるとか、結構そういう議論が出たわけですよね。

　ですから、そう多くはなかったと思いますけど、その元年度改訂のときには小学校の生活科を進める人たちを中心として、幼保に学ぶとかあるいは一緒に研修会をやろうとかいうことが出てきたと思うんですね。

　ただ、そういう動きというのは、いろいろな自治体で始まったと思うんですけれども、結局それは消えたわけではないんだけど、やや一時の熱が収まったと思います。

○秋田　いつごろ収まったと感じられますか？

○ RM 先生　結局その10年度改訂は、学習指導要領の方で総合的な学習が入ってきたわけですけども、特にやはり高学年。小学校でいえば高学年。また中学とのつながりというのが主になってきたというのがあって。

　ちょっといま資料を用意していないんですけど、10年度改訂のときに幼稚園教育要領は小学校とのつながりに言及していると思うんですけれども、それほど踏み込んでいないと思うんですね。

　その後、20年度のときに、ある程度踏み込んで幼稚園あるいは保育指針もたぶん入ったと思うんですけど、それら側として小学校につながるんだよというふうになって、そのときには主に交流。教師同士の理解とか共有とか、子ども同士が一緒になる。いわゆる合同授業や保育をするとか。

　幼稚園教育要領は、20年度はかなり踏み込んで書いたと思うんですね。そこでは主に、いま言った交流とか連携ということになるんですけど。20年度のときはたぶん保育指針もかなり大きな改訂でしたから、そこで小学校とのそういうふうに幼稚園側と並行したかたちで書いたと思うんです。

（中略）

○RM先生　義務付けの仕方が違っていて、幼稚園は学校教育ですので教育課程を修めたという証明が必要なんですけど、その証明に必要なものは要録になるわけですよね。保育所にはそういう義務はないので、教育課程ではないので、履修証明は一切要らないわけです。何日いたということは、それは必要になったりしますけど。

　ですから、保育所の要録というのが、小学校への参考資料として書きなさいというふうになって、でも一応義務付けたというかたちになっています。そういう法律的な位置付けが違うということが、小学校に要録を送らなきゃいけないよと。幼稚園も保育所も、その後、認定こども園も入って、全部義務付けられたわけですね。

　これは何を意味しているかというと、とにかく書類が行く以上は書類としてのつながりができますよね。もちろん小学校側がそれをろくに読まないじゃないかという話は別ですけど。ですから20年度のときに一応その要録をベースにした、あるいはフォーマルな感じになったことになりますよね。

　ですからこの研修について言うと、要録をどう書くかとか、要録を幼保と小でどう共有するかとかいうことが結構話題になって、自治体での研修とか、それから、教育委員会も、つまり学習指導要領がこうなったよということとともに、要録を受け止めて考えなきゃいけないんだよねというふうになったんですね。

　だけど、要録というのは、いろんな出席等の何かという情報はありますけど、肝心の部分というのは基本的に簡単に言えば紙1枚なんですよね。事務的な部分がもう1枚ありますけど。

　そうすると、小学校側としては、それを読んでもよく分からないので、だいたい

そのころは、そういう要録とか連携の話をすると、研修で出るかどうかは別ですけど、小学校側の発言というのが、たいてい「小学校のクラスで困る子、付いていけない子を教えてくれ」と。そういう子が数名いることがあるから、それさえ言ってくれれば、あとは要らないみたいな、本音としてはね、そういうことがあったんですよね。

　同時にその連携について、「接続」はまだ使っていないですけど、10年度、20年度というあたりでは、幼児と小学校の合同授業・保育というのが結構進んだと思うんですね。それが生活科の定番に入って、10年度以降は少なくとも。元年度にもだんだん入っていったと思うんですけど。

　生活科の教科書をずっと改訂のごとに見ていけば分かりますけど、例えば、一番多いのは、幼児を小学校側が招待して、「何とか祭」みたいなのをしますよとか。よくあるのは、小学校1年なり2年がおもちゃをつくって招待をして一緒に遊びますとか。そういう類いのことですね。もちろん5年生が呼んだっていいし、いろんな組み合わせばあり得ると思うんですよね。

　だから、秋田さんと一緒に僕も関わった幼稚園というのが、有馬幼稚園と有馬小学校ですよね（『幼小連携のカリキュラムづくりと実践事例』秋田喜代美他（著）を参照されたい）。小学校が極めて熱意があったわけではなかったんだけれども、少なくとも幼児と小学生が一緒になる授業というのが最初からあって、それが3年間の中で少しずつ、休み時間も一緒になるような動きというのが出てきたんだけれども、あれはすごい珍しかったんじゃないですかね。そのころは、だいたいその合同授業とか、あるいは逆に小学生が幼保を訪問して理解するとか、自分がこういうふうに育ったということが分かるんだけどといったことを可能にする。

　だけど、その20年度から今回の改訂にかけてのところで、それだけではやっぱり小学校の授業が変わっていかない。やっぱりそのカリキュラムというか指導する中身を、年1に1回お祭りして一緒になるんじゃなくて、日常的に授業を変えてつながりをつくらなきゃいけない。それは同時に幼保側も小学校側を見通して育てていかなきゃいけないということで。

　今回の改訂の前の段階で、幼児教育と小学校教育の接続という報告書を出したと思うんですよね。で、接続というものの概念を中心にやろうというふうな。ですから、その報告書の前に全国的に幾つかあったはずだと思うんですけれど、そこでは確か国立附属ですね。で、結構やって、例えばOJ大の附属幼小ですね。KB大の附属幼小。あそこもそうなんですけど、一緒のキャンパスなんですけれども、それからOY大学の附属の幼小。あそこは隣り合わせになっています。それから、UT

大学の附属の幼稚園と小学校も隣り合わせ。それほど、UT 大の幼小のつながりは活発ではなかったですけれども、まあ一応あったりはしました。多分、いずれも文科省による研究開発学校になったのでしょう。

## 2．意識や工夫

○秋田　そうすると先生は、講演で全国で話されるときは、その附属の例とか、どちらかというと、国の改訂のポイントを全国いろんなところで呼ばれて話されたと思うんですけど、どこでもわりと同じかたちでそれをやってこられた。それは改訂の内容に応じて、講演の内容が変わってきたという感じですか。
○RM 先生　非常に大きく言えばそうですし、特に自治体側が関わる場合には、改訂なり、実施などを踏まえて、研修計画を特に教育委員会が作っていますから、普及啓発という中味になるのは当然そうなるんですよね。
　あと、そうなんですけれども、特にその改訂の中身の解説というのはすごく多かったのが今回の改訂で、その告示のだいたい1年前から内容はある程度報告として示されていますし。それで告示されて、周知してみたいな、2年、3年というのが、非常に重要だったのは、ご存じのように「幼児期の終わりまで育ってほしい姿」というふうに具体化して、資質・能力でつないでいるんですけど、それはちょっと具体性が乏しいので、より具体的なものとして、それが今度は小学校の学習指導要領の方の総則で「学校等間の接続」という節が本当にあって、より具体的にそこに幼児期で育った資質の能力を踏まえてとか、幼児期の終わりに育ってほしい姿から小学校に進んだりとか。さらにその1年生の最初の段階では、スタートカリキュラムというかたちで、幼児期で育った力を生かしながら小学校に進めるとか。あるいは、スタートカリキュラムなど、小学校の低学年期全体で生活科を中心に合科的・関連的にやりながら、小学校の教育の基本を幼児期からつくっていくみたいなことです。そういうことを書き込んでいるわけですね。
　ですから、その今回の改訂で小学校の学習指導要領に初めて、カリキュラムをつなぐ。小学校のスタート、低学年というものを、そういうふうにしてあることが明記されているわけですね。
　スタートカリキュラム自体は、その前の20年度の改訂のときに生活科の解説の中で、すでにスタートカリキュラムというのは入れてあるんですけれども、本文にはそうはっきり書いていなかったんですね。ですから生活科関係者はまあそういうこ

とを意識したかもしれないけれども、さほど進まなかったんですよね。

　ですから、そういうことで改訂の少し前からですけれども進んできた。だから研修でいうと、要領・指針、あるいは小学校指導要領が変わったよという話になるんだけど、その中で幼保と小の接続というのが、わりと大きな話題になっている研修。まあ、いろんなことが変わりましたよという一つちょっと入っている場合もあるし両方ですけれども。結構大きなものになって、増えたのですかね。

○秋田　4回先生が立ち会ってこられて、自治体側の研修のあり方も熱意とか参加者とか、だんだんやっぱり変わってきたんですかね。

○RM先生　いま申し上げた幾つかの改訂等の、あるいは報告書などの国としての一種の方針というのは出されますよね。

○秋田　ええ。

○RM先生　それを支えるかたちで研究開発学校とか、あるいは国立教育政策研究所の方の教育課程実施何とか園・何とか学校とかって、要するに研究指定ですよね。とか枠があって、結構、特に幼保と小の接続については継続的にある。要するに、そういう際の応募の枠として、わりと優先的に幾つか入れてきたという気がするんですね。

　ただ、それに対して極めて熱心に取り組んでいるところもありますし、ほとんど関心を持たないところもあった。あるいはその、私はそういうことで呼ばれて、研修での講演みたいなのをしても、参加者が例えば幼保だけの場合。あるいは幼保に小学校が若干の場合。あるいはその幼保の人と小学校両方にいて、しかも小学校は、全ての小学校が最低一人は来いみたいな場合。あるいは、むしろ小学校が相当多くて小学校を中心というか、小学校の教員がかなり多く参加しながら小学校の低学年と幼児教育をつないでまいりましょうという場合、いろいろあるわけですね。

　特に今回改訂前後では、幼保と小、両方が入り交じって、人数はどっちが多いかはいろいろにしても、一緒になって勉強すると。それで10の姿とか、いろんなことを、スタートカリキュラムとかを勉強するというようなことは増えたと思うんですね。そういうところから例えば、100人、200人参加して、グループで例えば10人ほどのグループみたいなのをつくって、話し合いの時間をつくったりしたときに、幼保、小学校の先生が結構入り交じって、つくれる場合もありますね。

　ただ、自治体の差が大きいので、要するに、幼保と小が入り交じるような研修をそもそもするどころか、基本的に別々にやっている。あるいは、幼稚園と保育所すら交じらずに別々なところがあるわけですよね。そういう意味で趣旨としては伝えても結局、幼稚園、保育園、別々に相互に触れ合ったり、話し合ったり、一緒に勉

強したりがないということは、たぶん、自主的に根付いていかないと思ったんですよね。

そういうのがある程度広がっていくところは、行政側として、例えば独自の幼保・小接続カリキュラムをつくるとかいうことになるんだと思うんですね。ですから、私が継続的に関わったところでいえば、FI県とかYH市とか、いろんなところで独自カリキュラムというものをつくったと思います。それが、10年度ぐらいにつくり始めたところも、20年度ぐらいにつくり始めたところも、今回つくり始めたところもいろいろだけれども、そうすると、単に国の資料でこうなっているよというだけではなくて、そこに自分たちの自治体、地域の中での自治体のありようとしてどうつくっていくかとか、そこでの接続カリキュラムをどうやっていくとかいうところに踏み込めるということもある。

だけど、この数年で、例えばそういうところになかなか実際に勉強としてはやったとしても、踏み込む、要するに接続というのはカリキュラムですから、幼児教育と小学校の少なくともスタートカリキュラムぐらい、それぞれ独自に考えてつなぐことを考えるわけですけど、そこにいっている場合もあるんだけど、実際の自治体発表だと、例えばさっき言った合同授業をやりましたとか、要録をこういうふうに書いて伝えましたとかぐらいにとどまっているところも結構多かった、いまも多いと思うんですね。

ですから、確か幼児教育、小学校教育の接続の報告書に幼保小の接続の段階みたいなのをつくったと思うんですけど、レベル1、2、3、4みたいな感じ。あれはそのときに、事務方の担当者と一緒につくったんですけど、結構研究会みたいなところでは、ああいうものを参照にして、われわれはここまで来て、次のレベルに行かなきゃいけないのでこういう研修をしますという、担当者の理屈立てに使えるので、結構広がったと思うんですね。

（中略）

○秋田　RM先生は幼児教育センターで研修とか講演をするときと、それから、わりとばらばらだなとか、あんまりまだ熱がまだ入っていないなというときとで、講演の中身とかを変えられるんですか。それとも、淡々と同じ中身でいくんですか。

○RM先生　まず、依頼されたときにその研修は誰が受講するかというのがありますよね。参加者ですよね。どういう参加者が主に多いかというときに、やっぱり、本当に初任の人が多いとか、いろんな世代とか、いや結構ベテランが多いとかいろいろありますから、それによって話を変えていく。幼保と小の連携接続の問題は、こっちに依頼してくる団体とか自治体で、どのぐらいそこに入り込んでやろうとし

ているかで違うわけで。

　いろいろ細かい話で、例えば、保育所の人しかいないところで、スタートカリキュラム、細かいことを言ってもしようがない話なんですね。あるいは、私立幼稚園団体なんかは、本当に地域差が大きいんですけれども、特に初任の人ばかりみたいな全体研修なんだけど、本当に基本中の基本を話さなきゃならないわけで、そうすると小学校とのつながりがほぼ見えていないとか、「いや、うちはちゃんと座らせているし」みたいなことを言うところで、わざわざそれを駄目とは言わないので。そういうことで、基本は同じような話なのですね、要約すればね。その辺の標準に対して、どこに焦点を当てるかだいぶ違うというのが一つあります。

　それから、もう一つは、当然ながら保育とか授業の実践をこっちが見る場合、それを見て何か話しますね。そういういわゆる公開とか、あるいはそこまでいかないけれども、実践発表が出てきて、それを受けて話すというのがあるわけですよね。そうするとそれを織り交ぜながら話をしますよね。

　例えば、ST 県の SK 市はずいぶんカリキュラムをちゃんとつくったんですけど、10年以上はかかってね。私はそこに関わったり、私だけではないですね、CB 大学の MZ さんとか、いろんな人が関わっていますけれども、幼保と小と中までが一つの会議の中で、あといろいろグループに分かれるんですけど、大ざっぱに言うと、幼小中接続なんですけどね。だから、カリキュラムとしては、そういうつながりで、中学までにしているんだけど、中心はやはり小中にあるんですよね。

　幼児教育の方はどこまで入れるかというんだけど、実は、国立附属はまた別でいろんな特徴がありますけど、そうじゃない場合に、公立幼稚園も、かなりしっかり機能しているところと、そうでないところでだいぶ違うと思うんですね。幼稚園は私立だけだとか、保育所は民間も公立もあるという場合に、もちろん公立幼稚園がなくて公立保育所が頑張っているもある。いろいろなんだけれども、それほどでもないところもあって。そうすると接続というカリキュラムをつくったとしても、必ずしもそれほど幼児教育の中身にそれが入っているわけもないなという感じがしますね。

　それに対して、多くの小学校の低学年とかスタートカリキュラムはそれほど頑張っていない気がするんです。つまり、幼児教育を受けてという受け身の方ではないかなという感じのところも。

　そういう意味で、地域状況というほどではないですが、その研修をする団体のあり方とか、あるいはその自治体の特徴なり意向なりになるわけだけど、そういうことによってずいぶん違ってくるわけですよね。

　特に幼児教育の中身まで入るというふうになってきたときに、小学校へのつながりというときに、どういうことをつながりとして考えるかということがまちまちで、本当に要領指針の文言やいろんなことが書いてありますし、授業するためにいろいろと読み取り、解釈は可能だとは思うんですけど、本当に小学校みたいな幼稚園や保育園もあるわけで、小学校みたいに時間割的なというか、そういうものをやっているので、小学校とつながりますというところもあるわけですし、そうでない、遊びの活動を中心でやっているところもあるわけだけれども。かなりその辺も影響が、どこが立ち入るかということについては、難しいところがありますね。

　私の基本的な方針としては、現場の保育と授業にまである程度発言できる、こうした方がいいんじゃないかと言えるような相手の受け止めとか構えがあるんであれば、ある程度入って発言しますけど、そうでもない場合は、こういう指針でいまは動いていますよというところでお話をするしかないので。つまり、どういうタイプの研修をするかというのは、すごく相手次第ということかと思うんですね。

○秋田　あれですか、講演のときに主催者側がいろいろ先生にタイトルみたいなものを依頼してきたりもされますよね。それをよく入っている自治体とそうでない自治体で、先生は例えば、その講演のタイトルを変えるとか、それからやり方を若干変えたりはされる。

○RM先生　そうですね。それは多少ですよ。この辺を中心にとか、それから、例えば小学校のつながりって何をイメージしていっているのかにもよりますので、例えばそういうことだとかはありますね。

　だけどまあ、特に教育委員会にしても、あるいは保育課みたいな方にしても、最近はわりと、カリキュラムというほどでもないんでしょうけど、こういう研修、要するに偉い先生の話は何でもいいから聞きたい類いのもあるわけだけど、あるいはとにかく要領の解説をしてくださいというのもあるわけですよね。だけど、そうじゃなくて、研修の種類別みたいなのがあって、こういうことをここではやる必要がありますみたいなことの依頼もあるんですね。

　ですから、その枠は外せないので、そういうふうに依頼されたところを、大きくこっちの考えが変えたりはしない方針なので、基本的にはそれを受け止めて多少アレンジするということをやっていますけど。

（中略）

○RM先生　それを支える者としていろんな解説の本を書いたり、雑誌記事とか、私はフェイスブックみたいなところにも一時期は頻繁に書きましたが、それはかなり啓発的に中堅レベルの人たちに読んでもらおうということだったんですけど。

　そのあたりで、だから現場の人を大事にしていないわけでもないんだけれども。ある程度そこに持続的に、その地域で関われる人たちを育てるという意識が常にあるんです。

○秋田　どちらかというとあれですか、よく研修をどう盛り立てるかみたいな、若手の方だと。そういうところにいま力が入っている人たちもいるわけですけど。そういうこともちろん大事なんだけど、どちらかというとしっくり考えられる、そういう人を、全員ではないけど、その中の一部だけど、そういう人が本当に関わってくれるような話をしたり。

○RM先生　そうですね。私はそんなに技術的な意味では、研修はそう上手でもなくて、一方的にしゃべっているだけが多い。どちらかというと、一番大事なポイントを理解してもらう、それを他に伝えてもらうということです。そこをわりと意識しているんです。

　もちろんそれとつながるのは、FI県でもYH市でも、あるいはHS県とか、いろんなところで資料といいますか、さっきのSK市もそうなんだけれども。幼保小接続カリキュラムとか呼び名はいろいろなんですけど、そういう冊子をつくるんですね、薄かったり厚かったりいろいろなんですけれども。そういうお手伝いもすることがあるんですけど、それなどもその冊子を読んでいく、すごい利益が、何か現場が変わるということがあるといいと思うけど。それ以上に、一つは冊子を一緒につくる人たちがいますよね。そういう人たちがそれを通して、自分のものにしていく発見は、結構大きいと思うんです。

　もう一つは、あの資料をつくったら、たいていそれを研修の教材にするわけなんですけど。ですから、その資料を読んで、ということも多いでしょうけれども。その資料を使いながら何か研修をしてもらう。それはそれで資料を読み解くという類いもあるでしょうけど、その資料をこっちに置きながら、現場の声を発表してもらって話し合うとか、冊子を持ってきてもらって話し合うとか、いろいろな研修のやり方が考えられますけど。

## 3．講師の役割

○秋田　大学の教員や、もともと幼稚園や小学校の先生が、研修の講師をすることで、どんな役割を担っていくといいのかとか。その辺は、RM先生から見て講師がどういう役割を担ったり、いまお話を伺うと、研修だけじゃないですよね。それ以

外のところでかなりいろんな助言をされたり、どういう役割を担っていくと、うまく保幼小連携が、研修もそうですし、うまく回っていくんですか。

○RM先生　外部の講師そのものが、いい中身の解説をするということがもちろん必要なんですけど。同時にそれを聞いた人たちの中から、できれば研修講師ができるような人が育つとか、あるいはそこまでいかなくても、自分の関わりの範囲で、幾つかの小学校とか幼稚園、保育園のつながりをそういう方向で図っていくとか、ということが少し出てくるといいと思うんです。

　ですから、例えばFI県やYH市でやってきたのは、外部の講師が、いろいろもちろん何人か関わっているんだけど、その人たちだけではなくて、そこから育つ人たちが、いま現場にいる人、教育委員会にいる人、保育課にいる人もいるし、そうではない元園長とか校長とかという人もいますけれども。というのが育っていくと。幼児教育アドバイザーという構想は、そういうことを狙っているわけです。

　そういうことのくくりで、他でも繰り返し言っているのは、幼児教育センターをつくって、その人たちが全てその県なり市のあらゆるところに行って、全部仕切るのではなくて、そういうことをやる人を育てる、講師を育てよう、アドバイザーを育てようということを言ってきたんです。

　それをしかし、もちろん受け止められる側のある程度の素養なり思考なりが必要ですよね。

　たぶん某自治体なんかですと、巨大ですから、いろいろなんだけれど。一部、私立幼稚園とか公立幼稚園と保育所などが、そういうことを理解して、こうやる人たちもいるので。そういう人たちが動けば、全部ではないけれども、結構動き出すし、はたまたそういう人たちが、自分たちだけでの、例えば私立幼稚園の中の研修の講師をやっているとかになっていくんです。

　そういう意味では、滝のように広がっていくような、そういう方向で広げていくべきであって、1人、2人、3人みたいな人が全国を飛び回るだけでは難しいなという感じがします。

○秋田　いま先生が言われた、聞いた人の中なら研修講師ができる人を育てるというのは、1回の研修を聞いて感銘を受けて、そんなにすぐに講師になれるわけではないわけで。どういうことが必要なんでしょう。それはすごくうなずけるんですけど。どうやって育てていくイメージをRM先生ご自身はお持ちになりながら、研修講師をされたり、講演とかされたりするんですか。

○RM先生　幾つかあるんですけれども、一つは、例えばいま聞く人がいたとして、そこに例えば教育委員会の指導主事とか、保育課の保育の場合はかなりいろい

ろですけど、そういうレベルの人たちがいますよね。

　そういう人たちも聞いていて、小さい研修のその人たちが講師もやっていたりするわけだけれども。半ばそういう人に向けて、受講者が百何十人いて、そういう人たちが10人ぐらいいるとすれば、その10人がやっぱり大事だと僕は思っていて。そういう人たちに分かってもらうとか、あるいは私がつくっている資料も全部渡しますので、それを使ってもらうとか。チーム保育のときに使った解説書や、こういうふうにできるのかということが一つあるんです。

　それとその行政の担当とか、幼稚園、保育所なんかでも、そういう役名はいろいろだけど、研修部長とか何か組織の中に役があるじゃないですか。

○秋田　はい。

○RM先生　そういうのが単に順番で機械的にやる人たちもいるけれども、わりと真面目に中には考える人もいるわけで、そういう人たちに、いろんな機会に理解してもらっていくみたいなことですよね。

　そうするともちろん、例えば附属もそうですけど。附属もある程度いくと、外へ出ていって、それなりに役を担うとか、…そういうこと。あるいは、特に最近は、養成校教員になっている人もいるわけで、そういう中である程度分かっていて、養成校の方で幼保小の接続という授業はないですけど、そういう名前は。でも入れてもらえるかもしれないですね。

　あるいは小学校では、特に生活科に関わる人たちはそう多くはないんだけど、そういう人たちに理解してもらうということが結構狙い目だと思うんです。

○秋田　なるほど。

（中略）

○天野　冊子とかそういうのをつくる、つくるというところに、みんな関わったメンバーというのは学びがすごくあると思うんですが、そのつくる人たちの、出来上がったものを使うという人たちと、つくるのに関わった人たちの、何かちょっと温度差があったりしないのかなと。

○RM先生　温度差がありますね。ですから、もしかすると立派というか、立派でなくても冊子をつくりますよね。それを現場の小学校とか幼稚園とかに一冊ずつ渡すとかします。それで、そうするとそれが、この教室の園長室のどこかに置かれて終わっているということも多いと思うんですけど。

　だからもう一歩そこに入って、それをつくる人たちなり、組織としてそれを使った研修というものを、次に考えて進めていくというところをプッシュしているわけです。それがいま幾つか上げた中で、県や市ではだいたいそういうことをやって、

その冊子が机上に置かれたものだけではないというふうになっていくと思います。

　だいたいそういう冊子には極めて簡単ものも多いので、要領指針が分かりやすく解説したみたいなものもありますけど、実践事例と組み合っているものも結構ありますから、そうすると、それを研修でも、そういうかたちで使いやすくなるんじゃないかという気がしますけど。

○秋田　例えば、いま人をつくるというのと、教材をつくるというんでしょうか、今後の保幼小の研修の。そのときにつくる中で人を育てていく部分と、それからその教材を使ってもらいやすくするために、先生が何かアドバイスをされたり、保幼小連携ってなかなか結局、保幼の人と小の人と別だったり、保と幼も別だったりで、全部が分かる講師とかがなかなかいない難しさがあるわけですけど。その辺、教材なんかは、先生はどういう冊子とかつくっていくと、有効だと思われたり助言されてきているんですか。

○RM先生　これも誰かが調べたら面白いと思うんだけど。それはいろんな結構自治体でつくっているんですけど。

○秋田　そうなんですね。

○RM先生　それを白紙から話し合ってつくっているところもありますけれども。ある程度それはするけど、先行事例みたいなものを持ってきている場合もあるんです。そうすると結構、FI県のものとか、YH市のものとか、SK市のものも結構使われているんですけど。

　特にYH市のは、YH市役所ですけど販売しているので、大きいんですよ。そういう小さいことだけど、FI県は販売してくれなかったんです。だったらネットに載せろよとかいろいろありますね。なかなかはできないんですけど。

　そうするとそれを見ながら、別の市や県は、それを参照してつくるみたいなのは結構あります。どうしてだか、よく考えると当たり前で、担当者ってそれぞれ県みたいに大きいように見えても、二人ぐらいしかいないんです。その人たちにある程度、協力者会議みたいにして、地元の人を呼んでやるわけだけれど。

（中略）

○RM先生　そういう意味では、いろんな地域でつくったものを参照していくみたいなことが結構役立つ感じがします。ここ3、4年は、そういうこととともに、もちろん改訂がありましたので、10の姿みたいなものがたぶん何十とか、もっと本が出ているんだろうと思うんですが。そういうものをいろいろ使う。

　10の姿を研修で用いると、賛否両論もいろいろあるけれど、少なくとも、プラス面を見ていけば、かなり具体的にそれを参照して議論してまとめていける、私はこ

うかなと話すことができるということがあると思います。


## 4．印象に残る取り組み

○RM先生　部署間での縄張りをなかなか越えられないというところもあります。でも、それを越えようというのが幼児教育センターなんですけど。

　そういう意味では、FI県とかYH市とか、それからSD市とか、あとまあ、TG県やIK県ですよね。それから、CB市も最初はなかなか進みませんでしたが、CB大学の人たちが一生懸命やって動き出したと思うんですね。ということで、全国的に20年の改訂の半ばぐらいから広まったかなという感じがします。

（中略）

○天野　FI市とかYH市とかSD市とかそういうところの、熱量というか、結構一生懸命やっていく自治体と、それからSK市のような感じの自治体のようなところの、やっぱり違いというのは公立の園があるかないかなんですか。他にも何かそういう、あるんでしょうか。

○RM先生　やっぱり公立の園があるかというのは大きいですけど、YH市はないんですよね、公立幼稚園がそもそもね。

　そうすると、そういうところというのは、公立幼稚園があってもですけど、やっぱりトップ、トップと言ってもどこまでがトップがいろいろですけど、研修のわりと全体的な責任を持つ人がどういう考えを持つかということが大きい。

　あるいは、YH市はもう十数年いろんなことをやっていますけど、幼児教育と小学校教育のつながりを図ることを大きなテーマとしてやってきたんだけれども、その正確な始まりはよく知りませんけれども、そのときの実質的なトップの人が、そのための課をつくったんですね。それでそこに課長を小学校から呼んできて、接続についてやれとか指示を出して、それで課でつくっていくみたいなことでカリキュラムづくりとか。

　YH市みたいに大きいところは、最終的には、区ごとの研修に持っていくんですけど、そういうところでも年間の研修計画の中に入れていくというのがありますよね。

　そうすると、SG区なんかも結構早くて、教育委員会とか保育課と呼ぶかどうか分からないんだけど、保育の方、枠としては、相当、いつごろからなんですかね。10年かもっと前だと思うんです。20年ぐらい前からなんですけど、公立幼稚園の先

生と公立保育園の先生の人事の入れ替えをやってきて、幼保のつながりを図ってきたんですけどね。小学校とのつながりについては、それほど進んだともいえないけれど、Y園グループとか、他にも、要するに幼保が小学校にくっついているところもあるんですけど、そういうところが中心でやっているわけですよね。

（中略）

○RM先生　FI県も幼児教育センター、幼児教育支援センターと言うんですけど、結構全国的にはわりと早く始まったんですけど、あれは幼児教育と小学校教育の接続の報告書が出て、すぐぐらいから動き出したんですけど。

　あれのスタートは、そのときの県知事が、何期もやって、実力のある、すごい頭のいい人なんですけど、何かでその話をキャッチしたらしくて、FI県は小中学校の学力がトップランクであると。でも、幼保、特に某地域などは保育所なんですけど、もうちゃんと上げていかないと将来的に困る。ちゃんと上げて、家庭教育も自立させるべきであろう。そのための担当は市町村にあるんだけど、それをサポートするのは県であろうと、いきなり幼児教育センターをつくれと教育委員会に命令して、何も知らない小学校教員が二人つくる役になって、僕のところに相談に来て。こうやって、ああやってみたいなところから始まって。

　そのうちFI大の附属幼稚園の経験を持っている人が入ったり、小学校の生活科を経験した人が入ったりして、結構ちゃんとした中身になってきたあたりで僕がいろいろ助言して。

　そのときに附属を絡ませる、あるいはFI大学を絡ませると。いま、FI大学のMK先生とは、いろいろコンタクトを取って連携してきました。FI大学の生き残りというのもあるんですけど。ということと、それから僕が言ったのは、とにかくFIは小さい県ですけど、幾つかの市町の全てを取り込むということや、公立幼稚園も私立幼稚園も、私立保育所も、公立保育園も全部あるんですよね。そういうものをとにかく入れていきますと、県としての代表ランクのいろんな人たちが、そういうものを取り込もうじゃないかと。

　いま、FI大の附属幼稚園にいるPさんがセンターにいたときに、とにかくすごい上手で、どこかの町や市に、何かの研修で呼ばれることがありますが、そのときに、その市の有力な私立・公立の幼保の各々の代表ランクの人が全部あいさつをする。「今度、こういうのをやるのでよろしくお願いします」と電話する。ときに訪問して。そうやって一個一個崩していくみたいな。

　最初のころは、どんなに言っても研修を出してくれない園とか。あるいは、何とか町は一切出してくれない、独自にやっているからとか。それを少しずつ変えてい

き、そういうかたちで小学校からも幼保小の接続に出すようにして。

　そのときに、MK さんみたいな人がおりまして、秋田さんも関わって、あそこの教職大学院を出て人がだんだん広がって。あれがすごいことね。そうすると、教育長までいかなくても、教育次長とか課長が、そこを出た人たちが行くと、例えばMK さんからすると、全員教え子じゃないですか。電話 1 本で話が通じていく。そういう人たちがわりと、特にあそこの大学を出た人は真面目なんですよ。というか、そういう人を入れているんだと思います。そうすると自分の部下といいますか、小学校の校長からすれば、必ず一人は出す。わりとうまく動いていったんです。

　だけど、毎年のように教育長が替わるもので、去年は知事が替わりました。その都度、ちょっとやり直す。

（中略）

〇秋田　そのときにいま、RM 先生がそういう10の姿だったり、保幼小の教材を、今度は教材として各自治体で研修に使えるといいとおっしゃったんですけど。その場合の、その使った教材をどう使うような研修だと、研修の講師というのは、全国に行けるわけじゃないから人も育てるし、でもそういう人がどういうふうにその教材を使って研修をすると有効になるんでしょうか。

〇RM 先生　その辺が数年、いろいろ試行錯誤をあちこちでしていると思うんですけれども。一番いいなと思うのは、YH 市でやっている OM さんが言い出した、往還型みたいなことなんだけど。

　あれは何かというと、研修を複数回やるんです、同じメンバーで。そのときにある程度最初は、解説的な勉強会的なことをやります。そうしたら、それを自分の現場に持ち帰って、現場の事例を次に持ってきて、それを分析してみるとか、新しい何か計画を立ててみるとかというふうにする。そういう往還型のものなんですけど。往復するね。そう呼んでいたと思いますが、その方式はなかなかいいと思います。

　FI 県でも近いことはやっていて、FI 県に限らずいろんなところでも最近増えたと思うのは、現場のそういう実践事例が分かるような写真とか、それほど長い実践事例じゃないものを持ってきて、みんなで話し合うと。そのときに幼と保、さらに小の先生たちが一緒になっていろんなことを話す。

　そこはいろいろ、よく分かっている人から見ると初歩的なことかもしれないけど、でも自分たちで考えると。そのときにあまり見当外れにならない資料を使いながらやっていくとか。最初のときには、全体のイントロダクションを誰かに講演をしてもらって、それであと何回かやるとか。複数回の組み合わせみたいなことが結構大事なことです。

その辺が幼児教育センターとか教育委員会がやっていく必要があると思います。その場合は、全体研修というか全員研修というか、とはなかなかいかないけれども。でもある程度、やる気のある人たちを中心として、複数回の研修で多少理論的な話と、現場の実践的な話、つながり。現場の実践って、自分の現場の実践ですね。それをつなぐということをそれぞれがやってみるという経験を積むということあたりが、結構増えてきたんじゃないかという印象があります。

## 5．自治体の役割

○RM先生　確か幼児教育、小学校教育の接続の報告書に幼保小の接続の段階みたいなのをつくったと思うんですけど、レベル1、2、3、4みたいな感じ。あれはそのときに、事務方の担当者と一緒につくったんですけど、結構研究会みたいなところでは、ああいうものを参照して、われわれはここまで来て、次のレベルに行かなきゃいけないのでこういう研修をしますという、担当者の理屈立てに使えるので、結構広がったと思うんですね。

　それをさらに広げるために、研修する主催側とでもいいですか、そういう場をつくらないといけないよなと思っていて、それで、幼児教育センターというものをつくりましょうという話が、たぶん接続ぐらいのころからだと思うんですよね。

　で、文科省の幼児教育課としては、幼児教育センターの設置の事業みたいなのを何年か前に始めたわけですね。あれは最初はわりと国がお金を出していますけれども、ずっと出し続けるものではないんですよね。ですから、出ている間はやるけど、あとはまあ、完全になくしているわけではたぶんないと思うんですけど、国のお金は使わなきゃいけないからやりますとかいうあたり以上でないところもあるし、もうちょっと進んでいるところもあるし。

　だから、幼児教育センターという名称ではないけど、それに近いようなかたちでやっているところがあると思うんですね。ですから、幼児教育センターがどこにあるか、日本地図の上のどこかにあると思いますけど、ああいう中に全部かどうかは自信がありませんけど、かなりが研修の一つとして幼保と小の接続を研修として入れるようになったと思うんですね。

　それは私も幼児教育センターみたいなのを設置するというようなところをお手伝いする場合となると、幼稚園と保育所、それから公立と私立と共に、幼児教育側と小学校側のつながりがあることをやりましょうねとか言ってきたわけです。ですけ

れども、幼児教育側と小学校教育側の担当が研修として一緒になっているところと、なかなかそれがなれないところもあったと思うんですね。

（中略）

○RM先生　やっぱりトップの区長はそんなに発言しませんが、教育長とか、自治的な責任を持つの人の意向は結構重要で、特に幼児教育なんかは区長や教育長や市長の意向だけではなくて、それを受け止めて、下の人はどう、次の人たちがどうするかで大きく変わるんですけれども。

（中略）

○秋田　ところが、RM先生が言ってくださるような継続研修は、わりと保育とか幼児教育のところとか小学校単独だとできるんですけど。われわれが調査をしても、だいたい幼保小の連携って、年に1回、8月に研修があって終わりみたいなことが多いんですけど、どうしたらいいでしょう。

○RM先生　そうですね、ちょうどいまオンライン研修を、集合研修というか、どう組み合わせるかということも大きな課題なんだろうと思うけれど。ある程度、概説を聞く必要があるので、そういうものが、集合でもオンラインでもいいんですけど、リモートで勉強をするということとともに、比較的少人数のグループ研修を幾つかやるということも、どういうふうに組織立てるかという、一種の研修の組織論みたいなことが求められている気がします。

　ですから、本年度どうなるのかちょっと分からないんですけれども。県のセンター、その下に数十名のアドバイザーがいるんですけど。さらにその下の市町レベルで、幾つかの園、小学校も入れて、「グループができないか」ということ言っていて。できているところもあるし、できていないところもありますけれども。比較的小さい規模の研修、そうすると、あまり大勢でもないので、年に複数回できるようになると。例えば、20、30人が集まる会を3回やるとか。そういうふうにやれば、多少動き出すと思うので、何かそういう方法ができないかなということは思うんですけど。

　ただ実際には、幼保と小学校を一緒にするというあたりは、なかなか厳しいです。幼だけとか保だけだと、ある程度組めますけれども。あるいは小だけとか。

　ただ、単純に日程が合わない、時間が合わないというところから始まって、なかなか大変で。なんとかその調整をやっていこうよという感じのことは、去年ぐらいですけど、いろいろあちこち行って話せるときに進めています。そこを例えば幼児教育センターがアレンジする。

（中略）

○秋田　やっぱりそこでうまくいっているのは、先生の目から見ると、YH市だったりFI県だったり。わりと大きいんだけど、その市町の上にある束ねているところが、結構、YH市は一つだけど、区の上にあるので。そういうところの役割が、結構大きいんですか。

　市町の小さいところだと、お金もあまりなくて動けないので。

○RM先生　そうですね。やっぱり上はある程度、方向とか基本的な資料をつくる人たちが必要だと思うんですけれども。だけどある程度規模の小さい研修になると、下の方で複数回の集まりを可能にしていくわけで。そうするとそんなに深くなくてもいいけれども。とにかくある人数が繰り返し、顔を合わせて一緒に考えようよということが安定的に、持続的にできるようにならないと、ということです。

○秋田　ええ。

○RM先生　それはYH市の例をたくさん出しましたけど、YH市だってあれだけの巨大な市ですから当然だけど。本当に地域地域というか、区ごとで、さまざまな状況を思います。簡単ではない。

○天野　YH市でもFI県でも異動はあると思うんですけど。中でいろんな担当の人の、そういうのはやっぱり異動は大きいですか。異動による影響は、担当者の。

○RM先生　大きいですね、特に小学校は。なかなか。まあ校長次第でもないけど、校長とか副校長とか、実績を担うみたいな人たちの動き次第。うまくいけばもちろん、新しく異動したところで、もり立ててくれるわけだけれど。うまくいかなければ、その人が抜けた瞬間に、もう翌年は消えているみたいなところがあるので、その辺が難しいですよね。

　だけどそういうことを散々味わったからこそ、学習指導要領に明記したんだけど、書いてあるよと思うんだけど、書いてあっても、しないところはしないんだなとは思います。

○秋田　やっぱりガイドラインみたいなものに関わって、全国的にできる部分と各県でやれることと、やっぱりかなりそれぞれがあるという感じですか、役割とか。

○RM先生　そうですね、難しいですね。

○秋田　でもそれが具体的に全体にデザインされていると、きっとうまくいくんだとは思うんですけれども。

○RM先生　そうですね。

○秋田　ばらばらに動いていると、なかなか。

○RM先生　だから、例えば、KB大学附属とか、HS大学附属とか、相当全国的推進に照らせばうまくいっているわけだけれど。自治体に、例えば、その中でも小

学校低学年と幼児と一緒にやる保育授業とか。年長が別々のときもあるけど、でも
つながりを図るみたいなのを公開でやったりしますけれども。常にうまくいってい
るかと言われると、結構厳しい。外から期待して来た人から厳しい意見も多いし、
私が見ても、ううんとうなることが結構あるので、難しいですね。かなりお互いに
勉強をし合っている人たちなんだけれど、なかなか難しいなという感じがする。私
も内輪ではかなりの改善点を申しべたりすることもありますが、それができるとは
限らないですが。

（中略）

○RM先生　何か公立小学校って安定しないんだなという気がちょっとします。

○天野　安定しないというのは、どう安定しないですか。

○RM先生　やっぱり校長次第。あるいは、校長の上にいる教育長や、その下ぐ
らいな意向次第というのがあって。関心が動きますから。

○秋田　そうなんですよね。小学校の方が動くので、Y園グループの小学校がなん
とか回っているのは、要するに校長を抱え込むというか、講師がそこをずらさない
ように幼や保と小と押さえていく必要があると思うんですけど、なかなかそこが校
長が替わると。

○RM先生　ですから、幾つかはそうやって、幼児教育センターの中に必ず幼保
と小の接続についてのことをやると明記しているところがあります。そういうのが
あると強いし、YH市がなぜ強いかというと、とにかく課をつくったからです。

　そうすると、ああいうYH市みたいなところは国の官僚システムに近い仕事を
するんです。当然ながら。そこに予算を付けることに上が反対をしない。予算の大
小を伴いますし。それが安定をしないところは、なかなか厳しいです。

○秋田　なるほど。

○RM先生　そういう意味では、組織というものだけではない。組織によって継
続性、持続性が出てくるなと感じがします。

## 6．その他、思うこと

○秋田　やっぱり幼保と小って、それぞれに幼保が専門だとか、小が専門だと思っ
ていて、幼保小が接続されたり、そこが大事だと本気で思っている人が、どれぐら
いいるかというところとも関わって。

○RM先生　そうですね。そうなんだけど、本気で思う以前に、両方見たことが

あるレベルがまず少ないですね。

　とにかく、実際に保育を見たという人が、1時間見たぐらいはあると思うんですけど。ある程度立ち入って見る、あるいは小学校にある程度立ち入って見ているというような、しかも全体の解説ができるみたいな人が、全国に何人いるのかと言われると、なかなか厳しい感じはします。

（中略）

○一前　幼小のところって、他の空間の移動と比べると、難しく感じるところがあります。そこは先生がおっしゃった人数みたいなところもあるでしょうし、何か他の要因もあるというふうに、RM先生はお考えですか。

○RM先生　要因としては、たくさんありますけど。やっぱりカリキュラムとか指導計画みたいなものが、小学校と幼児教育側ですごくと違う。幼児教育って要するに茫漠としていますよね。小学校は基本的に1時間ごとが積み木のように積み上がるじゃないですか。

　そういう中で、子どもの姿はこうだよと幼稚園側が例えば言ったとして、それは分かる、それ自体は分かると思いますけど。でもそれがまとまって何なの？と小学校側は思いますし、小学校に来たときに、子どももいろんな子がいて、できる子もできない子もいて困るよねと言えば、それはそうだろうし。

　というので、つながりをつくるというのは、なかなか難しいわけですね。そういう意味で、スタートカリキュラムとか接続というのは、年長から小学校1年生のあたりをもうちょっとつながっていこうという話なんだけど。

　実を言うと、小学校の学習指導要領の総則の「接続」のところの文章がいろいろ書いてあるんです。

　生活科がよく分かっている人はわりと通じるんだけど、小学校の枠の中で生活科が分かる人は多くないので。

　本当は、僕は、言えるときには言うんだけど、小学校の低学年教育そのものをなんとか変えていかなくてはいけないんだよと。いまの低学年教育を固定して接続では、それは難しいよねと言うんですけど。そういう問題意識をしっかり持ってくれる小学校って多くない気がします。本当にだって、「いや、椅子に座ってくれればいいんですよ」と、まじという感じで言うんだから。なかなか。

（中略）

○RM先生　でも、希望を捨てているわけじゃなくて、やっぱり両方分かってくれる人たちっていうのが少しずつ出てきていることも、うそではない。

○秋田　そんなとことろがやっぱりこれからの期待ですか。

○RM 先生　そうですね。希望、期待ですかね。願望かな。

（中略）

○RM 先生　そうなんです。養成課程としても最初の方に言ったと思うけれど。幼保と小の連携とか接続をどこで教えるかという、どこで教えるんですかね。しっかりした対応をする科目があるわけじゃないわけですよね。ですから、なんとか原理的なところで教えるわけです。あるいは小学校と幼稚園なり保育士と両方取る人はつなぐのかもしれないけれども。本当は、それをつなぐ科目をつくれればよかったんですけど。

　そうすると、学生が理解するというだけじゃなくて、科目があれば、それに応じたテキストをつくるか、指導する養成校教員が出てくるとかというのがあるので、本当はそれがいいんですけど、養成課程は実を言うと、ぱんぱんになっていて、大変です。科目を増やす余地がないんですよね、どうしても。

○秋田　なかなかそこが、今後。カリキュラムに入るようになれば、その幼小、保幼小自体が一つの科目になれば、かなり養成課程でも変わってくるわけですよね。

○RM 先生　そうです。科目にならないまでも、そういうことの重要性があって、教育原理だとかなんだか分からないけど、そういうところに必ず入るとかいうふうになってくれば、変わってくるかもしれませんね。

## ⑪【RF先生】

### 1．経験や背景

○一前　先生は、保幼小連携接続の研修というかたちではいつごろからお引き受けになっておられますか。

○RF先生　具体的には2017（平成29）年3月に要領指針等が改訂になった以降、幼保連携に関するテーマで依頼されるようになったと思います。ただし、今回どのくらい研修の講師を依頼されたかについては、ちょっと悩んだのが、テーマは幼稚園教育要領とか、保育所保育指針改訂で依頼されているんですけど、自治体とか団体によっては、小学校の先生も参考になる内容なので、小学校の先生も参加を呼び掛けていますとか、主には幼稚園教諭、保育士対象なんですけど、小学校にも声を掛けていますという場合があって、たぶん参加者の中に、少ないけれども小学校の先生も混じっていたりする研修もあったかと思います。

　ですので、テーマとしては保幼小連携でなくても、自治体の研修開催の意識として、幼稚園、保育所の話を小学校の先生にも聞いてもらう機会にしようという、わりとそういう意図で感じています。

（中略）

○RF先生　テーマにはっきり保幼小連携接続と書いてあるので、研修の講師というのはCB市で主にやっているので、20回なんですけど、幼稚園教育要領改訂についてという研修会は、この2、3年で50回か100回の間ぐらいやっていて、そこにたぶん、わりと小学校の先生も来ていたという可能性は高いような気はします。

○一前　なるほど。分かりました。

○秋田　具体的に50から100回で、小学校の先生に声を掛けますと言われた自治体の名前は覚えていらっしゃいますか。

○RF先生　どちらかというと地方に行けば行くほど、そういう研修会の機会も少なかったりするので、HK、ON県、SI県、YG県などの都道府県に行ったときは、たぶんそんな感じで言っていたような気がします。

　そもそも企画しているのが都道府県の教育庁という県レベルで企画しているときはたぶんそういう、より広く声を掛けている可能性は高い気はします。幼稚園教諭対象だったり、教育委員会が主催に入っているときはわりと小学校の方にも情報が流れていた可能性が高い気はします。

## 2．意識や工夫

○一前　自治体の研修の中でやり方の面などで、ご興味があるのは、どんな部分でしょうか。

○RF先生　去年、ある管内で行った研修会で、私の講演もあるんですけど先生方のワークショップみたいな感じで、私の講演もしつつ、後半は、幼稚園の先生はアプローチカリキュラム、小学校の先生は自校のスタートカリキュラムを持ち寄って話をするみたいな。スタートカリキュラムの改善について話をするみたいなことをしました。

　指導主事の方がわりとこういう資料もつくって、指導主事の方もちゃんと説明をした上でというようなこともやってくれましたので。こういうワークショップも取り入れていて、講演だけでなくて、スタートカリキュラムを持ち寄ってというのは、この管内が行っていたものになります。

○秋田　そのときは、まず講演を先にRF先生がしてから、ワークですよね。そうすると、ワークショップをやって、まとめをやるというよりは、講演は全般的な話をされる。

○RF先生　そうですね。講演もしつつ、また最後、ちょっと私がまとめを話すみたいな感じだったと思います。やっぱり地方だとなかなかそういう研修の機会も貴重になったりとか、一堂に会してというのが難しかったりするので。

（中略）

○一前　講演のタイトルはこういうタイトルでという依頼が来るんでしょうけれども、中身については、打ち合わせはされるんですか。

○RF先生　そうですね。でも、わりと10の姿とか、私としては幼児教育ってこういう独自性がありますよという話を中心にしますとはお話しするんですけど、そのことと10の姿をというようなかたちで、一応打ち合わせをしつつやっていく感じですね。

○一前　その講演の内容だけではなくて、例えばいまの例だとワークショップが中に入っていますよね。そこのときにどういう動きをしてほしいかということまで、依頼の中に入っているんですか。

○RF先生　わりとこのときは、指導主事さんの方が中心になって、まずはスタートカリキュラムを持ち寄って話をしてというところから始めましょうという感じだったので、あまりきつきつには決めていない感じなんですが、でも、なるべく議論が活発になるようにというところで、ちょっと相談はした気がします。

○一前　先生方が話し合われているところに、グループごとになっているようなところに先生が行かれて、話の中に加わる。

○ RF 先生　そうですね。でも、わりともうグループの議論にお任せしつつみたいな。

○秋田　そのグループで議論した後にコメントするじゃないですか。そのときに、スタートカリキュラムを持ち寄って話をされて、共通の課題というんでしょうか。それはどんなことを感じられたり、検討されたか。

○ RF 先生　印象としては、スタートカリキュラムをつくったばかりみたいなところもあって、そこのスタートカリキュラムの具体的な質まで深くというよりは、まずは、そういうやり方もあるとか、お互いの情報共有の場として機能した側面が大きかった気もしますね。でも、そうやって持ち寄ることでいろいろ気付きはあったような印象があります。

　さっきのこの管内での研修の名簿があるんですけど、基本的に保育所の先生、幼稚園の先生、あと小学校の先生というようなかたちで集めていらっしゃいましたね。

○秋田　例えばその管内での研修は小学校と保幼ですけど、小がいる場合と、小がいない保幼小とかの研修もあると思うんですけど、何か意識して変えられたりはありますか。

○ RF 先生　そうですね。やっぱり小学校の先生がいる場合には幼児教育のことを、そもそもあまりご存じないという可能性も高いので、少し丁寧にお話しするようにしたりとかはしますかね。

○秋田　丁寧にというのは、何を丁寧に話しますか。

○ RF 先生　遊びが学びになっているとか、幼稚園や保育所の研修だと、遊びがというのは半ば当たり前に話すことができるんですが、遊びを通して学んでいるということなんかは、わりと丁寧に話をするところはありますかね。そういうところですかね。

○秋田　その話されるときは、何か具体例みたいなものを、動画とか、例えば写真とか、エピソードとか。

○ RF 先生　はい。結構よく使うのは、先生方もご存じの、かえで幼稚園の「箱んでハイタワー」(『映像で見る主体的な遊びで育つ子ども―あそんでぼくらは人間になる―』大豆田啓友・中坪史典（編著）, エイデル研究所, 2006年）の映像とかですね。あれだと 5 歳児後半の姿とか、5 歳児がよく話し合ったりしているので、あれなんかを見せると、わりと小学校の先生なんかも分かりやすかったり、幼児教育でやっている学びとか育ちの意味というのは、わりとすとんと落ちるところはあり

ますかね。あれの中に10の姿がどう発揮されているとか、そういう問いにつなげていくこともありますね。

○天野　保育園の先生がおられる場合は、0、1、2も関わっていますよね。そういうところは、保幼小の枠で伝えられるんですか。

○RF先生　そうですね。でも、保幼小のこともテーマに入っているという前提の研修であれば、そこも3歳以上児であれば、保と幼はそんなにあまり区別せずに話すところもありますし、逆に保育所の先生の方が、平成29年の改訂を踏まえてより幼児教育を、学びということを意識しなきゃというので、どちらかというと保育所の先生の方が、そういう教育的な側面に関しての熱は高い感じはしますね。

　ようやく自分たちも幼児教育ということをしっかり論じる土俵に立ったというか、そういう前提ができているというところと、ちゃんとやらなきゃいけないという思いはあるので、そこはわりと保育所、幼稚園、あまり意識せずに話しても通じるというか。でも、そこはだいぶ、もう共通言語は幼と保の間はできている感じはしますね。

○秋田　いまのは、1回で呼ばれて広いところに行くというタイプだと思うんですけど、例えばCB市のように継続的な場合とはだいぶ違うんですか。UY市も確か関わっておられてますね。

○RF先生　はい、そうですね。UY市の方は保幼小の就学前カリキュラムを作成するという話なんですが、CB市の方はこの3年間、保幼小接続カリキュラムというものの取り組みで入らせていただいて、これは各年に、毎年モデル実施園というのが3園あって、私と同僚のMZ先生と、TH先生と3人で1園ずつ行っていて、それが昨年度まで3園あったんですけど、CB市の場合、公立保育所、私立幼稚園、民間保育所というさまざまな設置主体、それぞれに入って、年間5、6回ですかね。その園に伺ったりして、5歳児の10月から3月までの、接続期の月案を主に見直すという作業をお手伝いしたりしました。

　保育所や幼稚園が小学校との交流も意識して行うという、そこは教育委員会ともちょっと連携してという形だと思います。ですので、その園の持っている課題とか、どういう取り組み方をしたいかというのに合わせて、こちらも関わっていくというかたちですかね。

　CB市の方でアプローチカリキュラムの、こういう作成の手引きみたいなものをつくっていて、一応月案の形式というモデルはあるんですけど、各園でやっていることや、月案の形式はさまざまなので、その園に合わせたやり方に沿ってやっていくという感じですね。

（中略）

○天野　10の姿があることによって、接続をお伝えするのはやりやすくなりましたか。

○RF先生　そうですね。まずは10の姿を意識してというところからなので、小学校の学習指導要領とか、そちらにも反映されているということを言うと、小学校の先生も納得しやすいですね。三つの資質・能力もずっと小学校以降につながって、学習指導要領に載っている言葉なので。それが以前はおそらく、「領域」という言葉は小学校以上になると消えちゃうので、どうつながるのか分かりづらかったんですけど、「資質・能力」とか「10の姿」って、学校種を超えて要領に載っているし、保育所保育指針にも載っているので、そこは幼保側も小学校側も両方納得しやすいところはありますかね。

○秋田　保幼小連携の、例えば改訂や、いろいろなところでされるときに一番ポイントに、RF先生自身が伝えたいメッセージっていうんですか。保幼小連携接続で何を一番伝えたいですか。

○RF先生　小学校の先生側もまだ、小学校側だとすごく幼児教育の方も理解がある人もいればそうではない人もいて、教師による温度差とか個人差ってかなり、学校さんもあったりするので、まずは幼児教育においても、小学校がゼロスタートではなくて、幼児教育でかなりの部分育ててきていますよというところをお話しするという感じです。

　だから、そういう動画で、「箱んでハイタワー」だったり、何だったりとかを見ることで、ちょっと実感していただくというところはありますかね。そのあたりですかね。そこは自治体とか進み具合にもよりますけど、まずは幼児教育、保育をより身近に感じてもらって、幼児教育と小学校教育がつながっているという意識を持ってもらうということが第一ですかね。

（中略）

○RF先生　講演だとどうしても自分がまず話して、後で質疑応答みたいな形式が多いのでなかなか伝えづらいところは、変えづらいところはあるんですけれども、でもなるべく、幼稚園や保育所でどういう活動をしているかじゃなくて、何が育っているかみたいなこと、それが小学校にどうつながるかみたいなところは、ちょっと強調して話さないといけないのかなとは思っています。

　だから、結構5歳児が掃除とか片付けをやっているあの画像なんかも見せたりはするんですけど、それを見せると、幼児も5歳児になるとしっかりやっているねというような意識を、ちょっと小学校の先生に持っていただけたりする感じはありま

すかね。
（中略）

〇RF 先生　いろいろな調査の資料を見せつつ、幼児教育と小学校教育はつながっていますよという話をして。例えば5歳児が協力して活動している画像などを見せて、自分たちで机を出して給食の準備をしていますよみたいなことを説明しています。そして協力して自分たちで準備しているし、当番活動という役割もちゃんと担っていますよという話をしています。

　ただ、そのときにちょっと注意するのが、5歳児になったら自然とこうできるというんじゃなくて、例えば、次には3歳児の砂場で遊んでいる画像などを見せて、3歳児の片付けなんかは、先生がやっているから自分たちもやるとか、そういう子どもらしい気持ちの中で動いていて、この子たちは片付けているというよりは、先生のやっていることをまねしたいとか、自分もビールケースを持ちたいとか、そういう気持ちなんだけど、そこが5歳で責任感を持って片付けをする、協力するということにつながっていくんですよみたいな話をちょっとしたりとかしています。

　協力するということも、例えばKW市のこども園ですけど、単に砂場に水をじゃあっと流して遊んでいるだけなんだけど、みんなでやると楽しいという経験が協力することにつながりますというような説明をします。
（中略）

〇RF 先生　遊んでいるから何も学んでいないわけじゃなくて、彼はここで自分で目的を達成するために取り組むとか、そういうことを学んでいて、無事思いを遂げています、みたいな、そういうことを紹介している感じですね。

　なので、そういうところをちょっと紹介しつつ、あとは教材研究なんかもすごく必要ですよという話をちょっとしているところはありますね。
（中略）

〇RF 先生　また、教材の意図を説明できなきゃ駄目なんだということを幼保の先生にもお伝えするし、小学校の先生にも、そのように幼児教育をやっているんですよということをお伝えします。これが例えば、たまたま教材庫に水色の紙が余っていたからという理由でやったんだとしたら、それを教育とは呼ばないんだけどという話を研修でしています。
（中略）

〇秋田　具体的に理解してもらうというところをとても大事にされている。

〇RF 先生　そうですね。具体的に伝えると、結構腑に落ちるところもあるのかなというか。5歳児はわれわれ幼児教育関係者のイメージだと、結構大人ぽいという

か、もう結構大人扱いしているつもりでも、小学校の先生とかからすると一番幼い感じに思われるので、そういうイメージもちょっと改まっていけるといいのかなと思いますね。

○一前 そうすると、いまのお話だとかなり小学校の先生に、こんなところを見てほしいというところをお話ししていただいたんですが、逆に保とか幼の方々には、ここを意識して伝えているポイントみたいなところはありますか。

○RF先生 （園での遊びの）画像で具体的に説明するところは、わりと幼稚園や保育所の先生にも共通するところとは思うんですが、要するに幼児教育の環境を通してとか、遊びで指導するということの中に、先生の意図や、工夫みたいなことがちゃんとあることが大事で、それを先生が説明できることが大事ということですよね。

先生方がちゃんと自分の保育を言葉で説明することができていけば、たぶん小学校の先生と関わるときにも、説明できたりしていくんじゃないかなとは思うんですけど。

幼小連携に限らず、自分たちの保育を説明する言葉を、先生方が持っているかどうかというのがすごく大事なことがありますかね。幼稚園や保育所の先生方は、わりと無意識的に、暗黙的にやっているところもあるので、そこを先生方の持っている専門性とか、実践知みたいなことの豊かさに、言葉の厚みが追い付いていないみたいなことは逆にあるような気がします。だから、もっと自信を持って話していただけるといいのかなとは思いつつ話しますよね。

（中略）

○一前 研修の中では幼児教育というところを中心にお話しされるということなんですけど、例えばいまのように、実際に交流としてこんな可能性があるよとか、こんな例があるよとか。他の自治体とか他の学校区の例とか、そういうあたりはお話しされないですか。

○RF先生 そうですね。具体的な交流の仕方というのは、いま私がお話ししたような、モデル実施園で関わった園では、校長先生が保育所の保護者懇談会に来てくれたことがありましたよとか、散歩がてらちょっと校庭に遊びに、本当は最初校庭を見るだけみたいな感じだったら、教務主任の先生がうまいこと出てきてくれて、端っこで遊んでいいよって言われたとか、そういうヒントになるような取り組みの事例をお話ししたりします。

小学校マップのように、いろいろな子が行く小学校を一覧にして貼ったという事例がありますよというのは伝えたりして、そういう実践例の提案みたいなところは

していって、何かヒントになればいいかなという感じですかね。

## 3．講師の役割

○一前　研修をするときに、例えば幼保小の話し合いだけで、講師を一切入れないで研修をつくろうと思えば、できなくはないですね。でも、普通は講師の先生を呼んで研修を進めていく。

○RF 先生　はい。

○一前　講師の先生が入ることによって、研修が変わっていって、それが最終的に保幼小連携にいい影響を与えていくと考えると、講師の先生の役割とはどんなものだと思われますか。

○RF 先生　各園の課題があって、その課題に向かって園内研で取り組むみたいな、園の中のそういう研修の PDCA サイクルが確立しているところ、公立幼稚園はそのような園が多いように思うのですが、CB 市の場合、公立幼稚園がなくて。

○秋田　公立幼稚園がない。

○RF 先生　ないんですよ。YH 市みたいな感じなんですけど、公立保育所、民間保育所、私立幼稚園というかたちなので、いわゆる公立幼稚園的な園内研修、都内の区立幼稚園みたいな園内研修の伝統文化とはまたちょっと違う形もあるので、やっぱりそこは、まず研修の課題をどう設定するとか、そこをどういう流れやタイム感で進めていくとか、外から見て保育をどう捉えていくかということなどは、やっぱり外部の講師がいることで、少し先生方も議論が進んだりするかと思いますし。

　自分たちも課題に感じていることがあるとしても、それがどういうものなのかとか、どういう取り組みが必要かというのは、なかなかそこまで思い浮かばないというところがあると思います。講師が少し外の目で言語化することで、先生方の意識につながるということはあるかなと思いますね。

　でも、CB 市のモデル実習の園は、どの園も自分たちの園のよさも生かしつつ、さらによくしようという取り組みだったので、また自分の園を外からの目で認められることで、励みにもなったりするのかなとは思いますね。

（中略）

○秋田　保幼小連携の講師って、必ずしもできる人が多いわけじゃないと思っていて、保幼小連携の講師には何が必要になるんですかね。

○RF 先生　私も保幼小連携の講師としてお話しいただくこともあるんですが、そ

のときにも、どうしても私の場合は幼児教育寄りのお話になるので、それでもいいですかというお話はしています。

○秋田　依頼が来たときですか。

○RF先生　そうです。小学校の詳しいカリキュラムとか、小学校教育でどういうことがいま起こっているかみたいなことは、具体的にお話しできないところもあるので、本当は小学校の低学年の部分もよく知っている先生だったら、さらによいかたちで小学校の先生にもより詳しくお話しできたり、幼稚園の先生にも小学校に入ったら何が大事にされているかも、より具体的にお話しできるんじゃないかなというところは感じますね。

○秋田　いろいろな自治体を見られて、保幼小連携の次の1歩とか、何が課題とか可能性でしょうね。

○RF先生　UY市の幼小連携に携わっていたNJ先生とかがよくおっしゃっているのは、「子どもでつなぐ、教師でつなぐ、カリキュラムでつなぐ」みたいな、その三つのつなぎ方があって、子どもは交流活動で、人は教員同士。小学校教諭と保育所や幼稚園の保育者が連携したり交流するというところで、カリキュラムでつなぐというのはアプローチした後だと思うんですけど、その三つを充実させるというところが重要だと思います。

　でもやっぱり、カリキュラムでつなぐといっても、それぞれがアプローチカリキュラムはこうやって、スタートはこうってあるのですが、実質アプローチとスタートをそこまできめ細かくはつなげていないように思います。

　本当は国立附属が、カリキュラムでつなぐことができるはずなんだけどあまり、エスカレーター式のところがそれをやっていないからよく分からないんですけど。でも、そのカリキュラムでつなぐというところが、より具体的になっていくことが次の一歩だと思います。

　その三つの「つなぐ」がより有機的に、継続的になることですかね。本当は幼稚園、小学校の教員同士の交流なんかも。

○秋田　人事交流みたいな。

○RF先生　そうですよね。できるといいのかなとは思うんですが、1年を通してでなくても短い期間でもお互いに、幼稚園、保育所の先生も小学校に行って、何か子どもたちに指導してみたり、逆に小学校の先生も幼稚園、保育所でというところを経験すると良いかと思います。またちょっと、幼と小の生活の流れの違いとかも分かると思いますので、その「つなぐ」というところをよりさらに何か深められるといいのかなというのはありますかね。

○天野　そのつなぐというときに、非常に先生方、行事とかそういうかたちでつなごうとされているような感じで大変なのかなという気がして。日常もっと気軽にできるといいなと思って。

○RF 先生　そうですね。CB 市の幼保小事業のでも、各モデル実施園の取り組みで多いのが、散歩の途中に校庭に寄らせていただいて、校庭の遊具で遊ぶみたいなことは、簡単に取り組めるし、子どもにとっても楽しい経験になったり期待が高まるというのがあるので、簡単にできる交流を積み重ねるというのが大事な気はしますね。

○天野　小学校の教科の枠に入れようとか、結構小学校側は大変なんですよね。

○RF 先生　そうですね。子どもにとっては、小学校の環境にちょっと触れるだけでもうれしいみたいなところもありますし、体育倉庫を見ただけで喜ぶみたいな感じだったりとか。

　CB 市のモデル実施園の保育園の先生もおっしゃっていたのが、小学校に交流で連れて行ったときに、玄関先で 5 歳児が戸惑ったというのがあって。小学校の玄関って、基本的に立ったまま靴を脱ぎ着するという前提なので、意外と幼稚園や保育所だと座ってとか、広い場所で脱いだりというのがあるんですが。

　でも、2 回目に行ったら、それがもう 1 回経験して予測できているからわりとスムーズだったとか、そういうちょっとしたのを繰り返すと、意外に予測されるバリアーなんかがちょっと乗り越えられたり、子どもの自信になったりするのかなとか。

　交流なんかも、生活科のお祭り広場みたいなのに呼んでもらって、いろいろ遊ばせてもらったりというのもあって、そういう楽しませてもらうのもいいと思うんですけど、私なんかが提案しているのは、年長さんも結構いろいろできたりとか、やっているから、園側の方からもちょっと発表したり、何か提供できるといいんじゃないかと思います。例えば、年長の終わりだと、歌とかも結構感情を込めて歌っていたりとかもするので、2 月、3 月だったら、『さよならぼくたちのほいくえん』とか、心を込めて 1、2 年生の前で歌うと、1、2 年生もかつての自分たちを思い出して、ちょっと心が洗われるというか感動するんじゃないかなという感じはします。

　幼児がお客さんになるだけじゃなくて、いろいろもっとできることとか、発表できることはあるので、そういうのもあるといいのかなとかですよね。そこで互いに工夫できたりするといいのかなとは思います。

○天野　そういうのはやっぱり、外部の講師が何かコーディネートする。

○RF 先生　どうですかね。ちょっとヒントを与えれば、活動は園の先生とか小学

校の先生の方がたくさんヒントというか、考えは持っていると思うので、そこがうまく広げられるといいかなという感じですよね。それがどうなるといいのかなとは思いつつ。できることはまだまだたくさんありそうな気はするんですけど。

　去年CB市で関わった保育所は、年長児のリレーが結構盛んで、小学校の子が見学で園に来たときにリレー対決したり、その後、小学生に「どうしてそんなに速いの」とインタビューしたとか。そういうちょっとした機会を設けられるといいのかなという感じですね。

（中略）

○RF先生　どうしたらいいんですかね。地道にやっていくしかないですけど。でも、CB市なんかでも公開研修会には主任先生とか、校長先生が出てきてくださったりする園もあったりするので。

　前にやったモデル園だと校長先生が、民間保育園の保護者懇談会に12月ごろとか来てくださって、保育園の保護者の質問に答えてくれるみたいなのをやったりしているので、管理職の出番があるような取り組みを計画に入れちゃうというのが良いですかね。

　管理職が出て行っていれば、そうすると学校全体もやるもんだみたいな感じにはなるのかですかね。

○天野　そのときに保護者から、小学校に上がるにはどんな準備をしたらいいですかというような流れになったりしませんか。

○RF先生　あります。小学校の先生って保護者からも距離感が遠いので、校長先生のカラーにもよりますけど、実際にそこは、小学校の先生の言葉で聞けることは大事なのかなとは思うんですけど。

　モデル実施園でお話ししてくれた校長先生は、「何ができなきゃいけないというよりは、困ったときに困ったと言える子にしてほしい」みたいなことをおっしゃってくださる先生だったので、そこはわりと、園側にとってもいいメッセージになったと思うんですけど。

○秋田　持続可能なシステムにしていくためには、そういう管理職的なものも含め、つくっていくような感じですかね。もちろんカリキュラムも大事ですね。


## 4．印象に残る取り組み

○秋田　他にも自治体によって、CB市とは違うけど、またなんか面白い取り組み

ってありますか。

○RF 先生　近いところだと、UY 市は SG 区のやり方をお手本にして、就学前カリキュラムを策定したりしています。

○一前　あそこも熱心な担当者の方ですね。

○秋田　でも、市長が替わったので。

○RF 先生　UY 市は就学前指針というのをつくっていて、これはもう 3 回改訂していて、幼保小の接続も熱心に行っていたりするので、UY 市はわりと熱心に継続していると思います。

　UY 市は公立保育園、公立幼稚園が多いので、幼保一体になってやっていこうという意識があるので、わりと研修も幼保合同で実施して、充実しているところはあると思いますね。幼保小の取り組みも盛んだったと思うので。

○秋田　それは市長が替わっても変わらないですか。

○RF 先生　そうですね。いまのところは変わらずですね。

○秋田　市長が替わると体制が変わったりするから。

○RF 先生　わりと UY 市は公立園を大事にしていこうというのがあって、その上でいま新たに民間保育園も増えているので、研修などでも民間園にも声を掛けていると思いますね。

○秋田　そこでの研修はどういう研修ですか。UY 市の研修は。CB 市のようにモデル園みたいなのをやって、やっていくというのとはちょっと違うような気もするんですが。

○RF 先生　UY 市は都内の公立幼稚園に近いような感じで、園内研で各園が年間の研究主題をもって取り組んでいて、それに合わせて事例を取ったりとか、環境構成の工夫とかをしたりしているので、年間を通して研究をしている中で 1 回か 2 回、ちょっと呼ばれて、保育を見てコメントするというかたちですね。

　UY 市の公立幼稚園で呼ばれるときは、わりとオーソドックスな園内研修スタイルで伺っていますね。

（中略）

○秋田　これまで関わってこられて、そこがわりとうまくいっている自治体とか、そういうのはありましたか。

○RF 先生　SG 区とかもそうだし、UY 市とかもそうですけど、自分たちでちゃんとカリキュラムを一度つくっていると、そこは先生方のちょっと自信になったりすると思います。何をよりどころに自分たちはしゃべっている、実践しているかというのが、先生自身が分かっているかなという気はしますね。

○秋田　そのカリキュラムみたいなのを、つくったメンバーはすごい一生懸命やるのであれなんですけど、例えばSG区でも世代が変わったりすると、あのカリキュラム自体を活用できているかというと、なかなかうまくいっていないところもあって。そのあたりはどうなんでしょうね。こういうのをうまく使って研修している自治体とかは。UY市は使っていましたっけ。

○RF先生　就学前カリキュラムはそこそこ活用されていると思います。でも、多少温度差はあるかとは思うんですが、これで3回目の改訂で、作成するメンバーを毎回入れ替えるというのがあって、中堅、若手の先生を入れるというのがあるので、そうするとわりとみんな、ちょっと当事者意識が出てきやすいのかなというとこですかね。

　でも、どうやって活用するかというのは、やっぱりカリキュラムをつくったところで終わりがちにならないようにというのはありますかね。

（中略）

○RF先生　退職した校長先生が幼稚園長になることで、幼小連携がしやすくなるよさもありつつ、でも、たぶんその小学校の校長先生によっては、やっぱり小学校の枠で幼稚園を捉えてしまうと、幼稚園の教職員の人はどうなのかなと思ったりするところもありますし、退職した小学校長を公立の幼稚園長に充てるという発想が、どこから来ているのかはちょっとわからないんですが。

○秋田　結構多いんですよね。

○RF先生　多いです。CB市も私立幼稚園の園長先生とか副園長先生に、退職した小学校長先生を迎えている私立幼稚園も結構あるんです。もちろん小学校長を務めた先生なので力もあるし、地域にも顔が広いとか、いろいろなことがあるのかなとは思うんですが、ただ、どういう発想なのかはちょっと分からない。

○秋田　そういう場合、どうされるんですか。

○RF先生　私が接した元小学校長の先生は幼児教育にも関心を持ってくださったり、おそらく年代的に、ちょうどお孫さんが生まれたとかっていう年代だから、そこで幼児教育に関心を持っているみたいなのはありましたね。

○秋田　なるほど。

○RF先生　そういうライフサイクルとうまく合わさって、関わってくださっている園長先生はいましたね。

○秋田　なるほど。

○RF先生　そういうのは、最近あるんだなとは思っています。

（中略）

○RF先生　私がモデル実施園で入った私立幼稚園さんは、卒園児が15校ぐらいの小学校に分かれて行くというのがあったので、「小学校コーナー」として、副園長先生が、5歳児就学する小学校の門とか校舎の写真を撮ってきてくれて、それを一か所に貼っておいて、就学時健診に行ったときにどうだったかというのを、吹き出しで幼児が書いて貼っていました。就学する小学校の写真の横に就学する子の名前が貼ってあったりするので、ここの小学校は3階建てとか、ここはこんな感じとか、自分の小学校と他の子の小学校を比較対照してよく眺めていたとは言っていますね。
○秋田　面白い。
○天野　保護者的には、自分の子どもが行かない学校だったら連携してもしようがないみたいな意識を持っている人もいて。
○RF先生　そうですね。でも、そこに校長先生の写真とかもを貼るといいんじゃないかと思ったんですけど。「この校長先生は眼鏡を掛けている」とか、「ここは女の校長先生だね」とか会話ができると思うんです。
○秋田　アイデアだ。
○RF先生　それは結構ぺたぺたと吹き出しを貼ってやっていたとは言っていましたね。そういうこともやっていけるといいかなとは思いますね。
（中略）
　こういうふうに、これだけばらばらにいろんな小学校に行くんだというのもありつつ、それぞれの小学校の情報が共有できると子どもたちにとっても、また一つこれは幼小連携のあり方なのかなという感じですよね。本当はこの画像では、小学校の校舎だけだったりするので、逆にもっといろいろ情報があれば楽しくなりそうな気はしますね。

## 5．自治体の役割

○天野　いろいろな自治体の地理的な事情もあって、地域によっては集まるのって結構難しい場合もありますよね。
○RF先生　そうですね。この管内だけで、各町の教職員55人が参加ってあるんですけど、それこそ1日がかりというか。やっぱり地方になればなるほど、どう研修をデザインするかは、人の集め方だったりとか、時期とかいろいろ含めてすごくご検討されていたりとか。だから、1回なのでいろいろ工夫されたりみたいなこともあるように感じます。

○秋田　その研修の資料とかをつくられたのは小学校籍の人ですか。幼稚園とか、専門の人ですか。

○RF先生　もともとは小学校の先生ではあるんですけど、でも、教育庁とかになると広いのもあるので、指導主事さんが基本的に、幼児教育も担当になったらかなり熱心に勉強されていてという側面もありますね。

　でも、もともと中学校教員と言っていましたね。中学校の生徒指導で結構頑張ったとおっしゃってましたので。

○秋田　じゃあ、幼小中、オールマイティーの指導主事が勉強してやっているということ。

○RF先生　そうですね。そんな感じですね。

(中略)

○RF先生　CB市の取り組みは最後に公開研修会というのをやるので、そのときまた講師で入ったりとか、その公開研修会の前にプレゼンテーションのパワーポイントとか、園の先生がおつくりになるので、それの相談に応じたりというのもやっています。

○秋田　そうすると、CB市の場合はわりと充実して3年間。

○RF先生　そうですね。それもでも、こども未来局の幼保支援課という、行政が中心になって公立、民間、幼稚園、保育所の分け隔てなくモデル園を設定していて、幼保支援課を通じて近隣小学校にも声を掛けてくださっているので、近隣小学校が協力的であるということが、かなり重要な気はしますね。

○秋田　それはCB市ですよね。

○RF先生　市です。はい。

○秋田　市だと、例えばこども未来局などだと保幼は一体で、小は教育委員会だけど、保育所にも声を掛けてくれているという感じなんですか。

○RF先生　そうですね。教育委員会の中での幼児教育の存在感って、まだ少し弱いところはあるのかもしれないので、その辺、パイプをつくる働き掛けみたいなのが行政の中でしっかりないと、たぶん難しいところもあるだろうなというのは感じています。

○秋田　こども未来局で中心になっている方も、幼稚園か保育園の経験がある方ですか。

○RF先生　もともと行政の方だと思うんですけど、幼保支援課の中には必ず公立保育所の保育士や保育所長さんだった方など保育現場の方が入っていらっしゃるようなので、またその方が現場に戻ったりというかたちなので、現場とのつながりは

はっきりある感じですね。

○秋田　なるほど。ありがとうございます。

（中略）

○秋田　保幼小連携って、結構園長とか管理職とか、そういうところも影響するように思うんですけど、そこはどうなんですか。

○RF先生　保育所や幼稚園の先生がよくおっしゃるのは、小学校と交流がうまくいっても、校長先生が替わると一気に風向きが変わるみたいなことがあって、校長先生の理解一つでしやすくなったり。

　やっぱり小学校は公立なので、人がどんどん異動していくというのもあるので、公立園もそうですけど、人が替わっても変わらないようにするシステムづくり。管理職の影響力は大きいので、管理職の先生が保幼小連携は、熱心な先生だけがやるじゃなくて、どの学校でもやるんだという前提が、管理職の方にかなり広まらないとというところはありますよね。

○秋田　どうしたらいいんでしょう。

（中略）

○RF先生　モデル実施園の先生方もよくおっしゃっていたのが、小学校と交流したいとか、いろいろ小学校にアプローチしたいといっても、窓口が誰なのかよく分からないというのがあって。

　小学校によっては教務主任だったり、あるいは別の先生だったりというのがあるので、窓口がはっきりしていることが大事で、CB市は一応、各小学校の幼保小連携担当者は誰ですよというアナウンスはしているんですけど、まず誰に電話をすればいいのかはっきりしておいてくれるといいですし、その学校のキーパーソンになるような管理職だといいとは思うんですけど。

○秋田　よく小学校の先生がおっしゃるのは、1学区に1園とはいかないじゃないですか。1小学校に複数園となる。その辺はどうなんですかね。

○RF先生　そこがネックではありますよね。そうするとやっぱり、どうしてもどの園にもたくさんというわけにはいかない。そこはCB市も課題で、都市部の課題ですよね。逆に地方は1つの小学校に就学する園のそんなに数多くなかったり、ほとんど同じ幼稚園や保育所から来るみたいなことだと、その地方の方が幼小連携のモデルはつくりやすいし、強みはあるかなとは思うんですけど。都市部のたくさんの園から小学校が来るとか、園側もCB市の私立幼稚園さんとかだと、15校ぐらいの小学校に卒園児が分かれて行く場合もあります。あと市をまたいだりもするのでその辺が課題ですね。

○秋田　さっきのCB市のモデル園の場合も、小学校と保育所だったり、自治体側がセットしているから。

○RF先生　そうですね。一番近隣の小学校との交流をモデル実施園の年度にはやりましょうということなんです。ただ、私は担当していないんですが、M先生が担当した小規模保育園は、近隣小学校と交流したんですけど、その小学校にはその小規模保育園から就学した5歳児は一人もいなかったです。

　だから、卒園児が必ずしも行くわけではないとしても、小学校ってこんなところという期待を高める意義はありました。だから、幼小連携を考えるときに、就学する小学校に行くという前提にするのか、そうではなくて、就学はその小学校にはしないんだけど、小学校というものを知る機会とするかで、またちょっと違ってきますかね。そこをもうちょっと、特に首都圏とか大都市部は検討が必要ですかね。

## 6．その他、思うこと

○秋田　RF先生が、自治体によって進み具合が違うとおっしゃった、その進み具合という感覚って、どういうのが進んでいて、どういうのがという感じですか。

○RF先生　たぶん、その10の姿もあって、幼児教育ではこういうことを意識して小学校につなげているということや、幼稚園、保育所側の5歳児の姿みたいなことを、小学校の先生も理解しているというのは、かなり進んでいるとは思います。反対に、幼保で具体的に何をやって育てているかの意識があまりないという、何かしらやっているんだろうなぐらいの意識だと、ちょっと進んでいるとは言えないかなという感じですかね。

○秋田　それは講演に行ったら分かるという感じですか。

○RF先生　そうですね。まだ全般的には。実際に幼稚園や保育所の具体的な指導案とかを見たことがないという小学校の先生は、いっぱいいらっしゃると思うんですよね。こういうのがCB市とかでつくっているアプローチカリキュラムの月案だったりするんですけど、モデル実施園の連携校になって初めて幼稚園や保育所の指導案を見るみたいなこともあったりするので、そういう幼児教育にもカリキュラムがあって、そこで何をどうしているかというところまで少し具体的にイメージが持てれば、小学校の先生もちょっと進んでいるかなとは思うんですが、そこがまだあまり見えていないというのは、進んでいない感じが。

　でも、自分は幼児教育も分かっていますという先生は、小学校側は少ない感じは

しますね。

（中略）

○秋田　いま、例えば、漢字教育みたいな、必ずしも幼小連携を、漢字教育してほしいというわけじゃないじゃないですか。

○ RF 先生　そうですね。

○秋田　そういうときは、そこには一切触れずに関わるという感じですかね。園によって、私も入れてもらっているけど、ちょっと小学校に寄り過ぎるんじゃないかと思うときもあるので。

○ RF 先生　そうですね。そこは、私立幼稚園においては特色があるというところで、でも、幼稚園の方も、漢字を使っての保育はするけど、漢字をすごく幼小連携で使っていきたいという感じではなかったので、そこはあまり触れずに、ですね。ですので、モデル園への講師としての入り方としても、園の特色みたいなところは生かしつつというか、特に触れずに。でも、その園の先生方なりに幼小連携について考えることを支えるという感じですね。

　ある幼稚園さんは、主任の先生もモデル実施園の取り組みを通してすごくよく考えてくださって、もっと子どもたちに、自分たちで話し合ったり考えたりということを重視しなきゃいけないというふうにおっしゃっていました。

　それまでは指導案も、活動内容や行事のこと中心に書いてあったけれど、もうちょっと子どもの姿をしっかり読み取らなきゃいけないんだというような変化につながったので、モデル実施園の、どこか外部に到達目標があるというよりは、その園なりの課題というか、そこをまず見つけるみたいなことが大事なことかなというとこですね。

○天野　幼小連携でしたときに、小学校の先生は、園の生活で気になる行動をするお子さんとか、発達に遅れのあるお子さんとか、そういうお子さんは、非常に情報を知りたいという感じが、小学校の先生もある感じなんですけど、そうでない子どもに関してはあまり関心を示してくださらないような。そのあたりはどんな感じですか。

○ RF 先生　配慮が必要なお子さんの場合には園側も申し送りとか、丁寧にしていくというところはあって、なるべくそこも、5歳児の姿を伝えていくときに、幼稚園児ってこういう反応をするとか、保育所ではこういうふうにできるんだみたいなことを、より具体的な姿で分かってもらうといいですかね。

　だから、小学校の先生がひと声掛けたときに、並んだり待ったりするというようなことも、幼稚園の生活、保育所の生活の中で普通にできるようにはなっているけ

れど、それが実際にどういう姿なのかというのが、あまり小学校側に意識がないと、小学校の方ですごく過剰に指示し過ぎてしまったりとかもあると思います。

　でも逆に、先ほどの小学校の玄関でちょっともたもたしちゃうみたいな話もありましたけれども、どこにバリアーとか段差があるのかというのも実際の子どもの姿を見て、お互いに気付けるといいのかなという感じですよね。

　それはでも、もしかすると園の生活にもよるところはあるのかなと思います。自分たちで時計を見たり、判断したりして生活するようにしている園もあれば、大人が号令を掛けることが中心の園もあるかもしれないので、そこは小学校側もそうですけど、園側も交流を通して自園の子どもたちの姿を、より具体的に理解する必要はあるかなと思います。幼小連携が、子どもの姿を理解するきっかけにもなるのかなという感じはしますよね。

○天野　そうすると、要録とか就学支援指導でしたっけ。そういうものの活用とかもお話しされたりとか。

○RF先生　そうですね。要録は、活用しているということにはなっているけど、幼児教育側の先生がよく言う「小学校の先生、読んでいない疑惑」というのは常にありますよね。でも、読んでいないでしょうとは言えないので、あれですけど。でも、指導要録に「10の姿」も今回記載されるようになってきているので、そこをなんとか良い方向に向かうとよいと思います。

○RF先生　指導要録を、今後どうしていくかというところ課題としてありますかね。園側で一生懸命書いているのに、小学校側で読んでいる先生と読んでいない先生がいるかもしれないというあたりですよね。要録がうまく活用できるシステムがあれば、書く方も読む方もいいかなとは思うんですけど。

○天野　単なる書類で終わってしまうんですよ。

○RF先生　そうなんですよね。もったいないですよね。あれだけ書いてあるから。

## ⑫【RS 先生】

### 1．経験や背景

○一前　RS 先生は、いつごろから保幼小連携研修の講師として関わられるように
なりましたか。

○ RS 先生　そうですね、2008年ぐらいから、前の改訂のときの以降ですね、はい。
教育委員会等に呼ばれてというのがありますので、それが一番古いかなですね。

○一前　それから、おおよそ何回ぐらいになりますか。

○ RS 先生　小さいのを含めてですか。たぶん指定とかが当たって、それに何回か
行って、最終発表みたいなのをだいたい年 2、3件は持っているので。そうですね、
実践付きのやつが 2、3件。飛び入りのやつが、でも 4、5件ありますかね。そん
な感じですかね。

○秋田　その飛び入りというのは、1回の講演みたいな感じの。

○ RS 先生　1回の講演だけとかですね。それから今年、去年度やったのは、HG
県は幼小連携の指定事業というのを行っていまして 4カ所、毎年するんですね。そ
のうちだいたい私が 2カ所ぐらいをやっています。毎年、HG 県は受けてやってい
ます。それからあと、市町村別にやっているのがあって、DD 市とか HJ 市とかは
継続的にやっていて。最近はちょっと DD 市は減ってきたのでやっていないんです
けど、そんなかたちとか、SK 市とかですね、そのあたりを担当したりもしていま
す。

○秋田　市町村も継続的ですか、わりと 1回で全体にやるみたいな感じですか。

○ RS 先生　市町村だと、そうですね。DD 市が最初、その2008年ごろに始めたと
きは、なんか何回もやっていてというのがあって。例えば2008年に 1回やって、中
学校区で話し合いをしてみたいなのをやったりしたんですが、その後、管理職 1回、
教頭レベル 1回、教員レベル 1回みたいな、同じことを 3回してみたいなのがあっ
て。あと実践の人には、こういうことで子どもたちの活動をやってみましょうみた
いなので、同じ年度で 3回、回ったことがあります。それは、DD 市は早くから中
学校区というのを、2008年ぐらいからやっていたので、頻繁に早くやっていました
ね。

（中略）

○ RS 先生　HJ 市はですね、保幼小連携教育カリキュラムというのを一緒につく
ったものですから、それがあってですね。なのでカリキュラムをつくりだしたのが
2010年ぐらいからつくりだして、それで 2年間、2012年まで 2年間かけて、幼稚園、

保育所、公私なのでその4種類ですね。公私、公私で4種類と、小学校の先生方が集まって2年間、お互いの現場を見たりとかしてつくりましたね。

　そのときはカリキュラムのところと、それから特別支援のところと、保護者支援とこの三つで、3本柱でカリキュラムをつくろうということでやりました。それぞれの担当者があって、3グループで分かれてつくっていってというのができたんですね。

　そのときにそうですね、みんなして入学したら2週間ぐらいは朝、遊びましょうとかで、それで朝、遊んでいる間に名前をお互いね、名前を分かるような感じの活動をしましょうとかというのを2週間、ばんと入れてというのを推奨してやってもらっていました。そんなところですね。


## 2．意識や工夫

○RS先生　保護者支援、特別支援に関して。保護者支援に関しては、保護者に関しては、伝える、支える、守るみたいな、この3段階で、赤信号、黄信号、青信号みたいな感じで。青、黄、赤ですね。本当に支援しなきゃいけないところはもう、各関係機関につなげることだとか、支援しなきゃいけないところは相談したりとか、なんかいろんなことをしてとか。青の普通の、一般の保護者さんに関しては、教育内容とか保育内容をちゃんと伝えて、学校ってこんなところですよというのをお伝えするみたいなところをやりましょうというのをやっていましたね。
○秋田　わりとそういう理念とか、その柱はRS先生が提示するのですか。
○RS先生　そうですね。まあまあお互いしゃべりながらとか。じゃあこんな理念でやっていこうかなというふうにはしていましたね。ちょうどトップは校長先生がされていたんですけど、だいたいそういう理論的な背景とか、こんなことが必要というのは、私の方から提示してですね。
○秋田　じゃあ、DD市の中学校区とか、その3本柱とか。
○RS先生　そうですね。こっちから。いまは国の動向とか、全国的にこんな動向があるので、こういうふうにやってみたらいかがですかというふうにして、ああ、いいですねというかたちでやっていくというのが多かったですね、はい。
○秋田　それはSK市とかも。
○RS先生　SK市は、単発でこういうふうにしてくださいというようなかたちでやっていたので。小学校、幼稚園の先生方がいらっしゃるんですけれども、そんな

かたちとか。

　あと、KM 市は、10年以上やっているんですけど。そこはもう必ず、夏に小学校、中学校の先生も来られるんですよ。毎回来る中学校の先生もいたりして。保幼小中で研修を、夏1回ずつやるんですね。今年だけはコロナで中止なんですけど。だけど一応、毎年必ずその講演会、夏の研修会というのと、それから10月の公開保育がありますので、そこの公開保育には必ず小学校の先生が来られて朝、保育を見られて午後、話し合いをしてというのがあって。まあまあ唯一の公立幼稚園ですからね、なのでいろんな小学校区から来られていて、気になるお子さんをつなげてみたりとか。その場で私は横にいて、小学校の先生っぽいのをつかまえて、いまこんな遊びしていますからねみたいな、これがこんなふうにつながってみたいなのを、ちょっと横で解説しながら公開保育を見ていたりするんですね。

○秋田　なるほど。

○ RS 先生　そんなのがあって後半、その小学校の先生も含めて、テーマを基にして、今日見た保育と、そのテーマを基にしてというか、子どもたちが考えるってどういうことだろうとか、環境ってどうなんだろうとかというのを、ちょっとテーマを決めて毎年、話し合いをしながら進めていきますね。

○天野　いまの、横で解説とおっしゃったじゃないですか。それはどのように役立つのですか。

○ RS 先生　だって見ても分からないじゃないですか、普通。小学校の先生が、なんか泥んこ遊びをしているのを見て、あれが何につながるんだみたいなことをよく言われるので。だからそうですね、園庭で見学しているちょっとキーになりそうな人のそばに行って、「あれ面白いですよね」とか言いながら、横でちゃちゃ入れながら解説をしていくんですね。

○天野　小学校以上の先生たちというのは、遊びを読み取りにくいということでしょうか。

○ RS 先生　そうですね、読み取りにくいんですけど。KM 市の幼稚園は結構、話し合いを重視しているので、ドキュメンテーションもその話し合った結果とかって結構、出すんですよね。

　例えば、（クッキングをする時に）カレーかシチューをなんか決めるのに、5歳が、3歳、4歳からアンケートを採って、それを数値化して、データにして、決めるとかね。むちゃくちゃ面白いですよ。

　3歳とか手を挙げられないじゃないですか、2回とか挙げるのがいて。そんで、すごい必死になって数えているチーム。2クラスあるからチームがあれば、なんか

ウルトラクイズみたいに、こっちとこっちで、はい、カレーはこっち、シチューは
こっちとかいって、ウルトラクイズみたいにして数えて、ええ、賢いなとかって、
そういう反応とか。

　それはやっぱり小学校の先生方が、記録をとってあるんですね。それを見ながら、
あっ、こんなふうにして話し合いをしているんだ、こんなふうにしてリレーとかの
初めから最後までの経過が全部、文面として残っているので、こんなふうにしてや
るんですねみたいなことを言われて。

（中略）

○秋田　そうすると、ちゃちゃ入れと同時に、その日の公開保育までのドキュメン
テーションみたいなのがあることで、たぶん小学校の先生も、わりとその理解を、
場面だけじゃ分からないところが分かるような仕掛けをした公開保育をやっている。

○RS先生　そうですね。なので、遊戯室で皆さん、最初にいらして控室みたいな
感じで使われるんですけど、そのときにそれを見られるんですよね。だから、それ
を見ていると、あっ、なるほど、こんなふうにするのかというようなことが、ちょ
っとずつ分かってきますね。

○秋田　素晴らしい。さっきテーマを基にしてという、そのテーマは誰が、どうや
って毎年決めるのですか。

○RS先生　一応、園の狙いとか研究テーマがありますので、それを基にして、じ
ゃあこんな話にというふうにして、園長さん、副園長さんと私ぐらいで、こんな感
じで進めましょうかということになりますね。

○秋田　それは年に2回、その夏の研修と、公開の。夏の研修の方はどうしておく
んですか。

○RS先生　夏の研修のときは、その年の、そのKM市の幼稚園の研究テーマと
いうのに沿って私も話をしますので、できたらKM市の幼稚園の先生たちが研究
を進めるのに、メリットになるようなテーマでみんなで話してもらいます。

○秋田　なるほど。

○RS先生　環境をどうしていますかとか、その考える力はどうしますかみたいな
感じで、それぞれの年にテーマがありますので、それに近づけて、じゃあ環境につ
いてみんなで考えてみましょうというときもあれば、考える力について考えてみま
しょうというときもありますね。

○秋田　それは、話し合うという場合は、保幼小でどういうグループとか、どうい
うやり方で話し合ってもらうのですか。

○RS先生　できるだけ交ぜて。KM市の幼稚園の先生たちはばらけてとかですね。

保育園の先生たちもばらけて、小学校の先生たちもばらけてという感じにしたりとか。もう集まり具合によってやったりしますね、はい。

　小学校の先生の方が圧倒的に、絶対数としては少ないので、小学校の先生たちに頭になってもらって、スカウトしてきてくださいとかって、幼稚園の人と、保育園の人をそれぞれスカウトして、グループになって座ってねとかいう、なんか猛獣狩りみたいなことをやって座ってみたりとか。

○秋田　なるほど。

○RS先生　もういろいろ、いろいろやります。もう名簿を見た途端に、これはもう分けちゃおうって、ばっと分けることもありますし。その年々によって、面白い方法でやるんですね。

○秋田　これ、ずっとその十数年、同じ講師で、同じかたちだけど展開しながら続いている秘訣はなんですかね。園長さんとか替わるじゃないですか、公立だから。

○RS先生　替わりますね。それぞれの年で、何年かはやっぱり継続して。まず新任さんが入ってくるんですよ。KM市の幼稚園で育ててから公立の保育園に散らすという方式なので。あと5園、公立の保育園があって、KM市の幼稚園で育ててから保育所に投げるんですよね。なので、その間に新任さんたちはもう本当に、周りの先生を見ながらいろいろ、隣のクラスで相持ちにして、お互い見合いながら。特に5歳は結構、難しかったりするので、まあ3歳も難しいですけど、そういうのを育てていって異動するというのがパターンですね。

　まあまあ園長さんの考え方も結構あるので、その都度、変わりはしますけれども、でも、ここの園に来たからには研究しなきゃいけないとか、毎年公開なので、毎年やらなきゃいけないって、もう覚悟して来ていらっしゃるので、まあまあそこは、それなりの方が来られて続いていくという感じですね。

（中略）

○RS先生　だから本当に環境もわりと、自分たちでつくる環境だったりとか、こうやって実験をして残していたりとか。

　例えば作戦会議をホワイトボードを使ってするんですけど、活動の始まる前と終わった後にやるんですけど、やっぱり書いたり、まとめたり、意見出したりというのを、本当に自然にやれているので、面白いなということです。

　小学校に行くとまったくゼロで、この子ら全然分かんないし、そんな話し合いなんてとか、議論なんてとかって思われちゃうんで、そうじゃないですよというのを提示してはいるんですね。

○秋田　これは教育委員会が主催ですか。

○RS先生　一応、子ども関係の保育所の部署が統括しています。そこが継続しています。以前は教育委員会がやっていて。これはもう小中全校がちゃんと関わるんだということは、意識としてはあります。

○秋田　長く続けるからそういうことが分かってきたということでしょうか。

○RS先生　そうですね、はい。もう夏季研修としては、（連携の研修で）もう絶対に（保幼）小中（が揃います）、必ずちょいちょい。一応、中学校は少ないですけど、それでもやっぱり３人とかぐらいは来ますね。

○秋田　ああ、すごい。

○RS先生　小学校はもう、ほぼ各小学校からは来られますし。この公開保育もやっぱりみんなで来られますので、皆さんね。

○秋田　そういうときは小学校や中学校の先生に、幼児教育を分かってもらうことが主眼になるんですかね。

○RS先生　やっぱり小学校の先生向けに話をする方が多いのと。でも、本当にわりとダブルバインドな感じで話はするんですけど。小学校の先生にはこうやって理解できるし、園の先生にとってはこうやって理解できるというような内容をやろうとして。本当に子どもの姿が興味深いので。

（中略）

○RS先生　（研修で使う）パワポは、もうユニットで幾つか並べておいて、その場の話の向きようによって、ある市では、こんなことをやっていてとかっていう話を出すようにしています。

（中略）

○秋田　どうやって小５がこの園へ来る交流になっているのですか。

○RS先生　いやもう、まあまあちょっと隣接校なので、隣に聞きに行かせるんですよ。例えば、（製作などで）「こうこうこうやって洗車機を今つくっているんだけど、ここが動くように、ころころって動くように車を付けたいんだけど、どうしたらいいですか。」って、５年生に５歳が聞きに行くんですよ。これ４歳５歳混合でやっているんですけど、代表者が聞きに行って、休み時間に行けるので、カリキュラムに影響しないんですよ。

　交流活動のポイントとしてはカリキュラムに影響しないこと、先生に迷惑をかけないことというふうにしているので。

○秋田　大事ですね。

○RS先生　大事ですよね。休み時間をね、最大限使ってやりましょうということでやっているんですよ。製作などでアドバイスしてもらいに行くんです。そうする

と5年生が、自分で勝手に考えてくれて、放課後でも休み時間でも。ほんでしばらくしたら、また休み時間につくりに来てくれるんですよね。

○天野　それは隣接だからできることですかね。

○RS先生　まあ一つは、（園と小学校が）隣接だからできるんですね。それはあるんだけど。

　一応でも、そうだな、手紙のやりとりでもできるようにしましょうかって、NR市ではやったんですけど。こんなことを聞きたいですって手紙を出して、それで手紙で返ってくるとか。なんかそんなふうにしようかってやっています。

　遠いところはどうするかとか。NR市は県で指定をみんなで受けたんですけど、その年に振ったときに、そのいろんな環境がありますね。地方でもすごい離れているとことか、都会でいっぱい（いろんなところから）来るところか、公立と私立があって、一つのところに来るとか、そんなのを全部ちょっとやって、私立も入ってもらったりしてやったこともあってね。なので、環境によってはいろいろ変えなきゃいけないんですけど、基本は何が大事かってことを伝えなきゃいけないので。

　その子どもたちが、例えば学校に期待を持つこととか、それから5年生になるとこんなことができるんだっていう、その見通しが持てるみたいなというところですね。すごいな、5年生のお兄ちゃんお姉ちゃんというふうに言ってほしかったので、それでやってほしかったんですね。

（中略）

○秋田　交流の前にもRS先生は。今度、公開があるとかいうときには、事前にこういうことあるといいねみたいな助言というか、一緒につくっていく。

○RS先生　そうですね。この手のやつは、県の指定のやつは一緒につくっていきます。N市もそうですけど。一応、一緒につくっていこうかなと思ってやって。年3回かぐらい行ってやるんですけど。

（中略）

○秋田　そうすると、わりと公開とかでも、わりとそのときに写真を撮っても、すぐに使って講演するみたいな。あらかじめ準備していったポイントと、わりと文字で出すよりは写真であとフォローしながら。

○RS先生　そうですね。その方がたぶん身に付くので。だから先生方もですね。見たところというのと。それから、講演会だけにいらっしゃる方おられますよね。午前中に来られなくてみたいな人のためにもあって。一応、午前中こんな保育があったんですという話をしながらすると、見た人も、ああ、そうだったということもあるし。私の視点でこれを説明するので、あっ、あれってああいうことだったんだ

ねというのが分かったりとかするんで、そんなふうにやるんですけど、いつも。

○秋田　これは2008年ぐらいからやり始めて、いつごろからどういうふうなきっかけで、どう変わってきたんですか。

○RS先生　わりとKM市では、1日やるので、午前中保育を見て時間的に余裕があるので、午前やって午後、公開して夕方講演というか、夕方ワークショップみたいな感じなのでのんびりやります。他のところってだいたい、1時間から2時間公開したら、すぐ午後の早いうちから研究発表と講演みたいなんですけど。わりとKM市で余裕があったときに、どうしても見せたいことがいっぱいあるのでって、だいぶん変わってきましたね。あとは、ここ7年ぐらいはこんな感じでやっていますけど。

（中略）

○秋田　継続して研修講師として入っていると、一方で苦しくなるところって、だいたいポイントって決まってくるのではないですか？

○RS先生　そうですね。

○秋田　だけどまあ、起こる出来事が違うから、それをもう一回、繰り返しながら話す感じですかね。

○RS先生　そうですね。

（中略）

○RS先生　幼児は、ここまで力があるんだから、ちゃんと育ててよね、小学校でというのがメインです。

○秋田　保幼小の連携で大事なところは、3歳から5歳までの積み上げではあるけれど、特に5歳は、いかに力があるかを小学校に伝えるということになるでしょうか。

○RS先生　はい、そうです。あと、いろんなところの交流の事例を見せながら、こんな交流もありましたよとかやったりしますね。

（中略）

○RS先生　5年生の学びはどうかって、やっぱり互恵性なのでということなので。5年生がどんなふうにやっていたかみたいなことをやります。互恵性だから、僕も結構、意地悪な質問をしていて。

　小学校に行って一応、「交流活動」、そもそも「交流活動」するなということも言うんですけど。公開するときに、一方的に連れていかれて、それで「こんにちは」とかってみんなで一斉に言って。「いまからなんとか遊びを始めます」とかっていうのは絶対駄目だからやめときなって言うんですよ。

○秋田　だいたいそれは、始まる前に言うわけでしょう。

○RS先生　言います、はい。それでも、それでも、それでも抵抗して、お店屋さんごっこをやっちゃったところもありますけど。嫌みを言いましたけどね、講演で。これは絶対やるなってやつをやってくださいましたよねとか言いながら、さらっと言うんですけど。

　小学校側に、例えば交流活動のメリットってないと思っている人は結構、多いんですよね。単なるお世話ばかりで、カリキュラムにも影響するし、相談する時間も大変だし、嫌だなと思う人が多いんですけど。指定に当たったから、仕方なくという姿勢でやるのはやめてねということで。

　校長さんには、「どこか困っている学年はありますか？　困っている子どもがいるクラスはありますか？」という質問を投げます。それで、そのクラスやその子どもが生きるように頑張りましょうねといってやります。だから校長さんに聞くのは、「どこか困っていますか？」からなんですよ。どの学年ですか、どのクラスで誰ですかという質問です。

○秋田　校長の目線から見てってことですか。

○RS先生　そう、校長の目線から見てですね。担任は言わないでしょうから。うちでお願いしますって絶対言わないから。もういま、子どもで苦労しているのに、そんな交流なんてとんでもないですって言うので。もう、ちょっとやめてねみたいな感じになるから、校長から見てどうですかといったときに、それを聞きますね。

○秋田　なるほど。

○RS先生　ちょっとね、意地悪ではあるんですけど。でも、実際それで子どもが変わっていくので。

○秋田　うん。

○RS先生　というか、変えるところまでやるんですけど。

○秋田　やっぱり継続。

○RS先生　うん。継続してその子どもが、その幼稚園の子に慕われたり、何か褒められたり、感謝されたりして、その子は絶対変わりますからって言って、やるんですけどね。

○天野　そのRS先生が関わられるというのは、普段から何回も何回も関わられるんですか。

○RS先生　年3回ぐらいですね。

○天野　そのときだけで、いまのようなことを伝えるんですか。

○RS先生　伝えます、はい。

（中略）

○RS先生　また別な園でもやってもらったんですけど、そのときは切り替えの利かない子がいたんですね。座っているときと騒いでいるときとの切り替えができない。じゃあといって、5年生に頼みにいくんだけど、ちょうど休み時間、「起立。礼。ありがとうございました」の前後10分を使ってねって。

その前の5分間は、本当に最後の、授業の一番、乗りに乗って集中しているときですね。で、「よし。じゃあ、これで今日の授業は終わります」と言って、「起立。礼」。そのときに廊下から見ているんです、じっと。めちゃくちゃ静かにやっているところを。

「これで授業は終わります」「ありがとうございました」と言ったら、ばあっと5年生が来て、「ああっ。幼稚園の子たち、どうしたの」とか聞きにくるわけですね。そのギャップを見てほしいというので、その時間を狙って行きなさいねと。

そうすると、きちんとするときと、にこにこ、僕たち私たちに親身になって話してくれる5年生というのを両方、そのギャップを見なさいって。そうすると、きちんとするときは、きちんとしなきゃいけないよねというのが分かるんです。

ずっと静かにしているわけじゃなくて、後で騒いだり、にこにこすることもできるというのを見る。「あっ、これができるのが小学生ね」というふうに学んでほしかったので、そこの10分間。授業の終わる前と後の10分間を、これを見るために。

一応、頼みにいくのが目的、子どもとしてはそうなんだけど、教師や保育者の意図としては、「ここの切り替えを、この子に体験してほしい」が目的なんです。だから実は、その子のために計画した、お願いにいく活動なんですね。

だから、気になる柱になる子を中心にしてねらいをつくると、交流活動って本当に意味が出てくるからいいんですよね。

その後、子どもに印象を聞いた振り返りの記録があるのですけど、この話し合いの記録には「足を床にして座っていた」「手がぴんとして座り方がきれいだ」「集中」「真剣な顔」「足をごそごそしている、駄目やな」とか。これが、だから最初に出てくるんですよ。これを見ただけで、よし、オーケーみたいな。

その他、ピアノがないとか黒板が大きいとか、それは普通にあることなんですけど、最初の、この「集中」とかいう振り返りの言葉が出てきたのがよかった。

○秋田　そのときにRS先生は、ここの切り替えを見たらいいよとか、この子をこうしたらいいよとかいう助言をするというのは、どこで、どうやって体得し、そういうことをいろんな園や学校で助言をされるんですか。

○RS先生　どうかな。

○秋田　そこ、すごいRS先生の、やっぱり天才肌的な、そういう感覚だと思うんだけど。特に困っている子とか、気になっている子を中心としてと言うんだけれども、たぶん国や、いろんなところの話では、そういうのは出てこないじゃないですか。

（中略）

○RS先生　カリキュラムは頑張ってやって、HM市でやったりとか、それをまねっこして、みんないろいろなところに行ったりとかいうのがあったりするんですけど。

　役に立つのは、ある園の事例なんですけど、そこは、実は接続シートというのをつくっていて、園でどんなことをやったかというのを全園に提出してもらうことにしたんです。

○秋田　園でどんなことをやったというのは。

○RS先生　例えば、10の姿のうちの、この辺に力を入れましたとかですね。協同性に力を入れましたとか、自然との関わりに力を入れましたとか。それで、こんな行事があって、こんなことをやってというのを、ちょこっとシートにして、お店屋さんでこんなエピソードがありましたとかいうのを入れて、それを各小学校に、ばっと配るんです。一つ、つくっちゃったら、あとはコピーして配ればいいので。

　小学校は、どんな園でどんな活動が行われてというのを、それで全部把握できるようにはしています。ただ、使えるか使えないかというのがあって、よく分かっている人は使いやすいんですよ。こういう体験をしてきたから、だから、この子たちはこうなんだよねとかいうのが分かるんですけど。

　それがたぶん、やっぱり集まって話し合ってみないと分からないので、一応、シートを持ち寄って年2回、研修をするんですね。小学校の先生と園の先生たちで、校区で集まって、そのシートを基にして話をしてもらうということを、ここ2、3年やっています。今年はちょっと、夏が中止になっちゃったのであれなんですけど、冬もできるかどうか分からないんですが、一応そういう紙ベースで交流ができるというのと。

　スタートカリキュラムの方についてですが、T市のスタートカリキュラムというのは、カリキュラムじゃなくて、30個の質問というのを上げてあるんです。

○秋田　30個の質問。

○RS先生　子どもに訊く質問。子どもに、これを訊いてねというやつですね。

○秋田　面白い。

○RS先生　面白いでしょう。

○天野　例えば、どんな。

○RS先生　カリキュラムじゃないですよと言っているんですけど、10の姿を意識してカリキュラムを作成するのが目的です。

　例えば、返事、あいさつ。気持ちのいいのあいさつはどんなあいさつかな。声の物差しに気を付けてね。図を示してとか。職員室の入り方。幼稚園、保育所、こども園では、どのように先生の部屋に入っていたかなと聞きなさい。これ、聞かないんですよ。

　みんな知っているんですよね。園で職員室に入るとき、やるじゃないですか、必ず。「失礼します」とかってやるじゃない。でも、そういう既有知識とか既習事項をまったく聞かないでしょう、あなたたち、って小学校の先生に言うんですけど。

○秋田　そうですね、小学校の先生ね。

○RS先生　2年生以降は一応、既習事項の確認ってするでしょうって。去年ちゃんとやったとか聞くじゃないですか。子どもに聞いても分かると思っているんだけど、幼稚園、こども園、保育所で、どういう既習事項がありますかって聞かないでしょうという話をしていて、それを聞いてねって。

○秋田　面白い。

○RS先生　これは、だから当てはめる方法はどこでもいいから30個を聞いてくれということですね。これは視覚支援もしてねという話とか。

　子どもに聞きましょうなんですよ。使い方じゃなくて、使い方を「はい、こうやって入れます。ここに筆箱を置きます」じゃなくて、「どうやって入れた方がいいと思う」とかって聞いてからやる。靴箱の使い方。「幼稚園や保育園では、どんな入れ方をしていたかな」とか「靴の入れ方はどっちがいいかな」って、こんなことを聞いたり。

## 3. 講師の役割

○RS先生　（前略）ちょっとでもみんなでやったっていう体験があったら、その子たちにとって学校へ行ったときに、あれやったよねってなったら、前向きになれるんですけど。なんかそこでいい夢を見なかったら駄目なんですよね。そのいい夢を見させるのが私たちの務めだと思っているので。その子のためにするというのをやってくださいねとやっています。連携ってそういうことなので、本当は。

（中略）

○ RS 先生　やっぱり特別支援の考え方で、よくある、壁のところ、塀のところか
ら何かを見たいのに背の小さい子は見えなくて。背の高いキリンさんは見えて、背
の高いゾウさんは見えるけど、背の小さいリスさんは見えませんみたいな、あるじ
ゃないですか、あの図が。そこには、リスさんには、このぐらいの高い台を持って
きてあげて、キリンさんはそのままにしておいてというふうにすると、みんなが見
えますよねという。

　あの考え方というのが、やっぱり必要かなと思う。特に、気になる子がこれだけ
増えてくると、やっぱり、それを本当にユニバーサルなかたちで実現しなきゃいけ
ないと思っているので、それをやったらどうかなって。

（中略）

○秋田　保幼小の小の連携のときには、その子がいずれ小学校に上がるということ
があるわけだけど、たぶん RS 先生の場合は、保幼小連携もやれば、いわゆる園内
研修にも入ると思うんですけど、そのときとでは違いますか。似ていますか。

○ RS 先生　基本的に似ています。というのは、そうですね、小学校につなげると
か、交流活動とかをやるときのこつもそうなんですけど、やっぱり普段の生活の中
で資質・能力を育てるといったときに、どんな力を育てたらいいかなというのは。

　これは、でも幼小連携をやったから余計に意識するようになったことなんですけ
ど、この子が大人になったら、どんな子になるかって必ず考えるようにしているん
です。

（中略）

○天野　講師としても、かなりいろんな子どもとか保護者を観ている。観る経験は、
ある程度必要ですかね？

○ RS 先生　そうですね。それを観ていたら、いろんなことが分かってきます。で
もかなり、僕は直感も使うので。

（中略）

　でも、そうやって考えると、幼少期の体験とか性格とかいうのが、小学校に行っ
たときに、どんなふうに開花するかとか、それが思春期を越えてどんな大人になる
かということを、やっぱり、ずっと考えた方が面白いですよということは言うんで
す。

　例えば経験からも言えて、地域に根ざした園だと、だいたい大人になってからも
情報が入ってくるじゃないですか。私立とかだと。「誰々ちゃん、どこどこ大学に
行ったんだってよ」とか「ここに就職して、えらい目に遭っているわよ」とかいう
話が、うちのおふくろとかは言うんですよね。そうすると、ああ、あの子がああな

ったかみたいなのは、やっぱり家族の話題の中で出てくるんです。

　そうしたら、この子には、たぶんこの辺ができるから、こっちへ、こうやったら、こんな大人になるんじゃないかみたいな想像がついてくるんですよ。その長い目で見ないと、例えば園だけとか小学校だけとかを見たときに、その小学校の物差しでしか、その子を測れなかったら、やっぱり不幸ですよね。だから、それはね、ちょっと考えた方がいいかなと思っています。

○秋田　それは、だから狭い幼小じゃなくて、まさにライフコース。

○RS先生　そう。ライフコースを見ないと、人間、万事塞翁が馬で、何が幸いするか分からないと思うんです。

○秋田　その最初のきっかけが幼小連携だったりするわけだ。

○RS先生　そうです。幼小連携をさせてもらって本当によかったなって思います。

　そのときに、やっぱり小学校の先生になる子たちに、幼児ってこんなふうで、こんなことを感じて育っているんだから、小学校に行ったときに、こういう見方でやってあげるといいよとかいうのは言えるんですよ。

　逆に、幼稚園とか保育園、こども園に行ったときに、小学校の先生は、どうしてもこうやって見ちゃうから、小学校では、こんな生活になるから、でも、そこでどうやって、この子が発揮できるかというのを考えたときに、いまこっちの体験の方が大事だよね、字が書けるよりもとかいうことを言うんです。

　確かに訳が分からないし、大変だから字でも書かせないと駄目かなと思うかもしれないけど、そうじゃなくて、成功体験をして「俺たち、やったよな」と思えるようになってくれた方が僕はうれしいというふうに言うんです。

（中略）

○秋田　小学校の校内研に入ることもありますか。

○RS先生　たまにありますし、どうしても連携系のところに入ることの方が多いです。そうすると、園児ってこんな活動をして、こんなふうにして、こんなことをやっているんですよとやると「小学生顔負けだね」みたいな話をされたりするので。

　そうしたら、どんなふうに考えてやるか、もうちょっと考えて、総合とか生活科に、もう少し力を入れて、教科をするときでも、どう意味があるかとか、その子がどう感じているかって見るだけで全然違ってきますよという話はします。

（中略）

○RS先生　結構、私は傾向別で集めたりするんですけど。グルーピングの話もするんですが、傾向別のグルーピングと、縦と横で、どうやって合わせるかみたいな、混合型と傾向型でやるんです。

　小学校でもそうなんですけど、能力別に分ける編成、能力とか傾向で分ける編成と、それから様々な能力の子どもが交ざっている組み合わせで、どの場面で何が必要かみたいなのが分かってきたんですけど。

　参加する主体性を伸ばすとか、参加する意義とか、盛り上がりとかいうのは傾向別に集めた方がいいです。

○秋田　確かに。

○ RS 先生　例えば、情報を伝達したり、お互い助け合ったりとかという多様性の中で、どう生きるかというのを知るためには様々な能力の子どもが交ざる方がいいんですね。だけど、あんまりそればっかりでやると駄目なので。

　幼小連携を考えるときに、普段の学級経営とかいうものが変わっていくだろうなと思っていて。何が必要か。でも逆に言うと、普段の学級経営ができていたら、連携でやることも変わってくるんですね。

　この子のため、この子の将来とか、この子の喜びとかって考える癖になっていたら、じゃあ、この交流活動をして、この子は喜ぶかなとか考えられるわけで。そんな喜べない交流活動だったら、やめた方がいいよねということになったりとか。

　逆に、こういう交流活動だったら、この子はすごく生き生きして、みんなのためになって、うれしくて、喜んで、力も付いてとなるからって。そういう一粒で何回もおいしいような活動を考えましょうというふうになってきました。

　その視点を、外部だからできるとか。園とか学校とかにいたら、どうしても行事があったりとか、いままでこうだったからとかというのが多いんですけど、そのブレークスルーを可能にする立場として、外部講師なので、全然責任ないので好きなことを言っているんですけど、でも、それで既成概念にとらわれないで、本当に純粋に、その子のことだけを思って、私たちは言えるので。

　そうしたら、やってみたら、みんながハッピーになれたら、それでいいんですけど、そんな視点を与えられる立場かなと思っているので、それをするつもりで、いまは行っています。


## 4．印象に残る取り組み

○ RS 先生　（例えば、この園では、）夏野菜は何を育てようかというので出して、これ（ドキュメンテーションで）残っているんです、全部。

○秋田　それは先生方が残すように、もうなっているのですか？

○RS先生　もうこれ、習慣になっています、みんな。

○秋田　いつからですか？　初めはそうじゃなかったですよね？

○RS先生　初めはそうじゃなかったです。だんだん私が入って、もう話し合いがだいぶできてきたので、これメモしないと駄目だよという話をして、これでやっているんですね。例えばおばあちゃんに聞いてきたとか。あと、クッキングがしたいか、したくないかという議論が残っていたりとか。

（中略）

○RS先生　（園での活動の）プロセスがちゃんと記録として残っているところが面白いですよね。

○秋田　うん、なるほど。

○RS先生　教室の前に（ドキュメンテーションが）貼ってあったりするので、僕が（参観者として）必要なものはもう、ちゃんとこうやって書いてくるし。お母さんがこれ（箱の裏にあるカレーの作り方）を全部、平仮名に直して書いてきてくれたりとか。保護者がやっぱりね、しっかりしていますからね。

　また、リレー対決などの活動に関しては、勝った負けたの記録も含めて全部、毎日のが残っていますね。

○秋田　ああ、なるほど。

○RS先生　こうやって（ドキュメンテーションとして）残っているんですよ。だから上から下まで。

○秋田　これ園の文化ですね。

○RS先生　もうもうこれ、文化ですね。もうだから、誰が来てももうこれ、やるもんだと思っているので。ドキュメンテーションというかもう、自分たちのためにやっているので。自分たちというか、特に先生のためにやっているからね、やって子どもが読めなくてもいいからねと言っているんですけど。先生は忘れちゃうでしょう、リレーの結果とか。それをやっていたら、つながりがなくなるんだけど、こうやってメモしておくと、子どもの中でも、先生の中でもつながるからいいよって話をしていて、書くようになったんですよ。

○秋田　なるほど。

（中略）

○RS先生　この間、某園でやっていたのは、10人ぐらいしかいないんですけど、すぐ隣の学校に行くんですよね。べつに隣に行っても、そうじゃなくてもいいんですけど。

　その中でトイレ失敗する子がいて、男の子で。絶対、小学校に行って嫌になるに

決まっているから、まずトイレのことをちょっとつなげようって話をして、トイレを見に行かせたんですよ。その子が行けるようにしといてよねって頼んでおいたんですよ。

　そうしたら、なんか話し合っているうちに、自分で「俺、ちょっと見てくるわ」って、その子が言い出したので、なんかくじ引きつくらなくてもよかったねみたいな感じにはなったんですけど。実際に見に行ったんですね、トイレ。そしたら、一人で行ったんですよ。園長さんと一人で行っているんです。見てきて、帰ってきて、小学校のトイレってこんなんだったよって言ってくれるんです。これでこれでとかって。ほんで子どもたちが質問するんですけど、便器は幾つあったのとかって聞くんですよ。園長先生はそんなん数えていないので、男子トイレの中に入らないし。しまったと思ったらしいんですけど。なんかその子がすらすらと、いや、立ってやるのが四つで、大きい方が二つで、そのうち一つは使えませんって、ちゃんと答えたそうです。やっぱり意識があるから、その記憶は、ちゃんとしているんですね。

　じゃあ、みんなで行ってみようといって、次のときには、みんなで行ったんです。男子は男子で入って、女子は女子で行って。「行ったら、ついでに5年生を見ておいで」って言ったんです。高学年の5年生を見ることって。6年生でも4年生でもいいんだけど、できたら5年生で。

## 5．自治体の役割

○秋田　小学校の先生が、保幼小連携とはいえ、忙しいとだんだん来なくなったり、熱が冷めたりしそうなんだけど、続いているのは何が鍵ですかね。
○RS先生　これは、とにかくこの公開には必ず行きなさいというかたちで、教育委員会の方から。

　教育委員会の方からやっぱり声を掛けてやっていますね。だから保育課の方と教育委員会がタイアップして、一応そういうふうに、これがあるからというので意識的に声を掛けてきていますね。やっぱり毎年見て、例えばそれなりに学びがあったりして帰っていきますので、先生方。だから管理職の方からも行っておいでというかたちで言われることもあるようですね、その、はい。やっぱりそれなりのメリットがあるので。
（中略）
○RS先生　だから、その子のための連携をするっていうのを心に決めなさいと、

372   第3部　保幼小連携接続研修のあり方の検討

みんなに言っているんです。

○秋田　大事ですよね。

○RS先生　この交流をして何がうれしいかなと思ったときに。型にはめるだけの交流活動だったら全然意味がないし、それじゃなくて。それよりも、アプローチのカリキュラムの中でこんなことをやって、この子たちが、こういうふうに興味を持ってくれたらとか、自分のいいところを、こういうふうに気付いてくれたら、小学校に行っても、何かやろうかなという子になるはずというのがあるんです。だから、それをやった方が。交流で関係性を悪くしながらするんじゃなくてみたいな。

## 6．その他、思うこと

○秋田　これからの保幼小連携で、RS先生が大事にしたいこととか、持続可能なかたちに、担当者が替わってもつないでいけるために、何を研修講師がやったらいいとか、何が大事でしょうね。課題もあると思うんですけど。

○RS先生　そうですね。さっきの長期的な視野を持つというのが結構大事だと思うんですね。いいんですけど、小学校に合わせるとか、小学校に行ってから、何かこう、なんとかなれるとかという、その段階は、もう超えたかなと思って。

　秋田先生がされた、あのころの交流で、本当に身近に感じてという時代は、やっぱりあったと思うんですね。だけど、これだけ子どもが多様化してくると、本当にカスタムメードでやらないと。

○秋田　そう。

○RS先生　もう立ち行かないかなと思っていて。

○秋田　うん、うん。

○RS先生　だから一人一人のための連携とか交流とかいうのが大事かなと。先ほどお見せしたのって、たいがい、その考えに基づいてやっているやつなんですが、ここ何年かは、そこのところに。

○秋田　確かに。

○RS先生　ただ、その子のためにやっても、他の子のためにもなるよとかいうのがうれしいなと思っているので。

○秋田　なるほど。

○RS先生　だから、本当に一人一人の見取りとかいうのが、すごく大事に、子ども理解とかが大事になってきて、その子どもの理解って、その場、その時じゃなく

て、それこそ長い目で見て、この子の人生みたいなところまで見通したときに、いま何が必要かとかいうふうに考えられたら、することも環境も変わってくるんじゃないかなと思っていて。

　それは、必ずしも学校に合わせるわけではなくて、その子が本当に、この制度を通して得られるものは何があるかとか、それを超えて必要なものは何かとか、そこまで考えてあげることが必要かなと思っています。

　それが、30人いたら30通りあるわけなので、大変ではあるんですけど、でも、その中でトリアージして。誰から始めたら、他の子も恩恵を受けながら活動が楽しくなるかなというのがあったりするんですね。

〇秋田　なるほど。

（中略）

〇一前　今後、連携の研修をつくっていくためには、どういう経験とかバックグラウンドを持った人が、保幼小連携の研修の講師として加わったらよいというふうにお考えですか。

〇RS先生　そうですね、どうなんだろう。

〇秋田　（個々の講師の）名人芸というだけでは、なかなかね。

〇RS先生　なかなか難しいですよね。そういう研究をしておいてほしいと思うんですけど、両方の立場が分かる人が一番いいかなと思ったりします。最近、民間の園で、行っていたところは、小学校の先生をしていたんだけど、もう後を継ぐから帰ってきた人たちというのがいて、その人たちは、やっぱり小学校の見方と園の見方で。

　まず帰ってきたときに迷うんです。なんで、こんなことをやっているんだろうかとか考えたりできるので、そういう人たちの話を聞いている人というか、その人たちと一緒に研究ができたり、集まって、そういう話題で盛り上がって考えられるという機会を持つというのは、すごく大事かなと思います。

　実際に自分も、小学校の現場も見、それから就学前も見というふうにして、両方を必ず見ておかないと。それでも偏りますけどね。私もよく言われるんだけど、ちょっと小学校に厳し過ぎとか、よく言われるので。幼稚園でこれだけできるんだから、小学校、頑張ってよと言っちゃうので、厳し過ぎとは言われるんですが。

　ある程度、分かるよって、ここでこうしなきゃいけないもんねとかっていうのが分かった上で話をしないといけないので、両方をまたいでいる人というのをつくらなきゃいけないかなと思いはしますね。

　ちょくちょく幼小で交流人事をしている自治体はありましたから、そういう人た

ちが育ってくれて、その人たちと一緒にできる人たちというのがいいかな。

○秋田　なかなか長い課題なんですよね。

○RS先生　そうなんですね。

○秋田　もう人事交流をやっているところは少なくなったと思いますね。

○RS先生　もう止まっちゃいましたね。いま実感として、もうコロナになったので、みんなコロナでアップアップとか、それから小学校は非常に多くの課題に直面しているので。

　例えばプログラミングをやらなきゃいけないとか、英語もちょっとやらなきゃいけないとか、そっちの方で一生懸命で、なかなか幼小に目を向けてくださる方が少ないというのは、ちょっと（困りますよね）。

　あれだけ改訂で入れられているにもかかわらず、ちょっと「10の姿ってなんですか」レベルも、やっぱりあるんですよね。確かに、それを知ったからといって、じゃあ、いま遅れを取り戻すことの役に立つかというと、そんなわけでもなかったりするので、非常に心苦しいところではあるんですけど。

　でも、いまの雰囲気としては、今年、来年あたりは、ちょっと幼小連携は厳しいなと思っています。その余裕がないんですよね。

○RS先生　予算的なものと、制度的なものと、でも子どものことを考えて、この子らを机に座らすわけって思ったら、ちょっと。本当に低学年が、生活科だけじゃなくて、さらに変わらないと難しそうだなと思っています。それを小中で、義務教育学校的な養成をしただけで大丈夫かというのは、ちょっとありますね。

○秋田　厳しいです。

## 考察

### 課題と工夫についての語り

　本インタビューでは、保幼小連携接続に関わる研修講師経験のある協力者12名のそれぞれの経験から、保幼小連携接続の課題と工夫について語ってもらった。その語りから、以下のような課題と工夫が示された。

　12名のインタビュー協力者各々のもつ背景としては行政機関での勤務経験や、学校や園での教育・保育経験等様々であるが、保幼小連携接続に関わる研修において共通して大切にしていると語られていたことの最も大きなポイントは、「子どもの姿」から伝えるということであった。その際の工夫として、講師自らが園や学校に足を運び、保幼小連携接続の視点から子どもの姿を捉えた事例やエピソードの他、写真、動画など視覚的に「子どもの姿」を伝えることができる資料を用いていることがわかった。そして、講師らは特に、保育における幼児の遊びの中に、どのような経験があり、学びがあるのかということを丁寧に伝えていた。このことは、普段の授業において教科という枠から子どもの学びを捉えている小学校教師にとって、幼児教育における環境と遊びを通して学ぶということを理解するための助けとなっているとも考えられる。また、園の保育者にとっても、自身の保育が保幼小連携接続にどのように位置づくのかを考えるための機会にもなっているようであった。

　12名の協力者のうち、8名は保育者としての実践経験や小学校教師としての実践経験があるため、自身の実践知に基づいた非常に豊かな「子どもの姿」や見取りを取り入れた研修の工夫がされていた。また、他の4名の協力者においても、全国各地の複数の保育現場や小学校の教育現場との関係性を築き、何度も足を運んで観察したり、保育者や教師とのコミュニケーションをとるなどの工夫をしていることも語られ、互いの関係性を大切にしていることもわかった。

　また、協力者の中には、行政機関での業務や委員として関わっていた経歴

をもっている場合もあり、自治体の研修企画等にかかわる指導主事の役割が、幼児教育をいかに理解しているかどうかが、その自治体における保幼小連携接続の鍵であることについても多く語られた。それとともに、保幼小連携接続は、園や学校の個々の保育者や教師だけが、その必要性を理解し、求めていても実行は困難であり、園や学校のトップである園長や校長のリーダーシップとともに、教育長や自治的な責任をもつ人との繋がりや協力関係が欠かせないことも示唆された。そして、自治体としての保幼小連携接続担当として研修等を企画する側に求められるものとしては、例えば「改革マインドが大事」（ST先生の語りより）という言葉にも表れているように、自治体により抱えている事情は様々で制約もあるだろうが、それらの事情を踏まえつつも前例踏襲ではなくアクションを起こすことができるフットワークの軽さや、人と人を繋げる力の必要性も示された。

　保育者としての実践経験ありの協力者（4名）から語られた事柄と、小学校教師としての実践経験ありの協力者（4名）の語りの事柄の特徴的な違いとしては、小学校教師としての実践経験ありの協力者は、保育における「子どもの姿」を捉える際に、遊びの中から子どもの行動や興味・関心を見取る際に、豊かで鋭い視点で見取る点については保育者としての実践経験ありの協力者と共通しつつも、常に「教育課程」、「カリキュラム」や「教科」との関連性を見出そうとする語りが比較的多く見られた。この点は、小学校教師としての実践経験者ならではではと考えられる。

　一方の、保育者としての実践経験ありの協力者（4名）から語られた事柄としては、幼保における保育・教育と小学校での教育では、子どもにとっての「学びの違いはあるけれども、学んでいることは同じなんだ」、「子どもの生活の中には、どれだけ多くの学びがあるか」、「果たして幼保の保育者は、幼児の学びをどれだけ捉えることができているのだろうか」、「幼保の保育者は、小学校の教科書の内容を見たことがない人がほとんどである」というような、語りも見られ、幼保の保育者にとっても日々の保育の遊びの中から子

どもの学びを見取ることが必ずしも出来ているとは言えないことや、小学校教育を理解しようとする姿勢のあり方についても語られていた。

　また、特に保育者や小学校教師の実践経験を有さない大学教師の語りからは、保幼小連携接続研修を通して、幼保、小学校、指導主事、教育長など、保幼小連携接続に関わる人たちを「繋ぐ」という役割を実感していることや、保育者養成大学における保幼小連携接続についての学びの必要性等についても語られた。また、スタートカリキュラムを作ることが目的になり、そのカリキュラムを活かし、さらに必要に応じて更新していくことの重要性についても語られた。さらに、幼保の保育者が、保育における子どもの学びを、言語化して伝えることができるようなって、発信していくことの重要性についても語られた。

## 保幼小連携接続研修講師ならではの視点

　本インタビューでは、保幼小連携接続に関わる研修の外部講師としての関わりだからこその気づきについても語られていた。その一つが、スタートカリキュラム等の接続期のカリキュラムについてであった。特に多くの自治体においては、スタートカリキュラムを作成することが保幼小連携接続の成果であると捉えている傾向があることは、これまでの調査においても明らかとなったことであった。しかしながら、その点について、今回のインタビューの中では、スタートカリキュラム等のカリキュラムをつくることは大切であるという一方で、次のような語りも見られた。

　例えば、SK 先生の語りにおいては、4月から1カ月分ぐらいのカリキュラムをつくって、それをスタートカリキュラムというのでは意味がないと指摘し、子どもたちが経験する一コマ一コマの授業の中で子どもの姿と興味関心を丁寧に捉えながら、活動を丁寧に作り上げていくことの重要性が示されている。

　さらに、SZ 先生の語りにおいては、これまで幼保での子どもに力がつい

ていなかったわけでもないし、それを受け止める小学校の力量がないわけでもないという両方のことが見えてきたことで、幼小の間ののりしろが大事なのだということに気づいたと述べられていた。ここでは、3月までのカレンダーしかない保育者側と、4月からのカレンダーしかない小学校教師側、そして、それでも子どもたちは、4月になったら小学生1年生という新しい生活が始まるということについて触れ、こののりしろ部分に大きなずれがあることを指摘している。そして、3月から4月の接続期のみに重点を置いたスタートカリキュラムのあり方というよりも、特に保育・教育の実践の場としては、年間計画として保幼小の連携の視点を組み込むことの必要性が示されている。

　そして、RS先生の語りにおいては、保幼小連携接続を考えることにより、普段の学級経営自体が変わっていくだろうと述べられている。目の前の子どもの将来とか、その子どもの喜びが何かを考える習慣があれば、どのような交流活動が大切なのかがおのずと見えてくると述べている。つまり、保幼小連携接続の活動が、いかにも行事的で形式ばかりに重きをおくようなやり方では本当の意味での保幼小連携接続とは言えず、普段の学級経営において子ども一人ひとりの育ちを将来の姿を見通しながら行われているのであれば、おのずと保幼小連携接続のもつ本質的な重要性を押さえていることになるということが示唆されている。

　また、RM先生の語りにおいては、現在の養成課程では、幼保と小の連携接続を教えるために対応している科目がなく、原理的なところだけを教えるに留まっている現状も指摘された。幼保小の連携接続のカリキュラムや実践についての科目があれば、その科目についてのテキストが作られ、それを指導する養成校教師が出てくることへの期待についても触れられている。しかし、養成課程の現状を見ると科目を増やす余地がないことも考慮しなければならず、その困難さについても語られていた。

　この養成課程における保幼小連携接続を学ぶ科目の必要性については、

SY 先生のインタビューにおいても語られていた。SY 先生の所属大学には「幼小接続教育」のカリキュラムが置かれており、その授業を SY 先生ご自身が担当されている。大学の養成課程で保幼小連携接続のカリキュラムや実践について学ぶ機会をつくることは、これからの保育者や小学校教師になっていく学生にとっても大事なことであると述べられ、保育者や小学校教師を養成する段階から保幼小連携接続の学びを取り入れて、保幼小の連続した教育の方向性を見据えた学びが得られるように養成課程の中で一定の仕組みとしてつくっていくことの必要性が示された。

　以上のように、保幼小連携接続に関わる研修を担った研修講師の視点には、保幼小連携接続の本質に通じる内容や、接続期のみにとどまらない子どもの将来の姿を見据えた長いスパンでの捉え方への思いが込められており、保幼小連携接続について俯瞰的で広い視野で捉えていることが、本インタビューを通して示された。

**引用文献**

一前春子・秋田喜代美・天野美和子（2019）．幼小連携の取り組みに対する保育者と小学校教諭の振り返りにみられる特徴―取り組みに影響を与える要因とは何か　国際幼児教育研究, *26*, 39-50.

# 第 4 部　考察

# 第 7 章　全体考察

## 7-1　結果の総括

　本書では、1章において日本の保幼小連携接続の3点の課題を提示した。

　第一の課題は、各自治体の連携接続の詳細が明らかではないことである。そこで連携接続の詳細を明らかにするために、2章、3章、4章では特定の自治体における連携接続の取り組み、5章、6章では全国の自治体における保幼小連携接続研修に焦点をあてた。

　第二の課題は、保幼小連携接続をプロセスやサイクルとして問う視座の不足である。そこで、プロセスやサイクルを捉えるために、2章、4章では連携接続の取り組みとその効果の関係、3章では連携接続の取り組み内容の変化、5章、6章では実践を踏まえた研修内容の変化（工夫）を示した。

　第三の課題は、マルチステークホルダーの声から保幼小連携接続を問う視座の不足である。そこでマルチステークホルダーの声を捉えるために、2章、3章では保育者と小学校教師、4章では保護者、5章では地方自治体の保幼小連携接続担当者、6章では保幼小連携接続研修の講師の視点からみた連携接続を示した。

　まず、2章1節では、保幼小連携接続の効果に対する保育者と小学校教師の認識における施設・免許資格・自治体の3つの要因の影響を検討するために、2自治体の保育者125名と小学校教師47名を対象とした質問紙調査を行った。主要な結果は次の3点であった。第一に、「自己研鑽」と「連携の方針の共有」において保育者は小学校教師よりも効果を高く認識しており、保育者と小学校教師の間に具体的効果の捉え方の違いがあったことが示された。このような違いをもたらした理由の一つとして、保育所・幼稚園・認定こど

も園は、小学校入学時の子どもの姿に向かって子どもの育ちを援助するとい
う志向が強く、その意識が共有され、実践としても十分になされたという認
識が保育者にあることが考えられる。第二に、幼児期と児童期の両方の免許
資格を持つ保育者・小学校教師は、特別支援教育に関する効果をより高く認
識していた。幼児期と児童期の両方の免許資格を持つ保育者・小学校教師は、
片方のみの免許資格を持つ保育者・小学校教師と比較して、保幼小連携接続
に求める内容が異なっていることが示唆される。第三に、取り組み年数の長
い自治体において、小学校体験の効果がより高く認識されていたことから、
取り組みの効果の認識には取り組みを実践した保育者・小学校教師が自分の
実践内容の振り返りをするだけではなく、同僚や連携接続の相手である保育
者・小学校教師とその効果を共有することが必要である可能性が考えられる。

　2章2節では、保育者と小学校教師が体験したエピソードに基づいて保幼
小連携接続の効果を質的観点から検討するために、2自治体の保育者125名
と小学校教師47名を対象として実施された質問紙調査の回答に含まれる自由
記述の分析を行った。主要な結果は次の3点であった。第一に、保育者・小
学校教師の専門性に関する具体的効果の記述は「自己の変化」、「園・小間の
変化」、「連携のあり方の問い直し」、「実践の評価」の4つの上位カテゴリー
に整理できた。保育者・小学校教師ともに記述数の比率が高かったのは「自
己の変化」であった。第二に、子どもに関する具体的効果の記述は、「情
緒・行動の変化」、「対人態度の変化」、「環境の変化の理解」、「子どもへのマ
イナスの影響」の4つの上位カテゴリーに整理できた。保育者の記述数の比
率が高かったのは「情緒・行動の変化」であった。これに対して、小学校教
師の記述数の比率が高かったのは「対人態度の変化」であった。第三に、専
門性の向上に寄与した取り組みとして最も多く言及されていたのは、保育者
と小学校教師によると「保育・授業参観」であった。これに対して、子ども
の行動に変化をもたらした取り組みとして最も多く言及されていたのは、保
育者によると「小学校体験」であり、小学校教師によると「子ども同士の交

流活動」であった。保育者や小学校教師にとって、保幼小連携接続は子ども
の環境移行を支える取り組みとして効果をもつものであったと考えられる。
ただし、保育者と小学校教師が保幼小連携接続に対して共通した目的や方針
を持っているかという点については、そのような認識は形成される途上であ
ると考えられる。理由としては、園・小学校間の変化よりも自己の変化の記
述数の比率が高く、保育者と小学校教師の協働の認識は多数とはいえなかっ
たことや、保育者と小学校教師の視点の違いが歩み寄り困難なものとして指
摘されていたことが挙げられる。

　3章では、継続的に保幼小連携接続に取り組んでいる園と学校における、
保育者と小学校教師の保幼小連携接続の捉え方の特徴について検討するため
に、2自治体の保育幼児教育施設に所属する13名の保育者と3名の小学校教
師を対象としたグループ・インタビューを実施した。主要な結果は次の2点
であった。第一に、語り手の発言内容に注目して、事例をトピックごとに分
類したところ、4つのトピックがみられた。4つのトピックとは、「交流の
位置づけ」、「子どもの学びの見取り方」、「組織の職務や分担」、「園や小学校
の生活時間」であった。「園や学校の生活時間」を除く3つのトピックにお
いて、園と小学校の違いや保幼小連携接続への取り組みの課題とともに教育
の共通性への気づきや同じ視点による子どもの見取り方への発言がみられた。
第二に、保幼小連携接続の取り組み内容が変化した事例から、変化を生じさ
せた要因を考察した。取り組み内容の変化は、保幼小連携接続を担当する保
育者・小学校教師の主体的な働きかけによって生じたものであった。また、
園と小学校の両方の交流の目標への理解、教育のねらいの共通性への理解、
同じ地域内の保育者・小学校教師への信頼が、保育者・小学校教師の行動を
促進する要因として機能していることが示唆された。

　4章1節では、移行期の子どもをもつ保護者の認識における、子どもの年
齢の要因と出生順位の要因の影響を検討するために、2自治体の保育所・幼
稚園・認定こども園の5歳児クラスに在籍する幼児の保護者692名と小学校

1年に在籍する児童の保護者700名を対象とした質問紙調査を行った。主要な結果は次の2点であった。第一に、第一子の保護者が第二子の保護者よりも効果を高く認識した取り組みと、第二子以降の保護者が第一子の保護者よりも効果を高く認識した取り組みがみられた。その理由としては、取り組みの特徴と保護者の理解度の2つが考えられる。「教師との話し合い」のような取り組みは、効果を認識するために保護者に特別な知識は必要ない取り組みである。第一子の保護者は知識を得ることができ不安を低減することができる。そのため、第一子の保護者が効果を高く認識したと考えられる。これに対して、「行事の参加見学」などは、保幼小連携接続の目的と内容を理解していないと効果の認識が難しい取り組みである。第二子以降の保護者は知識と経験をもっていることから、第一子保護者には適切に判断できないような効果も認識できたと考えられる。第二に、保幼保護者は小学校保護者よりも「印刷物等による連携・活動報告」などの複数の取り組みの効果をより高く認識していた。子どもの園生活の情報と同時に保護者の活動情報が園だより等に含まれることで、保幼保護者が保幼小連携接続の参加者である認識と意欲をもたらしている可能性がある。これに対して、小学校では、参加者としての認識や意欲を喚起する情報が保護者に対して提供されることが少ないと考えられる。このように、保幼小連携接続の取り組みの名称としては同じでも、園と小学校では実施の目的や受け取ったり発信したりする情報の内容、保護者の能動的な関与の程度が異なるため、その取り組みの効果に対する保護者の認識も異なると考えられる。

　4章2節では、保護者の保幼小連携接続の取り組みに対する意識や評価の記述を検討するために、2自治体の保育所・幼稚園・認定こども園の5歳児クラスに在籍する幼児の保護者259名を対象として実施された質問紙調査の回答に含まれる自由記述の分析を行った。主要な結果は次の3点であった。第一に、子どもに関する具体的効果は、「環境の違いへの気づき」、「小学校への期待」、「仲間関係の構築」、「成長の見通し」の4つの上位カテゴリーに

整理できた。記述数の比率が高かったのは、「仲間関係の構築」、次いで「小学校への期待」であった。第二に、保護者に関する具体的効果は、「小学校への関心」、「移行期の理解」、「コミュニケーションの尊重」、「子どもへの支援」、「連携の意味づけ」の5つの上位カテゴリーに整理できた。記述数の比率が高かったのは「小学校への関心」、次いで「移行期の理解」であった。第三に、子どもと保護者に関する具体的効果の記述は、その記述が何に焦点化されているかによって4つの視点に分類することができた。第1に「学校・園に焦点のある視点」、第2に「子ども（保護者）と学校・園に焦点のある視点」、第3に「子ども（保護者）と学校・園の関係性に焦点のある視点」、第4に「子ども（保護者）に焦点のある視点」であった。保護者にとって、保幼小連携接続は子どもの環境移行を支える取り組みとして効果をもつものであったと考えられる。保護者の認識を踏まえて保育者・小学校教師が十分な情報を公開し、保護者の保幼小連携接続の理解を促進することが求められる。

　5章では、自治体主催の保幼小連携接続研修のあり方を自治体規模の観点から検討するために、日本全国の都道府県および市区町村の446教育委員会の保幼小連携接続の担当者を対象とした質問紙調査を行った。主要な結果は次の2点であった。第一に、行政区分が異なる自治体では、自治体主催の研修の機能や研修の工夫として着目する内容が異なっていたことである。都道府県の教育委員会と市区町村の教育委員会とでは役割や資源が異なってくることが理由の一つと考えられる。第二に、保幼小連携接続研修に特有の困難さに対応するための工夫がなされていたことである。保幼小連携接続研修特有の課題として園と小学校の両者が集まる研修実施の困難さや、就学前教育と小学校教育の双方の知識をもった講師の存在の少なさがあり、それぞれの課題解決に向けた工夫が行われていた。

　6章では、自治体主催の保幼小連携接続研修の内容を研修講師のねらいや意図の観点から検討するために、保幼小連携接続研修の講師を務めた経験の

ある研究者12名を対象としたインタビューを実施した。主要な結果は次の2点であった。第一に、保幼小連携接続研修の講師ならではの視点として、保幼小連携接続の本質に通じる内容や、接続期のみにとどまらない子どもの将来の姿を見据えた長いスパンでの捉え方が込められており、保幼小連携接続について俯瞰的で広い視野で捉えていることが示された。第二に、研修講師の背景によって、語りの内容に違いがみられた。小学校教師としての実践経験ありの協力者は、遊びの中から子どもの行動や興味・関心を見取る際に、「教育課程」、「カリキュラム」や「教科」との関連性を見出そうとする語りが比較的多く見られた。保育者としての実践経験ありの協力者は、幼保の保育者にとっても日々の保育の遊びの中から子どもの学びを見取ることが必ずしもできているとは言えないことや、小学校教育を理解しようとする姿勢のあり方についても語っていた。保育実践・小学校の教育実践の経験を有さない大学教師の協力者は、保幼小連携接続に関わる人たちを「繋ぐ」という役割や保育者養成大学における保幼小連携接続についての学びの必要性、カリキュラムを必要に応じて更新していくことの重要性、保育における子どもの学びを言語化して発信していくことの重要性について言及していた。

## 7-2　総合考察

　海外においては、子どもの声を聞き、子どもの権利を大事にすることから移行期の支援という発想が生まれている。これに対して、日本ではトップダウンで保幼小連携接続が進められ、均質な取り組みが行われてきた。連携接続に取り組むこと自体が目標であった時期には、先進的な自治体の例を参照して連携接続を進めるといったことができた。しかし、現在は、連携接続の取り組み内容を自治体の特性に合わせて変える時期にきており、先進事例の参照ではそのような変化を生むことは困難である。今後の保幼小連携接続の推進を考えるためには、全国一律の取り組みではなく、自治体レベルの連携接続に目を向ける必要がある。

　移行期を扱った研究においても、日本では、スタートカリキュラムの作成事例や、国立大学の附属小学校・園をはじめとする先進的な連携接続の取り組み事例などが蓄積されてきているが、自治体レベルの連携接続への取り組みの在りようや個々の園・小学校の実際の試みの実態は、十分に明らかになっていない。また、連携接続の複数の取り組みを同時に取り上げた研究がほとんどなく、教科ごとの教育的アプローチの連続性に関する研究が多い。教科内でミクロな視点で連携接続の効果を見ることも一つの切り口として有用であるが、園・学校全体、地域全体で見るということが必要である。

　そのため、本書2章、3章、4章では、2自治体の保護者や保育者・小学校教師の視点から、複数の連携接続の取り組みに対する認識を検討した。その結果、連携接続の効果があるという点では一致しているものの、どのような効果なのか、その効果はだれにとっての効果なのかという点については、異なる認識がみられた。保護者という立場からは見えていない連携接続の効果や、保育者側あるいは小学校側から見えにくくなっている連携接続の効果があることが示された。

　そのようなあるステークホルダーからは見えるが別のステークホルダーからは見えにくい連携接続の効果や意義について伝えあう場が自治体主催の研修であると考えられる。そこで、本書5章、6章では、自治体主催の研修の在りようを検討した。自治体研修の意義として、研修講師が研修の場にたちあうことにより、自分の視点からは見えていない連携接続の効果や意義を参加者が共有できるようになることが挙げられる。あるステークホルダーが直接効果を感じていなくても、別のステークホルダーが効果の恩恵を受けていることが理解できると、連携接続の取り組みを継続していく意欲へとつながると考えられる。

　以下に、マルチステークホルダーの視点から連携接続を捉えることの意味とマルチステークホルダーによる連携接続のネットワークづくり、マルチステークホルダーと自治体研修、自治体レベルでの保幼小連携接続の意義、

ICT と連携接続ネットワークづくりについて述べる。

## マルチステークホルダーの視点から連携接続を捉えることの意味

　保幼小連携接続とは何かという問いに対して、2つの考え方がみられる。第一に、小学校への適応のためのものであるという考え方である。連携接続を適応のためと考えるのであれば、適応が難しい子どもに対してのみ連携接続の取り組みを実践すればよく、自力で適応できる子どもに対する連携接続の取り組みはしなくてもよいという発想になる。また、小学校の特定の授業時間を交流活動などに割いてまで実施する必要はないという批判も生まれる。

　第二に、地域の人の輪を作る行動だという考え方である。子どもが育つ地域内の人々は、直接的あるいは間接的に子どもの育ちを支える人である。これらのステークホルダー同士を結び付けることを連携接続とする考え方である。連携接続を地域の人の輪を作る行動だと考えるのであれば、全ての子どもは地域に住み生活しているのだから、全ての子どもに連携接続が必要だという発想になる。

　今後の保幼小連携接続は、地域の人の輪を作る行動として捉えていくことが必要であると考えられる。地域の人の輪を作る行動としての連携接続が、子どもにとって意味のある連携接続となり、継続的な連携接続となるためには、連携接続の効果が複数のステークホルダーに見えていることが必要となる。たとえば、保護者は、明瞭に効果が目に見える幼児と児童の交流などを効果がある取り組みとして評価しやすい。しかし、幼児と児童の交流は、幼児がもつ小学校への不安の緩和といった効果をもつのに加えて、幼児や児童が異年齢の子どもに対するふるまいに着目し、自分の行動を変える効果ももつことに気づいている保護者は多くはない。そのような保護者に対して、見えていない効果を説明し共有してもらうことが大切である。

## マルチステークホルダーによる連携接続のネットワークづくり

　これまでにも、カリキュラムの作成、モデル校の実践、研修の実施、子どもの姿の把握が行われてきたが、これらの個々の試みが保幼小連携接続とし

て一体となり効果を上げるものとはなってこなかった。また、保育や教育は異質な人が加わりにくい領域とみなされ、マルチステークホルダーという概念で保育や教育を捉える試みがなされてこなかった。しかしながら、今後の保幼小連携接続が効果をもつためには、マルチステークホルダーによる連携接続のネットワークづくりが必要であると考えられる。

　移行期に関与するステークホルダーには、自治体の連携接続担当者、移行期の子どもの保護者、保育者・小学校教師以外にも、調理師や養護教諭、司書教諭・学校司書、学童保育指導員、主事、学芸員、中学校教師、PTA、公園の管理員などが含まれる。たとえば、養護教諭が加わることで、園と小学校での特別支援教育を長期的なスパンで計画することができる。学童保育指導員が加わることで、学童クラブを参考に子どもにとって居心地のよい環境を保育者や小学校教師が学ぶことができる。学芸員や司書教諭・学校司書が加わることで、幼小の交流を美術館や図書館で実施するなど、地域の場でつながることができる。このようにマルチステークホルダーが関与することにより、ステークホルダー自身が地域文化を知ることができ、多様性をもつ環境の中で子どもが育つことになる。

　ステークホルダーは、それぞれの専門性を持っている人々である。専門性をもつ人の間に異質な目、つまり別の専門性を持つ人が入ることで、ステークホルダー自身も成長する。たとえば、日常の教育の場では、若手教師は熟練教師から指導される立場であるが、マルチステークホルダーが立ち会う連携接続の場では、若手教師が新たな視点に気づき実践を提案するといった機会が生まれるかもしれない。日常の専門性の中では見えていない、その教師の良さが引き出されるといったことが考えられる。

　マルチステークホルダーによる連携接続のネットワークは、個人レベルの変化に加えて、教育レベルの変化を促すと考えられる。移行期の子どもの支援を目的に集った多様なステークホルダーによる実践が、保幼小連携接続に限らない、保育・教育のイノベーションを生み出す可能性がある。

## マルチステークホルダーと自治体研修

　連携接続の効果や意義についてある保育者の視点のみ、あるいは小学校教師の視点のみから捉えるだけでは、他のステークホルダーが感じている連携接続の効果は見えにくく、うまくいくと思えない、本当に効果を生むのかわからないという葛藤が生まれる。研修の場でこれらの葛藤も含めた連携接続についての意見を共有することで、別のステークホルダーからみた連携接続の効果や意義を知ることができ、連携接続への認識が高まると考えられる。研修での講師の役割は、異なるステークホルダーの感じた連携接続の効果や意義を参加者から引き出し、互いに声を聞きあい、そして見えるようにすることである。研修後には、保育者や小学校教師は複数のステークホルダーの視点を意識しながら、連携接続の実践に取り組むことができるようになる。そして、取り組みの中で別の葛藤が生じた場合には、次の研修の場でその葛藤を解消するというサイクルが作られることで、継続的な保幼小連携接続へとつながる。

　園のみ、小学校のみでも研修は可能であるが、複数のステークホルダーが参加する自治体研修の方が他のステークホルダーの視点に気づきやすくなることから、保幼小連携接続の効果や意義を理解し、子どもの姿を語り合う研修となることが期待できる。マルチステークホルダーの視点から幼児教育や小学校教育を捉えることや他の自治体の例を紹介するとことは、園内・校内研修では難しく、外部講師を招く自治体主催の研修が必要となると考えられる。

　自治体研修においては、自治体の研修企画者の役割が重要である。自治体研修の企画者は、幼児期と児童期の教育の両方の知識をもつ者が担当することが適切であるが、自治体の研修の担当部局は自治体によって異なり、それぞれ特有の難しさがある。幼児教育センターが企画主体の場合は、保幼をつなぐことはできるが、小と保幼をつなぐことが難しい。教育委員会が企画主体の場合は、幼児教育の知識が豊富な人材が手薄になってしまう。幼児期と

児童期の教育の両方の知識を持つ人材を配置することが難しい場合は、研修講師に研修担当者をサポートするという役割を担ってもらうことも考えられる。研修の場で研修講師が持つ知識や経験を保育者や小学校教師と共有するだけではなく、研修前に研修企画者との間で複数のステークホルダーの視点からみた連携接続の効果と意義を話し合うといった綿密な打ち合わせを行うことが期待される。さらに、研修講師として、幼児期の教育に詳しい人材や小学校教育に詳しい人材だけではなく、移行期に関わる別のステークホルダーの経験を持つ人材が加わることで、参加する都度に参加者が成長できる研修となりうる。

**自治体レベルでの保幼小連携接続の意義**

　保幼小連携接続において自治体が重要なのは、自治体が加わることによって公教育として保幼小連携接続の持続可能性が高まることが期待できるからである。自治体レベルで連携接続を支援することで、継続的な公開保育・授業や、複数回の研修の実施など園や小学校という単位では継続的な実施が難しい取り組みを実施することが可能となる。自治体によっては予算・人材の不足が深刻な場合もあるため、国が支援することも重要である。国の役割、自治体の役割、移行期の実践者とそれを支える管理職や同僚の役割のいずれか一つが欠けても連携接続が成り立たない。

　連携接続のネットワークづくりには、自治体の特色を考慮したモデルを作ることが必要であると考えられる。他の自治体のモデルをそのまま導入することはできないが、まったくモデルがない状態で自治体の特徴に基づいたモデルを作ることも難しい。人と人のつながりやそのシステムが目に見えるモデルを作ることで、保幼小連携接続を継続することができる。

　保育所が多い自治体や私立園が多い自治体、公立園が多い自治体、国立大学附属小学校・園が先進事例を公開している自治体、過疎化しつつあり子どもの数が少ない自治体、首都圏に位置する自治体など、自治体の幼児期の教育の特徴や自治体の特色は様々である。また、国からの指針をとりいれて連

携接続に取り組み始めた自治体、人権問題などの必要性があって歴史的に連携接続を進めてきた自治体など、連携接続への取り組みの経緯も異なる。指定校や公立園・国立大学附属園だけがうまくいく連携接続ではなく、どの地域の子どもにとっても公教育のためのよい環境づくりが重要である。

　したがって、すべての取り組みに複数のステークホルダーを導入する必要はない。自然な対面の幼児と児童の交流は必要であろうし、教科ごとの保育者と小学校教師の交流、隣接園と小学校の交流なども必要である。連携接続のネットワークづくりという視点でみると、従来は財源の少なさなどから連携接続には条件が不利だと捉えられがちな規模の小さな自治体は、地域のネットワークが作りやすく、連携接続を進めやすいという新たな可能性が出てくる。各自治体ならではの強みを生かした連携接続ネットワークづくりの機会であるともいえる。

## ICT と連携接続ネットワークづくり

　ICT（情報通信技術）の発達は、地域のステークホルダーが移行期の子どもと関わる場を広げ、ICT を活用した連携接続のネットワークづくりが進むことが予想される。ICT の活用については、小・中・高等学校ではデジタル教科書の導入や学習用コンピュータの整備、無線 LAN の整備などが国の主導で進められている。園においては、そのような国の主導の施策は未定であるが、スマートフォンやタブレット、ノートパソコンを利用したオンラインでのやりとりなどは可能な状態であると考えられる。あるいは、養成校が現職の保育者や小学校教師の現職者研修にも関与する状態であれば、保育者や小学校教師が大学の通信環境を利用することも考えられる。

　オンラインを通した連携接続の取り組みとして、子どもと保育者・小学校教師の交流、幼児と児童の交流、保育・授業研修等が期待される。連携接続の取り組みを時間割に組み込むことは難しくても、たとえば、幼児が小学校教師にメッセージを送り、小学校教師は空き時間にそのメッセージを読んで返事をするなどのやりとりが可能となる。多忙な保育者や小学校教師にとっ

て、オンラインのやりとりは負担を軽くすることになる。また、幼児と児童が休み時間にオンラインで会話をするなどの交流も可能となる。オンラインでの交流の場合、子どもが園と小学校を移動するときの安全性の問題や移動の手間の問題を解決できる。これにより、今までは近隣の園と小学校ではないと難しかった交流が、オンラインを利用することにより距離の要素を考えずに実施できるようになる。地域の小学校教師の紹介や教室・体育館などの環境の説明を画像や動画で伝えることもできる。かつ、それらは繰り返し再生・視聴も可能である。

　保育・授業研修もオンライン上で実施することで行いやすくなることが考えられる。研修の一環で保育・授業を公開ことはあっても、時間を割いて通常の時期に保育・授業を公開することは難しかったが、オンラインであれば物理的な距離や時間の制約を受けにくくなる。そして、物理的距離や時間の制約を受けにくくなることで、保育所・幼稚園・預かり保育・学童保育の間のオンライン上の交流も可能になると考えられる。

**本研究の課題**

　本研究の課題として、以下の5点が挙げられる。第一に、研究手法の課題である。本研究では、連携接続の効果の認識については、質問紙調査とインタビュー調査を用いた。そのため、引き出された保護者や保育者・小学校教師の認識はそれぞれの調査方法により異なっていたことが考えられる。また、自治体研修の調査では、2019年度に保幼小連携接続研修を実施あるいは実施計画のある自治体しか対象としていない。したがって、2019年度には保幼小連携接続を実施していなかったが、過去に保幼小連携接続を研修のテーマとしたことがある自治体の研修の在りようについては問うことができなかった。

　第二に、園長・校長、教頭など管理職の認識を問えていないということである。インタビュー調査においては、管理職も対象としてはいるが、連携接続の効果の認識については、園の5歳児担任、小学校1年生担任を対象とした調査しか行っていない。管理職がもつ連携接続の効果や意義の認識は、連

携接続のネットワークづくりに大きな影響力をもつことが想定されるため、この認識を明らかにすることが必要である。

第三に、大学・短大等の保育者・教師養成課程での保幼小連携接続の扱いについて検討していないことである。本研究では、幼児教育を専門とする大学教師については、研修講師という視点からみた自治体研修の在りようについてインタビュー調査を実施した。しかしながら、その大学教師が養成課程において、将来の保育者や小学校教師に対して保幼小連携接続の効果や意義をどのように伝えているのについては検討していない。養成課程での学びは就職後の認識に影響を与えることが想定されるため、養成課程のカリキュラムにおける保幼小連携接続の扱いを検討することが必要である。

第四に、子どもの声を問えていないことである。移行期の子どもが実際にどのような経験をしているのか、何を周囲のステークホルダーに期待しているのかといった点について、明らかにしていくことが必要である。

第五に、持続可能な連携接続を可能とする要因を検討していないことである。長いスパンでとらえた取り組み内容の変容や取り組みがもたらす長期的な効果を明らかにしていくことが必要である。

今後、以上のような課題群について、筆者らはさらなる研究の歩みを続けていきたいと考えている。また、これらの課題を共有し、保幼小連携接続研究の輪が本書によってさらに広がることを期待している。

# 初 出 一 覧

## 第2章　保育者・小学校教師の認識からみる連携接続の効果の分析

一前春子・天野美和子・秋田喜代美（2016）．保幼小連携に対する保育者の期待と効果
　　―小学校教諭の認識との比較　国際幼児教育学会第37回大会発表論文集, 94-95.

一前春子・天野美和子・秋田喜代美（2017）．保幼小連携の効果に対する保育者・小学
　　校教師の認識―施設種・免許資格・自治体の観点から　国際幼児教育研究, *24*,
　　45-48.

一前春子・秋田喜代美・天野美和子（2017）．保幼小連携がもたらす具体的成果―保育
　　者・小学校教諭の成果エピソードの分析　日本保育学会第70回大会発表要旨集,
　　1259.

Haruko Ichizen, Kiyomi Akita, & Miwako Amano（2017）. Japanese teachers' atti-
　　tudes to collaboration between ECEC settings and elementary school: Continui-
　　ty from nursery school and kindergarten to elementary school. *27th EECERA
　　Annual Conference Abstract Book*, 246.

## 第3章　保育者・小学校教師の振り返りにみる連携接続の取り組みの持続・
　　　　変化の要因

一前春子・秋田喜代美・天野美和子（2018）．保幼小連携における保育者から見た「ず
　　れ」の認識　日本教育心理学会第60回総会発表論文集, 56.

一前春子・秋田喜代美・天野美和子（2019）．保幼小連携の取り組みに対する保育者と
　　小学校教諭の振り返りにみられる特徴―取り組みに影響を与える要因とは何か
　　国際幼児教育研究, *26*, 39-50.

Haruko Ichizen, Kiyomi Akita, & Miwako Amano（2018）. Transition practices from
　　the nursery and kindergarten teachers' point of view. *28th EECERA Annual
　　Conference Abstract Book*, 258.

## 第4章　保護者の認識からみる連携接続の効果と特徴

一前春子・天野美和子・秋田喜代美（2016）．保幼小連携に対する保護者の期待と効果の認識－保護者の属性の観点から　日本教育心理学会第58回総会発表論文集, 234.

一前春子・秋田喜代美・天野美和子（2016）．保幼小連携に対する保護者の期待と効果の認識－子どもの出生順位と年齢の観点から　乳幼児教育学研究, *25*, 67-79.

一前春子・秋田喜代美・天野美和子（2018）．保幼小連携の取り組みの効果に対する保護者の視点－保護者は連携をどのような取り組みととらえているのか　国際幼児教育研究, *25*, 93-106.

Kiyomi Akita, Haruko Ichizen, & Miwako Amano（2017）. Japanese parents' expectations and recognition of the benefits of preschool-school collaborations: A comparison of birth order and age of child. *27th EECERA Annual Conference Abstract Book*, 271.

## 第5章　自治体担当者からみる保幼小連携接続研修の課題と工夫

一前春子・秋田喜代美・天野美和子（2020）．自治体主催の保幼小連携・接続研修の機能－県・市区・町村の比較検討　日本教育心理学会第62回総会発表論文集, 98.

一前春子・秋田喜代美・天野美和子（2020）．自治体主催の保幼小連携・接続研修の機能－研修の工夫　国際幼児教育学会第41回大会要旨集, 10-13.

一前春子・秋田喜代美・天野美和子（2021）．自治体主催の保幼小連携・接続研修－行政区別の分析　（投稿中）

# 謝　辞

　保幼小連携接続の取り組みの効果を検討した研究（第2章、第3章、第4章）の実施にあたり、質問紙調査やインタビューにご協力いただいた先生方、保護者の方々に深く御礼申し上げます。

　地方自治体の保幼小連携接続研修の内容を検討した研究（第5章、第6章）の実施にあたり、質問紙調査にご協力いただいた保幼小連携接続研修の担当者の方々、インタビューにご協力いただいた研修講師のご経験のある先生方に心より感謝申し上げます。

　なお、第6章においては、下記の先生方にご協力いただきました。ご多用の中、時間を割いて専門的知識をご提供いただきましたことに厚く御礼申し上げます。

（敬称略、五十音順）

神長美津子（國學院大學教授）

河邉貴子（聖心女子大学教授）

木下光二（鳴門教育大学教授）

佐々木晃（鳴門教育大学附属幼稚園園長、鳴門教育大学教育実践教授）

鈴木正敏（兵庫教育大学准教授）

砂上史子（千葉大学教授）

善野八千子（奈良学園大学教授）

田澤里喜（玉川大学准教授、学校法人田澤学園東一の江幼稚園園長）

田村　学（國學院大學教授）

箕輪潤子（武蔵野大学准教授）

無藤　隆（白梅学園大学名誉教授）

山下文一（松蔭大学教授）

# 付　記

　保幼小連携接続の取り組みの効果を検討した研究（2章、3章、4章）は、科学研究費基盤研究（C）「地方自治体を主体とした保幼小連携の基盤構築」（課題番号15K04332）の助成を受けました。また、地方自治体の保幼小連携接続研修の内容を検討した研究（5章、6章）は、科学研究費基盤研究（C）「地方自治体主催の研修への参加が保幼小連携パートナーシップ形成に及ぼす影響」（課題番号19K02664）の助成を受けました。関係各位に御礼申し上げます。

付　　録

## 付録1　幼児の保護者を対象とした質問紙

【質問紙の構成について】
　回答者の方の属性（設問1）、保幼小連携接続の取り組みの効果（設問2）、お子さまの行動の変化や保護者の方のお考えの変化のエピソード（設問3）、保幼小連携接続に対する期待（設問4）について伺います。

【設問1】回答なさる保護者の方ご自身と年長クラスのお子さまについておたずねいたします。
　　　　　以下の設問について、回答を下線部に記入し、設問の後に選択肢がある場合は、あてはまるものを○で囲んでください。

(1)回答なさる保護者の方とお子さまとの関係は、以下の選択肢のいずれにあてはまりますか。

　　　　a）母親　b）父親　c）祖母　d）祖父　e）その他（具体的に：＿＿＿＿＿＿＿＿＿＿＿）

(2)お子さまの通う園はどちらですか。　　＿＿＿＿＿＿＿＿＿幼稚園・保育所・認定こども園

(3)お子さまが通われる予定の小学校はどちらですか。　　＿＿＿＿＿＿＿＿小学校

(4)お子さまの年齢はおいくつですか。　　＿＿＿＿＿＿＿歳　　＿＿ヶ月

(5)お子さまの性別はどちらですか。　　　　a）男　　b）女

(6)お子さまも含めてごきょうだいの数は何人ですか。　＿＿＿＿＿＿＿人

(7)お子さまの出生順位は上から何番目になりますか。　＿＿＿＿＿＿番目

【設問2】保幼小連携接続*の取り組みの効果について伺います。

　　*保幼小連携接続…保育所・幼稚園・認定こども園等と小学校が連携接続し、園生活で積み重ねられた子どもの育ちを小学校の生活や学びにつなげていくこと

以下の1～8の取り組みについて、

(1)園から小学校への生活や学びの変化にお子さまが慣れる、小学校への親近感を持つなどの効果があったと思いますか。

(2)保護者の方にとって、お子さまの就学に関する不安を解消したり、先生とお子さまの相談をしやすくなるなどの効果があったと思いますか。

| | (1)子どもにとって効果があったか | | | | | (2)保護者にとって効果があったか | | | | |
|---|---|---|---|---|---|---|---|---|---|---|
| | 経験していないため回答できない | まったく効果がなかった | あまり効果がなかった | 効果があった | とても効果があった | 経験していないため回答できない | まったく効果がなかった | あまり効果がなかった | 効果があった | とても効果があった |
| 1）園児と児童が互いの行事（運動会や祭りなど）に参加・見学することによる交流 | 0 | 1 | 2 | 3 | 4 | 0 | 1 | 2 | 3 | 4 |
| 2）園児が小学校体験（施設見学、体験授業など）をすることによる交流 | 0 | 1 | 2 | 3 | 4 | 0 | 1 | 2 | 3 | 4 |
| 3）園だよりなど印刷物による連携・交流活動の報告 | 0 | 1 | 2 | 3 | 4 | 0 | 1 | 2 | 3 | 4 |
| 4）学校説明会や園の保護者会での小学校の紹介・説明 | 0 | 1 | 2 | 3 | 4 | 0 | 1 | 2 | 3 | 4 |
| 5）園行事や保護者会における保護者同士の交流 | 0 | 1 | 2 | 3 | 4 | 0 | 1 | 2 | 3 | 4 |
| 6）園行事や保護者会における保育者との交流 | 0 | 1 | 2 | 3 | 4 | 0 | 1 | 2 | 3 | 4 |
| 7）保護者・地域住民が参加可能な保幼小連携接続*に関する講演会 | 0 | 1 | 2 | 3 | 4 | 0 | 1 | 2 | 3 | 4 |
| 8）就学支援シート**の利用 | 0 | 1 | 2 | 3 | 4 | 0 | 1 | 2 | 3 | 4 |

　　**就学支援シート…家庭や幼稚園・保育園・認定こども園等での子どもの様子や、必要と思われる支援や配慮などを、小学校に引き継いでいくために作成するもの

【設問3】保幼小連携接続*が行われたことで、お子さまの様子や保護者の方ご自身のお考えに変化がありましたか。
　　　　　保護者の方ご自身が経験された具体的なエピソードをお書きください。

お子さまの様子の変化の例としては、「小学校体験によって小学校生活へのイメージがもてた」、「交流活動を経験したことで年下の子どもの安全に気をつけてあげるようになった」、など。
保護者の方のお考えの変化の例としては、「講演会で保幼小連携接続のことを知り、活動内容や目的についてもっと知りたいと思った」、「保護者会で、先生が専門家としての知識に基づいて子どもの様子を説明してくれたので安心した」、など。

【設問4】保幼小連携接続\*の取り組みとして、どのようなことに期待するかについて伺います。

> \*保幼小連携接続…保育所・幼稚園・認定こども園等と小学校が連携し、園生活で積み重ねられた子どもの育ちを小学校の生活や学びにつなげていくこと

(1)お子さまの小学校入学に際し、以下の情報をどの程度知りたいとお考えですか。

| | 知りたいか | | | |
|---|---|---|---|---|
| | まったく知りたくない | あまり知りたくない | 知りたい | とても知りたい |
| 1）お子さまが入学する小学校の低学年の教育方針や学習の内容 | 1 | 2 | 3 | 4 |
| 2）市の小学校の低学年の教育方針や学習の内容 | 1 | 2 | 3 | 4 |
| 3）お子さまが入学する小学校の行事の内容やPTAの活動内容 | 1 | 2 | 3 | 4 |
| 4）お子さまが入学する小学校の行事やPTA活動に関する負担の程度 | 1 | 2 | 3 | 4 |
| 5）お子さまが入学する小学校の保幼小連携接続\*の取り組み状況 | 1 | 2 | 3 | 4 |
| 6）市の保幼小連携接続\*の取り組み状況 | 1 | 2 | 3 | 4 |
| 7）5歳～小学校1年生の時期の子どもの学びや生活の課題 | 1 | 2 | 3 | 4 |
| 8）幼児期の学びと小学校の学習のつながり | 1 | 2 | 3 | 4 |
| 9）5歳～小学校1年生の時期に育つ子どもの力 | 1 | 2 | 3 | 4 |
| 10）お子さまが入学する小学校の特別支援教育の制度や内容 | 1 | 2 | 3 | 4 |

(2)保幼小連携接続*を通して、園の先生に以下のことをどの程度期待しますか。

*保幼小連携接続…保育所・幼稚園・認定こども園等と小学校が連携し、園生活で積み重ねられた子どもの育ちを小学校の生活や学びにつなげていくこと

| | 期待するか | | | |
|---|---|---|---|---|
| | まったく期待しない | あまり期待しない | 期待する | とても期待する |
| 1）幼児期の学びを小学校の学習につなげるアプローチカリキュラム**を実施する | 1 | 2 | 3 | 4 |
| 2）保育参観後などに、指導・援助の工夫や保育・教育の計画について説明する | 1 | 2 | 3 | 4 |
| 3）園と小学校の子どもの交流を行い、子どもが自分より年上の子どもとの関わりをもてるようにする | 1 | 2 | 3 | 4 |
| 4）小学校入学前後の子どもの発達の見通しについて話す | 1 | 2 | 3 | 4 |
| 5）園と小学校で進学する子どもについての情報を共有し、保育・教育に役立てる | 1 | 2 | 3 | 4 |
| 6）園だよりなどで保幼小連携接続*の取り組みに関する情報をより多く公開する | 1 | 2 | 3 | 4 |
| 7）保幼小連携接続*に関する園の方針や理念を伝える | 1 | 2 | 3 | 4 |
| 8）保幼小連携接続*に関する講演会の情報を伝える | 1 | 2 | 3 | 4 |
| 9）保幼小連携接続*に関する保護者の意見を聞く機会をつくる | 1 | 2 | 3 | 4 |
| 10）保幼小連携接続*の取り組みの成果について説明する | 1 | 2 | 3 | 4 |
| 11）保護者や地域住民が保幼小連携接続*の取り組みに参加できるようにする | 1 | 2 | 3 | 4 |
| 12）子どもについて保育者に気軽に質問や相談ができるようにする | 1 | 2 | 3 | 4 |
| 13）子どもについて保護者同士で気軽に話せる機会をつくる | 1 | 2 | 3 | 4 |
| 14）近隣の小学校の学童保育との連携や学童での子どもの様子を伝える | 1 | 2 | 3 | 4 |
| 15）特別な教育的支援を必要とする子どもの支援を、クラス担任だけでなく園全体で行う | 1 | 2 | 3 | 4 |

**アプローチカリキュラム…子どもの小学校教育へのスムーズな適応を目的としたカリキュラム。主に5歳児クラスで実施される。集団での活動や時間を意識した行動など幼児期以降の発達に必要な力を育てる。

以上で質問は終わりです。
ご協力いただき、ありがとうございました。

## 付録 2　児童の保護者を対象とした質問紙

**【質問紙の構成について】**
　回答者の方の属性（設問 1 ）、保幼小連携接続の取り組みの効果（設問 2 ）、お子さまの行動の変化や保護者の方のお考えの変化のエピソード（設問 3 ）、保幼小連携接続に対する期待（設問 4 ）について伺います。

**【設問 1 】** 回答なさる保護者の方ご自身と 1 年生のお子さまについておたずねいたします。
　　　　　以下の設問について、回答を下線部に記入し、設問の後に選択肢がある場合は、あてはまるものを○で囲んでください。

(1)回答なさる保護者の方とお子さまとの関係は、以下の選択肢のいずれにあてはまりますか。

　　　　a）母 親　b）父 親　c）祖 母　d）祖 父　e）その他（具体的に：＿＿＿＿＿＿＿＿＿＿＿）

(2)お子さまの通う学校はどちらですか。　　＿＿＿＿＿＿＿＿＿ 小学校

(3)お子さまが通っていた園はどちらでしたか。
　　　　　＿＿＿＿＿＿＿＿ 幼稚園・保育所・認定こども園
　　　　　　　　　　　　その他の園・施設（具体的に：　　　　　　　　　　　　）
　　　　　　　　　　　　園や施設には通っていない（未就園）

(4)お子さまの年齢はおいくつですか。　　　　＿＿＿＿＿＿＿＿ 歳　　　ヶ月

(5)お子さまの性別はどちらですか。　　　　　　a）男　　b）女

(6)お子さまも含めてごきょうだいの数は何人ですか。　＿＿＿＿＿＿＿＿ 人

(7)お子さまの出生順位は上から何番目になりますか。　＿＿＿＿＿＿＿＿ 番目

【設問2】保幼小連携接続\*の取り組みの効果について伺います。

　　\*保幼小連携接続…保育所・幼稚園・認定こども園等と小学校が連携し、園生活で積み重ねられた子どもの
　　育ちを小学校の生活や学びにつなげていくこと

以下の1～8の取り組みについて、

(1)園から小学校への生活や学びの変化にお子さまが慣れる、小学校への親近感を持つなどの効果
があったと思いますか。

(2)保護者の方にとって、お子さまの就学に関する不安を解消したり、先生とお子さまの相談をし
やすくなるなどの効果があったと思いますか。

| | (1)子どもにとって効果があったか | | | | | (2)保護者にとって効果があったか | | | | |
|---|---|---|---|---|---|---|---|---|---|---|
| | 経験していないため回答できない | まったく効果がなかった | あまり効果がなかった | 効果があった | とても効果があった | 経験していないため回答できない | まったく効果がなかった | あまり効果がなかった | 効果があった | とても効果があった |
| 1）児童と園児が互いの行事（運動会や祭りなど）に参加・見学することによる交流 | 0 | 1 | 2 | 3 | 4 | 0 | 1 | 2 | 3 | 4 |
| 2）園児が小学校体験（施設見学、体験授業など）をすることによる交流 | 0 | 1 | 2 | 3 | 4 | 0 | 1 | 2 | 3 | 4 |
| 3）学校だよりなど印刷物による連携・交流活動の報告 | 0 | 1 | 2 | 3 | 4 | 0 | 1 | 2 | 3 | 4 |
| 4）学校説明会や園の保護者会での小学校の紹介・説明 | 0 | 1 | 2 | 3 | 4 | 0 | 1 | 2 | 3 | 4 |
| 5）小学校行事や保護者会における保護者同士の交流 | 0 | 1 | 2 | 3 | 4 | 0 | 1 | 2 | 3 | 4 |
| 6）小学校行事や保護者会における小学校教師との交流 | 0 | 1 | 2 | 3 | 4 | 0 | 1 | 2 | 3 | 4 |
| 7）保護者・地域住民が参加可能な保幼小連携接続\*に関する講演会 | 0 | 1 | 2 | 3 | 4 | 0 | 1 | 2 | 3 | 4 |
| 8）就学支援シート\*\*の利用 | 0 | 1 | 2 | 3 | 4 | 0 | 1 | 2 | 3 | 4 |

　　\*\*就学支援シート…家庭や幼稚園・保育園・認定こども園等での子どもの様子や、必要と思われる支援や配
　　慮などを、小学校に引き継いでいくために作成するもの

【設問3】保幼小連携接続\*が行われたことで、お子さまの様子や保護者の方ご自身のお考えに変化
　　　　　がありましたか。
　　　　　保護者の方ご自身が経験された具体的なエピソードをお書きください。

　お子さまの様子の変化の例としては、「小学校体験によって小学校生活へのイメージがもてた」、「交流活動を経験した
ことで年下の子どもの安全に気をつけてあげるようになった」、など。
　保護者の方のお考えの変化の例としては、「講演会で保幼小連携接続のことを知り、活動内容や目的についてもっと知り
たいと思った」、「保護者会で、先生が専門家としての知識に基づいて子どもの様子を説明してくれたので安心した」、など。

【設問4】保幼小連携接続*の取り組みとして、どのようなことに期待するかについて伺います。

*保幼小連携接続…保育所・幼稚園・認定こども園等と小学校が連携し、園生活で積み重ねられた子どもの育ちを小学校の生活や学びにつなげていくこと

(1)お子さまの小学校入学に際し、以下の情報をどの程度知りたいとお考えでしたか。

| | 知りたかったか | | | |
|---|:---:|:---:|:---:|:---:|
| | まったく知りたくなかった | あまり知りたくなかった | 知りたかった | とても知りたかった |
| 1）お子さまが入学する小学校の低学年の教育方針や学習の内容 | 1 | 2 | 3 | 4 |
| 2）市の小学校の低学年の教育方針や学習の内容 | 1 | 2 | 3 | 4 |
| 3）お子さまが入学する小学校の行事の内容やPTAの活動内容 | 1 | 2 | 3 | 4 |
| 4）お子さまが入学する小学校の行事やPTA活動に関する負担の程度 | 1 | 2 | 3 | 4 |
| 5）お子さまが入学する小学校の保幼小連携接続*の取り組み状況 | 1 | 2 | 3 | 4 |
| 6）市の保幼小連携接続*の取り組み状況 | 1 | 2 | 3 | 4 |
| 7）5歳〜小学校1年生の時期の子どもの学びや生活の課題 | 1 | 2 | 3 | 4 |
| 8）幼児期の学びと小学校の学習のつながり | 1 | 2 | 3 | 4 |
| 9）5歳〜小学校1年生の時期に育つ子どもの力 | 1 | 2 | 3 | 4 |
| 10）お子さまが入学する小学校の特別支援教育の制度や内容 | 1 | 2 | 3 | 4 |

(2) 保幼小連携接続*を通して、小学校の先生に以下のことをどの程度期待しますか。

　＊保幼小連携接続…保育所・幼稚園・認定こども園等と小学校が連携し、園生活で積み重ねられた子どもの
　　育ちを小学校の生活や学びにつなげていくこと

| | 期待するか | | | |
|---|---|---|---|---|
| | まったく期待しない | あまり期待しない | 期待する | とても期待する |
| 1) 幼児期の学びを小学校の学習につなげるスタートカリキュラム**を実施する | 1 | 2 | 3 | 4 |
| 2) 授業参観後などに、指導・援助の工夫や授業の計画・指導の計画について説明する | 1 | 2 | 3 | 4 |
| 3) 小学校と園の子どもの交流を行い、子どもが自分より年下の子どもとの関わりをもてるようにする | 1 | 2 | 3 | 4 |
| 4) 小学校入学前後の子どもの発達の見通しについて話す | 1 | 2 | 3 | 4 |
| 5) 小学校と園で進学する子どもについての情報を共有し、教育に役立てる | 1 | 2 | 3 | 4 |
| 6) 学校だよりなどで保幼小連携接続*の取り組みに関する情報をより多く公開する | 1 | 2 | 3 | 4 |
| 7) 保幼小連携接続*に関する小学校の方針や理念を伝える | 1 | 2 | 3 | 4 |
| 8) 保幼小連携接続*に関する講演会の情報を伝える | 1 | 2 | 3 | 4 |
| 9) 保幼小連携接続*に関する保護者の意見を聞く機会をつくる | 1 | 2 | 3 | 4 |
| 10) 保幼小連携接続*の取り組みの成果について説明する | 1 | 2 | 3 | 4 |
| 11) 保護者や地域住民が保幼小連携接続*の取り組みに参加できるようにする | 1 | 2 | 3 | 4 |
| 12) 子どもについて小学校教師に気軽に質問や相談ができるようにする | 1 | 2 | 3 | 4 |
| 13) 子どもについて保護者同士で気軽に話せる機会をつくる | 1 | 2 | 3 | 4 |
| 14) 学童保育との連携や学童での子どもの様子を伝える | 1 | 2 | 3 | 4 |
| 15) 特別な教育的支援を必要とする子どもの支援を、クラス担任だけでなく学校全体で行う | 1 | 2 | 3 | 4 |

　**スタートカリキュラム…子どもの小学校教育へのスムーズな適応を目的としたカリキュラム。
　　主に小学校1年で実施される。遊びの要素と教科学習の要素を組み合わせた教育プログラム。

以上で質問は終わりです。
ご協力いただき、ありがとうございました。

## 付録3　保育者を対象とした質問紙

【設問1】回答なさる先生ご自身のことについておたずねいたします。以下の設問について、回答を下線部に記入し、設問の後に選択肢がある場合は、あてはまるものを○で囲んでください。

(1)勤務されている園はどちらですか。　＿＿＿＿＿＿＿　幼稚園・保育所・認定こども園

(2)教職・保育職のご経験年数は何年目ですか。　＿＿＿＿＿＿＿　年目

(3)現在の職位はいずれにあてはまりますか。　＿＿＿＿＿　a）教諭・保育士　b）主任教諭　c）主幹教諭
　　　　　　　　　　　　　　　　　　　　　　その他（具体的に：　　　　　　　　　）

(4)年齢はおいくつですか。　＿＿＿＿＿＿＿　a）20代　b）30代　c）40代　d）50代　e）60代

(5)性別はどちらですか。　＿＿＿＿＿＿＿　a）男　　b）女

(6)現在のご担当は何歳児のクラスですか。　＿＿＿＿＿＿＿　歳

(7)お持ちの免許・資格に当てはまるものすべてをお選びください。
　　　　a）中学校教諭　b）小学校教諭　c）幼稚園教諭　d）保育士　e）養護教諭
　　　　その他（　　　　　　　）

【設問2】保幼小連携接続\*の取り組みの効果について伺います。

(1)園から小学校への生活や学びの変化に子どもが慣れる、小学校への親近感を持つなどの効果があったと思いますか。

(2)園と小学校の相互理解や子どもの学びの連続性を理解するなどの保育士・教師の専門性を高める効果があったと思いますか。

| | (1)子どもにとって効果があったか ||||| (2)保護者にとって効果があったか |||||
|---|---|---|---|---|---|---|---|---|---|---|
| | 経験していないため回答できない | まったく効果がなかった | あまり効果がなかった | 効果があった | とても効果があった | 経験していないため回答できない | まったく効果がなかった | あまり効果がなかった | 効果があった | とても効果があった |
| 1）園児と児童が互いの行事（運動会や祭りなど）に参加・見学することによる交流 | 0 | 1 | 2 | 3 | 4 | 0 | 1 | 2 | 3 | 4 |
| 2）園児が小学校体験（施設見学、体験授業など）をすることによる交流 | 0 | 1 | 2 | 3 | 4 | 0 | 1 | 2 | 3 | 4 |
| 3）年間交流計画の決定や情報交換のための打ち合わせ | 0 | 1 | 2 | 3 | 4 | 0 | 1 | 2 | 3 | 4 |
| 4）指導要録・保育要録による新入学児童の実態把握 | 0 | 1 | 2 | 3 | 4 | 0 | 1 | 2 | 3 | 4 |
| 5）園や小学校の行事（運動会・発表会など）を参観・参加することによる教職員の交流 | 0 | 1 | 2 | 3 | 4 | 0 | 1 | 2 | 3 | 4 |
| 6）講演が主体となった保幼小連携接続\*に関する研修 | 0 | 1 | 2 | 3 | 4 | 0 | 1 | 2 | 3 | 4 |
| 7）保育者と小学校教員による相互交流研修・合同研修 | 0 | 1 | 2 | 3 | 4 | 0 | 1 | 2 | 3 | 4 |
| 8）授業参観・保育参観や授業・保育後の協議会への参加 | 0 | 1 | 2 | 3 | 4 | 0 | 1 | 2 | 3 | 4 |
| 9）アプローチカリキュラム\*\*・教育の連続性を意識したカリキュラムの作成 | 0 | 1 | 2 | 3 | 4 | 0 | 1 | 2 | 3 | 4 |
| 10）アプローチカリキュラム\*\*・教育の連続性を意識したカリキュラムに基づく保育・教育 | 0 | 1 | 2 | 3 | 4 | 0 | 1 | 2 | 3 | 4 |
| 11）地方自治体作成の就学前教育のプログラムの閲覧・利用 | 0 | 1 | 2 | 3 | 4 | 0 | 1 | 2 | 3 | 4 |
| 12）就学支援シートの利用 | 0 | 1 | 2 | 3 | 4 | 0 | 1 | 2 | 3 | 4 |
| 13）特別な教育的支援を必要とする子どもへの援助・指導についての研修会 | 0 | 1 | 2 | 3 | 4 | 0 | 1 | 2 | 3 | 4 |

　\*保幼小連携接続…保育所・幼稚園・認定こども園等と小学校が連携し、子どもの幼児期の教育から児童期の教育への円滑な移行を支援する取り組み

　\*\*アプローチカリキュラム…子どもの小学校教育へのスムーズな適応を目的としたカリキュラム。主に5歳児クラスで実施される。集団での活動や時間を意識した行動など幼児期以降の発達に必要な力を育てる。

【設問3】保幼小連携接続*が行われたことで、子どもの様子や先生ご自身のお考えに変化がありましたか。先生ご自身が経験された具体的なエピソードをお書きください。

　子どもの様子の変化の例としては、「小学校体験によって小学校生活へのイメージがもてた」、「交流活動を経験したことで年下の子どもの安全に気をつけてあげるようになった」など。

　先生のお考えの変化の例としては、「保育参観とその後の協議会に参加することで、園児と児童の発達のつながりを具体的な行動としてイメージできるようになった」、「自治体作成の保育・教育プログラムを参考にして、園と小学校の学びの連続性を意識した食育に関する指導案を作成した」など。

*保幼小連携接続…保育所・幼稚園・認定こども園等と小学校が連携し、子どもの幼児期の教育から児童期の教育への円滑な移行を支援する取り組み。

具体的取り組みとして、保育園・幼稚園・認定こども園等と小学校の間での子どもについての情報交換、保幼小の教職員同士の交流、保幼小の教職員の連携に関する研修の実施、保育や教育のカリキュラムの開発、保幼小による特別な支援ニーズのある子どもへの支援の強化、保護者支援、保幼小の子ども同士の交流などが挙げられる。

414

【設問4】先生ご自身に関して、保幼小連携接続\*に取り組むことで、具体的にはどのような成果があったかについて伺います。

　　\*設問2において、いずれかの項目に〔保育者にとってとても効果があった〕〔保育者にとって効果があった〕〔保育者にとってあまり効果がなかった〕に○をつけた場合には、次の(1)と(2)にご回答ください。
　　\*設問2において、すべての項目に〔保育者にとってまったく効果がなかった〕〔経験していないため回答できない〕に○をつけた場合には、次の(2)にご回答ください。

(1)保幼小連携接続\*に取り組むことで、これまでどの程度成果がありましたか。
(2)今後の保幼小連携接続\*において、このような成果を求めていくことが必要だと思われますか。

| | (1)成果があったか | | | | (2)必要だと思うか | | | |
|---|---|---|---|---|---|---|---|---|
| | まったく成果がなかった | あまり成果がなかった | 成果があった | とても成果があった | まったく必要ではない | あまり必要ではない | 必要である | とても必要である |
| 1）園と小学校が指導・援助の仕方を互いに理解できた | 1 | 2 | 3 | 4 | 1 | 2 | 3 | 4 |
| 2）園と小学校が教育課程・保育課程の内容を互いに理解できた | 1 | 2 | 3 | 4 | 1 | 2 | 3 | 4 |
| 3）5歳〜小学校1年生の時期の子どもの学びや生活の課題を共有できた | 1 | 2 | 3 | 4 | 1 | 2 | 3 | 4 |
| 4）5歳〜小学校1年生の時期に育てたい子どもの力を理解できた | 1 | 2 | 3 | 4 | 1 | 2 | 3 | 4 |
| 5）幼児期から小学校低学年までの学びの連続性を理解できた | 1 | 2 | 3 | 4 | 1 | 2 | 3 | 4 |
| 6）長期的な視点で子どもの発達を理解できた | 1 | 2 | 3 | 4 | 1 | 2 | 3 | 4 |
| 7）小学校教育を踏まえて、指導・援助の工夫ができた | 1 | 2 | 3 | 4 | 1 | 2 | 3 | 4 |
| 8）小学校教育を踏まえて、保育課程や教育課程の見直しができた | 1 | 2 | 3 | 4 | 1 | 2 | 3 | 4 |
| 9）園と小学校の間で共通の指導テーマの設定や共通教材の開発ができた | 1 | 2 | 3 | 4 | 1 | 2 | 3 | 4 |
| 10）保幼小連携接続\*に関して、同僚に助言を求めたり、与えたりできた | 1 | 2 | 3 | 4 | 1 | 2 | 3 | 4 |
| 11）保幼小連携接続\*について、保護者にわかりやすく説明できた | 1 | 2 | 3 | 4 | 1 | 2 | 3 | 4 |
| 12）保幼小連携接続\*の観点から、日々の保育・教育の振り返りができた | 1 | 2 | 3 | 4 | 1 | 2 | 3 | 4 |
| 13）連携する小学校の教師との信頼関係が築けた | 1 | 2 | 3 | 4 | 1 | 2 | 3 | 4 |
| 14）保幼小連携接続\*の取り組みの評価について、教職員で話し合えた | 1 | 2 | 3 | 4 | 1 | 2 | 3 | 4 |
| 15）保幼小連携接続\*の方針や理念を、勤務園で共有できた | 1 | 2 | 3 | 4 | 1 | 2 | 3 | 4 |
| 16）園と小学校の間で、早期に特別な教育的支援を必要とする子どもの相談ができた | 1 | 2 | 3 | 4 | 1 | 2 | 3 | 4 |
| 17）特別な教育的支援を必要とする子どもに対して、クラス担任だけでなく園全体で支援ができた | 1 | 2 | 3 | 4 | 1 | 2 | 3 | 4 |
| 18）特別な教育的支援を必要とする子どもの具体的な配慮事項を、保護者と話し合えた | 1 | 2 | 3 | 4 | 1 | 2 | 3 | 4 |

　　\*保幼小連携接続…保育所・幼稚園・認定こども園等と小学校が連携し、子どもの幼児期の教育から児童期の教育への円滑な移行を支援する取り組み

【設問5】子どもに関して、保幼小連携接続*が行われたことで、具体的にはどのような成果があったかについて伺います。

　*設問2において、いずれかの項目に〔子どもにとってとても効果があった〕〔子どもにとって効果があった〕〔子どもにとってあまり効果がなかった〕に○をつけた場合には、次の(1)と(2)にご回答ください。
　*設問2において、すべての項目に〔子どもにとってまったく効果がなかった〕〔経験していないため回答できない〕に○をつけた場合には、次の(2)にご回答ください。

(1)保幼小連携接続*を通して、これまで以下のような子どもの力が育ったと思いますか。
(2)今後の保幼小連携接続*を通して、このような子どもの力が育つことを期待しますか。

| | (1)育ったと思うか | | | | (2)期待するか | | | |
|---|---|---|---|---|---|---|---|---|
| | そう思わない | そう思わないあまり | そう思う | とてもそう思う | 期待しないまったく | 期待しないあまり | 期待する | とても期待する |
| 1）自己の成長の見通しをもつ | 1 | 2 | 3 | 4 | 1 | 2 | 3 | 4 |
| 2）小学校への期待感や意欲、憧れをもつ | 1 | 2 | 3 | 4 | 1 | 2 | 3 | 4 |
| 3）小学校教師とのより友好的な信頼関係を築く | 1 | 2 | 3 | 4 | 1 | 2 | 3 | 4 |
| 4）自分より年長の子どもと積極的に関わりをもつ | 1 | 2 | 3 | 4 | 1 | 2 | 3 | 4 |
| 5）同年齢の子どもとより友好的な信頼関係を築く | 1 | 2 | 3 | 4 | 1 | 2 | 3 | 4 |
| 6）人の話をしっかりと聞く | 1 | 2 | 3 | 4 | 1 | 2 | 3 | 4 |
| 7）席に落ち着いて座る | 1 | 2 | 3 | 4 | 1 | 2 | 3 | 4 |
| 8）自分の意見や思いを我慢したり、譲ったりする | 1 | 2 | 3 | 4 | 1 | 2 | 3 | 4 |
| 9）集団のルールを守る | 1 | 2 | 3 | 4 | 1 | 2 | 3 | 4 |
| 10）姿勢や手指の動きをコントロールする | 1 | 2 | 3 | 4 | 1 | 2 | 3 | 4 |
| 11）自分の考えで新しいものを生み出す | 1 | 2 | 3 | 4 | 1 | 2 | 3 | 4 |
| 12）論理的にものごとを考える | 1 | 2 | 3 | 4 | 1 | 2 | 3 | 4 |
| 13）ものごとを計画的に行う | 1 | 2 | 3 | 4 | 1 | 2 | 3 | 4 |
| 14）批判的にものごとを考える | 1 | 2 | 3 | 4 | 1 | 2 | 3 | 4 |
| 15）経験したことや学んだことをふりかえる | 1 | 2 | 3 | 4 | 1 | 2 | 3 | 4 |

　*保幼小連携接続…保育所・幼稚園・認定こども園等と小学校が連携し、子どもの幼児期の教育から児童期の教育への円滑な移行を支援する取り組み

以上で質問は終わりです。
ご協力いただき、ありがとうございました。

## 付録4　小学校教師を対象とした質問紙

【設問1】回答なさる先生ご自身のことについておたずねいたします。以下の設問について、回答を下線部に記入し、設問の後に選択肢がある場合は、あてはまるものを○で囲んでください。

(1)勤務されている小学校はどちらですか。　＿＿＿＿＿＿＿＿＿＿＿＿＿＿＿＿小学校

(2)教職のご経験年数は何年目ですか。　＿＿＿＿＿＿＿＿＿＿＿＿＿＿＿＿年目

(3)現在の職位はいずれにあてはまりますか。　＿＿＿＿＿　a）教諭　b）主任教諭　c）主幹教諭
　　　　　　　　　　　　　　　　　　　　　　　　　　　その他（具体的に：　　　　　　　）

(4)年齢はおいくつですか。　＿＿＿＿＿＿＿＿　a）20代　b）30代　c）40代　d）50代　e）60代

(5)性別はどちらですか。　＿＿＿＿＿＿＿＿　a）男　b）女

(6)現在のご担当学年は何年生ですか。　＿＿＿＿＿＿＿＿＿＿年

(7)お持ちの免許・資格に当てはまるものすべてをお選びください。
　　　　a）中学校教諭　b）小学校教諭　c）幼稚園教諭　d）保育士　e）養護教諭
　　　　その他（　　　　　　　　）

【設問2】保幼小連携接続*の取り組みの効果について伺います。

(1)園から小学校への生活や学びの変化に子どもが慣れる、小学校への親近感を持つなどの効果があったと思いますか。

(2)小学校と園の相互理解や子どもの学びの連続性を理解するなどの保育士・教師の専門性を高める効果があったと思いますか。

| | (1)子どもにとって効果があったか | | | | | (2)教師にとって効果があったか | | | | |
|---|---|---|---|---|---|---|---|---|---|---|
| | 経験していないため回答できない | まったく効果がなかった | あまり効果がなかった | 効果があった | とても効果があった | 経験していないため回答できない | まったく効果がなかった | あまり効果がなかった | 効果があった | とても効果があった |
| 1）児童と園児が互いの行事（運動会や祭りなど）に参加・見学することによる交流 | 0 | 1 | 2 | 3 | 4 | 0 | 1 | 2 | 3 | 4 |
| 2）園児が小学校体験（施設見学、体験授業など）をすることによる交流 | 0 | 1 | 2 | 3 | 4 | 0 | 1 | 2 | 3 | 4 |
| 3）年間交流計画の決定や情報交換のための打ち合わせ | 0 | 1 | 2 | 3 | 4 | 0 | 1 | 2 | 3 | 4 |
| 4）指導要録・保育要録による新入学児童の実態把握 | 0 | 1 | 2 | 3 | 4 | 0 | 1 | 2 | 3 | 4 |
| 5）小学校や園の行事（運動会・発表会など）を参観・参加することによる教職員の交流 | 0 | 1 | 2 | 3 | 4 | 0 | 1 | 2 | 3 | 4 |
| 6）講演が主体となった保幼小連携接続*に関する研修 | 0 | 1 | 2 | 3 | 4 | 0 | 1 | 2 | 3 | 4 |
| 7）小学校教員と保育者による相互交流研修・合同研修 | 0 | 1 | 2 | 3 | 4 | 0 | 1 | 2 | 3 | 4 |
| 8）授業参観・保育参観や授業・保育後の協議会への参加 | 0 | 1 | 2 | 3 | 4 | 0 | 1 | 2 | 3 | 4 |
| 9）スタートカリキュラム**・教育の連続性を意識したカリキュラムの作成 | 0 | 1 | 2 | 3 | 4 | 0 | 1 | 2 | 3 | 4 |
| 10）スタートカリキュラム**・教育の連続性を意識したカリキュラムに基づく授業 | 0 | 1 | 2 | 3 | 4 | 0 | 1 | 2 | 3 | 4 |
| 11）地方自治体作成の小学校低学年教育のプログラムの閲覧・利用 | 0 | 1 | 2 | 3 | 4 | 0 | 1 | 2 | 3 | 4 |
| 12）就学援助シートの利用 | 0 | 1 | 2 | 3 | 4 | 0 | 1 | 2 | 3 | 4 |
| 13）特別な教育的支援を必要とする子どもへの援助・指導についての研修会 | 0 | 1 | 2 | 3 | 4 | 0 | 1 | 2 | 3 | 4 |

　*保幼小連携接続…保育所・幼稚園・認定こども園等と小学校が連携し、子どもの幼児期の教育から児童期の教育への円滑な移行を支援する取り組み

　**スタートカリキュラム…子どもの小学校教育へのスムーズな適応を目的としたカリキュラム。主に小学校1年で実施される。遊びの要素と教科学習の要素を組み合わせた教育プログラムである。

【設問3】保幼小連携接続*が行われたことで、子どもの様子や先生ご自身のお考えに変化がありましたか。先生ご自身が経験された具体的なエピソードをお書きください。

　子どもの様子の変化の例としては、「小学校体験によって小学校生活へのイメージがもてた」、「交流活動を経験したことで年下の子どもの安全に気をつけてあげるようになった」など。

　先生のお考えの変化の例としては、「保育参観とその後の協議会に参加することで、園児と児童の発達のつながりを具体的な行動としてイメージできるようになった」、「自治体作成の保育・教育プログラムを参考にして、園と小学校の学びの連続性を意識した食育に関する指導案を作成した」など。

*保幼小連携接続…保育所・幼稚園・認定こども園等と小学校が連携し、子どもの幼児期の教育から児童期の教育への円滑な移行を支援する取り組み。

　具体的取り組みとして、保育園・幼稚園・認定こども園等と小学校の間での子どもについての情報交換、保幼小の教職員同士の交流、保幼小の教職員の連携に関する研修の実施、保育や教育のカリキュラムの開発、保幼小による特別な支援ニーズのある子どもへの支援の強化、保護者支援、保幼小の子ども同士の交流などが挙げられる。

【設問4】 先生ご自身に関して、保幼小連携接続*に取り組むことで、具体的にはどのような成果があったかについて伺います。

　*設問2において、いずれかの項目に〔教師にとってとても効果があった〕〔教師にとって効果があった〕〔教師にとってあまり効果がなかった〕に○をつけた場合には、次の(1)と(2)にご回答ください。
　*設問2において、すべての項目に〔教師にとってまったく効果がなかった〕〔経験していないため回答できない〕に○をつけた場合には、次の(2)にご回答ください。

(1)保幼小連携接続*に取り組むことで、これまでどの程度成果がありましたか。
(2)今後の保幼小連携接続*において、このような成果を求めていくことが必要だと思われますか。

| | (1)成果があったか | | | | (2)必要だと思うか | | | |
|---|---|---|---|---|---|---|---|---|
| | まったく成果がなかった | あまり成果がなかった | 成果があった | とても成果があった | まったく必要ではない | あまり必要ではない | 必要である | とても必要である |
| 1）小学校と園が指導・援助の仕方を互いに理解できた | 1 | 2 | 3 | 4 | 1 | 2 | 3 | 4 |
| 2）小学校と園が教育課程・保育課程の内容を互いに理解できた | 1 | 2 | 3 | 4 | 1 | 2 | 3 | 4 |
| 3）5歳～小学校1年生の時期の子どもの学びや生活の課題を共有できた | 1 | 2 | 3 | 4 | 1 | 2 | 3 | 4 |
| 4）5歳～小学校1年生の時期に育てたい子どもの力を理解できた | 1 | 2 | 3 | 4 | 1 | 2 | 3 | 4 |
| 5）幼児期から小学校低学年までの学びの連続性を理解できた | 1 | 2 | 3 | 4 | 1 | 2 | 3 | 4 |
| 6）長期的な視点で子どもの発達を理解できた | 1 | 2 | 3 | 4 | 1 | 2 | 3 | 4 |
| 7）幼児期の教育を踏まえて、指導・援助の工夫ができた | 1 | 2 | 3 | 4 | 1 | 2 | 3 | 4 |
| 8）幼児期の教育を踏まえて、教育課程の見直しができた | 1 | 2 | 3 | 4 | 1 | 2 | 3 | 4 |
| 9）小学校と園の間で共通の指導テーマの設定や共通教材の開発ができた | 1 | 2 | 3 | 4 | 1 | 2 | 3 | 4 |
| 10）保幼小連携接続*に関して、同僚に助言を求めたり、与えたりできた | 1 | 2 | 3 | 4 | 1 | 2 | 3 | 4 |
| 11）保幼小連携接続*について、保護者にわかりやすく説明できた | 1 | 2 | 3 | 4 | 1 | 2 | 3 | 4 |
| 12）保幼小連携接続*の観点から、日々の教育の振り返りができた | 1 | 2 | 3 | 4 | 1 | 2 | 3 | 4 |
| 13）連携する園の保育者との信頼関係が築けた | 1 | 2 | 3 | 4 | 1 | 2 | 3 | 4 |
| 14）保幼小連携接続*の取り組みの評価について、教職員で話し合えた | 1 | 2 | 3 | 4 | 1 | 2 | 3 | 4 |
| 15）保幼小連携接続*の方針や理念を、勤務校で共有できた | 1 | 2 | 3 | 4 | 1 | 2 | 3 | 4 |
| 16）小学校と園の間で、早期に特別な教育的支援を必要とする子どもの相談ができた | 1 | 2 | 3 | 4 | 1 | 2 | 3 | 4 |
| 17）特別な教育的支援を必要とする子どもに対して、クラス担任だけでなく学校全体で支援ができた | 1 | 2 | 3 | 4 | 1 | 2 | 3 | 4 |
| 18）特別な教育的支援を必要とする子どもの具体的な配慮事項を、保護者と話し合えた | 1 | 2 | 3 | 4 | 1 | 2 | 3 | 4 |

　*保幼小連携接続…保育所・幼稚園・認定こども園等と小学校が連携し、子どもの幼児期の教育から児童期の教育への円滑な移行を支援する取り組み

【設問5】子どもに関して、保幼小連携接続*が行われたことで、具体的にはどのような成果があったかについて伺います。

　　*設問2において、いずれかの項目に〔子どもにとってとても効果があった〕〔子どもにとって効果があった〕〔子どもにとってあまり効果がなかった〕に○をつけた場合には、次の(1)と(2)にご回答ください。
　　*設問2において、すべての項目に〔子どもにとってまったく効果がなかった〕〔経験していないため回答できない〕に○をつけた場合には、次の(2)にご回答ください。

(1)保幼小連携接続*を通して、これまで以下のような子どもの力が育ったと思いますか。
(2)今後の保幼小連携接続*を通して、このような子どもの力が育つことを期待しますか。

| | (1)育ったと思うか | | | | (2)期待するか | | | |
|---|---|---|---|---|---|---|---|---|
| | そう思わない まったく | そう思わない あまり | そう思う | とてもそう思う | まったく期待しない | あまり期待しない | 期待する | とても期待する |
| 1）自己の成長の実感をもつ | 1 | 2 | 3 | 4 | 1 | 2 | 3 | 4 |
| 2）責任感、思いやり、自信をもつ | 1 | 2 | 3 | 4 | 1 | 2 | 3 | 4 |
| 3）保育者とのより友好的な信頼関係を築く | 1 | 2 | 3 | 4 | 1 | 2 | 3 | 4 |
| 4）自分より年少の子どもと積極的に関わりをもつ | 1 | 2 | 3 | 4 | 1 | 2 | 3 | 4 |
| 5）同年齢の子どもとより友好的な信頼関係を築く | 1 | 2 | 3 | 4 | 1 | 2 | 3 | 4 |
| 6）人の話をしっかりと聞く | 1 | 2 | 3 | 4 | 1 | 2 | 3 | 4 |
| 7）席に落ち着いて座る | 1 | 2 | 3 | 4 | 1 | 2 | 3 | 4 |
| 8）自分の意見や思いを我慢したり、譲ったりする | 1 | 2 | 3 | 4 | 1 | 2 | 3 | 4 |
| 9）集団のルールを守る | 1 | 2 | 3 | 4 | 1 | 2 | 3 | 4 |
| 10）姿勢や手指の動きをコントロールする | 1 | 2 | 3 | 4 | 1 | 2 | 3 | 4 |
| 11）自分の考えで新しいものを生み出す | 1 | 2 | 3 | 4 | 1 | 2 | 3 | 4 |
| 12）論理的にものごとを考える | 1 | 2 | 3 | 4 | 1 | 2 | 3 | 4 |
| 13）ものごとを計画的に行う | 1 | 2 | 3 | 4 | 1 | 2 | 3 | 4 |
| 14）批判的にものごとを考える | 1 | 2 | 3 | 4 | 1 | 2 | 3 | 4 |
| 15）経験したことや学んだことをふりかえる | 1 | 2 | 3 | 4 | 1 | 2 | 3 | 4 |

　　*保幼小連携接続…保育所・幼稚園・認定こども園等と小学校が連携し、子どもの幼児期の教育から児童期の教育への円滑な移行を支援する取り組み

　　　　　　　　以上で質問は終わりです。
　　　　　　　　ご協力いただき、ありがとうございました。

付録5　地方自治体における保幼小連携接続に関する研修についての調査

> ＊本調査における「**保幼小連携接続**」とは、保育所・幼稚園・認定こども園のいずれかと小学校の間で、幼児と児童の交流、保育者と小学校教諭の交流、接続期の教育課程の編成等が行われていることを指します。

### 1　はじめに、貴自治体についておうかがいします。

1-1　貴自治体には、2019年4月1日時点で、次にあげる施設がそれぞれいくつありますか。
　　　施設数の欄に数字を記入してください。該当の施設がない場合は「0」と記入してください。

| 施設類型 | 施設数 |
|---|---|
| ① 公立幼稚園 | |
| ② 私立幼稚園 | |
| ③ 公立認定こども園 | |
| ④ 私立認定こども園 | |
| ⑤ 公立認可保育所 | |
| ⑥ 私立認可保育所 | |

### 2　次に、貴自治体の保幼小連携接続の実施体制についておうかがいします。

2-1　貴自治体は、2019年4月1日時点で、以下の取り組みをしておられますか。
　　　あてはまるものすべてに○をつけてください。

```
1  接続を見通した教育課程の編成
2  特別な支援が必要な子どもが幼児期から児童期へと円滑に移行するための支援施策
3  保幼小連携接続研修の実施
4  保幼小連携接続合同研修の実施
5  保幼小連携接続モデル校・園の指定
6  幼稚園教諭、保育士、保育教諭の一括採用等、幼児教育施設間の人事交流
7  幼児教育施設と小学校間の相互の職場体験など、保育者・小学校教諭の人事交流や長期
   派遣
8  保幼小連携接続に関する講演など、保護者や地域住民が連携接続への理解を深める機会
   の提供
9  その他（具体的に：                                          ）
10  上記のような取り組みはしていない
```

2-2　貴自治体は、2019年4月1日時点で、各学校・園が実施する以下の取り組みに対する財政的・人的支援を行っていますか。
　　　あてはまるものすべてに○をつけてください。

| |
|---|
| 1　接続を見通した教育課程の編成<br>2　授業、行事、研究会など、保育者・小学校教諭の間の交流<br>3　幼稚園・保育所・認定こども園の幼児と小学校の児童の相互に交流する機会の設定<br>4　その他（具体的に：　　　　　　　　　　　　　　　　　　　　　　　　　　　）<br>5　支援はしていない |

2-3　保幼小中連携接続のうち、どの部分の連携接続に特に力をいれておられますか。
　　　以下のうち最もよくあてはまるもの一つに○をつけてください。

| |
|---|
| 1　保幼小連携接続<br>2　小中連携接続<br>3　保幼小中連携接続<br>4　その他（具体的に：　　　　　　　　　　　　　　　　　　　　　　　　　　　）<br>5　あてはまるものはない |

2-4　貴自治体の幼稚園（認定こども園）と小学校の連携接続体制はどの段階にあると思われますか。
　　　以下のうち最もよくあてはまるもの一つに○をつけてください。

| |
|---|
| 1　幼稚園（認定こども園）と小学校の連携・接続の予定・計画がまだない<br>2　幼稚園（認定こども園）と小学校の連携・接続に着手したいが、まだ検討中である<br>3　年数回の授業、行事、研究会などの交流があるが、接続を見通した教育課程の編成・実施は行われていない<br>4　授業・行事・研究会などの交流が充実し、接続を見通した教育課程の編成・実施が行われている<br>5　接続を見通して編成・実施された教育課程について、実践結果を踏まえ、さらによりよいものとなるよう検討が行われている |

2-5　貴自治体の保育所と小学校の連携接続体制はどの段階にあると思われますか。
　　　以下のうち最もよくあてはまるもの一つに○をつけてください。

| |
|---|
| 1　保育所と小学校の連携・接続の予定・計画がまだない<br>2　保育所と小学校の連携・接続に着手したいが、まだ検討中である<br>3　年数回の授業、行事、研究会などの交流があるが、接続を見通した教育課程の編成・実施は行われていない<br>4　授業・行事・研究会などの交流が充実し、接続を見通した教育課程の編成・実施が行われている<br>5　接続を見通して編成・実施された教育課程について、実践結果を踏まえ、さらによりよいものとなるよう検討が行われている |

2-6 貴自治体では、教育委員会と保育所、あるいは教育委員会と私立の幼稚園・認定こども園と連携するためにどのような工夫をされていますか。
あてはまるものすべてに○をつけてください。

| |
|---|
| 1 　幼児教育・保育関連部局と教育委員会をつなぐ人材（幼児教育アドバイザーなど）がいる（役職名を具体的に：　　　　　　　　　　　　　　　　　　　　　　　　　　　　　　） |
| 2 　幼児教育・保育関連部局との定期的な会合を行っている |
| 3 　幼児教育・保育関連部局との兼務・兼任者を置いている |
| 4 　その他（具体的に：　　　　　　　　　　　　　　　　　　　　　　　　　　　　　） |
| 5 　特に工夫していることはない |

2-7 貴自治体では、教育委員会と保育所、あるいは教育委員会と私立の幼稚園・認定こども園と連携するにあたって、どのような課題がありますか。
あてはまるものすべてに○をつけてください。

| |
|---|
| 1 　教育委員会と幼児教育・保育関連部局との連絡の機会・手段が仕組みとして確立されていない |
| 2 　教育委員会側の幼児教育・保育関連部局との情報共有をしようとする意識が低い |
| 3 　教育委員会と幼児教育・保育関連部局では目的が異なるため、連携すべき方法や内容について共通理解が得られにくい |
| 4 　その他（具体的に：　　　　　　　　　　　　　　　　　　　　　　　　　　　　　） |
| 5 　特に課題はない |

**3　次に、貴自治体の保幼小連携接続研修の体制についておうかがいします。**

3-1 保幼小連携接続研修の担当部局は一元化されていますか。
以下のうち最もよくあてはまるもの一つに○をつけてください。

| |
|---|
| 1 　担当部局は一元化されている |
| 2 　担当部局は一元化されていないが、連携して保幼小連携接続研修を実施している |
| 3 　担当部局は一元化されていない |
| 4 　担当部局はない |

3-2 保幼小連携接続研修の企画立案担当の方はおられますか。その方はどのような役職でしょうか。
以下のうち最もよくあてはまるもの一つに○をつけてください。

| |
|---|
| 1 　指導主事 |
| 2 　幼児教育アドバイザー |
| 3 　その他（具体的に：　　　　　　　　　　　　　　　　　　　　　　　　　　　　　） |
| 4 　特定の担当者はいない |

**4　次に、貴自治体が主催する保幼小連携接続に関する研修についておうかがいします。**

4-1　貴自治体では、今年度（2019年度、平成31年度〜令和元年度）、保幼小連携接続に関する研修を実施されましたか（ご記入日以降の実施の場合には、実施計画についてお答えください）。以下のどちらかに〇をつけてください。

| 1　実施した／実施計画がある | 2　実施しなかった／実施計画はない |
|---|---|
| ↓ | ↓ |
| 1に〇をつけた方は、<br>続けて 4-2 へ<br>お進みください。 | 2に〇をつけた方は、<br>10 ページ<br>【調査結果について】へ<br>お進みください。 |

4-2　貴自治体主催の保幼小連携接続研修は単年度の企画でしょうか。それとも毎年実施している企画でしょうか。毎年実施している場合は、その保幼小連携接続研修はいつ頃から始まりましたか。
　　以下のうち最もよくあてはまるもの一つに〇をつけてください。

```
1  単年度
2  毎年：2017年の『幼稚園教育要領』『保育所保育指針』『小学校学習指導要領』の改訂告
   示の時期から実施
3  毎年：2015年の子ども・子育て支援新制度の開始の時期から実施
4  毎年：2008年の『幼稚園教育要領』『保育所保育指針』の改訂告示の時期から実施
5  毎年：2008年以前から
6  その他（具体的に：                                      ）
```

　　　　　　　続いて、4-3 から 4-13 までは、今年度に貴自治体が実施した・および
　　　　　　　実施を計画している保幼小連携接続研修についておうかがいします。

4-3　貴自治体主催の今年度の保幼小連携接続研修の実施回数は、実施計画も含めて何回ですか。
　　あてはまるもの一つに〇をつけてください。

```
1  1回
2  複数回（年に          回）
3  その他（具体的に：                                      ）
```

4-4 貴自治体主催の今年度の保幼小連携接続研修の参加対象は、以下のどれにあてはまりますか。
実施計画も含め、あてはまるものすべてに○をつけてください。

---

1　公私幼保合同研修
2　幼小合同研修
3　保幼小合同研修
4　小学校単独幼小連携接続研修
5　その他（具体的に：　　　　　　　　　　　　　　　　　　　　　　　　）

---

4-5 貴自治体主催の今年度の保幼小連携接続研修の実施時期は、何月ですか。
実施計画も含めて、あてはまるすべての月に○をつけてください。

---

2019年　　　　　　　　　　　　　　　　　　　　　　　　　　　　　　　2020年
　4月 ・ 5月 ・ 6月 ・ 7月 ・ 8月 ・ 9月 ・ 10月 ・ 11月 ・ 12月 ・ 1月 ・ 2月 ・ 3月

---

4-6 貴自治体主催の今年度の保幼小連携接続研修の参加は、悉皆ですか、任意ですか。
実施計画も含めてあてはまるもの一つに○をつけてください。

---

1　悉皆のみ
2　任意参加のみ
3　悉皆と任意参加の研修あり

---

4-7 貴自治体主催の今年度の保幼小連携接続研修の参加者は、どのような役職の方ですか。
実施計画も含めてあてはまるものすべてに○をつけてください。

---

1　幼稚園園長
2　認定こども園園長
3　保育所園長
4　小学校校長・副校長
5　保幼小連携接続の実践の担当である幼稚園教諭
6　保幼小連携接続の実践の担当である保育教諭
7　保幼小連携接続の実践の担当である保育士
8　保幼小連携接続の実践の担当である小学校教諭
9　特別支援教育にかかわる幼稚園教諭
10　特別支援教育にかかわる保育教諭
11　特別支援教育にかかわる保育士
12　特別支援教育にかかわる小学校教諭
13　その他（具体的に：　　　　　　　　　　　　　　　　　　　　　　　）

4-8　貴自治体主催の今年度の保幼小連携接続研修の司会者（参加者の発言を促す、意見をまとめる、問題解決にむけて話し合いの方向づけをするなどの役割）を務めたのはどなたでしたか。実施計画も含めて、以下のうちあてはまるものすべてに○をつけてください。

| |
|---|
| 1　指導主事 |
| 2　幼稚園園長（退職も含む） |
| 3　認定こども園園長（退職も含む） |
| 4　保育所園長（退職も含む） |
| 5　小学校校長、副校長（退職も含む） |
| 6　幼稚園教諭 |
| 7　保育教諭 |
| 8　保育士 |
| 9　小学校教諭 |
| 10　講師として招いた大学教員 |
| 11　その他（具体的に：　　　　　　　　　　　　　　　　　　　　　　　　　　　） |

4-9　貴自治体主催の今年度の保幼小連携接続研修で取り扱った内容はどのようなものでしたか。実施計画も含めて、あてはまるものすべてに○をつけてください。

| |
|---|
| 1　保育者と小学校教諭の交流に関する計画やその内容 |
| 2　移行期のカリキュラムの作成やカリキュラムの活用の方法 |
| 3　幼児と児童の交流に関する計画やその内容 |
| 4　移行期の特別な支援が必要な子どもへの支援 |
| 5　保幼小連携接続の取り組みを保護者や地域住民に伝える方法 |
| 6　子どもの発達の連続性や移行期の子どもの姿 |
| 7　幼児期と児童期の指導援助の具体的な方法や子どもの理解の方法 |
| 8　その他（具体的に：　　　　　　　　　　　　　　　　　　　　　　　　　　　） |

4-10　貴自治体主催の今年度の保幼小連携接続研修の方法はどのようなものでしたか。実施計画も含めて、あてはまるものすべてに○をつけてください。

| |
|---|
| 1　講演 |
| 2　事例をもちよっての検討 |
| 3　提示された内容での意見交流 |
| 4　特定の課題に基づくワークショップ |
| 5　その他（具体的に：　　　　　　　　　　　　　　　　　　　　　　　　　　　） |

4-11 貴自治体主催の今年度の保幼小連携接続研修において招いた外部講師の方の役職あるいはご経験（退職校長など）について、実施計画も含めてあてはまるものすべてに○をつけてください。

| | |
|---|---|
| 1 | 指導主事 |
| 2 | 幼稚園園長（退職も含む） |
| 3 | 認定こども園園長（退職も含む） |
| 4 | 保育所園長（退職も含む） |
| 5 | 小学校校長、副校長（退職も含む） |
| 6 | 幼稚園教諭 |
| 7 | 保育教諭 |
| 8 | 保育士 |
| 9 | 小学校教諭 |
| 10 | 大学教員 |
| 11 | その他（具体的に：                                    ） |
| 12 | 外部講師は招いていない |

4-12 貴自治体主催の今年度の保幼小連携接続研修において、以下に挙げる資料を活用されましたか。実施計画も含めて、活用されたものすべてに○をつけてください。

| | |
|---|---|
| 1 | 各学校・園の保幼小連携接続の取り組み内容に関する報告（年間の交流計画表など） |
| 2 | 幼児理解などの教育・研修用の映像 |
| 3 | 自治体が作成した保育・教育の方針に関する冊子 |
| 4 | 自治体が作成した保幼小連携接続のガイドラインに関する冊子 |
| 5 | 各学校・園が作成した移行期の教育課程 |
| 6 | 自治体が作成した移行期の教育課程 |
| 7 | 各学校・園で実施された幼児と児童の交流の内容に関する報告（交流の実践記録など） |
| 8 | 各学校・園で実施された保護者への保幼小連携接続の理解の普及に関する報告（園だよりへの連携接続の取り組みの記載など） |
| 9 | その他（具体的に：                                    ） |
| 10 | 上記の資料の活用はしていない |

4-13 貴自治体主催の今年度の保幼小連携接続研修を実施する上で、どのような工夫をされましたか。
実施計画も含めて、あてはまるものすべてに〇をつけてください。

```
1   幼稚園教諭、保育教諭、保育士、小学校教諭から要望のあった内容を研修に反映した
2   管理職（校長、園長、施設長など）から要望のあった内容を研修に反映した
3   学区ごとにグループとなり、話し合いをするようにした
4   テーマごとにグループとなり、話し合いをするようにした
5   連携接続の実践や保育・教育の映像を見ながら話し合いをするようにした
6   参加者の発言を促す、意見をまとめる、問題解決にむけて話し合いの方向づけをする
    などの司会者の役割を強化した
7   保幼小連携接続研修に参加できる対象者の範囲を広げた
    （具体的に：           から                        へ）
8   実施時期を変更した（具体的に：         月から              月へ）
9   実施回数を変更した（具体的に：         回から              回へ）
10  特に工夫はしていない
```

> 続いて、4-14 から 4-16 は、
> 貴自治体の保幼小連携接続研修全般についておうかがいします。

4-14 4-13 でお答えいただいた以外にも、貴自治体の保幼小連携接続研修の内容、方法、活用資料、
実施日、参加者等に関して工夫されている点がありましたら、以下に具体的にお書きください。

4-15 貴自治体主催の保幼小連携接続研修は、どのような目的で実施されていますか。下の①〜⑮の中で、あてはまるものすべてに○をつけてください。
また、その目的について、貴自治体主催の保幼小連携接続研修の実施によってどれだけ達成できていると思われますか。それぞれあてはまるもの一つに○をつけてください。

| | 研修の目的としている（あてはまるものすべてに○） | ⇒ | 研修による目的の達成度（それぞれ一つに○） | | | |
| --- | --- | --- | --- | --- | --- | --- |
| | | | 達成できていない | あまり達成できていない | やや達成できている | 達成できている |
| ①幼児期の終わりまでに育ってほしい10の姿について話し合うこと | 1 | ⇒ | 1 | 2 | 3 | 4 |
| ②就学に際して子どもの育ちを支えるための要録（幼稚園幼児指導要録・認定こども園こども要録・保育所児童保育要録）の内容や要録の送付方法に関して話し合うこと | 2 | ⇒ | 1 | 2 | 3 | 4 |
| ③移行期の教育課程の内容や方法について話し合うこと | 3 | ⇒ | 1 | 2 | 3 | 4 |
| ④保幼小連携接続の取り組みの工夫を紹介しあうこと | 4 | ⇒ | 1 | 2 | 3 | 4 |
| ⑤他の自治体の保幼小連携接続の取り組みを知ること | 5 | ⇒ | 1 | 2 | 3 | 4 |
| ⑥幼稚園教諭、保育教諭、保育士に小学校の活動を知ってもらうこと | 6 | ⇒ | 1 | 2 | 3 | 4 |
| ⑦小学校教諭に幼稚園・認定こども園・保育所の活動を知ってもらうこと | 7 | ⇒ | 1 | 2 | 3 | 4 |
| ⑧幼稚園教諭、保育教諭、保育士が小学校に送り出した子どものその後の様子を知ること | 8 | ⇒ | 1 | 2 | 3 | 4 |
| ⑨就学に際して気になる子どもについて情報を交換しあうこと | 9 | ⇒ | 1 | 2 | 3 | 4 |
| ⑩保護者に保幼小連携接続の大切さについて伝える方法や機会について話し合うこと | 10 | ⇒ | 1 | 2 | 3 | 4 |
| ⑪保幼小連携接続に必要な情報を自治体が提供すること | 11 | ⇒ | 1 | 2 | 3 | 4 |
| ⑫学区ごとに保幼小連携接続の取り組みを進めるよう促すこと | 12 | ⇒ | 1 | 2 | 3 | 4 |
| ⑬自治体全体で共通に保幼小連携接続の取り組みを進めるよう促すこと | 13 | ⇒ | 1 | 2 | 3 | 4 |
| ⑭参加者同士の関係性が深まること | 14 | ⇒ | 1 | 2 | 3 | 4 |
| ⑮その他（具体的に：　　　　　　　　　　　） | 15 | ⇒ | 1 | 2 | 3 | 4 |

4-16 貴自治体主催の保幼小連携接続研修の企画には、どのような課題がありますか。
　　　以下の中であてはまるものすべてに○をつけてください。

| | |
|---|---|
| 1 | 保幼小連携接続の研修を企画しても、参加者が少ない |
| 2 | 年1回程度の研修では、研修内容を積み重ねていくことが難しい |
| 3 | 保幼小連携接続研修の具体的内容や方法の決定にあたって、参照できる資料や相談できる人材が十分ではない |
| 4 | 保幼小連携接続研修の成果を実感しにくい |
| 5 | 保幼小連携接続研修に適した外部講師を招くことが難しい |
| 6 | 幼稚園教諭、保育教諭、保育士、小学校教諭が保幼小連携接続研修に何を求めているのか把握することが難しい |
| 7 | 幼稚園教諭、保育教諭、保育士、小学校教諭が保幼小連携接続研修に求めている内容を把握しているが、自治体主催研修では実施が難しい内容である<br>（求められている具体的な内容：　　　　　　　　　　　　　　　　　　　　　　　　　） |
| 8 | 私立の幼稚園・認定こども園を含めた保幼小連携接続研修を企画することが難しい |
| 9 | 保育所を含めた保幼小連携接続研修を企画することが難しい |
| 10 | その他（具体的に：　　　　　　　　　　　　　　　　　　　　　　　　　　　　　　　） |

【調査結果について】へお進みください。

〔著者紹介〕

**一前春子**（いちぜん　はるこ）
　東京大学大学院教育学研究科博士課程単位取得退学。博士（教育学）。共立女子短期大学文科教授。主な著書に、『保幼小連携体制の形成過程』（単著、風間書房、2017）、『育ちを支える教育心理学』（分担執筆、学文社、2017）、『これからの質的研究法―15の事例にみる学校教育実践研究』（分担執筆、東京図書、2019）、『保育学用語辞典』（分担執筆、中央法規、2019）など。

**秋田喜代美**（あきた　きよみ）
　東京大学大学院教育学研究科博士課程単位取得退学。博士（教育学）。東京大学教育学部助手、立教大学文学部講師・助教授を経て、現在東京大学大学院教育学研究科教育学研究科長・教育学部長、教授。主な著書に、『読書の発達過程―読書に関わる認知的要因・社会的要因の心理学的検討』（単著、風間書房、1997）、『幼小連携のカリキュラムづくりと実践事例―子どもが出会う　教師がつなげる幼小連携3年の成果』（秋田喜代美・東京都中央区立有馬幼稚園小学校、小学館、2002）、『保幼小連携　育ちあうコミュニティづくりの挑戦』（秋田喜代美・第一日野グループ、ぎょうせい、2013）、『新　保育の心もち～まなざしを問う～』（単著、ひかりのくに、2019）他多数。

**天野美和子**（あまの　みわこ）
　白梅学園大学大学院子ども学研究科博士課程修了。博士（子ども学）。東京大学大学院教育学研究科附属発達保育実践政策学センター特任助教。主な著書に、『園づくりのことば―保育をつなぐミドルリーダーの秘訣―』（分担執筆、丸善出版、2019）、『乳幼児の発達と保育―食べる・眠る・遊ぶ・繋がる―』（分担執筆、朝倉書店、2019）、『保育学用語辞典』（分担執筆、中央法規、2019）など。

## マルチステークホルダーの視座からみる保幼小連携接続
### ―その効果と研修のあり方―

2021 年 3 月 10 日 初版第 1 刷発行

| | |
|---|---|
| | 一 前 春 子 |
| 著 者 | 秋 田 喜 代 美 |
| | 天 野 美 和 子 |
| 発行者 | 風 間 敬 子 |

発行所 株式会社 風 間 書 房

〒 101-0051 東京都千代田区神田神保町 1-34
電話 03(3291)5729 FAX 03(3291)5757
振替 00110-5-1853

印刷 太平印刷社 製本 井上製本所